フランツ・ローゼンツヴァイク

―― 〈新しい思考〉の誕生 ――

佐藤貴史 著

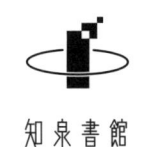

知泉書館

フランツ・ローゼンツヴァイク　〈新しい思考〉の誕生

凡　例

―　以下は本書で用いられるローゼンツヴァイク著作集および論文の原タイトルと略号である。引用に際しては，本文中に (GS I-1, 30) あるいは邦訳のあるものは (GS III, 236/一八四) という仕方で表記した。なおアラビア数字が原著のページ、漢数字が邦訳のページである。また手紙や日記の引用に関しては，ページ数のあとにその日付を付記しておいた。

G S I-1: *Der Mensch und sein Werk: Gesammelte Schriften I: Briefe und Tagebücher. 1 Band. 1900-1918,* herausgegeben von Rachel Rosenzweig und Edith Rosenzweig-Scheimann unter Mitwirkung von Bernhard Casper. Hague: Martinus Nijhoff, 1979.

G S I-2: *Der Mensch und sein Werk: Gesammelte Schriften I: Briefe und Tagebücher. 2 Band. 1918-1929,* herausgegeben von Rachel Rosenzweig und Edith Rosenzweig-Scheimann unter Mitwirkung von Bernhard Casper. Hague: Martinus Nijhoff, 1979.

G S II: *Der Mensch und Sein Werk: Gesammelte Schriften II: Der Stern der Erlösung,* mit einer Einführung von Reinhold Mayer. Hague: Martinus Nijhoff, 1976.

G S III: *Der Mensch und sein Werk: Gesammelte Schriften III: Zweistromland: Kleinere Schriften zu Glauben und Denken,* herausgegben von Reinhold und Annemarie Mayer. Dordrecht: Martinus Nijhoff, 1984.

AT: "Atheistische Theologie," in *Der Mensch und sein Werk: Gesammelte Schriften III: Zweistromland: Kleinere Schriften zu Glauben und Denken,* herausgegben von Reinhold und Annemarie Mayer. Dordrecht: Martinus Nijhoff, 1984.

Ur: "Urzelle des Stern der Erlösung," in *Der Mensch und sein Werk: Gesammelte Schriften III: Zweistromland: Kleinere Schriften zu Glauben und Denken,* herausgegben von Reinhold und Annemarie Mayer. Dordrecht: Martinus Nijhoff, 1984.

Vo: "Vorwort zu Hegel und der Staat," in *Der Mensch und sein Werk: Gesammelte Schriften III: Zweistromland: Kleinere Schriften zu Glauben und Denken,* herausgegben von Reinhold und Annemarie Mayer. Dordrecht: Martinus Nijhoff, 1984.

ND: "Das Neue Denken," in *Der Mensch und sein Werk: Gesammelte Schriften III:*

Zweistromland: Kleinere Schriften zu Glauben und Denken, herausgegben von Reinhold und Annemarie Mayer. Dordrecht: Martinus Nijhoff, 1984.

VF: "Vertauschte Fronten," in *Der Mensch und sein Werk: Gesammelte Schriften III: Zweistromland: Kleinere Schriften zu Glauben und Denken,* herausgegben von Reinhold und Annemarie Mayer. Dordrecht: Martinus Nijhoff, 1984.（村岡晋一訳「取り替えられた前線」,『現代思想』臨時増刊カント, 青土社, 1994年3月）。

二　ローゼンツヴァイクの著作, その他の引用文献に関して邦訳のあるものは, できる限り参照し, その当該ページを付記した。また邦訳のみに依拠したものもある。なお文脈や用語の統一という観点から若干の変更を施したものがあることをお断りしておきたい。

三　引用文中の〔　〕は佐藤による補足である。また佐藤が引用に傍点を付した場合はその旨を付記した。

四　聖書からの引用は基本的には日本聖書協会刊行の新共訳同にしたがっているが, 原典からの訳を優先した場合もある。

目　次

| 凡　例 | v |

序　論　フランツ・ローゼンツヴァイク研究の意義と課題
- 第1節　ローゼンツヴァイク研究の思想史的意義　　3
- 第2節　ローゼンツヴァイク研究における三つのコンテクスト　10
  - ⅰ）ドイツ観念論　　12
  - ⅱ）歴史主義　　17
  - ⅲ）ユダヤ性とドイツ性　　20
- 第3節　研究史概観および本書の課題　　24
- 第4節　研究方法および本書の構成　　36

第Ⅰ部　古い思考から新しい思考へ
――『救済の星』への道――

第1章　若きローゼンツヴァイクと信仰の問題
――ヘーゲル，キリスト教，ユダヤ教

- はじめに　　43
- 第1節　ローゼンツヴァイクの学生時代　　44
  - ⅰ）移ろう関心　　44
  - ⅱ）反抗の予感――ヘーゲル批判をめぐって　　48
- 第2節　キリスト教とユダヤ教のあいだで　　53
  - ⅰ）1913年の出来事　　53
  - ⅱ）同じ終末の希望　　56
- 第3節　啓示の発見　　58
  - ⅰ）ローゼンツヴァイクの神学批判――近代における無神論的神学　　58

ⅱ）方向づけとしての啓示　　62
　第4節　すれちがいの師弟関係——マイネッケとの埋まらない溝　66
　　ⅰ）復員したローゼンツヴァイク　66
　　ⅱ）歴史家から哲学者へ　69
　おわりに　73

第2章　新しい思考の出発点
——ローゼンツヴァイクの思想における基礎構造

　はじめに　77
　第1節　本質への問いと経験する哲学　78
　　ⅰ）本来性という錯覚　78
　　ⅱ）事実性の経験　83
　第2節　時間のなかでの《と》の経験　86
　　ⅰ）物語る哲学　86
　　ⅱ）関係の《と》と分離の《と》　89
　第3節　存在の暴力と人間の死　92
　　ⅰ）存在の分離　92
　　ⅱ）全体性の亀裂　98
　第4節　もっとも極端な主観性から無限の客観性へ　105
　　ⅰ）哲学する《わたし》　105
　　ⅱ）啓示を受ける《わたし》　107
　おわりに　110

第Ⅱ部　孤立と関係
——『救済の星』第一部，第二部を中心に——

第3章　永続的なものの探求——神，世界，人間
　はじめに　115
　第1節　無の起点から，そしてメタの次元から　116
　　ⅰ）微分の無——存在への通路　116
　　ⅱ）メタ概念における二つの意味——分離と超越　118

第2節　全体性の破片　　　　　　　　　　　　　　　　　　　123
　　ⅰ）メタ自然的な神——本質, 自由, 神話的なオリュンポス　　123
　　ⅱ）メタ論理的な世界——ロゴス, 世界の豊穣さ, 造形的なコスモス　126
　　ⅲ）メタ倫理的な人間——性格, 意志, 悲劇的な英雄　　130
　第3節　現実的な運動のなかへ　　　　　　　　　　　　　　135
　　ⅰ）概念と現実性の弁証法　　　　　　　　　　　　　　135
　　ⅱ）別の秩序を求めて　　　　　　　　　　　　　　　　138
　おわりに　　　　　　　　　　　　　　　　　　　　　　　140

第4章　時間性を開示させる三つの出来事 ——創造, 啓示, 救済
　はじめに　　　　　　　　　　　　　　　　　　　　　　　143
　第1節　創造における神と世界——過去と物語　　　　　　146
　　ⅰ）神話の神から創造の神へ　　　　　　　　　　　　　146
　　ⅱ）被造物としての世界　　　　　　　　　　　　　　　151
　　ⅲ）過去を開示させる創造の出来事　　　　　　　　　　155
　第2節　啓示における神と人間——現在と対話　　　　　　159
　　ⅰ）隠れた神から啓示された神へ　　　　　　　　　　　161
　　ⅱ）自閉した人間に対する神の愛　　　　　　　　　　　167
　　ⅲ）神の呼びかけによる現在の体験　　　　　　　　　　171
　第3節　救済における人間と世界——未来と合唱　　　　　178
　　ⅰ）世界へ向かう人間と隣人愛　　　　　　　　　　　　179
　　ⅱ）未完成の世界と神の王国　　　　　　　　　　　　　185
　　ⅲ）未来を先取りする《われわれ》　　　　　　　　　　194
　第4節　哲学体系としての形象　　　　　　　　　　　　　197
　　ⅰ）時間と星　　　　　　　　　　　　　　　　　　　　197
　　ⅱ）哲学という地平　　　　　　　　　　　　　　　　　200
　おわりに　　　　　　　　　　　　　　　　　　　　　　　201

第Ⅲ部　神と二つの永遠なる形象
―― 『救済の星』第三部を中心に ――

第5章　永遠性が到来する共同体 ―― ユダヤ教とキリスト教
はじめに　205
第1節　祈りと時間　206
　ⅰ）隣人愛と祈り　206
　ⅱ）自然的時間，時，週　209
第2節　「永遠の生命」としてのユダヤ教　213
　ⅰ）永遠性とユダヤ民族　213
　ⅱ）過去を想起すること ――「永遠に現在的な記憶」　218
　ⅲ）世界史と政治からの退却　223
第3節　「永遠の道」としてのキリスト教　228
　ⅰ）永遠性とキリスト教徒　228
　ⅱ）伝道，兄弟愛，同時性　232
第4節　現実性の世界から永遠なる超世界へ　236
　ⅰ）現実性と永遠性の交差　236
　ⅱ）分有された真理　240
おわりに　242

第6章　時間と永遠の相の下で
―― ローゼンツヴァイクにおける神と真理の問題
はじめに　245
第1節　ポスト形而上学の時代のなかで　247
　ⅰ）「世界 - 内 - 救済」と「神の徹底的時間性の理論」
　　　―― P・E・ゴードンの解釈をめぐって　247
第2節　神と時間　253
　ⅰ）生成と存在 ―― 脱形式化された時間　253
　ⅱ）ローゼンツヴァイクの救済論における両面性　258
第3節　神と真理　263
　ⅰ）神のしるし　263

　　　　　　　目　次

ⅱ）真理の確証 ── メシア的認識論　　　268
　おわりに　　　276

終章　生のなかへ
　はじめに　　　279
　第1節　理性の限界と永遠性への跳躍　　　280
　第2節　時間，世界史，反歴史主義　　　284

あとがき　　　289
参考文献　　　293
索引（人名・事項）　　　315

フランツ・ローゼンツヴァイク
―― 〈新しい思考〉の誕生 ――

序 論
フランツ・ローゼンツヴァイク研究の意義と課題

> 歴史的現実の破局は，しばしば同時に人間と現実との関係の危機でもある。異常な仕方でわれわれの時代はこの危機を経験したが，わたしはフランツ・ローゼンツヴァイクよりも偉大で明瞭な例を知らない。（マルティン・ブーバー）
>
> ローゼンツヴァイクの思想は，因習的ですでに死んだとさえ思われるものを創造的に再生する力をもっている。
> 　　　　　　　　　　　　　（ラインホールド・ニーバー）

第1節　ローゼンツヴァイク研究の思想史的意義

　エルンスト・カッシーラーとマルティン・ハイデガー── 少しでも思想史に親しんだ者であれば，この二人の名前を聞いてすぐに思い出す一つの出来事がある。1929年のスイス，その地において両者のあいだで交わされた，所謂ダヴォス討論と呼ばれている学術会議での一幕である。そこで議論された両者のカント解釈をめぐる齟齬について，ここで問う必要はないだろう。むしろこの出来事が象徴している精神史的意味がわれわれの関心を惹きつけてやまない。カッシーラー夫人（トーニー・カッシーラー）によって「城門をくぐると出くわす農夫の子」[*1]とまで形容されたハイデガーは，洗練された19世紀的知性を一身に体現したカッシーラーとは異なる知性の持ち主だった。時代は気品に溢れたヒューマニズムではなく，人間の根底にあり荒々しくも不安に駆られた実存を要求していた。のちにユルゲン・ハーバーマスはこの両者の対決を「ヨーロッパ人文主義の教養

---

　1)　トーニー・カッシーラー「カッシーラー対ハイデガー論争の行方」（『ダヴォス討論（カッシーラー対ハイデガー　カッシーラー夫人の回想抄）』，岩尾龍太郎・真知子訳，《リキエスタ》の会，2001年），91頁。

世界」（カッシーラー）対「思考の根源性に訴える決断主義」（ハイデガー）の対立と特徴づけたが[*2]、そのハーバーマスよりも23歳年上のエマニュエル・レヴィナスは、実際にこの歴史的討論に立ち会っていた。かれはこの出来事を「ある種のヒューマニズムの終焉」[*3]とみなした上で、次のように回想している。「若い大学生であった私はそのとき一つの世界が創造され、一つの世界が終焉を迎える場に立ち会っているのだという印象を抱きました」[*4]。しかしかれは、すぐ次のようにいい添えることを忘れなかった。「そしてヒトラーの時代に、私はダヴォスにおいてハイデガーに与したことを深く後悔したのです」[*5]。

ハイデガーに魅せられた若きレヴィナスを責めるのは酷である。なぜなら、あの時代、学問を志しながら同時に新しい知性を求めた多くの若者がハイデガーの周りに集まっていたからである。カール・レーヴィットもまた、そのサークルのなかにいた一人であった。のちに痛烈なハイデガー批判をくり返すことになるレーヴィットだが、そのかれが亡命先のアメリカで書いた興味深い文章がここにある。

> かつてハイデガーに同時代者がいたとすれば、しかも、ただ年代的な意味においてだけでなく、真にその名にふさわしい同時代者がいたとすれば、『存在と時間』の6年前に主著を発表したこのドイツ・ユダヤ人こそ、その人であろう[*6]。

皮肉にも「ハイデガーの子どもたち」[*7]の一人に数え上げられてしまっ

---

2) Jürgen Habermas, "Der deutsche Idealismus der jüdischen Philosophen," in *Philosophisch-politische Profile* (Frankfurt am Main: Suhrkamp, 1998), 52.「ユダヤ系哲学者たちのドイツ観念論」（『哲学的・政治的プロフィール 上』、小牧治・村上隆夫訳、未来社、1984年）、68頁。
3) エマニュエル・レヴィナス／フランソワ・ポワリエ『暴力と聖性——レヴィナスは語る』（内田樹訳、国文社、1991年）、96頁。
4) 同上訳書、98頁。
5) 同上訳書、99頁。
6) Karl Löwith, "M. Heidegger und F. Rosenzweig: Ein Nachtrag zu *Sein und Zeit*," in *Sämtliche Schriften*, Bd. 8, *Heidegger—Denken in dürftiger Zeit* (Stuttgart: J. B. Metzler, 1984), 72.「ハイデガーとローゼンツヴァイク1——『存在と時間』への1つの補遺」（『みすず』、村岡晋一訳、1993年8月）、60頁。訳者によれば、この論文は最初 "M. Heidegger and F. Rosenzweig or Temporality and Eternity" というタイトルで *Philosophy and Phenomenological Research* 3, 1942/1943 という雑誌に掲載された。

たレーヴィットが，ハイデガーの「真にその名にふさわしい同時代者」とみなすドイツ・ユダヤ人とは誰であろうか。レーヴィットの眼差しの先にいる者こそ，これからわれわれが考察しようとしているユダヤ人思想家フランツ・ローゼンツヴァイク（Franz Rosenzweig, 1886-1929）である。レーヴィットとは別の声を聴いてみよう。20世紀における対話の哲学の提唱者マルティン・ブーバーは，ローゼンツヴァイクについて次のように語っている。「歴史的現実の破局は，しばしば同時に人間と現実との関係の危機でもある。異常な仕方でわれわれの時代はこの危機を経験したが，わたしはフランツ・ローゼンツヴァイクよりも偉大で明瞭な例を知らない」[*8]。この文章が書かれたのは，ローゼンツヴァイクの死の1年後，1930年である。まだヒトラーが政治の表舞台へ姿をあらわさない時代に，すでにブーバーはその時代を危機の時代と考えていた。歴史が大きく変動していくなかで，かれがもっとも重要な人物とみなしたのはローゼンツヴァイクであった。またローゼンツヴァイクの思想にとって欠くことのできない宗教的側面，とりわけユダヤ教理解について，ラインホールド・ニーバーはある書評のなかで次のように記していることは興味深い。「ローゼンツヴァイクの思想は，因習的ですでに死んだとさえ思われるものを創造的に再生する力をもっている」[*9]。このようにブーバー，レーヴィット，そしてニーバーといった哲学的にも，宗教的にも立場を異にする思想家がローゼンツヴァイクについて肯定的に語っていることは何を意味するのか。ローゼンツヴァイクの《新しい思考》は，20世紀初頭のドイツにいかなる姿であらわれたのか。

　いまわれわれはローゼンツヴァイクの思想を「新しい思考」と呼んだが，これはわれわれが勝手に命名したわけではない。かれ自身が，自らの思想

　7）　Richard Wolin, *Heidgger's Children. Hannah Arendt, Karl Löwith, Hans Jonas, and Herbert Marcuse*（Princeton/Oxford: Princeton University Press, 2001), 71-100. リチャード・ウォリン『ハイデガーの子どもたち　アーレント／レーヴィット／ヨーナス／マルクーゼ』（村岡晋一・小須田健・平田裕之訳，木田元解説，新書館，2004年), 125-170頁。

　8）　Martin Buber, "Franz Rosenzweig," in *Der Jude und Sein Judentum: Gesammelte Aufsätze und Reden*（Gerlingen: Verlag Lambert Schneider, 1993), 801.

　9）　Reinhold Niebuhr, "Rosenzweig's Message," *Commentary*, vol. 15, no. 3（March 1953）: 312. ニーバーがこの書評のなかで扱っている書物は，*Franz Rosenzweig: His Life and Thought*, presented by Nahum N. Glatzer, new foreword by Paul Mendes-Flohr（Cambridge, Ind: Hackett, 1998）の初版（1953年）である。

を大胆にも「新しい思考」と呼んだのであった。「新しい」の意味は本書のなかで次第に明らかになっていくと思うが，実はローゼンツヴァイクは冒頭で述べたあのダヴォス討論のうちにハーバーマスやレヴィナスと同様に新しい時代の徴候を見出していた。ローゼンツヴァイクによれば，ハイデガーはあの席上でマールブルクの新カント派を率いるヘルマン・コーエンを攻撃したにもかかわらず，コーエンの哲学を正当に受け継いでいるのは弟子のカッシーラーではなく，なんとハイデガーだというのだ。この驚くべき認識をローゼンツヴァイクは，コーエンの遺著『ユダヤ教の源泉に基づく理性の宗教』のために書かれた非常に短い宣伝文のなかで明らかにした。最晩年のコーエンにあらわれた新カント派の枠内には決しておさまりえない「新しい思考」は，カッシーラーではなくハイデガーにこそ相応しい。その宣伝文のタイトル「取り替えられた前線」("Vertauschte Fronten," 1929) が如実に示しているように，カッシーラーとハイデガーのあいだで前線の取り替えが起こったのである。少々長いがかれが感じたこの興味深くも皮肉な前線の取り替えを，ローゼンツヴァイク自身の声で語ってもらうことにしよう。

　　……ハイデガーはカッシーラーに反対して，「特殊有限な存在者」である人間に「自由であるにもかかわらず」つきまとう「空しさ」を啓示し，人間を「単に精神の作品しか利用しないような怠惰な在り方から，その運命の過酷さへと呼び戻す」という課題を哲学に答えるのだが，哲学の課題のこうした定式化は，コーエンが「学者・ブルジョワ思想」……に抗しておこなったあの「個人そのもの」の情熱的な擁護と異なるものではないし，四分の一世紀たってようやく哲学にまで成熟することになる「晩年のコーエン」の認識の重要な個人的源泉にほかならない……（VF, 236-237／一八四——一八五）。

ローゼンツヴァイクは老コーエンの「相関関係」（Korrelation）の概念はハイデガーの「現存在への跳躍」への助走となるまでいい，晩年のコーエンからハイデガーにいたる線に自らの「新しい思考」をみるのであった（VF, 237／一八五）。

　このようなハイデガーをめぐる評価一つをとっても，ローゼンツヴァイ

クの思想がもっている，ある種の時代性というものが明確に示されていよう。ローゼンツヴァイクは良くも悪くも20世紀の哲学を代表するハイデガーのうちにおのれの新しい思考との親近性をみたわけだが，このことはユダヤ人とドイツ人とのあいだにおかれた対立には還元できない興味深い共鳴を明らかにしている。ただ何度もくり返すように，ユダヤ人ローゼンツヴァイクがコーエンの継承者としてカッシーラーではなく——コーエンもカッシーラーもユダヤ人である！——，ハイデガーを選んだのは皮肉という言葉以外に何も見当たらない。いや，そもそも当時のドイツの思想的な地図は，政治的な地図とは異なりユダヤ人とドイツ人のあいだに何ら境界線を引くことはなかったのかもしれない。このようなわれわれの想像力をかき立ててやまない時代はローゼンツヴァイクを最終的にどこへ連れて行ったのか，この問いもまたわれわれの想像力／創造力を刺激し続けている。次にわれわれはローゼンツヴァイクを取り巻いていた政治的・思想的状況を鳥瞰的に描きながら，かれの思想を研究する意義を確認した上で，日本におけるローゼンツヴァイク研究の現状についても概観することにしよう。

　近代ドイツの文化や思想家について特筆すべき研究を著したピーター・ゲイによれば，カール・マンハイムは「ヴァイマールの崩壊の少し前に，将来ヴァイマールがペリクレス時代の新版として回顧されるだろうと誇らしげに語った」とされる[*10]。たしかにヴァイマール共和国の歴史を繙けば，つかの間の安定のなかで多くの文化や思想が開花したといえよう。ローゼンツヴァイクは，まさに19世紀の終わりにドイツのカッセルで幼年時代を過ごし，大学教育を終えた頃には第一次世界大戦を，そしてヴァイマール共和国の成立という世界史的な出来事を経験した。しかし，かれは議会制デモクラシーに守られていたはずの共和国が崩壊していく瞬間に立ち会うことなく，またホロコーストという残酷な事実を知ることなく，1929年にその短い生涯を終えた。こうしてみれば，20世紀初頭のドイツ・ユダヤ精神史を代表し，その類まれな才能の持ち主であったローゼンツヴァイクの思想はドイツの流動期のなかで形成されていったともいえよう。

---

　10)　ピーター・ゲイ『ワイマール文化』（亀嶋庸一訳，みすず書房，1999年），VI頁。邦訳では「ワイマール」となっているが，本論文の用語の統一上，「ヴァイマール」と改めさせていただいた。

かつてハンナ・アーレントは「戦争と革命が20世紀の様相をかたちづくってきた」[*11]と喝破したが、たしかに前世紀は暴力と総力戦とともにはじまったといっても過言ではない。しかし同時に暴力によって開始された20世紀は、それまでの知が大きく変化した世紀としても記憶されるべきである。20世紀初頭のドイツでは、多くの知識人が自らの思索を展開し、お互い議論を闘わせていた。すでに活躍していたマックス・ヴェーバーやエルンスト・トレルチ、そしてローゼンツヴァイクの指導教授であったフリードリヒ・マイネッケ、若い知識人たちのなかにはカール・バルト、パウル・ティリッヒ、ハンス＝ゲオルク・ガダマーがいた。またマルティン・ブーバー、テオドール・W・アドルノ、カール・レーヴィット、ヴァルター・ベンヤミンといったユダヤ人思想家の姿もわれわれは目撃することができる。これらの思想家を一瞥するだけでも、20世紀の哲学、神学、宗教学、そして社会学といった多種多様な分野に影響を与え続けた多くの知識人が、ドイツにいたことがわかるだろう。またそこではドイツ観念論やヴィルヘルム・ディルタイの生の哲学に続いて、いやそれを乗り越えようとしたエドムント・フッサールが現象学に没頭していた。そして、よく知られているようにフッサールの下には、やがてかれと離反してしまう若きハイデガーもいた。数え切れないほどの知性がひしめき合う当時のドイツにおいてローゼンツヴァイクもまた生を送り、思索を展開したことはその政治的現実とともに記憶しておこう。

　ときに近代ユダヤ人の代表者たるモーゼス・メンデルスゾーンとならべて語られるローゼンツヴァイクの思想は、先のレーヴィットによるハイデガーとの比較をはじめ、さまざまな角度から論じられてきた。ベンヤミンやアドルノといったユダヤ人思想家のあいだでの影響関係に限定されず[*12]、例えばティリッヒやバルトとの関係も昨今では指摘されている[*13]。

　11）Hannah Arendt, *On Revolution* (New York: Penguin Books, 1965), 11. 『革命について』（志水速雄訳、筑摩書房、1995年）11頁。
　12）ローゼンツヴァイクとアドルノとのあいだの影響関係の可能性については以下の研究を参照されたい。Susan Buck-Morss, *The Origin of Negative Dialectics: Theodor W. Adorno, Walter Benjamin, and the Frankfurt Institute* (New York: Free Press, 1977), 5; マーティン・ジェイ『アドルノ』（木田元・村岡晋一訳、岩波書店、1992年）、20頁。またローゼンツヴァイクとベンヤミンとの関係については以下の文献が詳しい。Stéphane Mosès, "Walter Benjamin and Franz Rosenzweig," in *Benjamin: Philosophy, Aethetics, History* (Chicago/London: The University of Chicago Press, 1989).

また第二次世界大戦が終結すると、半ば忘れられていたローゼンツヴァイクの思想が復活することになるが、その際もっとも重要な役回りを演じたのが、レヴィナス、その人をおいては他にいないであろう。かれの著作や対談のなかで語られるローゼンツヴァイク像は、レヴィナスの深い敬愛を溢れんばかりに示している。またユルゲン・モルトマンが、ローゼンツヴァイクの思想から多くを学んだことも興味深い事実である[14]。このような思想史的連関を列挙しただけでも、さまざまな言説が衝突しては統一され、分離しては融合される思想史という人類の工房のなかでローゼンツヴァイクの思想は、20世紀におけるドイツ・ユダヤ精神史のみならずヨーロッパ思想史に対しても大きな意味をもっていることがわかるだろう。

翻って日本においてローゼンツヴァイクの思想は、これまでどのような形で言及され論じられてきたのだろうか。端的にいって日本ではローゼンツヴァイクの思想が、集中的に研究されているとはいえない。もちろん日本にも、翻訳としていくつかの看過できないローゼンツヴァイク研究が存在するが[15]、諸外国と比べてみるならば、その研究蓄積は嘆かわしい状況にあるといわざるをえないだろう。ドイツをはじめ、アメリカ、フランス、そしてイスラエルでは活発に研究が行われ、国際ローゼンツヴァイク協会(Internationale Rosenzweig-Gesellschaft)まで設立されているにもかか

---

13) ローゼンツヴァイクが、ティリッヒを高く評価していたというフリードリヒ・ヴィルヘルム・グラーフの指摘がある。Friedrich Wilhelm Graf, review of Die *"Gritli"-Briefe: Briefe an Margrit Rosenstock-Huessy,* by Franz Rosenzweig, edited by Inken Rühle/Reinhold Mayer; *"Franz Rosenzweig-Margit Rosenstock,* edited by Michael Gormann-Thelen," *Zeitschrift für Neuere Theologische Geschichte/Journal for the History of Modern Theology* 10 (2003). ローゼンツヴァイクとバルトの思想を論じたものとしては、以下の研究がもっとも詳しい。Randi Rashkover, *Revelation and Theopolitics. Barth, Rosenzweig and the Politics of Praise* (London/New York: T&T Clark International, 2005).

14) モルトマンは次のように書いている。「私のキリスト論『イエス・キリストの道』においては、メシア的次元を取り入れているし、また聖霊論『いのちの御霊』においては、ヤハウェの霊〔息〕の活力に立ちかえっているのだから、いかに強く、いかに深くイスラエル的また現在のユダヤ的思考が、私に影響を与えてきたかは、容易に認められるであろう。そのためにエルンスト・ブロッホとフランツ・ローゼンツヴァイクの名を感謝をもってあげておこう」。『神の到来 キリスト教的終末論』(蓮見和男訳、新教出版社、1996年)、7-8頁。

15) わが国におけるローゼンツヴァイク研究は、同時代人のハイデガーやベンヤミンなどと比べれば、驚くほど研究の差があるといえよう。しかし、そのなかでも稲村秀一、大竹弘二、小林政吉、合田正人、斎藤昭、丸山空大、村岡晋一による一連の研究は参照されるべきである。

わらず，日本ではかれの magnum opus たる『救済の星』(*Der Stern der Erlösung*, 1921) を中心に据えた本格的な研究がなされているとはいい難い。

かくしてわれわれの課題は，ローゼンツヴァイクの著作を正確に把握し，解釈することに尽きる。われわれの最終的な目標は，ローゼンツヴァイクの思想における時間と永遠性の関係を『救済の星』を第一次資料として扱いながら明らかにし，新しい思考が誕生する場に立ち合うことである。その際，本書が採用する方法論に関しては本章第4節で詳述する予定だが，われわれはテクストへの内在的アプローチをかかる試みを達成するための方法論とするがゆえに，ローゼンツヴァイクを取り巻くコンテクストへの言及は最小限になるだろう。しかし，いかなる思想的・政治的状況のなかで，かれが思索したかを知っておくこともまた必要な作業である。それゆえわれわれは，次節において今後の議論の展開のためにもローゼンツヴァイクの新しい思考の背後にあるコンテクストを三つに分けながら，わずかではあるが描いてみることにしよう。

第2節　ローゼンツヴァイク研究における三つのコンテクスト

ローゼンツヴァイクの生涯において，もっとも大きな政治的出来事は第一次世界大戦の勃発とドイツの敗戦である。文芸評論家ジョージ・スタイナーは，その著書『マルティン・ハイデガー』のなかで敗戦国ドイツの知的状況を鮮やかに描いている。かれによれば「1918年にドイツが経験した精神の危機は，1945年のそれよりもいっそう深刻であった」[*16]。たしかに1945年のドイツの敗戦は，壮絶なものであった。しかし，皮肉にもヒトラーの行った戦争犯罪やドイツに広がる瓦礫の山がドイツ人の思考を麻痺させてしまい，かれらは目の前にある現実に対して思想的反省を行うことができなかったのである。これに引き換え「1918年の状況も破局的ではあったが，しかしその破局たるや，落ち着いた自然的歴史的背景を残

---

16) ジョージ・スタイナー『マルティン・ハイデガー』(生松敬三訳, 岩波書店, 2000年), 1頁。

してくれた（ドイツは物質的にはほとんど無傷だった）だけでなく，ヨーロッパ文化の自己破壊やその連続性の事実を反省や感情に課題としてつきつけるといった性格のものであった。国家という枠組みが存続し，大学や文壇の慣習も存続していたので，混乱状態についての形而上学的・詩的な論究をおこないえたのである」[17]。つまり，精神的・思想的破局という意味では，第一次世界大戦の衝撃と敗戦のほうが第二次世界大戦のそれよりもドイツ人にとってはるかに大きな影響力をもっていたのだ。だからこそ第一次世界大戦後のドイツでは，他の国とは比べようがないほどのさまざまな思想を内包した書物が次々と世に出されたといえよう。

スタイナーは，思想的廃墟と化したドイツに突如としてあらわれた書物の星座のなかに，ハイデガーの『存在と時間』とならべてエルンスト・ブロッホの『ユートピアの精神』，オスヴァルト・シュペングラーの『西洋の没落』，バルトの『ローマ書講解』，そしてローゼンツヴァイクの『救済の星』をおいている。しかも，かれにとってこれらの著作は「（ヘーゲル以後に）全体性へ向かおうとするいやおうない努力」を示しており，「暴力的な本」でさえある[18]。ローゼンツヴァイクの思想のうちに秘められている暴力は「高揚の暴力」であり，かれは「伝統的文法の破壊者」であり，その書物のなかでは「神の直接性の光が，ほとんど耐えられないほどに人間の意識を照らし出すのだ」[19]，とスタイナーは書いている。かれの言葉がローゼンツヴァイクのどの思想を示しているかは判然としないが，スタイナーの時代描写は当時の精神的雰囲気のなかに適切にローゼンツヴァイクの思想を配置しているといえよう。

また，ローゼンツヴァイク著作集の編者の一人でもあるベルンハルト・カスパーは，ローゼンツヴァイク研究における二つの重要なコンテクストにわれわれの注意を向けている。それは「ドイツ観念論」と「歴史主義」である[20]。ローゼンツヴァイクの短い生涯は，この二つの問題との対決であるといってもいい過ぎではなかろう。ただし注意すべきことは，カス

---

17) 同上訳書, 1-2頁。
18) 同上訳書, 2頁。
19) 同上訳書, 4-7頁。
20) Bernhard Casper, "Responsibility Rescued," in *The Philosophy of Franz Rosenzweig,* ed. Paul Mendes-Flohr（Hanover, N. H: University Press of New England, 1988）, 90.

パーがあげている二つのコンテクストは人間社会のなかではお互い複雑に絡み合いながら，一つの精神的雰囲気を形成しているのであり，単純に分割することができないということである。しかし，それでもなおわれわれはカスパーにしたがって，上記のコンテクストの意義を十分に認めるならば，ローゼンツヴァイクの思想とこの二つのコンテクストとの関係を差し当たり次のように描くことができよう。また，われわれはカスパーの議論にもう一つ宗教的・社会的状況というコンテクストを加えることにしたい。

i） ドイツ観念論

まずドイツ観念論とローゼンツヴァイクの関係であるが，そもそもドイツ観念論とは何を意味しているのだろうか。必ずといってよいほど哲学の教科書には，「ドイツ観念論」という章が設けられているが，この問いに答えるのは容易なことではない。もちろんドイツ観念論を定義することがわれわれの関心ではない。しかしわれわれは，この「問題概念としてのドイツ観念論」[21]に対して若干ではあるが言及する必要があるだろう。

いまではほとんどその名前を聞くことのない思想家，ニコライ・ハルトマンに『ドイツ観念論の哲学』という書物がある。すでに80年も前の時代のものだが，かれはその書の序論に「ドイツ観念論」を理解する際に助けとなる有益な叙述を残している。ハルトマンによれば，歴史上に類例をみない「思想運動」であるドイツ観念論は「18世紀の80年代にはじまり，その最後の末裔たちまでふくめれば，19世紀のなかばにまでおよぶ」[22]運動である。出発点はカント哲学であり，最初はイエナ大学を中心に，そしてそののちに新設されたベルリン大学を舞台にして，ラインホルト，フィヒテ，シェリング，ヘーゲル，そしてシュライアマハーが活動し，思索を展開した。もちろんこのほかにもハルトマンは，シュルツェ，マイモン，J・S・ベック，ヤコービ，バルディリを論じることを忘れてはいない。ま

---

21) この問題については，大橋良介「ドイツ観念論の全体像」（『総説・ドイツ観念論と現代』ミネルヴァ書房，1993年）を参照されたい。
22) ニコライ・ハルトマン『ドイツ観念論の哲学 第一部 フィヒテ，シェリング，ロマン主義』（村岡晋一監訳・迫田健一・瀬嶋貞徳・吉田達・平田裕之訳，作品社，2004年），11頁。

た「かれらすべてに共通する目標は，包括的で，厳密に統一的で，究極の，くつがえしえない基礎にもとづく哲学体系の創出」，つまり「体系一般への統一衝動」である[23]。この場合，哲学的に重要なのはかれらがカントの批判哲学に対していかなる態度をとるかということであった。この態度いかんによって，かれらのあいだには自ずと思想的相違や葛藤が生じていたのであり，その結果ドイツ観念論という思想運動はより複雑なものになっていった。

しかしドイツ観念論を統一的に把握することをわれわれに困難にさせているのは，この思想運動が単に哲学にのみ限定されるものではないという事実である。この問題に答えるかのように，ハルトマンはその叙述の射程をロマン主義にまで広げている。かれによれば，ドイツ観念論の複雑な哲学的展開において「特有の統合的役割」を演じているのは「初期ロマン主義の作家集団」であり，とくにかれはシュレーゲル兄弟とノヴァーリス，そしてヘルダーリンの名前をあげている[24]。そしてかれは，ドイツ観念論に内在する体系の構築を目指す哲学と非合理的なロマン主義の関係を次のように記している。「批判的・体系的思考の構造のうちにあってロマン主義的，汎神論的，神秘主義的な要素は，最初のうちこそまだ異物のような印象を与えているが，それはやがてまずはゆっくりと内側から批判的・体系的思考に浸透し，この思考をその直線的な軌道からそらせることになる」[25]。かくしてドイツ観念論は，シェリングやショーペンハウアーの最終段階において，それまでの思想とは異なる非合理主義が前面にあらわれてくることになった。

このようなハルトマンの叙述は，われわれにドイツ観念論の統一的な定義を与えてくれただろうか。けっしてそうとはいえないだろう。しかし，それでもなおハルトマンの著作に傾聴すべき点があるとすれば，それはドイツ観念論という他に類例をみない独特な思想運動を単一的に理解してはならないという警告である。ローゼンツヴァイクの著作に垣間みられる，哲学にのみ限定されない豊かで深みのあるかれの文学的才能にわれわれは驚かざるをえない理由は，上記のハルトマンの説明からも理解できよう。

---

23) 同上訳書，12頁。
24) 同上訳書，15頁。
25) 同上訳書。

それではローゼンツヴァイクとドイツ観念論のあいだには、いかなる関係があったのだろうか。われわれはドイツ観念論を理解する際のハルトマンの警告を念頭におきながらさらに議論を展開するなら、両者のあいだにはローゼンツヴァイクの思想に大きな影響を与えた第一次世界大戦という出来事が横たわっていることに気づく。多くの若者が、戦争のなかで崩れゆくヨーロッパ世界と寄る辺なき自己の不安を体験したに違いない。ローゼンツヴァイクもまた、兵士としてあの戦争を経験している。戦争という例外状態のなかにあって、かれがこれまでマイネッケの下で学んできたドイツ観念論そしてヘーゲル哲学は空しく響くだけであった。戦渦に巻き込まれ息絶えていく人間たちに対して、古代ギリシアから脈々と続く形而上学の頂点でもあったドイツ観念論は、その無力さをさらけだしたのである。やがてこの経験はローゼンツヴァイクが死について語り、実存主義的な思想へと歩んでいく時の重要な契機としてあらわれる。これに関連してレオ・シュトラウスは、「かれ〔ローゼンツヴァイク〕の名前は実存主義がその道の人によって話題にされるたびに思い出される」[26]と述べている。

また、公共性やコミュニケーションの議論に大きな貢献をなしたハーバーマスに、「ユダヤ系哲学者たちのドイツ観念論」という一見かれには似つかわしくない興味深いタイトルの論文がある。このなかでかれはある驚きを表明している。「ドイツ観念論は本質的にプロテスタント的に規定された哲学なのであるが、その中心的主題が、いかに豊かにユダヤ的な伝統の経験から解明されるかには、いつも驚くばかりである」[27]。さらにかれは続けて次のようにいう。「かれ〔ローゼンツヴァイク〕は自らの偉大な企てにおいて、ユダヤ的神秘主義の深みからドイツ観念論の解釈を試みるのである」[28]。ハーバーマスが指摘するように、ローゼンツヴァイクの試みがユダヤ的神秘主義からドイツ観念論を解釈することであるかどうかは、より詳細な検討が必要である。しかしシェリング、とりわけ後期シェ

---

26) Leo Strauss, "An Introduction to Heideggerian Existentialism," in *The Rebirth of Classical Political Rationalism: An Introduction to the Thought of Leo Strauss,* selected and introduced by Thomas L. Pangle（Chicago: The University of Chicago Press, 1989), 28.「ハイデガー実存主義への序説」(『古典的政治的合理主義の再生』、石崎嘉彦監訳、ナカニシヤ出版、1996年)、71頁。

27) Habermas, "Der deutsche Idealismus der jüdischen Philosophen," in *Philosophisch-politische Profile,* 39.「ユダヤ系哲学者たちのドイツ観念論」『哲学的・政治的プロフィール 上』、50頁。

28) Ibid., 41. 同上訳書、53頁。

リングから大きな影響を受けたかれが自らの思想のうちに神秘主義的傾向を宿していたことを考えれば,われわれはハーバーマスの指摘を無視することはできないだろう[*29]。事実,後期シェリングの思想は単に哲学という一つの範疇にはおさまりきれない壮大な試みであった[*30]。

ところで20世紀初頭のドイツにおけるシェリングの受容は,何もローゼンツヴァイクに限られたものではない。シェリングの思想はさまざまな形で取り上げられた。スティーブン・M・ワッサストロムによれば,この時期のドイツの思想家たちは「とくにフリードリヒ・シェリングの『神話の哲学』の研究を通して神話に向かった」[*31]のである。例えば,われわれはユダヤ人思想家であれば,ブロッホやカッシーラーの名をあげることができるだろう。とりわけ後者は『シンボル形式の哲学』で神話について考察し,晩年はそれまでほとんど言及してこなかったユダヤ教を国家や神話の問題と重ね合わせて論じているところはきわめて興味深い。またユダヤ人以外にもテーマは異なるがティリッヒがシェリングの宗教哲学を精力的

---

29) ローゼンツヴァイクとシェリングの関係,とりわけローゼンツヴァイクに対するシェリングの『世界時代』(*Die Weltalter*) の影響は次の著作を参照されたい。Stéphane Mosès, *System and Revelation: The Philosophy of Franz Rosenzweig,* foreword by Emmanuel Lévinas, translated by Catherine Tihanyi (Detroit: Wayne State University Press, 1992), とくに39-42。

30) エルンスト・ベンツが指摘しているように,シェリングの思想は中世ドイツの神秘主義者たちやスウェーデンボルク,シュヴァーベンのピエティスムス,カバラ主義者イサーク・ルリアといったあまり西洋の表舞台にはあらわれてこない思想からもさまざまな影響を受けていた。「シェリング神学思想の父祖たち」(『哲学研究』第455号,酒井修訳,京都哲学会,1958年)。とくに最後にあげたイサーク・ルリアについては,日本でもゲルショム・ショーレムの翻訳や小岸昭の一連の著作によってかなり知名度が高まってきたのではないだろうか。『ユダヤ神秘主義』(山下肇・石丸昭二・井ノ川清・西脇征嘉訳,法政大学出版局,1985年);小岸昭『離散するユダヤ人――イスラエルの旅から』(岩波新書,1997年)。そして,まさにローゼンツヴァイクはいわゆる「救済の星の『原細胞』」と呼ばれている手紙のなかで,シェリングとイサーク・ルリアの関係にふれている。その際,かれは「わたしが知る限り,ルリア的なカバラが教えているように」とつけ加えながら「神の収縮」というカバラ思想に言及している (Ur, 128)。モーゼスによればローゼンツヴァイクはルリアの思想を取り入れることによって,「体系概念と啓示概念とのあいだの矛盾」を解決しようとした。Mosès, *System and Revelation,* 41-42。

31) Steven M. Wasserstrom, *Religion after Religion: Gershom Scholem, Mircea Eliade, and Henry Corbin at Eranos* (Princeton: Princeton University Press, 1999), 115. 19世紀以降のユダヤ人思想家によるシェリングの思想受容については,Werner J. Cahnman, "Friedrich Wilhelm Schelling and the New Thinking of Judaism," in *German Jewry: Its History and Sociology,* edited, with an Introductin by Joseph B. Maier, Judith Marcus, and Zoltän Tarr (New Jersey: New Brunswick, 1989) を参照されたい。

に研究していたし，ローゼンツヴァイクの『救済の星』が出版されてから15年が経過した1936年には，ハイデガーがフライブルク大学でシェリングの『人間的自由の本質』を取り上げ，かれの「自由の体系」について講義している。ハイデガーが問題にした「体系」という概念は，ドイツ観念論の思想家を議論する際にきわめて重要な位置を占める概念であり，ローゼンツヴァイクの思想においても特別な役割を果たしている[32]。

　このような状況のなかで，ローゼンツヴァイクのシェリング理解もかなり深いところに達していたに違いない。それゆえカスパーのいう「ドイツ観念論」というコンテクストは，すでに確認したように哲学の言語のみで語ることができないものであり，それはローゼンツヴァイクの思想にも影響を与えていた。またかれが書いた博士論文『ヘーゲルと国家』(*Hegel und der Staat*, 1920) のヘーゲルは，かれの指導教授でもあったマイネッケのヘーゲル理解や新ヘーゲル派の影響，そして当時のドイツ国家の現実とヘーゲル国家論との思想史的連関をも考慮して読む必要がある。すなわち，コンテクストとしてのドイツ観念論といっても，単にリヒャルト・クローナーなどに代表される「カントからヘーゲルへ」という哲学史的な理解のそれではなく，ハルトマンのいう文学や詩の影響，そして後期シェリングに見出されるようなキリスト教やユダヤ神秘主義の受容，そしてローゼンツヴァイクが生きた時代の政治状況とドイツ観念論の関係——とくに，ヘーゲルの国家論——といったものまで考慮しなければならないのである。それゆえ，われわれはローゼンツヴァイクという一人の思想家のなかに単に哲学史には還元しえない知が，さまざまな角度から交錯しているのをみることができよう。このように考えるならば，先に述べたハーバーマスの驚きはわれわれの驚きでもあるのだ。

　さらにつけ加えれば，われわれはドイツ観念論の背後にある独特な歴史意識，そして歴史哲学を無視するわけにはいかない。ハイデガーによれば「ドイツ観念論の哲学以後はじめて哲学史というものが可能になったのであり，しかも歴史そのものが，絶対知の自己自身へ向かう道だということになる。歴史はいまではもはや，人が後にし，脱ぎ捨てた過去ではなく，

---

32) Reiner Wiehl, "Experience in Rosenzweig's New Thinking," in *The Philosophy of Franz Rosenzweig*; 合田正人「星々の友情——ローゼンツヴァイクとベンヤミン」(『ナマール』第7号，日本・ユダヤ文化研究会，2002年)。

精神そのものの不断の生成形式である」[33]。つまり,ドイツ観念論において「一般に歴史ははじめて形而上学的に把握されるのだ」[34]。ローゼンツヴァイクの博士論文のテーマがヘーゲルであったことはすでに言及したが,その中心的課題はヘーゲルの国家論と歴史哲学の関係であった。ローゼンツヴァイクの思想のなかにいつまでも払拭されずに残っているヘーゲルの痕跡については,卓越したローゼンツヴァイク研究者であるステファヌ・モーゼスがすぐれた論文を著している[35]。さらに観念論から歴史哲学へと向かった後期シェリングが,ローゼンツヴァイクに影響を与えたことをあわせて考えるならば,われわれは自ずと「ドイツ観念論」だけでなく,かれの思想,とくにかれの歴史観が形成されたコンテクスト,すなわち当時多くの思想家を悩ませていた「歴史主義の問題」へと向かわなければならない。かくしてカスパーが指摘した二つのコンテクストである「ドイツ観念論」と「歴史主義の問題」は内的に連関したものであり,かれがいうようにローゼンツヴァイク研究の重要なコンテクストであることが,われわれにも理解できよう。いやそもそも,「ドイツ観念論」と「歴史主義」,いい換えれば「観念論体系の崩壊と歴史主義の台頭」[36]というコンテクストはローゼンツヴァイクの思想に限定されない当時のドイツの精神世界を基礎づけていたもっとも重要な時代精神といえるかもしれない。

ⅱ) 歴史主義

さてここでもまた,ドイツ観念論と同様に歴史主義とは何かという困難な問題がわれわれを待ち構えている[37]。この問題については,まずマイ

---

33) Martin Heidegger, *Schelling: Vom Wesen der Menschlichen Freiheit*（*1809*）, Gesamtausgabe, Bd. 42（Frankfurt am Mein: Vittorio Klostermann, 1988）, 83.『シェリング講義』(木田元・迫田健一訳,新書館,1999年), 109頁。邦訳は口語体(デス・マス調)で記されているが,ここでは通常の文語体に改めさせていただいた。
34) Ibid. 同上訳書。
35) ステファヌ・モーゼス「真に受けられたヘーゲル」(『歴史の天使 ローゼンツヴァイク,ベンヤミン,ショーレム』,合田正人訳,法政大学出版局,2003年)。
36) ヘルベルト・シュネーデルバッハ『ヘーゲル以後の歴史哲学 歴史主義と歴史的理性批判』(古東哲明訳,法政大学出版局,1994年), 5頁。
37) 例えば『歴史と現在における宗教』（Religion in Geschichte und Gegenwart）第4版のHistorismusの項は,この概念を「哲学的」,「教会史的」,「組織神学的」と三つに分類して説明している。

ネッケの言葉に耳を傾けてみよう。名著『歴史主義の成立』の序文で，かれはドイツに生じた歴史主義を最大限の賛辞でもって迎えている。マイネッケによれば，歴史主義の台頭は「西欧の思考が経験した最大の精神革命の一つ」であり，「宗教改革につぐ第二の偉業」である[38]。「歴史主義の核心は，さまざまの歴史的＝人間的な力を，一般化的にではなく個性化的に考察することにある」[39]。つまり「歴史主義が呼びおこしたのは，個別的なものに対するこの新しい感覚であった」[40]。しかしマイネッケは歴史のなかに生起する一回限りの出来事や，歴史のもっとも深い底で働いている人間の精神や魂のうちに創造的な力を見出そうとする一方で，歴史主義が抱えている負の側面を忘れてはいない。「歴史主義は支えようのない相対主義への道であり，人間の創造力を麻痺させるものであるという見解」[41]を，かれは十分に熟知していたのだ。この問題を正面から批判したのがフッサールであった。

1911年，フッサールは『厳密な学としての哲学』において「自然主義」と「歴史主義」に対して批判の矛先を向け，それは学問的ニヒリズムを招き，結局は「頽廃の時代」の到来を告げると語っている[42]。もちろん，ここでのフッサールの目的は現象学の普遍妥当性を宣言することであった。しかし，この論文からわかることは当時のドイツの知的・精神的雰囲気として，すでに第一次世界大戦に先立って相対主義や科学万能主義といった近代の病がいたるところに蔓延していたということである。またフッサールとは反対に，トレルチは青年たちの非歴史的な思考を危惧していたようである。名著『歴史主義とその諸問題』のなかでかれは，自らの時代認識とでもいうべき文章を著している。そこでかれは「通称『非歴史的』に方向づけられている今日の青年」[43]といいながら，歴史への無関心やその破

---

38) Friedrich Meinecke, *Die Entstehung der Historismus,* Werke, Bd. 3 (München: R. Oldenbourg Verlag, 1965), 1-2.『歴史主義の成立（上）』(菊池英夫・麻生建訳，筑摩書房，1967年)，4-5頁。
39) Ibid., 2. 同上訳書，5頁。
40) Ibid. 同上訳書。
41) Ibid., 4. 同上訳書，7頁。
42) エドムント・フッサール「厳密な学としての哲学」(『世界の名著51』，小池稔訳，中央公論社，1970年)，150-151頁。
43) Ernst Troeltsch, *Der Historismus und seine Probleme,* Gesammelte Schriften, Bd. 3 (Aalen: Scientia Verlag, 1961), 3.『歴史主義とその諸問題（上）』(近藤勝彦訳，トレルチ著作

壊がもたらす結果を次のように記している。「歴史的な教養や歴史的な知識そのものを破壊することは，ただ野蛮状態に向かって決心することとしか考えられないし，それをなしとげることができるとすれば，それはただその他の一切の生活領域においても野蛮状態に逆もどりすることによってでしかない」*44。

おそらくトレルチのいう「青年たち」には，ローゼンツヴァイクも含まれるだろう。歴史主義に対してさまざまな態度をとることが可能であるが，いずれの態度をとるにせよ歴史の問題に真正面から取り組むことは，相対主義の問題を不可避の課題として引き受けることである。トレルチは歴史主義を定義して「精神的世界のわれわれのあらゆる知と感覚の歴史化」（die Historisierung unseres ganzen Wissens und Empfindens der geistigen Welt）と書き，「われわれはここにすべてのものを生成の流れのなかに（im Flusse des Werdens），すなわち果てしなくつねに新しい個別化のうちに，そして過ぎ去ったものによって規定されつつ，知られざる未来的なものへと向かうことのうちにみる」*45といっている。「生成の流れ」という表現が，歴史主義が有している相対主義的な傾向をあらわしている。認識論のみならず文化や倫理もまた相対化の波に飲み込まれていく時代状況のなかで，ローゼンツヴァイクもまたそこから影響を受けていたに違いない。これまでの時代を支配していた価値観の危機は，必ず政治や社会そして従来の人間観に大きな変化をもたらす。もしこの指摘が正しいならば，ローゼンツヴァイクが自らの思想を「新しい思考」といった意味がわかるだろう。価値や規範が崩壊していくという感覚はかれの思想にとって大きな意味をもつものであり，これは先に述べたかれの戦争体験とも深く関係している。

またローゼンツヴァイクが，歴史家であったマイネッケから学問的訓練を受けていることを考えれば，われわれはかれの思想のうちに歴史および歴史主義の問題が深く棹さしていたことを推測できよう。しかしローゼン

集4，ヨルダン社，1980年），17頁。

44) Ibid., 4. 同上訳書。

45) Ernst Troeltsch, "Die Krisis des Historismus," in *Kritische Gesamtausgabe. Schriften zur Politik und Kulturphilosophie* (1918-1923), Bd. 15, herausgegeben von Gangolf Hübinger in Zusammenarbeit mit Johannes Mikuteit (Berlin/New York: Walter de Gruyter, 2002), 437.

ツヴァイクと歴史主義の関係を究明しようとすれば，その試みはすぐに困難なものとならざるをえない。なぜなら，例えばトレルチやマイネッケのような思想家は歴史主義に立脚しながら——もちろん微妙な差異を含みながらも——自らの思索を展開していたのに対して，ローゼンツヴァイク自身が歴史主義という言葉を用いたり，その問題を中心にして論文を書いたりしたことはほとんどなかったからである。もちろん本書は，「ローゼンツヴァイクと歴史主義」というテーマを正面から扱うものではけっしてない。しかし時間と永遠性の問題を考察することは，間接的であっても何らかの形で歴史主義の問題を暗示している。それゆえ，われわれは本書においては「ローゼンツヴァイクと歴史主義」というテーマは原則的に棚上げすることになるが，最後にわずかではあるが本書のテーマと歴史主義とのあいだにある興味深い連関について言及するつもりである。以上のような指摘でわれわれは満足することにして，次にローゼンツヴァイクを取り巻く宗教的・社会的状況を所謂「ユダヤ性とドイツ性」の関係を中心にして描いてみよう。

ⅲ）ユダヤ性とドイツ性

モーゼス・メンデルスゾーンからはじまり，ヒトラーの台頭までのドイツ・ユダヤ精神史をドイツ・ユダヤの《共生》とその《挫折》としてみることも不可能ではないが[*46]，そもそも本当に両者の共生が成立していたかということは論者によって，あるいは現実にその時代を生きていた人々にとって感じ方はさまざまであろう。もちろん最終的な結果が破局であったことを考えれば，両者の共生という理想は淡い夢であったのかもしれないが。

1778年，メンデルスゾーンはモーセ五書をドイツ語に翻訳し，ユダヤ教を再解釈することによってドイツ文化のなかへ参入しようとした。この

---

46) ここで論じられるドイツ性とユダヤ性をめぐる宗教的・社会的状況については以下の研究に依拠している。Reinhold Mayer, *Franz Rosenzweig. Eine Philosophie der dialogischen Erfahrung*（München: Chr. Kaiser Verlag, 1973）, 29-34; Michael Brenner, *The Renaissance of Jewish Culture in Weimar Germany*（New Haven/London: Yale University Press, 1996）; idem., *Zionism. A Brief History,* translated by Shelley L. Frisch（Princeton: Markus Wiener Publischer, 2003）; エンツォ・トラヴェルソ『ユダヤ人とドイツ人——「ユダヤ・ドイツの共生」からアウシュヴィッツの記憶まで』（宇京頼三訳，法政大学出版局，1996年）。

ユダヤ人哲学者がドイツ啓蒙主義の代表者たるレッシングとも深い交友関係にあったことはドイツとユダヤの共生をさらに印象づける。また19世紀になると，サロン文化，とくにベルリンのユダヤ人サロンにおいて「ユダヤ・ドイツの相互浸透」[47]が図られた。例えばこのようなサロンには，ゲーテ，シュレーゲル兄弟，シュライアマハー，フンボルトなどドイツ文化を体現するような思想家たちが出入りしていた。また学問的にも，この時代にはベルリンを中心にレオポルト・ツンツやエドゥアルト・ガンスによってユダヤ学（Wissenschaft des Judentums）が提唱された[48]。合理的な精神に満たされたユダヤ学によって解釈されたユダヤ教は，コーエンの書物のタイトル通り「理性の宗教」になっていった。コーエンのこの書物の正式なタイトルは『ユダヤ教の源泉に基づく理性の宗教』だが，前半の「ユダヤ教」はユダヤ性を後半の「理性」とはカント，すなわちドイツ性をあらわしている。
　1871年，ユダヤ人の法的同権化がやっと完了するなかで，ユダヤ人によるドイツ文化の受容はエリート層だけでなく，一般人にも影響を及ぼすようになっていった。さまざまなユダヤ人組織が設立されたが，同時にユダヤ人のドイツ文化への同化も強まっていった。これとともに「皇帝と祖国のため神とともに」というドイツ民族主義者のスローガンがユダヤ人たちのあいだにも流れた[49]。そしてヴァイマール時代になると，もう多くを語る必要はないだろう。ユダヤ人たちは政治的には必ずしも平等ではなかったが，多くの分野で活躍することになった。もちろん，ヒトラーが政権につくまでの話だが。
　このような状況がユダヤ人とドイツ人の蜜月時代といえるかどうかは別としても，両者のあいだに何らかのつながりがあったことは確かである。しかし両者の関係の背後には，つねに西洋に根深く残っている反ユダヤ主義の影がちらついていたことを忘れるわけにはいかない。コーエンがいくら「ユダヤのメシア信仰と観念論哲学の人文主義をつなぐ親和力が，ユダ

---

47) トラヴェルソ『ユダヤ人とドイツ人』，21頁。
48) ユダヤ学については以下の論文を参照されたい。David N. Myers, "The Ideology of Wissenschaft des Judentums," in *History of Jewish Philosophy*, ed. Daniel H. Frank and Oliver Leaman（London/New York: Routledge, 1997）.
49) トラヴェルソ『ユダヤ人とドイツ人』，23頁。

ヤ人をドイツの運命に結びつける不滅の同盟の基礎にある」と考えても，両者のあいだには乗り越えられない溝がいつまでも残っていたのである[*50]。反ユダヤ主義については夥しい数の研究があるのでここで論じることはしないが，「ユダヤ人は我々の不幸である」というハインリッヒ・フォン・トライチュケの言葉がすべてを示していよう[*51]。

　同化と反ユダヤ主義が交錯するなかで，もう一つの流れが生じる。シオニズムの運動である。ウィーンのユダヤ人ジャーナリスト，テオドール・ヘルツルの著作『ユダヤ人国家』が1896年に出版され，翌年にはスイスのバーゼルで第一回世界シオニスト会議が開催された。シオニズムについて，ミヒャエル・ブレナーは次のような要領を得た紹介をしている。「シオニスト運動は二つの発展した事態，すなわち東欧と中欧で増大しつつある反ユダヤ主義とヨーロッパ・ユダヤ人たちのあいだでの急速なユダヤ教離れの進行への反発としてあらわれた。シオニズムは，両者に対して以下のような救済策を与えた。すなわち，ユダヤ人国家の創設は反ユダヤ主義の消滅に帰着し，ユダヤ・アイデンティティを生き返らせるだろう」[*52]。シオニストたちが，ユダヤ人国家の創設によってユダヤ人問題を解決しようとしたのは十分納得のいくところである。なぜなら法的平等が確立されたとしても，社会的不平等，あるいは私的な領域での差別は依然として残っていたからである。とはいえヴァイマール時代を生きたシュトラウスが回想しているように，「ユダヤ人問題を解決するには，あらゆる種類の『差別』の法的禁止が必要であり，それは私的領域の放棄にほかならず，リベラルな国家の破壊を意味する」[*53]。すなわち私的領域における差別までを法的に禁止してしまったら，当の私的領域を認めているリベラリズム自体を破壊してしまうというディレンマがあるがゆえに，リベラリズムはユダヤ人問題を解決できないのである。だからこそシオニズムは，ユダヤ人問題の解決策としてリベラリズムに取って代わろうとしたのであった。ただし注意すべきことは，シオニズムの運動のなかにもさまざまな考え方

---

50) 同上訳書, 41頁。

51) 同上訳書, 34頁。

52) Brenner, *The Renaissance of Jewish Culture in Weimar Germany*, 23.

53) Leo Strauss, "Preface," in *Spinoza's Critique of Religion*, translated by E. Sinclair (New York: Schocken Books, 1965), 6. 「スピノザの宗教批判（英語版への序文）」(『スピノザーナ』, 高木久夫訳, 第1号, 1999年), 79頁。

があったことである。あくまで国家の創設を目指す政治的シオニズムや，またユダヤ人のアイデンティティを文化として回復しようとする文化的シオニズムなどが存在しており，一枚岩の運動としてみることは控えなければならない。

さらにこの状況に追い討ちをかけるかのように，第一次世界大戦が勃発した。もちろんドイツ市民としてドイツという祖国を守るために戦地に赴いたユダヤ人もいるし，それを鼓舞したユダヤ知識人もいた。しかし，ドイツとの関係を根本的に疑う若者たちが出てきたこともまた何ら不思議ではない。そのなかには当然，ローゼンツヴァイクそしてゲルショム・ショーレムも含まれていた。ただし両者のシオニズムへの評価は，まったく正反対であったようだ。どちらもいまのままではよくないと思いながら，お互いのあいだに接点をみつけることは難しかった。ショーレムは，ローゼンツヴァイクとの違いを自伝のなかで次のように書いている。「かれ〔ローゼンツヴァイク〕はドイツのユダヤ文化を内部から，改革といったらよいか革命といったらよいかわからないが，ともかく変えようとした。一方わたしのほうは，ドイツ・ユダヤ文化として知られる折衷にはもう希望を託すことなどなく，ユダヤ文化の更新はイスラエルの地での再生にしか期待していなかった」[54]。ユダヤの若者たちは戦争中に同化されていない東欧のユダヤ人たちと会ったこともあいまって[55]，おのれのアイデンティティをドイツ性の外側に探し出そうとした。そうなると，自ずと自分たちにはユダヤ性しか残っていないことが明らかになったのであり，それは父親世代の同化主義との決別を意味したのであった。ローゼンツヴァイクの生きた時代，それはユダヤ性がドイツ文化に見切りをつけた時であったといえよう[56]。

---

54) ゲルショム・ショーレム『ベルリンからエルサレムへ』(岡部仁訳，法政大学出版局，1991年)，154-155頁。
55) Brenner, *The Renaissance of Jewish Culture in Weimar Germany*, 32-33.
56) ショーレムは，ドイツ人とユダヤ人の対話を「神話」だと喝破する。「わたくしは，そのようなドイツ人とユダヤ人の対話が，かつて何か本当の意味で歴史的現象として存在したことがあるということに反駁します。……あの多く引合いに出されるドイツ人とユダヤ人の対話のなかで，ユダヤ人は誰に向かって語ったのでしょうか。かれらは，自分たち自身に向かって声が嗄れるまで叫んでいた，とはいわないまでも，自分たち自身に向かって語っていたのです」。Gershom Scholem, "Wider den Mythos vom deutsch-Jüdischen Gespräch," in *Judaica 2* (Frankfurt am Mein: Suhrkamp Verlag, 1977), 7, 9.「ドイツ人とユダヤ人との〈対話〉という

われわれは三つのコンテクストを概観してきた。どれも『救済の星』が生まれるためには必要な条件であった。しかし，あるコンテクストから必然的にあるテクストが誕生するわけではない。テクストにはテクストの自律性があってしかるべきである。われわれは次に本書の課題を明瞭にするために，ローゼンツヴァイクの研究史を概観することにしよう。

第3節　研究史概観および本書の課題

エイブラハム・J・ヘッシェルは『シャバット』のなかで「聖書は空間よりも時間に熱い関心を寄せて」おり，「世界を時間の次元においてみる」と書いている[57]。ヘブライズムの伝統において空間よりも時間が重要視されてきたことは，トーレイフ・ボーマンの古典的な研究においても語られている[58]。「ユダヤ教は時間の聖化をめざす時間の宗教である」[59]というヘッシェルの指摘は，本書にとっては重要な導きとなろう。ローゼンツヴァイクは自らの新しい思考の特徴を「時間を真剣に受け取ることのうちに」(im Ernstnehmen der Zeit) 存するといい，「時間はそれ自体ですでにわたしが最初に語った新しい思考である」とまで書いている (ND, 148, 152)。本書の課題は，まさにこのローゼンツヴァイクによる「新しい思考」の自己規定「時間を真剣に受け取ること」を文字通り真剣に理解することによって，かれの思想のなかにある時間と永遠性の関係を考察することである。それゆえ本書は，ローゼンツヴァイクの思想をトータルに把握する試みではない。むしろ時間と永遠性というテーマに絞った上で，われわれはかれの主著『救済の星』と論文「新しい思考」("das neue Denken," 1925) を中心にその本質を析出し，解釈することを目指したい。日常的な生活世界を貫き，人間の行動を束縛している近代の直線的な時間意識に対して，かれはさまざまな角度から亀裂を入れることで，時間秩序に騒乱を引き起こそ

神話に反対して」(『ユダヤ主義と西欧』，高尾利数訳，1973年)，8, 9-10頁。
57) A・J・ヘッシェル『シャバット——安息日の現代的意味』(森泉弘次訳，教文館，2002年)，13頁。
58) トーレイフ・ボーマン『ヘブライ人とギリシア人の思惟』(植田重雄訳，新教出版社，1957年)。
59) ヘッシェル『シャバット』，15頁。

うとする*60。水平的な時間が動揺しだすその時にこそ，永遠性が垂直的に到来するのだ。ローゼンツヴァイクは人間の多様な時間経験を描き出しながら，時間のなかで永遠性を語ろうとする。ここでわれわれは上記のテーマをめぐって従来のローゼンツヴァイク研究が，どのように行われてきたかを限定的ではあるが概観してみよう。

　ローゼンツヴァイクが，いつから研究対象となったかを判断することは難しい。例えばドイツにおいては1928年にヘルマン・ヘリゲルの著作『新しい思考』の最後でローゼンツヴァイクに言及されている*61。そもそもタイトルが『新しい思考』であるという事実からみても，ヘリゲルはローゼンツヴァイクを意識していたのではないだろうか。また1933年にはエルゼ＝ラーエル・フロイントの研究書『フランツ・ローゼンツヴァイクの実存哲学 —— 著作『救済の星』の分析への寄与』が出版されたが，1933年とはまさにヒトラーが政権に就いた年である。それゆえこの書物は，おそらく当時ほとんど知られることはなかっただろう*62。しかし第二次世界大戦が終結すると，ローゼンツヴァイクはドイツのみならずアメ

---

　60) フランクリン・L・バウマーによれば，17世紀のガリレオ，デカルト，ニュートンの思想においてこれまでの自然観に変化が生じる。すなわち，その「新しい自然」のなかでは空間と時間は客観的なものであり，うちに含むいかなる物理的なものからも完全に独立しているという意味では絶対的なものであった。Franklin L. Baumer, *Modern European Thought. Continuity and Change in Ideas, 1600-1950* (New York: Macmillan Publishing Co., Inc, 1977), 59. 『近現代ヨーロッパの思想 —— その全体像』（鳥越輝昭訳，大修館書店，1992年），96-97頁。また近代における空間・時間論の成立については，次のカッシーラーの名著も参照されたい。エルンスト・カッシーラー『実体概念と関数概念』（山本義隆訳，みすず書房，1979年），『認識問題 —— 近代の哲学と科学における 2-2』（須田朗・宮武昭・村岡晋一訳，みすず書房，2003年）。
　ローゼンツヴァイクがその永遠性の思想との関連において批判したのは，上記のような認識枠組みとして客観的に計測することができ，等質的な瞬間の連続である数学的・物理学的時間である。もちろんこのような近代合理主義を支える時間を嫌悪したのは，ひとりローゼンツヴァイクだけではない。それは啓蒙主義に反旗を翻したロマン主義に端を発し，20世紀になると多くの思想家が各々独自の時間論を展開したことはいうまでもなく，ローゼンツヴァイクの思想を近代思想史のうちに位置づける場合，時間論が一つの手がかりになるだろう。モンテーニュからプルーストへと至るフランスでの時間論の展開についてはジョルジュ・プーレ『人間的時間の研究』（井上究一郎・山崎庸一郎・二宮フサ他訳，筑摩書房，1969年）が興味深い。
　61) Hermann Herrigel, *Das neue Denken* (Berlin: Verlag Lambert Schneider, 1928), 228-232.
　62) Else-Rahel Freund, *Die Existenzphilosophie Franz Rosenzweigs: Ein Beitrag zur Analyse seines Werkes "Der Stern der Erlösung"* (Hamburg: Verlag von Felix Meiner, 1933, 1959). 戦後復

リカにおいても活発に研究されはじめた。

　ローゼンツヴァイクのいくつかの重要な論考を英訳し，そこに詳細な注釈をつけて出版したポール・W・フランクスとマイケル・L・モーガンは，その著作の序文でアメリカにおけるローゼンツヴァイク研究史を簡潔に述べている[63]。かれらによれば，第二次世界大戦後にアメリカへもたらされたローゼンツヴァイクの思想は，まずドイツ系のユダヤ知識人たちによって研究された。1950年代そして60年代を通してブーバーとともにローゼンツヴァイクは，神と人間の出会いや啓示の問題をめぐるユダヤ神学思想のもっとも重要な人物となった。ローゼンツヴァイク研究における基本的文献の一つであるナーム・グラッツァーの『フランツ・ローゼンツヴァイク――かれの生涯と思想』(1953)が世に出たのもこの時期であった[64]。また，ドイツにおいてもカスパーが『対話的思考――フランツ・ローゼンツヴァイク，フェルディナント・エーブナー，そしてマルティン・ブーバー』[65]を1967年に出版し，そこでかれはそのタイトルが示している通りブーバー，ローゼンツヴァイク，そしてエーブナーという三人の思想家を取り上げ，分析している。

　しかし，1960年代後半から1980年代を通してローゼンツヴァイク研究は一時的に停滞する。ところがフランクスとモーガンによれば，いわゆる「ポスト・モダニズム」と呼ばれる思想の登場によってこの状況は劇的に変化した。「ポスト・モダニスト」たちは，「他者性と差異」，「歴史と記憶」，そして「メシア的なものの概念」といった新たな関心をローゼンツヴァイ

刊され，いまでは英訳も出版されている。*Franz Rosenzweig's Philosophy of Existence: An Analysis of the Star of Redemption,* translated into English from the German revised edition by Stephen L. Weinstein and Robert Israel, edited by Paul R. Mendes-Flohr (The Hague/Boston/London: Martinus Nijhoff, 1979). 彼女はその著作のなかで，「ローゼンツヴァイクにおける時間というモチーフがどのくらい根本的な意味を有しているかは，第三部，直観の領域において明らかになる」(Ibid., 9) と書いている。ただしこれからわれわれが考察するように，『救済の星』第二部，とくに救済論においてもかれは「先取り」という概念を用いながら，永遠性の光の下でかれの特異な時間論を展開していることを忘れるわけにはいかない。

　63) *Philosophical and Theological Writings,* by Franz Rosenzweig, translated and edited, with notes and commentary, by Paul W. Franks and Michael L. Morgan (Indianapolis/Cambridge: Hackett Publishing Company, Inc, 2000), vii-x.

　64) *Franz Rosenzweig: His Life and Thought,* presented by Nahum N. Glatzer.

　65) Bernhard Casper, *Das Dialogische Denken: Franz Rosenzweig, Ferdinand Ebner und Martin Buber* (Freiburg/München: Verlag Karl Alber, 1967, 2002).

ク研究にもたらし，このコンテクストにおいてローゼンツヴァイクの思想には特別な関心が研究者たちから寄せられた[66]。かれらにとって「ローゼンツヴァイクはハイデガーの同時代人であり，ハイデガーと同様に新しい思考の支持者そして古い哲学的伝統への挑戦であった。かれはいくつかの点において近代主義者であったが，しかし近代主義を越えて新しくいまだ知らない何かを示しているようにも思えた」[67]。こうして今日，ローゼンツヴァイクは宗教的な思想家の次元だけでなく，哲学や文学批評，そして文化や政治の次元においてもさまざまな形で論じられている。

このようなローゼンツヴァイク研究の流れを確認しながらも，われわれの関心は「ポスト・モダニスト」ローゼンツヴァイクにはない。もちろん，そのテクストから浮かび上がってくるかれ独自の思想を現代に応用し，解釈することはきわめて重要な思想的課題である。過去の偉大なテクストとは，現在の地平に移し変えても，それに耐えうるテクストを意味する。しかし，本書の狙いはあくまでもローゼンツヴァイクのテクストを内在的に理解した上で，そこから時間と永遠性をめぐるかれの根本思想を突き止めることである。

ローゼンツヴァイクの名前を世に知らしめた最大の功労者はレヴィナスだが，多大な影響力をもったローゼンツヴァイクの研究書ということであればステファヌ・モーゼスの名をあげることができるだろう。かれの著書『体系と啓示——フランツ・ローゼンツヴァイクの哲学』は，ドイツ思想とユダヤ神秘主義の言説にも注意を払いながら『救済の星』を論じたすぐれた研究書である[68]「体系と啓示の二元性を超えることは可能か」[69]という「信仰と知」の関係を問うたモーゼスの著作は，『救済の星』の内容のほとんどに言及している。モーゼスと同様にローゼンツヴァイクの思想をトータルに把握しようとした研究書としてもう一冊，マルティン・フリッケの『フランツ・ローゼンツヴァイクの啓示哲学——『救済の星』の一解釈』がある[70]。フリッケはローゼンツヴァイクの新しい思考を「啓示

---

66) Franks and Morgan, "Preface," in *Philosophical and Theological Writings*, vii.
67) Ibid., viii.
68) Mosès, *System and Revelation*. 原著はフランス語で1982年に出版されている。
69) Ibid., 37.
70) Martin Fricke, *Franz Rosenzweigs Philosophie der Offenbarung: Eine Interpretation des Sterns der Erlösung*（Würzburg: Verlag Könighausen & Neumann GmbH, 2003）。

に基礎づけられ、そして関係づけられた『立脚点の哲学』」[*71]とみなし、『救済の星』のうちにある「(神学的・哲学的) 思考と (信仰的で生き生きとした) 経験」[*72]の関係を考察している。両者ともローゼンツヴァイクの「啓示」概念を中心にして、われわれの課題である「時間」や「永遠性」にも言及している。

時間と永遠性の問題を主題的に取り上げた著作としてわれわれは、ハンス・マルティン・ドーバーの『時間を真剣に受け取ること——フランツ・ローゼンツヴァイクの『救済の星』研究』をあげることができる[*73]。かれは「解体」(Dekonstruktion)、「構築」(Konstruktion)、「再構築」(Rekonstruktion) という枠組みのなかでローゼンツヴァイクの「哲学体系」を論じている[*74]。全体性の哲学の「解体」からふたたび新しい全体性の「再構築」へ向かう過程において、ローゼンツヴァイクが「時間」を必要としたことを論じたこの研究書は[*75]、かれの思想とシェリング、コーエンそしてハイデガーとの比較を含んだ重要な著作である[*76]。しかし、残念ながらドーバーの書物には大きな問題がある。それは、かれが『救済の星』の第三部についてほとんど論じなかったことである。この点が、われ

---

71) Ibid., 34.

72) Ibid., 39.

73) Hans Martin Dober, *Die Zeit ernst nehmen. Studien zu Franz Rosenzweigs "Der Stern der Erlösung"* (Würzburg: Königshausen und Neumann, 1990).

74) Ibid., 10.

75) Ibid., 102-103.

76) ドーバーはローゼンツヴァイクとハイデガーとのあいだにある類似点として、「時間の時間化」や「体験された瞬間における時間の根源的経験」という思想を指摘している。これに対して、ハイデガーとは異なりローゼンツヴァイクは「人間の時間性の経験」を神学的なカテゴリーを用いて再構成しようとする。かれによれば、この「方法論的な違い」は「事柄上の違い」にも反映している。第一にローゼンツヴァイクが語る「時間経験は実存的ではなく、対話的である」。また第二に「かれが根源的な時間経験を描写する構造は、存在論的差異ではなく対話的差異である。ハイデガーは現存在がその本来性のうちに自らを反省的に保持することによって、……時間の根源的な時間化を規定するのに対して、ローゼンツヴァイクはメタ倫理的な人間がおのれから外に向かって呼び出され、その閉鎖性を克服するような出来事として根源的な経験を描いている」。またこのような時間経験においては、他者の契機が重要な意味をもつことになる。すなわち、ローゼンツヴァイクにとって「根源的な時間」とは「おのれから他者に対する責任へと向かって呼び出される」(das Hinausgerufenwerden aus sich in die Verantwortung für den Andern) ような出会いの経験であり、この他者へと向かう人間の「脱自」(Ekstase) こそ「現在の根源的な様態」であり、「啓示の瞬間」である。Ibid., 104-113.

われの研究との大きな違いといえよう。『救済の星』第三部はローゼンツヴァイクのユダヤ教論，キリスト教論，神秘主義的な神論および真理論が展開されている箇所である。本書は第5章，第6章においてこの問題を考察する。またペーター・E・ゴードンの研究『ローゼンツヴァイクとハイデガー——ユダヤ教とドイツ哲学のあいだで』は，われわれの関心そして内容ときわめて近いものである[77]。かれはローゼンツヴァイクとハイデガーの思想原理を「無限である神」との関係を有した「有限性」に求め[78]，両者の共通性と差異を鮮やかに描写した。われわれもまた，かれの研究から多くを学ぶことができる。それゆえゴードンの研究と多くの点で軌を一にしながらも，もしわれわれの研究にかれとの違いがあるとしたら，それはかれがあまりふれることのなかったローゼンツヴァイクの終末論的次元や真理論にも探求の射程を広げたことであろう。いずれにせよ，ゴードンの研究に関しては第6章において批判的な対話を行ったので，そちらでより深く議論することにしよう。

　ところではるかにゴードンの研究に先立ってレーヴィットは，ハイデガーとローゼンツヴァイクを時間と永遠性の問題を中心にして比較している。古い研究ではあるがレヴィナスと同様にローゼンツヴァイク研究にとっては欠かせない論考であり，われわれの論点をより明確にするという意味で一瞥してみることにしよう。レーヴィットが自らの師の思想をローゼンツヴァイクの思想と比較し，そこからハイデガーの政治的過ちを断罪したのは，第二次世界大戦がまだ終わらない1942年のことであった。レーヴィットの論考の主要な目的はあくまでハイデガー批判にあり，ローゼンツヴァイクの名を借りて自らの思想の正当性を巧妙に主張するというものであった。しかし，われわれはレーヴィットの論文のなかにローゼンツヴァイク解釈にとってきわめて重要な論点が含まれていることも見逃すわけにはいかない。

　レーヴィットによれば，ハイデガーとローゼンツヴァイクの思想的出発点は同じである。つまり，かれらにとって「あらゆる文化的状況に先立つその有限な実存における赤裸々な人間こそがその出発点なのである」[79]。

---

77) Peter Eli Gordon, *Rosenzweig and Heidegger: Between Judaism and German Philosophy* (Berkeley/Los Angeles/London: University of California Press, 2003).

78) Ibid., 37.

しかも第一次世界大戦という世界史的出来事のあとで，かれらがおのれの生涯を賭けて真剣に問うのは，「人間的実存の『真理』であり，両者が問題にするのは人間と世界，言語としてのロゴスと時間である」[*80]。もちろんかれらのあいだには差異も存在する。例えば宗教に対する態度は，たとえ初期ハイデガーにおける神学的な影響を考え合わせても，「キリスト教に対するハイデガーの関係が離反という関係であるのに対して，ユダヤ教に対するローゼンツヴァイクのそれは帰還という関係だという違い」[*81]がある。しかしいずれにせよかれらが目指しているのは，観念論的な哲学とは別の仕方で人間について根源的に語ることであり，その人間 —— ハイデガーの言葉を使えば，「現存在」—— がどのように世界や言語に関わり，自らの時間性を引き受けているかを明らかにすることであった。

周知の通り，ハイデガーの思想における重要な概念に「時間性」や「歴史性」がある。この問題はハイデガーに限られたものではなく，ローゼンツヴァイクの思想においてもきわめて重要な位置を占めている。いや正確にいえば，第一次世界大戦という，世界史的破局を経験したドイツにおいてこの言葉は，実存主義的な時代を象徴する共通の思想的語彙であったかもしれない。それゆえレーヴィットがその論考の主題を語る際，「『救済の星』をハイデガーの『存在と時間』と対照し，時間の時間性とは区別される永遠性という問題にしぼることにしたい」[*82]といったのは，きわめて適切な問題設定であり，われわれの関心からみても十分にその重要性を認めることができよう。

先に述べたように，両者は個人がそこにすでに存在しているという生の「事実性」から議論をはじめ，人間に必然的につきまとっている「死」の問題を通して，人間の有限性や時間性について語っている。しかし，このような人間論的出発点を同じにしながら，時間性から永遠性への移行という問題に直面したとき，両者はまったく違う装いであらわれはじめる。レーヴィットによれば，ローゼンツヴァイクにおいて永遠性の問題は聖書の

---

79) Löwith, "M. Heidegger und F. Rosenzweig," in *Sämtliche Schriften*, Bd. 8, 74.「ハイデガーとローゼンツヴァイク1 ——『存在と時間』への1つの補遺」，61頁。
80) Ibid., 75. 同上訳書，62頁。
81) Ibid., 同上訳書。
82) Ibid., 73. 同上訳書，60頁。

宗教，とりわけユダヤ教との関係において顕在化する。レーヴィット自身はとくに説明を加えていないが，ここにわれわれはローゼンツヴァイクの視点の変化を読み取ることができる。つまり，「赤裸々な個人」という実存主義的な人間論から出発し，人間の時間性について語るローゼンツヴァイクは，問題が永遠性の次元に移ると——『救済の星』における第二部から第三部への移行——途端にユダヤ人の立場を前面に出してくる。ハイデガーの言葉を借りれば「基礎的存在論」が《ユダヤ的存在論》，宗教的存在論へと変貌する一線がこの時間性と永遠性のあいだには引かれているのだ。

　これに対して，レーヴィットにしたがえばハイデガーは永遠性の問題を知らなかった。かれはあくまでも時間性の立場で思索を展開した。「『存在と時間』の著者以上に決然として有限な時間性と歴史性を肯定し，それによって永遠を放棄することは不可能であろう」[*83]とかれはいう。かくしてレーヴィットのハイデガー批判は，ここにおいてもっとも厳しくなる。つまり，ハイデガーの「政治的な『出撃』」は「『存在と時間』からの逸脱ではなく，その人間的現存在という概念からの帰結」であって，「人間的現存在を，時間的真理しか知らない時間的・歴史的実存として理解し，各自の現存在とその存在可能との関係において理解するような考え方から帰結してくるものなのである」[*84]。そしてハイデガーのこの思想的・政治的過ちは，われわれにローゼンツヴァイクの思想の意義を認めさせるという皮肉な結果をもたらすことになった。かれはいう。

　　『存在と時間』の著者は，真理と実存のこうした徹底した時間化によって，かれのユダヤ人の同時代者による永遠の存在についての問い——つまり，永遠の神についての問い，あるいは，始まりも終わりもない永遠的な世界への問い——のまったき重要性にあらためて眼を向けさせるという思いがけない貢献をすることになった[*85]。

---

83) Ibid., 98.「ハイデガーとローゼンツヴァイク 2 ——『存在と時間』への 1 つの補遺」（『みすず』，村岡晋一訳，1993年10月，第391号），31頁。
84) Ibid., 同上訳書。
85) Ibid., 同上訳書。

レーヴィットの考察はわれわれにとってもきわめて刺激に満ちたものであり，重要な視座を提示してくれているが，われわれはかれに対して批判がないわけでもない。例えばわれわれにとって気懸かりな点は，レーヴィットの議論が最終的にはハイデガーの政治的過ちに対する糾弾ということに落ち着いてしまっていることである。時代的に考えてみれば，仕方がないことであったかもしれないが，今日のわれわれの眼にはやはり不十分に映らざるをえない。すなわち時間性と永遠性の問題は単に政治的結果にのみ反映するものではなく，およそローゼンツヴァイクの思想の根本を規定するものであると考えることができるのではないだろうか。かれの人間論や他者理解はこの問題をぬきにしては考察することができないし，かれの根本思想に位置する神や真理の問題も同様である。思想史において認識論上の変化が政治や社会に対して大きな変動をもたらすことは確かであり，その意味ではレーヴィットが時間や歴史の問題を軸にして政治的・社会的影響を議論することは正しい。しかし，われわれはまずローゼンツヴァイクの思想をそれ自体として丁寧に考察することによって，レーヴィットがいう永遠性と時間性の問題がローゼンツヴァイクの思想を本質的なところで規定していることを論じたい。

　かくしてわれわれの研究はモーゼスやゴードンのようにトータルに『救済の星』を扱うことはせず，限定された仕方でかれの思想における時間と永遠性の問題を考察する。しかし，ドーバーの研究が視野におさめることのなかった『救済の星』第三部を議論の俎上に載せながら，われわれはゴードンもまた詳細には論じなかった終末論と真理論，そしてこの二つの議論と神との関係を解明する[*86]。この作業をなくして，ローゼンツヴァイクにおける時間と永遠の関係は理解できないだろう。われわれはローゼンツヴァイクが時間を徹底的に論じることによって，逆説的に永遠性の次元へと突き抜けていこうとする道程を再構成し，それが最終的に人間の被造物意識，結論を先取りすれば《被造物的理性》という思想に到達したことを確認したい。ローゼンツヴァイクはこれからみるように徹底的に哲学を批判したにもかかわらず，自ら最後まで哲学者の地平から立ち去ることはなかった。これはかれの思想が人間，とりわけ哲学者の理性に時間性を，

86）　終末論の問題に限っていえば，レヴィナスもあまりふれることはない。

そして被造物性を突きつけることによってラディカルな転換を迫ったからではないだろうか。

最後にわれわれは，歴史あるいは歴史主義とローゼンツヴァイクの関係がどのように論じられてきたかをみてみよう。もちろん本書のテーマは歴史や歴史主義ではない。しかし時間と永遠性の問題はこれらの問題と深いところでつながっており，今後の議論においても益するところが少なくないだろう。

すでに述べたようにローゼンツヴァイクの学問形成は歴史家マイネッケの下で培われたものであり，かれの博士論文はヘーゲルの国家論と歴史哲学の関係であった。ここに歴史家ローゼンツヴァイクの姿がある。もちろんローゼンツヴァイクは，単に事実を客観的に記述するという意味での歴史家ではなかった。モーゼス・メンデルスゾーンの卓越した伝記の著者でもあるアレクサンダー・アルトマンは，ローゼンツヴァイクの歴史観を考察した論考のなかで，ローゼンツヴァイクとマイネッケの関係について論じている。かれによれば，ローゼンツヴァイクは当時出版されたマイネッケの『世界市民主義と国民国家』とマイネッケの方法論でもある「理念の歴史」――「歴史の根本にある諸理念の相互作用」――から影響を受けた[87]。アルトマンの論考は，ローゼンツヴァイクの歴史観をかれのシェリング評価やキリスト教理解との関連で明らかにし，ローゼンツヴァイクがユダヤ教へ回帰したことはかれに「歴史そのものの再評価」[88]をもたらしたという。また，若きローゼンツヴァイクの思想を日記などに依拠しながら研究したポール・R・メンデス＝フロールとイエフダ・ラインハルツはローゼンツヴァイクの思想の転回を「相対主義から宗教的信仰へ」[89]と表現した。さらにエリオット・R・ヴォルフソンはローゼンツヴァイクの歴史観の神秘的次元を考察しており，かれの研究は本書の課題にとっても重要な意味をもっている。ヴォルフソンもまたローゼンツヴァイクの思想に歴史主義の問題が深く棹さすことを指摘した者の一人だが，かれによれ

---

87) Alexander Altmann, "Franz Rosenzweig on History," in *The Philosophy of Franz Rosenzweig*, 124.

88) Ibid., 129.

89) Paul R. Mendes-Flohr and Jehuda Reinharz, "From Relativism to Religious Faith. The Testimony of Franz Rosenzweig's Unpublished Diaries," *Leo Baeck Institute Yearbook* 22（1977）.

ば「ローゼンツヴァイクの神学，とくにかれの終末論を理解するためには，かれと歴史主義の問題との葛藤を理解しなければならない」[*90]。また同時に，ローゼンツヴァイクは歴史における「進歩の概念」を拒絶した[*91]。かれがヘーゲルの歴史哲学と格闘したことを考えれば，啓蒙主義的な歴史観もかれの思想とは相容れないものであったことは当然である。

　もう少し最近の研究をみてみよう。われわれの関心からして，ここで言及すべき研究者の名はデービット・N・マイヤーズだろう。かれは，ローゼンツヴァイクの思想を「19世紀後期と20世紀初頭のドイツ・ユダヤ思想における反歴史主義というより広い現象の一部として」[*92]，とりわけバルトやハイデガーとの類似性のうちで考察した。かれの著書『歴史に抗して──ドイツ・ユダヤ思想における歴史主義とその不満』(2003)は，20世紀のユダヤ人思想家をプロテスタント神学者や哲学者との関係も含めたドイツ文化のうちに適切に配置した一種のドイツ・ユダヤ精神史である。本書も含めてこれまでのローゼンツヴァイク研究は，かれのテクストのみを扱ったり，ユダヤ人思想家との関係に焦点を絞ったものがほとんどであった──ローゼンツヴァイクとハイデガーとの比較は例外であるが──。もちろんこれらのアプローチはユダヤ人ローゼンツヴァイクの思想を明らかにするという意味では，ローゼンツヴァイク研究にとって大きな役割を果たしたし，いまでも継続されるべき課題である。しかしすでに当時ユダヤ人はゲットーに生きていたわけではなく，多くの不平等は残されていたものの，普通のドイツ市民と同じように大学に通う者もいた。問題はローゼンツヴァイクの実存主義的な人間論と特殊ユダヤ的な議論が歴史主義という包括的コンテクストを媒介にして，どのような関係にあるのかということである。その意味では，研究史的に考えてもマイヤーズのアプローチはローゼンツヴァイク研究の新たな局面を開いたものであり，思想史的な観点からみても傾聴に値するものである。

---

　　90) Elliot R. Wolfson, "Facing the Effaced: Mystical Eschatology and the Idealistic Orientation in the Thought of Franz Rosenzweig," *Zeitschrift für Neuere Theologische Geschichte/Journal for the History of Modern Theology* 4 (1997): 45.

　　91) Ibid., 52.

　　92) David N. Myers, *Resisting History: Historicism and its Discontents in German-Jewish thought* (Princeton/Oxford: Princeton University Press, 2003), 69.

かれはローゼンツヴァイクを単にプロテスタントの反歴史主義者に並ぶ思想家とみなしたり,「ローゼンツヴァイクとかれのプロテスタントの同時代人とのあいだに全体的な調和」を主張することはあまりに皮相的であると書いている。しかし,それにもかかわらずかれは,ローゼンツヴァイクは「神学的反歴史主義者」[*93]と呼ばれる流れのなかで理解されるべきだという。マイヤーズは,「歴史主義の危機」に見舞われたローゼンツヴァイクが,徐々にユダヤ教の本質とは歴史を超えたところにあることを自覚していく過程をかれの講義録などを用いながら描いている。しかしマイヤーズ自身も認めているように,かれの論考は自らの著書の一章を形成するものであり,『救済の星』はわずかに言及されているだけである。それゆえ極めて示唆的な論考であっても,ローゼンツヴァイクと歴史主義の関係を十分に明らかにしたとはいえないであろう。それゆえローゼンツヴァイクと歴史主義の関係を考察することは,これからのローゼンツヴァイク研究にとって重要な課題である。

このマイヤーズの議論とは別に,ローゼンツヴァイクを「歴史主義者」[*94]とする正反対の結論を導く者もいる。レオーラ・バトニツキーによれば,ローゼンツヴァイクはユダヤ人,とくに近代以降のユダヤ人のなかに,「時間的なものと聖なるものとのあいだの交渉」を見出し,ガダマー的な解釈学的伝統に立ちながら「歴史は真理を構成し,ユダヤ的伝統はユダヤ民族のために真理の歴史を具体化する」[*95]と考えたと論じている[*96]。

---

93) Ibid. この言葉はマイヤーズが F・W・グラーフの論文から引用したものである。

94) Leora Batnitzky, "On the Truth of History or the History of Truth: Rethinking Rosenzweig via Strauss," *Jewish Studies Quarterly* 7 (2000): 246.

95) Ibid., 248.

96) もう一つ資料的な問題として新たに出版された手紙について一言ふれておきたい。*Die "Gritli"-Briefe: Briefe an Margrit Rosenstock-Huessy*, herausgegeben von Inken Rühle und Reinhold Mayer, mit einem Vorwort von Rafael Rosenzweig (Tübingen: BILAM Verlag, 2002). この手紙の内容については注13にあげたグラーフの書評とは別に以下の論文がある。Ephraim Meir, "The Unpublished Correspondence Between Franz Rosenzweig and Gritli Rosenstock-Huessy on the Star of Redemption," *Jewish Studies Quarterly* 9 (2002); Rivka Horwitz, "The Shaping of Rosenzweig's Identity According to the Gritli Letters," in *Rosenzweig als Leser. Kontextuelle Kommentare zum 《Stern der Erlösung》*, herausgegeben von Martin Brasser (Tübingen: Max Niemeyer Verlag, 2004). 2002年に公開された800頁を越えるローゼンツヴァイクとかれの親友オイゲン・ローゼンシュトックの妻であるマーグリットとの手紙は,両者のあいだに深い関係が成立していたというローゼンツヴァイクのスキャンダラスな一面を伝えている。マー

以上のようにローゼンツヴァイクの研究はさまざまな可能性に開かれており，われわれの解釈もまた既存の研究を批判的に考察しながら，それらのあいだのか細い道を進むことになるだろう。

第4節　研究方法および本書の構成

最後にわれわれは，本書が依拠する方法論について言及したい。しかし，その前に20世紀の偉大な哲学者にして思想史研究者であるエルンスト・カッシーラーの言葉を引用しよう。かれの言葉は，これから一人の思想家を研究対象として考察するわれわれにとって必要な心構えを告げているのではないだろうか。曰く，「思想の意義を理解しようとのぞむなら，思想の内在的な構成を無視することはできない。しかしながら，この内在的な構成を解明しうる唯一の方法は初めからもっぱら重要な体系の頂点だけを追うのではなく，谷を抜ける道をたどり，そこからゆるやかな根気強い歩みで頂きへと登っていくことである」[97]。一人の思想家を研究するとき，われわれは最初から思想家が築いた体系の頂点に向かうことはできない。

グリットとローゼンツヴァイクは「知的な友情」を育んでいただけでなく，「愛人関係」という間柄でもあった（Horwitz, "The Shaping of Rosenzweig's Identity According to the Gritli Letters," in *Rosenzweig als Leser*, 13）。

またこの手紙はかれの私的な生活だけでなく，これまでとは異なるローゼンツヴァイクの思想的内実を開示する可能性がある。従来の研究においては『救済の星』の議論が強調された結果，ローゼンツヴァイクは歴史や政治に無関心であったといわれてきた。しかしこの新しい手紙は，ローゼンツヴァイクのナショナリスティックな一面を明らかにしている。この手紙の内容を考慮すれば，ローゼンツヴァイクの思想が政治や歴史とは無縁なところで展開されたのではなく，むしろその直中から生じたということができるだろう。しかし，われわれは第4節の方法論で述べることになるが，ローゼンツヴァイクのテクストを閉じたものとして扱うことによって，可能な限り内在的にテクストを理解することを目指す。なぜならこの作業をなくしては，手紙の内容も正確に把握できず，またたとえ手紙と『救済の星』の内容が矛盾するとしても，一つの著作はそれが出版されている限りその思想家の反省的かつ公的な営みとして私的な手紙とは異なる態度で接しなければならないからである。なおローゼンツヴァイクと政治の関係については次の書物を参照されたい。Jörg Kohr, 》*Gott selbst muss das letzte Wort sprechen...*《 *Religion und Politik im Denken Franz Rosenzweigs* (München: Verlag Karl Alber, 2008).

　　　97)　エルンスト・カッシーラー『英国のプラトン・ルネッサンス』（花田圭介監修・三井礼子訳，工作舎，1993年），188頁。

われわれがなすべきことは，その思想家の築いた体系の頂点にいきなり降り立つのではなく，さまざまな迂路をたどりながら，対象となる思想家の生涯や影響関係を詳細に検討し，歴史的に論証することである。また，たとえどんなに偉大な思想家であっても，その時代の空気を吸っている限り，かれの思想は当時のコンテクストによって限界づけられる——もちろん，この場合コンテクストは哲学的コンテクストと歴史的コンテクストという二つにわけることができるかもしれない——。カッシーラーがいうように，歴史のなかにあらわれた哲学の頂上だけを追いかけたり，その頂上から頂上へと移動することは賢明な行為とはいえない*98。

　カッシーラーが語っていることを一言で要約するならば，コンテクストとテクストの相互連関ということに尽きるのではないだろうか。これら両者の相互連関によって過去の思想家を研究する者は，当時の意味世界を現在に復元しようと努めているのであり，過去のテクストを目の前にした解釈者はおそらくこのような方法を無意識的にでもとっているといえるかもしれない。しかしわれわれは，このような思想史の方法論を十分に認識した上で，あえて異なる道を通ってローゼンツヴァイクの思想に接近していきたい。といっても，本書でのわれわれの方法論は目新しいものでは決してない。それはまさに「抜き出し，解釈すること」*99に尽きるのであって，今日の多種多様な方法論からみればあまりに素朴なテクストへのアプローチといえるかもしれない。このような方法論をとったことにはもちろん理

---

　98)　またわれわれは，ヴィルヘルム・ディルタイの精神科学および精神史の方法を想起することができるかもしれない。すなわち，テクストの部分には必ず全体としてのコンテクストが何らかの形で含まれているのであり，われわれはテクストを内的に分析することによってテクストが生み出された時代を形成している精神的雰囲気を把握することができるといえる。ディルタイは，著者ならびに解釈者の「体験」・「表現」・「理解」の相互連関において生の客観態である思想的テクストに迫ろうとする。「……生の客観態はわれわれにとって理解されたものになるのだから，その客観態はそれ自体として，外なるものと内なるものとの関連をいつでも含んでいる。したがってこの客観態が理解されるときには，その人の体験といつでも関連しているのであって，その体験によって，生の単位それ自身の内容が自分に明らかになるし，他のすべての内容を解釈することもできる」Wilhelm Dilthey, *Der Aufbau der Geschichtlichen Welt in den Geisteswissenschaften,* Gesammelte Schriften, Bd. 7（Stuttgart: B. G. Teubner, 1979), 148.『精神科学における歴史的世界の構成』(尾形良助訳，以文社，1981年)，99頁。

　99)　カール・レヴィット『ウェーバーとマルクス』(柴田平三郎・脇圭平・安藤英治訳，未来社，1966年)，12頁。

由がある。

　第一の理由は，日本におけるローゼンツヴァイク研究はかれの同時代人と比べても著しくその蓄積がなされてなく，かれの思想を議論するための共通理解がいまだ不十分であるということである。このような状況を鑑みて，われわれは何よりもまずローゼンツヴァイクのテクストを丹念に読解し，重要な箇所を抜き出しながらかれの思想を解釈することが必要だと考えた。それゆえ，われわれはあえて長いテクストもそのまま引用した上で，原語も併記した。

　第二の理由は，ローゼンツヴァイクのテクストがきわめて難解であることにその原因が求められる。かれの思想をめぐる共通理解や前提が不明瞭な状態で議論を進めることは，ほとんど自殺行為に等しい。したがって本書はくり返しを恐れず，ローゼンツヴァイクの議論を跡づけながら，かれの思想を抜き出し，解釈する。ただしローゼンツヴァイク自身が，『救済の星』を繙く読者に向かって次のようにいっていることをわれわれは心にとめておこう。「何ほども理解しない者が大胆に次々と読み進んでいくならば，かれにはその内容がもっとも確実に明らかになることを待ち望むことが許されている」(ND, 142)。かれはこのような読み方を「ナポレオン的な戦略」(ND, 142) と呼んでいるが，われわれもまた丁寧にローゼンツヴァイクのテクストを抜き出し，解釈しながらも，深みに陥ることなく，そして立ち止まることなく『救済の星』という要塞に攻め込むことにしよう。

　こうしてわれわれの方法論は，可能な限りテクストに内在しながらローゼンツヴァイクの思想を解釈することである。ただし本書第１章の議論はかれの手紙や日記などを参照しながら，かれの思想を形成史的に把握するために，かれを取り巻いていた当時のコンテクストにも言及している。またすでに序論ではかれが生きた時代の思想的・社会的背景にもふれた。しかしこのようなアプローチは，第II部以降の議論をよりよく理解するための準備として取り入れたのであり，本書においては例外である。総じて本書はローゼンツヴァイクの主著である『救済の星』を中心に扱い，かれの思想を考察している。その意味では暫定的ではあるが《テクストは閉じている》ということを前提にして，われわれは『救済の星』を読み込むことになる。すなわち，われわれは『救済の星』のうちに当時の政治的・社

会的出来事の反映および残響を読み込むことや，かれが他の思想家から受けた影響，あるいは逆にかれの書物が他の思想家に与えた影響などの考察は最小限にしたい。本書は一義的にはテクストのなかにあらわれた観念や思想の内的連関・発展・変化の過程を追うことで――もちろん外在的な影響がテクストに何も反映していないということは絶対にありえないのだが，ある程度はテクストが自律して存在しているということを仮定した上で――，ローゼンツヴァイクにおける時間と永遠性の問題へと迫っていくものである。このような方法を取ることで，われわれは最終的にローゼンツヴァイクの思想の本質的部分を突き止めることができるだろう。かつてディルタイは「生が生をとらえる」[*100]といったが，これはいい換えれば「生を生から理解する」ことであるといえよう。このようなディルタイの指摘をわれわれの方法論に取り込むならば，それはまさに外的な要因を可能な限り除外した上で「テクストをテクストから（内在的に）理解する」ということである。もちろんそのテクストは真空のなかにあるようなテクストそのものではなく，あくまでわれわれにとってのテクストであるが。

　それではわれわれは，このテクストへの内在的な方法論にしたがってローゼンツヴァイクの思想をどのように解釈するのだろうか。以下，本書の簡単なスケッチを章ごとに描いてみたい。本書は時間と永遠性，あるいは間接的ではあるが歴史の問題を軸に据えた上で，まず第1章において『救済の星』を書く以前の若きローゼンツヴァイクの思想を形成史的に考察する。続く第2章は，『救済の星』の内容に入るための予備的作業ともいえる部分である。われわれはかれの論文「新しい思考」を読み込みながら，ローゼンツヴァイクの思想の大まかな輪郭を描き，同時にかれの新しい思考の鍵語を確認することにしよう。第3章以降，われわれは『救済の星』を中心にしてかれの思想をたどっていく。第3章では『救済の星』の第一部――諸要素としての神，世界，人間の考察――を，第4章ではその第二部――創造，啓示，救済という諸要素の関係的カテゴリー――，そして第5章では第三部の第一巻と第二巻――ユダヤ教とキリスト教――を考察の対象とする。第6章はゴードンの解釈を批判的に吟味しな

---

100) Dilthey, *Der Aufbau der Geschichtlichen Welt in den* Geisteswissenschaften, Gesammelte Schriften, Bd. 7, 136.『精神科学における歴史的世界の構成』，84頁。

がら，ローゼンツヴァイクの思想における神と真理の問題に肉薄する。終章ではこれまでの議論に立脚しながら，なぜローゼンツヴァイクが徹底的に哲学を批判しながらも，最終的には哲学者の地平にとどまり続けたのか，またそれとの関連において時間と永遠性の問題はいかなる意味をもっているのかということについて，われわれ独自の結論を下すことができるだろう。

第Ⅰ部
古い思考から新しい思考へ
──『救済の星』への道──

第 1 章
若きローゼンツヴァイクと信仰の問題
—— ヘーゲル，キリスト教，ユダヤ教 ——

> 思考そのものは生きた経験の出来事から生じるのであり，また，思考が位置を確かめる際の唯一の道標となるこうした出来事に結びついていなければならない。　（ハンナ・アーレント）

はじめに

「生のなかへ」（Ins Leben）——『救済の星』の最後におかれた言葉である。おそらくこの言葉，そしてその意味は本書においてさまざまな形をとりながら，くり返し言及されることになるだろう。ローゼンツヴァイクにとって「生」，「人生」，さらには「生活」とも訳される Leben という言葉は大きな意味を有している。具体的現実の地平から立ち去ろうとする観念論的な哲学に厳しい批判を向けるかれにあってみれば，当然のことかもしれない。それゆえ，これからローゼンツヴァイクの思想のなかにわけ入って行くわれわれにとって，かれの思想における Leben の意味だけでなく，かれの Leben そのものが研究の一つの道標になることだろう。カスパーが書いているように，「ローゼンツヴァイクの思想をその起源と動機から理解することを望む者は，ローゼンツヴァイクが思考を開始した歴史的状況をはっきりと思い浮かべなければならない」[*1]。ただし序論でも述べたように，本書はローゼンツヴァイクのテクストの内在的考察に重点をおくがゆえに，かれの伝記的事実とそれを取り巻く思想的状況への言及は相対的

---

1) Casper, *Das Dialogische Denken*, 63.

に少なくならざるをえない。とはいえローゼンツヴァイクが『救済の星』を執筆するまで，どのような人生を歩み，あの難渋で緊張感の張り詰めた書物を執筆するにいたったかを簡潔ではあるがたどってみることは，必要な作業であろう。第Ⅰ部，とくに本章が方法論上の一貫性を崩しかねない試みであることを十分に認識した上で，あえてここではローゼンツヴァイクの Leben の一端を形成史的に垣間みることにしよう。

　こうして本章では，まずローゼンツヴァイクの学生時代，とくに1910年の手紙の内容を考察し（第1節），次にかれがキリスト教からユダヤ教の伝統に覚醒する過程を追ってみたい（第2節）。自らユダヤ教を選び取ったローゼンツヴァイクは啓示の問題をかれの友人たちと論じ合い（第3節），最終的には師であるマイネッケに対していまの自分はすでに博士論文『ヘーゲルと国家』を著していた時の自分ではないことを宣言する（第4節）。以上のような仕方でわれわれは，ローゼンツヴァイクがいかなる道程を通っておのれの思想を形成していったかを手紙や日記，そしていくつかのかれの伝記を頼りに再構成してみよう。

第1節　ローゼンツヴァイクの学生時代

ⅰ）移ろう関心

　フランツ・ローゼンツヴァイクは，1886年12月25日にドイツのカッセルで，ゲオルク・ローゼンツヴァイクとアデーレ・ローゼンツヴァイクのあいだの一人息子として生まれた[*2]。かれの両親はすでにドイツ文化に同

　2）ローゼンツヴァイクの伝記については，すでにあげたものも含めて主として次の著作と論文に依拠している。Mendes-Flohr and Reinharz, "From Relativism to Religious Faith,"; Nahum N. Glatzer, "Franz Rosenzweig: The Story of a Conversion," in *Essays in Jewish Thought* (Alabama: The University of Alabama Press, 1978); Stefan Meineke, "A Life of Contradiction: The Philosopher Franz Rosenzweig and his Relationship to History and Politics," *Leo Baeck Institute Yearbook* 36 (1991); Nahum N. Glatzer, *Franz Rosenzweig: His Life and Thought; Philosophical and Theological Writings,* by Franz Rosenzweig, translated and edited, with notes and commentary, by Paul W. Franks and Michael L. Morgan; Ephraim Meir, "The Unpublished Correspondence Between Franz Rosenzweig and Gritli Rosenstock-Huessy on the *Star of Redemption,*" *Jewish Studies Quarterly* 9 (2002); Horwitz, "The Shaping of Rosenzweig's Identity According to the Gritli Letters," in *Rosenzweig als Leser.* すでに知られているように，ローゼンツヴァイクの伝記につ

化したユダヤ人であったために，あまりユダヤ教の宗教的伝統を保持していなかったらしい。しかし，大叔父アダム・ローゼンツヴァイクとの関係を通して，ローゼンツヴァイクはユダヤ教やユダヤ的環境にふれていた。それゆえ，しばしばいわれるように，ローゼンツヴァイクは1913年にかれを見舞ったユダヤ教への劇的回帰をもってはじめて，宗教，とくにユダヤ教に関心をもちはじめたのではなく，むしろわれわれはローゼンツヴァイクの幼少時代にすでにユダヤ的なものとの接触があったことをおぼえておくべきであろう[3]。

ローゼンツヴァイクは1905年に無事アビトゥーアに合格し，ギムナジウムを卒業後，普通のドイツ人と同様に大学に進学した。かれはまずゲッティンゲンで，そしてミュンヘン，フライブルクなどで医学の勉強をした。1907年8月，ローゼンツヴァイクは医学部前期課程試験（Physikum）を終えたが，かれの関心はすでに医学にはなかった。ローゼンツヴァイクは医学に見切りをつけ，いつしか歴史学と哲学がかれの思索の場となっていた[4]。いや正確にいえば1907年を待つまでもなく，ローゼンツヴァイクはすでに哲学や歴史学の魅力に次第に捉えられていたのだ。例えば，医学を研究している最中のフライブルク（1906/07の冬学期）で，かれはヨーナス・コーンのゼミナールに参加し，カントの『純粋理性批判』を読んでいたようだ[5]。あるいはローゼンツヴァイクの日記には，医学部前期課程試験を受ける1年以上も前の1906年2月12日にその予兆ともいうべき記述がある。おそらくかれの従兄弟であるハンス・エーレンベルクとの会話のあと —— 話の内容はアキレスやホメロスといった古代ギリシアの話題が中心だったようだ —— に書かれた日記にはこうある。

いては不明瞭な部分も多く，伝説となっているような記述もある。しかし，その事実を踏まえた上で，本書ではローゼンツヴァイクがユダヤ教に立ち返った経験が，かれの新しい思考に大きな意味を与えたという前提に立ち，かれの生涯の一端を再構成してみた。

3) ホルヴィッツはローゼンツヴァイクに対するアダム・ローゼンツヴァイクの影響を重視し，次のように断言している。「『救済の星』で言及されたいくつかのユダヤ的源泉は，子供の時にかれが大叔父アダム・ローゼンツヴァイクから受けた教育へ遡る」。Horwitz, "The Shaping of Rosenzweig's Identity According to the Gritli Letters," in *Rosenzweig als Leser*, 16.

4) ローゼンツヴァイクが歴史学と哲学へと転向したのは，1908年の大叔父アダム・ローゼンツヴァイクの死がその契機となったという指摘もある。Ibid., 18.

5) Mendes-Flohr and Reinharz, "From Relativism to Religious Faith. The Testimony of Franz Rosenzweig's Unpublished Diaries," 167.

おそらく30分ほど経ったあと,わたしに突然,次のような考えがひらめいた。医学部前期課程試験が終わったら歴史家へ (Nach dem Physikum Historiker)。あらゆるものがわたしに対して示しているのは,わたしの思想の方向であり,わたしの情熱であり,わたしの文章を表現する能力 (meine schriftliche Ausdrucksfähigkeit) である。また,1870年以後の時代からはじまるドイツ文化史というわたしの若々しい理念であり,あらゆるものを即座に歴史的にみるわたしの習慣である (GS I-1, 27: 1906年2月12日)。

フライブルクからベルリンに移り,かれはふたたび1908年の秋にフライブルクに戻ってきた。そこでローゼンツヴァイクは哲学と歴史学の研究に没頭し,新カント派のハインリヒ・リッカートと歴史主義者であるフリードリヒ・マイネッケの下で学問的な訓練を受けはじめた。とくにローゼンツヴァイクにとって,博士論文の指導教授であったマイネッケの影響は大きかったようである。かれがフライブルクに来たとき,マイネッケは名著『世界市民主義と国民国家』(*Weltbürgertum und Nationalstaat,* 1908) をすでに出版していた。ローゼンツヴァイクは,この書物を,とりわけヘーゲルが論じられた章を丹念に読み,自らの博士論文の出発点とした[*6]。この時期のかれの手紙には,しばしばマイネッケの名前が見受けられる。当時,母親に宛てた手紙のなかには,かれがマイネッケの講義に大変満足し,『世界市民主義と国民国家』を母親にまで勧めている姿が記されている (GS I-1, 87-89: 1908年10月30日,11月13日)。またメンデス゠フロールが指摘しているように,ローゼンツヴァイクはマイネッケの「理念史」(Ideengeschichte) という方法論に強く引きつけられた[*7]。数多の思想家のなかから真の偉大な思想家を選び出し,かれらの思想をその時代の生活やかれの

---

6) またモーゼスは次のように書いている。「『世界市民主義と国民国家』はローゼンツヴァイクの政治思想の形成において,そしてそれを超えて全体的にみてかれの哲学のなかで決定的な役割を演じた書物である」。Stéphane Mosès, "Politik und Religion. Zur Aktualität Franz Rosenzweigs," in *Der Philosoph Franz Rosenzweig (1886-1929). Internationaler Kongreß-Kassel 1986. Bd. II: Das neue Denken und seine Dimensionen,* herausgegeben von Wolfdietrich Schmied-Kowarzik (Freiburg/München: Verlag Karl Alber, 1988), 855.

7) Mendes-Flohr, "Rosenzweig and the Crisis of Historicism," in *The Philosophy of Franz Rosenzweig,* 141.

人格に基づいて復元してみせる「理念史」という方法論は，マイネッケのもう一つの名著『近代史における国家理性の理念』(*Die Idee der Staatsrason in der neueren Geschichte,* 1924) にもつながるかれの思想における重要概念であると同時に方法論であった。ローゼンツヴァイクが博士論文のテーマとしてヘーゲルの国家論と歴史哲学の関係を選び，マイネッケの指導の下で『ヘーゲルと国家』という書物に結実させたことを考えると，かれの学生時代におけるマイネッケの影響，つまり両者の師弟関係を見逃すことはできないであろう。事実，これから論じられるように，ローゼンツヴァイクはマイネッケが紹介しようとした大学の職を断ったのち，マイネッケに宛てて手紙を書いているが，そのなかでローゼンツヴァイクは学問上の師に対して真摯かつ誠実に自分の立場を説明しようと努力している。

このようにローゼンツヴァイクは1905年から1908年にかけて自らの学問探求の歩みを医学から哲学，そして歴史学へと変化させながら，最終的には1912年（出版は1920年）に博士論文『ヘーゲルと国家』を完成させることになる。さらにこの時期にもう一つ若きローゼンツヴァイクにとって重要な出来事があった。1910年1月，かれはバーデン・バーデンで開催された若手の哲学者や歴史家たちの会合に参加した。そこでは，多くのまだ少壮の研究者たちによって「共通の客観的な根拠」が探求され，「広く流布していた主観的な思惟の強調」を乗り越えることが議論されていた[8]。また巨視的な観点からみれば，この会合は「19世紀的なもの」を克服し，過去の古い遺産とは異なる若い世代の新しい知識を結集することが目的であった。とはいえ会の雰囲気は，いまだヘーゲル的な理想の下で時代に相応しい新しい「歴史意識」，「時代精神」を確立することにあった。というのも当時，「カントへ帰れ」という主張に示されるおなじみの「新カント主義」と並んでヘーゲル復興の流れも起きていたからである。同じ年ハイデルベルクでは，ヴィルヘルム・ヴィンデルバントが「ヘーゲル主義の再生」("Die Erneuerung des Hegelianismus") という講演をしている。新カント派がまだ力をもっていたときに，なぜ新ヘーゲル主義かという疑問も生じよう。しかし，ヘーゲルへの回帰はまったく理由がないということではなかったようだ。むしろ，ドイツ観念論という思想的運動がカントからは

---

8) Glatzer, *Franz Rosenzweig: His Life and Thought,* 20.

じまり，フィヒテ，シェリング，ヘーゲルへ向かう流れをたどったように，いまや新カント主義からふたたび新ヘーゲル主義へという道程を歩むのは必然的傾向だと考えられていたようである。事実，バーデン・バーデンの会合には，名立たる新カント主義者（ヴィンデルバント，リッカートなど）の弟子たちも参加していた[9]。

ローゼンツヴァイクは当時まだヘーゲルを研究していたが，この時点でかれは必ずしもヘーゲルの思想に対して一方的な共感を寄せてはいなかった。メンデス＝フロールが書いているように，すでに「ローゼンツヴァイクや少なくともかれの仲間の何人かは，ヘーゲルの絶対的観念論，そしてその教説である『真理は全体のなかにある』，すなわち世界史の『全体』が開示されるにつれて，真理は最終的に根拠づけられ，開示されるという教説について最初の疑いをもっていた」[10]。さらに重要な伝記的事実として，この会合でローゼンツヴァイクはかれの生涯の友人となるオイゲン・ローゼンシュトック（のちに結婚して，オイゲン・ローゼンシュトック＝ヒュッシーになる）と出会い，親交を結んでいる。後述するように，ローゼンツヴァイクは自分の哲学的立場と信仰をめぐってローゼンシュトックと激しく対立することになるのであった[11]。

ⅱ) 反抗の予感──ヘーゲル批判をめぐって

さてローゼンツヴァイクはこの会合に出席したあと，1910年9月26日にかれの従兄弟であるハンス・エーレンベルクに手紙を書き，そのなかでヘーゲルへの批判ともいうべき文章を自分の日記から引用して次のように語っている。

---

9) "From 1914 to 1917," in *Philosophical and Theological Writings,* 29-30.

10) Paul Mendes-Flohr, "Franz Rosenzweig and the German Philosophical Tradition," in *The Philosophy of Franz Rosenzweig,* ed. Paul Mendes-Flohr (Hanover/London: University Press of New England, 1988), 4.

11) エフライム・マイヤーによれば，ローゼンシュトックの言語哲学や歴史理解がこれまで考えられていた以上にローゼンツヴァイクに影響を与えていたことが新しい手紙からわかる。これに加えて，コーエンや従兄弟のハンス・エーレンベルクやルドルフ・エーレンベルクの影響の強さも指摘されている。Meir, "The Unpublished Correspondence Between Franz Rosenzweig and Gritli Rosenstock-Huessy on the *Star of Redemption*," 27-32.

第1章　若きローゼンツヴァイクと信仰の問題　　　　　　49

　われわれは，今日，実践的なものを，原罪を，歴史を……行為する者の行為として（als Tat des Täters）強調する。それゆえ，われわれは「歴史のなかに神」（Gott in der Geschichte）をみることもまた拒否する。というのも，われわれは（宗教的な関係における）歴史を像として，存在としてみようとするのではないからである。むしろわれわれは，歴史がそれを通して生成する（werden）過程のうちで神を復活させる（restaurieren）ために，歴史における神を否定するのである。われわれは，神をすべての倫理的な出来事（ethisches Geschehen）のうちにみるのであって，できあがった全体，歴史のうちにみるのではない。なぜなら，歴史が神的であるとすれば，つまり，あらゆる行為がこの貯水池に流れ込むことによってただちに神的なものとなり，正当化されるとすれば，われわれは何のために神を必要とするのであろうか。いやそれどころか，あらゆる行為は，歴史のなかへと入り込むことで罪に汚されたものとなり（行為する者はそうなることを欲しなかったが），それゆえ，神は人間を歴史によって救済するのではなく，実際──そうなれば残るのは──「宗教における神」（Gott in der Religion）として救済しなければならないのである。ヘーゲルにとって歴史は神的であり，「神義論」であった──19世紀的な意味での歴史に対する戦い（Kampf gegen die Geschichte）は，われわれにとってはただちに20世紀的な意味での宗教のための戦い（Kampf für die Religion）である（GS I-1, 112-113: 1910年9月26日）。

　ここでの問題は，ローゼンツヴァイクが「歴史」と「宗教」という言葉で表現していることの意味である。まず明らかにかれが「歴史」という言葉で，あるいは「19世紀的な意味での歴史に対する戦い」という決意があらわしているのはヘーゲル的な歴史概念，歴史哲学に対する反感である。すでに完成された，あるいは完成されることが予定されている歴史を，かれは考えることができなかった。「像」や「存在」として歴史をみることは，人間が自らの思惟によって体系的に歴史を想定しているにすぎない。そもそも人間は歴史のなかで生を送っている以上，そこから全体を展望することは不可能である。またこの手紙の一か月前に書かれた日記では，かれは次のように告白している。

われわれは今日,歴史の価値(Wert)を信じているように,19世紀は歴史の力(Macht)を信じていた。また,われわれはもはや歴史の下にわれわれが服しているのではなく,歴史のなかに立っていると感じている(GS I-1, 106: 1910年8月27日)。

ローゼンツヴァイクにとって人間は,けっして歴史それ自体を崇拝しているわけではない。神は歴史と同一化されることもなければ,徹底的に内在的に理解されることもない[*12]。つまり「われわれは,神をすべての倫理的な出来事(ethisches Geschehen)のうちにみるのであって,できあがった全体,歴史のうちにみるのではない」のである。ローゼンツヴァイクは閉じた歴史に対して倫理の超越性を対峙させ,刻々と生起する人間の活動の所産である「出来事」のなかに神をみる。われわれは,このような神観を「倫理的自己現実化のなかで生起する歴史の出来事を新たに開始させる者」[*13]と表現することができよう。それゆえ,かれの思想は歴史の展開と神を同一視するという意味で「ヘーゲル的」ではけっしてなく,むしろ単独者,あるいは具体的な個人としての人間が歴史のなかの行為によって倫理的な出来事を実践し,そこで超越的な神と向かい合うという意味では「実存主義的」でさえある。ローゼンツヴァイクにとって人間はヘーゲル的な歴史,暴力や戦争を踏み台にして目標に向かっていく世界史の圧力の下に服するのではなく,歴史のなかにしっかりと立ち,行為している。このようにかれは全体としての歴史,必然性としての歴史に抗しながら神や倫理の超越性をふたたび回復しようとしているのである。

しかしローゼンツヴァイクとヘーゲルの関係は,より微妙なものを含んでいた。たしかにヘーゲルについて博士論文を書いていたかれが,すでに1910年にはヘーゲル批判を行っていること自体,ヘーゲルに対するかれのアンヴィバレントな感情を示している。ところがかれのキリスト教に対する態度を考察してみると,そこにはヘーゲルの歴史哲学の影が暗くつき

---

12) カスパーがいうように,ローゼンツヴァイクにとって「神と歴史,神と世界はお互いから鋭く分離されなければならない」。Bernhard Casper, "Zeit-Erfahrung-Erlösung," in *Religion der Erfahrung. Einführungen in das Denken Franz Rosenzweigs* (Paderborn: Ferdinand Schöningh, 2004), 15.

13) Casper, *Das Dialogische Denken,* 179.

第1章　若きローゼンツヴァイクと信仰の問題　　　　　　　51

まとっていた。この問題についてすぐれた論文を著したモーゼスによれば，ローゼンツヴァイクはヘーゲルの歴史哲学を真に受けたのである。ヘーゲルにとって歴史の頂点にある宗教とは，いうまでもなくキリスト教であった。ローゼンツヴァイクが自らの周りを見渡したとき，まさにキリスト教がいたるところを支配していた。これに対しておのれが受け継いだ——あるいは，無視しても拒んでも払拭することのできなかった——ユダヤ教は，大学をはじめ社会の中心にその居場所を見出すことはほとんど不可能であった。1909年，ローゼンツヴァイクは，洗礼を受けプロテスタントに改宗したハンス・エーレンベルクについて自分の両親に手紙を書いている。そこでかれは，自らを取り囲むキリスト教世界に対して次のような認識を示すことになる。

　　われわれは，あらゆる事柄においてキリスト教徒なのです。キリスト教国家のなかで生活し，キリスト教的な本を読み，キリスト教の学校へ通っています。要するに，われわれの全「文化」はすっかりキリスト教的な土台によって支えられているのです（GS I-1, 94: 1909年11月6日）。

すでにマイネッケの下で研究していたローゼンツヴァイクの率直な意見表明であり，さらにかれはハンス・エーレンベルクの行動を支持したことを語り，こうつけ加えている。「わたしはかれに自ら熱心に助言をしたし，これからもくり返しそうするでしょう」（GS I-1, 95）。かくしてモーゼスがいうように，「ローゼンツヴァイクにとっての課題は，歴史についてのヘーゲル的見地が虚偽であるのを証明することではなく，逆に，それが真実であるのを，しかも，ヘーゲル自身が想像しえたより以上に真実であるのを示すことであった」[14]し，ローゼンツヴァイクの眼からみれば「キリスト教は説明するべき現象であると同時にその説明の法則」であった[15]。皮肉にもかれの思索はヘーゲル哲学がかれの生きた時代にあまりに合致したなかで，ヘーゲルに抗するという矛盾に満ちた歩みであったといえよう。

---

14)　モーゼス「真に受けられたヘーゲル」『歴史の天使』，60頁。
15)　同上訳書，74頁。

ここまでくれば1910年の手紙における「宗教」の意味，あるいは「20世紀的な意味での宗教のための戦い」という決意があらわしている意味もすでに明らかだろう。かれが「宗教」という言葉で思い描いているのは，ユダヤ教ではなくキリスト教である。メンデス＝フロールはこの手紙の内容を「信仰の声明」ではなく，「哲学的な主張」とみなしている*16。われわれは，かれの意見に必ずしも賛成することができない。たしかに，この手紙は純粋な「信仰の声明」とはいえないが，単に「哲学的な主張」ともいい切れない微妙な問題がそこには含まれているように思われる。というのもわれわれは，次の二つの事実を無視することができないからである。まず年代上の単純な事実として，ローゼンツヴァイクがユダヤ教に立ち返るのは後述する1913年の一連の出来事を待たなければならず，それゆえこの手紙で使われている「宗教」をユダヤ教と解することは難しい。そして，より重要な事実としてすでに上記で述べたように，1910年の手紙が書かれる以前からローゼンツヴァイクは，両親に対して従兄弟のキリスト教への改宗と関連づけながら自分のキリスト教観を積極的に表明しており，かれにとってキリスト教があらゆる文化を支える基礎であったことは疑いえない。それゆえ，メンデス＝フロールがいうように1910年の手紙は「哲学的な主張」を示しているものというよりも，むしろわれわれはそこにキリスト教に裏打ちされた具体的な世界やその思想的状況を読み込むべきだろう。

　まとめてみよう。われわれは，ローゼンツヴァイクの学生時代における思想遍歴を概観してみた。かれは当初は医学を志しながら，いつしか関心は哲学と歴史学に移っていった。マイネッケの指導の下でヘーゲルを研究し，若手の会合ではヘーゲル的な理念を20世紀に新たに復活させようとしながらも，ローゼンツヴァイクのなかにはすでにヘーゲルに対する違和感が募りだしていた。1910年のことである。同時にこの時期，従兄弟のキリスト教への改宗問題もあり，おのれを取り巻くキリスト教世界を意識せざるをえず，世界のうちにユダヤ教の場所を見出すことさえできない状態にあった*17。ヘーゲルの歴史哲学が予見していたかのように，キリス

---

16) Paul Mendes-Flohr, "Franz Rosenzweig writes the essay 'Atheistic Theology'," in *Yale Companion to Jewish Writing and Thought in German Culture,* ed. Sander L. Gilman and Jack Zipes (New Haven: Yale University Press, 1997), 323.

ト教はドイツにおいて不動の地位を築いていたのである。このような錯綜した状況をローゼンツヴァイクは，1910年の手紙のなかで「歴史」と「宗教」という言葉に込めて語った。しかし，1912年にかれは矛盾を抱えながらも博士論文『ヘーゲルと国家』を完成させ，マイネッケに提出する。とはいえ問題が解決したわけではまったくない。カスパーによれば，博士論文提出後のローゼンツヴァイクは「絶対的真理を認識するというヘーゲルの要求と歴史的方法の相対主義とのあいだ」*18 に立っていた。リッカートとマイネッケの下で哲学と歴史学の学問的訓練を受けたローゼンツヴァイクにとってみれば，ある意味，相反する方向へと自己が引き裂かれる思いであっただろう。ヘーゲルの思想を信じきることもできず，かといって歴史学の方法では絶対的な基準を見出すこともできそうにない。この深刻な精神的危機のなかでローゼンツヴァイクが出会ったのはやはり宗教であり，キリスト教であった。それでは，次節においてかれがどのようにしてキリスト教に接近し，最終的にユダヤ教の立場に踏みとどまるにいたったかを考察してみよう。

第2節　キリスト教とユダヤ教のあいだで

i) 1913年の出来事

既述したようなローゼンツヴァイクを取り巻く思想的状況のなかで，かれの従兄弟や友人の多くがキリスト教に改宗していき，ローゼンツヴァイクもまたキリスト教への改宗を考えざるをえなかった。1913年のライプツィヒで，かれにその決断の時がやってきたかのようにみえた。同地でローゼンツヴァイクは，1910年にバーデン・バーデンで知遇を得ていたオイゲン・ローゼンシュトックと会った。ある夜，ローゼンツヴァイクはユダヤ人でありながらキリスト教へと改宗したローゼンシュトックと，哲学

---

17) 1913年の手紙においても次のような告白がある。「この世界のなかには，ユダヤ教のための場所がないように思える」(GS I-1, 134: 1913年10月31日)。

18) Casper, *Das Dialogische Denken*, 67. 1910年と1913年のあいだ，ローゼンツヴァイクには相対主義とニヒリズムの問題が浮上していたという報告もある。"From 1914 to 1917," in *Philosophical and Theological Writings*, 27.

と宗教，あるいは理性と啓示をめぐって真剣な議論をした。ローゼンシュトックの回想によれば，かれらはゼルマ・ラーゲルレーフ（Selma Lagerlöf）の『反キリスト者の奇跡』という書物の最後の一節「だれも人間をその苦難から救済することはできないが，かれらに苦難を耐え忍ぶようにとくり返し勇気づける人には多くの罪が許されるだろう」について意見を交わした。この時ローゼンツヴァイクは哲学と歴史学を研究する学生ではあったが，宗教的なものへと通じる道の途上にもいた。しかし，それにもかかわらずかれは「当時の哲学的相対主義」の立場をとっていたのである。これに対してローゼンシュトックは自らの行為の導きとして「祈りと賛美」をもって答えた[19]。あるいはグラッツアーの報告によれば，ローゼンツヴァイクが「すべての答えが一人の人間を裏切るとき，かれは何をするのか」と尋ねると，ローゼンシュトックは純真な信仰でもって次のように答えたという。「かれは祈ります」[20]。

　ローゼンツヴァイクの立場は，またしても大きく揺らいだ。ローゼンシュトックの答えは，ローゼンツヴァイクに「キリスト教が世界のなかでの生ける力である」[21]ことを確信させた。ナイーブな信仰者でもロマン主義者でもない，確固たる学者——かれは法学者であった——であり，思想家でもあったローゼンシュトックのなかでは「たしかに精神と信仰の統一が可能だった」のである[22]。このような一連の出来事によって，自らもキリスト教徒になる意志を今度こそ固めたかのようにみえた。ところがローゼンツヴァイクは結局，その数か月後にやはりユダヤ教にとどまることを決断した。かれはその時の一連の心境を，1913年10月31日付のルドルフ・エーレンベルクへの手紙のなかで，次のように語っている。

　　あのライプツィヒの夜の会話でローゼンシュトックは，わたしがまだ離さないでいた最後の相対主義の立場からわたしを一歩一歩外へと追い出していき，わたしが非相対主義的な立場を表明することを余儀な

---

19) *Judaism Despite Christianity. The "Letters on Christianity and Judaism" between Eugen Rosenstock-Huessy and Franz Rosenzweig,* ed. Eugen Rosenstock-Huessy（New York: Schocken Books Alabama, 1971），73.
20) Glatzer, "Franz Rosenzweig: The Story of a Conversion," 231.
21) Ibid.
22) Ibid.

第1章　若きローゼンツヴァイクと信仰の問題　　55

くしました。わたしはかれの攻撃の正当性を肯定せざるをえなかったので，わたしは最初からかれに圧倒されていたのです（GS I-1, 133: 1913年10月31日）。

　ここではローゼンツヴァイク自身の言葉で相対主義的な立場の脆弱さが語られているが，かれの主張の背後には相対主義を回避するためのキリスト教信仰の意義があるといえよう。かれの「最後の相対主義」もローゼンシュトックとの対話によって，つまりキリスト教徒であるローゼンシュトックの確信に満ちた信仰によって，放棄されようとしていた。ところが，すでに述べたように事態はまったく違う方向に向いていたのである。次のローゼンツヴァイクの告白がかれの宗教的な，しかも最終的な確信をあらわしている。

　　親愛なるルディ，わたしはあなたを悲しませることを，そして少なくともいまのところあなたには想像することもできないことを，伝えなければなりません。……わたしの決定〔キリスト教への改宗〕は，もはやわたしには必要ではなく，さらにわたしの場合，その決定はもう不可能なようです。つまりわたしは，ユダヤ教徒にとどまることにします（Ich bleibe also Jude）（GS I-1, 132-133）。

　グラッツァーによれば，ローゼンツヴァイクは改宗を決定したのちの10月11日，母親に対して「わたしはまだユダヤ人です」といって贖罪の日にシナゴーグに行った[23]。そして，そこでかれは自らの改宗の決断を翻してしまった。かれは真のユダヤ教徒になったのであり，かれが立ち返ったユダヤ教は，これ以後のローゼンツヴァイクの生と思想の中心におかれる。

　しかしつけ加えておかなければならないことは，かれはけっして排他的なユダヤ教徒になったわけではないということである。事実，かれはその後も手紙や『救済の星』のなかでキリスト教に言及し，思索をくり返したのであった。しかもローゼンツヴァイクにとって，ユダヤ教とキリスト教

23）　Glatzer, *Franz Rosenzweig: His Life and Thought*, 25.

は歴史的には対立をくり返しているが，本質的には同じ神の下で連帯を保持していた。ただ神へ向かう道はお互いに異なっているが。すなわち，10月23日付の母親宛の手紙でかれがこう書いている。「最内奥にある心と神との連帯を異教徒は『イエスを介して』のみ獲得したが，ユダヤ人は選ばれた民族として生まれたことによってこの連帯を有しています」(GS I-1, 129:1913年10月23日)。異教徒がイエスを介して——キリスト教徒になることによって——神との結びつきを保持するのに対して，ユダヤ人は神に選ばれた民族として，この結びつきをもっている，というのがユダヤ教に立ち返ったローゼンツヴァイクの主張である。だからこそユダヤ人ローゼンツヴァイクは，キリスト教に改宗する必要がなくなったということができたのかもしれない。

ii) 同じ終末の希望

ローゼンツヴァイクは従兄弟のルドルフ・エーレンベルクにユダヤ教にとどまることを告げ，さらにその2日後の1913年11月1日付けの手紙のなかでユダヤ教とキリスト教を比較している。かれによれば，両者は「同じ終末の希望」(die gleiche Endhoffnung) を抱いているが——「この希望の根は……われわれにとって旧約の啓示を共通のものとし，それゆえ教会とシナゴーグはお互いを必要としている」——，この世界に対する態度において異なっている (GS II, 135)[24]。かれはいう。

> シナゴーグは，不死的ではあるが，しかし折れた杖をもち目隠しをされています。〔そのために〕シナゴーグは，あらゆるこの世界の労働を断念しなければならず，そしてシナゴーグのあらゆる力を自らの生活やその生活を清く保つことに使わなければならないのです。それゆえ，シナゴーグはこの世界の労働を教会に委ね，すべての時代における，あらゆる異教徒のための救済を教会のなかに見出します (GS I-1, 135:1913年11月1日)。

---

24) ユダヤ教とキリスト教の関係は，のちに「真理の分有論」として展開される。本書の第5章参照。

第1章　若きローゼンツヴァイクと信仰の問題　　　　　　　57

　さらにローゼンツヴァイクは続けて，教会を「丈夫な杖を携え，世界へと開かれた目をもち，勝利を確信する女戦士」(GS I-1, 135-136)として描く。
　この手紙において，かれが考えるユダヤ教とキリスト教の違いは明確である。それは，両者のこの世界に対する態度であり，それによって引き起こされる苦難の違いである。この世界への労働を断念したシナゴーグは，律法を守ることに専念し，自らの生活を清く保つことに没頭する。しかし，「世界の否定」(die Weltverneinung) あるいはこの世界での孤立によって，ユダヤ人は外的な苦難である「迫害」と内的な苦難である「硬直化」(Erstarrung)，つまりおのれの内部へと閉じこもってしまうことを甘受することになった。これとは反対に，キリスト教徒はしっかりと目を見開いて世界へと歩んでいった。しかしローゼンツヴァイクによれば，「世界の肯定」(die Weltbejahung) によって引き起こされる苦難，かれの言葉を正確に引用すれば世界へと歩み出て行くことで生じる「危険」(Gefahr) がキリスト教にはある(GS I-1, 135)。すなわちキリスト教は世界へと参入し，そこで伝道することによって，つねに異教徒からも影響をうけている。それゆえ，いつしか自分たちも普遍的な人間性へと還元されてしまうかもしれない。ローゼンツヴァイクはいう。「あらゆるものに向かいながら，それでも教会は普遍的なものへと消えていってはいけません」(GS I-1, 136)。
　ここでは言及しなかったが，もちろんユダヤ教とキリスト教にはイエス・キリストの存在をめぐって解消できない違いがあるものの，ローゼンツヴァイクにとって両者は観念論的な哲学や歴史学に代わって，相対主義やニヒリズムを克服する唯一の道であった。ヘーゲル的な歴史哲学が，皮肉にも歴史におけるキリスト教の意義を認識させたことはすでに述べたが，ここでローゼンツヴァイクは自らのアイデンティティの立脚点としてユダヤ教を選んだ。この歩みは最終的に『救済の星』，そしてブーバーとのヘブライ語聖書のドイツ語訳へと途切れることなくつながっていく。われわれは立つべき新しい場所をみつけた，あるいは再発見したローゼンツヴァイクが最初にその思想を表現した論文といくつかの手紙を次節で考察してみよう。そこには啓示についてくり返し言及するローゼンツヴァイクの姿がある。

第3節　啓示の発見

ⅰ）ローゼンツヴァイクの神学批判 —— 近代における無神論的神学

　ローゼンツヴァイクは，1914年に「無神論的神学」という奇妙なタイトルをもった論文を書いた。この論文は，ブーバーの編集する雑誌『ユダヤ教』（*Vom Judentum*）に掲載するために書かれた論文であったが，残念ながらそれは実現されなかった。「無神論的神学」は，ローゼンツヴァイクがユダヤ教へと立ち返ったあとに，はじめて書かれた論文である。かれは，この論文のなかで神を人間の投影として考えてきた近代の神学を批判する。

　ローゼンツヴァイクによれば，18世紀から19世紀にかけての啓蒙主義や歴史研究の発展[25]によって神学は非合理的なものを排除しようとしてきた。例えば，キリスト教においてはイエスの姿が理想的な人間像として描かれたり（啓蒙主義），イエスの人格性や「生き生きと働いている『個性』」（lebendig wirkende "Individualität"）（AT, 688）の強調（19世紀）によって合理的に解釈された。しかし人間イエスのすぐれた特質を歴史的に研究し，その影響力を現在に生かそうとすればするほど，そこには歴史的制約が生じざるをえなかったのである。すなわち，「この研究はイエスの人間的な像のうちにいくつかの特徴を発見したと考えた。ところがその特徴は，あらゆる人格的個性においてイエスがあまりに深くかれの時代や民族の精神的な土壌に根ざしていることが証明された。その結果，科学的な方法で獲得された本質的な像がもっているこの『異質性』を，これまで親しんでいた感情でもってなおも克服することは，いっそう難しいように思えたのである」（AT, 689）。要するにある一つの時代に制約されているイエスの人格が，なぜ現在にその影響を及ぼすことができるのかという歴史学的批判の前に神学もまた立たされたのである。ローゼンツヴァイクによれば，このような行き詰まりをみせたキリスト教神学 —— ここでローゼン

　　25）　ここでローゼンツヴァイクが名前をあげている思想家は，レッシング，ヘルダー，カント，D・F・シュトラウスなどである。

第1章　若きローゼンツヴァイクと信仰の問題　　　　59

ツヴァイクが指しているのは，プロテスタント神学である――は，「歴史神学の代わりに哲学的神学，イエス伝のかわりにキリストのイデー」へふたたび戻るか，あるいは「歴史的であり―歴史を超えた啓示」(historisch-überhistorische Offenbarung) という概念を学問の中心に移動させることを考えることになる (AT, 689)。のちに明らかになるように，この啓示概念こそローゼンツヴァイクが重視するものである。

　ユダヤ教の側でもキリスト教と類似した状況が起こった。しかし，ユダヤ教にはキリスト教のようなイエスの存在はない。それゆえユダヤ教の場合，キリスト教のようにイエスが理想の教師像や人格的影響力として現在に生きていると語られる代わりに，「民族の思想が理想的な人類共同体へと解釈を変えられた」(AT, 690) のであり，選民思想の世俗化が起こった。ところが，ユダヤ教においてはキリスト教とは問題の性質が異ならざるをえない。すなわち，人間イエスは個々人において理想的な教師としてその影響力を発揮することはできるが，理想的な人類共同体としてのユダヤ民族は神学的に満足のいく図式を提示することができなかったのである。なぜなら現実の世界において，ユダヤ民族は理想的な人類共同体の模範となるような影響力を行使できる状況にはまったくなかったからである。かくして「ユダヤ民族は，かれらの現在のあり方とは結びつけられることのない思想の偶然的な担い手になった」(AT, 690-691) のであり，「ユダヤ学はまずは民族の成果を永遠の人類の必然性としてではなく，ユダヤ学をして民族の純粋な存在を理解することを可能にしたような理論を必要とするであろう」(AT, 691)[26]。ユダヤ民族は，諸民族のなかの一民族として生きることを余儀なくされたのである。

　このような状況のなかで，ユダヤ教とキリスト教の両者において「歴史のなかへ現実的にあらわれ，他のあらゆる現実性から区別される神性の確固とした特徴は曖昧になってしまった」(AT, 690)。伝統的な神学は「人間的なもの」を「神的なものの力」(Gewalt des Göttlichen) の下でみてきたのに対して，近代の神学は反対に「神的なもの」を「人間的なものの自

---

　26)　ここでローゼンツヴァイクは，もう一つドイツ観念論（フィヒテとヘーゲル）における民族と人類の結びつきとその政治的含意についても議論している。この問題については以下の論文を参照されたい。村岡晋一「歴史から宗教へ　ローゼンツヴァイクの場合」(『現代思想』，青土社，vol. 23-10, 1995年)。

己投影」(Selbstprojektion des Menschlichen) とみなすようになった (AT, 692)。ここでのローゼンツヴァイクのユダヤ教とキリスト教における近代神学批判は，マイケル・マックもいうように神的なものを人間的なものの投影として考えるフォイエルバッハの宗教批判——「人間の自律性に対するカント的要求を急進化する」[*27]——を受け継いでいると考えられる。合理主義神学や徹底的に歴史研究に基づいた神学は，ローゼンツヴァイクの眼からみれば信仰の生き生きとした内実，神的なものを失っているようにみえた。同時に神話も効力を失ってしまった。しかしかれにとって神話は単に不合理なものであるという理由で，切り捨てられる要素ではない。むしろ，神話は信仰にとって大きな意味を有している。

　神話 (Mythos) が形成されるところでは，歴史の心臓が脈打っている。神話として認識されるものは，たしかに冷淡な意味において真であることをやめてしまう。しかし神話の結晶が沈積する歴史的現実性は，信仰にとっての現実性であることによって，まさにその力を保持している。……神話は，歴史的現実性そのものから輝いている光である (AT, 693)。

　神話は科学的かつ客観的な方法——ローゼンツヴァイクは「冷淡な意味において」という表現を使っている——で扱われるならば，迷信であり歴史的事実ということはできないかもしれない。しかし，その神話もまた信仰にとっては歴史的現実性を形成しているのであり，信仰のうちにある歴史的現実性においてはじめて神話は意味をもつことができる。ここで注意すべきことは「神話」は，そして「歴史的現実性」という表現は単なる歴史学的に検証可能な事実をあらわしているのではないということである。かつて歴史家であったローゼンツヴァイクは，もはやここにはいない。むしろかれにとって歴史学的な知見の下でみられた信仰は神的なものを喪失する可能性があり，論文の最後には「歴史性の呪い」(der Fluch der Geschichtlichkeit) (AT, 697) という激しい言葉も書かれている。また先に

---

27) Michael Mack, "Franz Rosenzweig's and Emmanuel Levinas's Critique of German Idealism's Pseudotheology," *The Journal of Religion* 83 (January 2003): 66.

第1章　若きローゼンツヴァイクと信仰の問題　　　　　　61

述べたように，キリスト教神学の問題を描いた箇所でかれは「歴史的であり－歴史を超えた啓示」の必要性を語っていた。「歴史を超えた」という言葉は人間的なものの下で神的なものをみることとは決定的に違うものをあらわしており，同時に歴史の外から歴史のなかへと介入してくる何かを意味している。つまり，神が人間に律法を授けるためにシナイの山へと降りてくるのであり，人間が高みに向かって道徳法則の自律性を主張することはまったく別の話なのである（AT, 693）。実はこの啓示概念こそ，ヘーゲルや歴史学に見切りをつけユダヤ教に立ち返ったローゼンツヴァイクを支える大きな柱であり，同時に今後のかれの思想において中心的な役割を果たす概念である。

　ところで1910年の手紙のなかには次のような一節があった。「われわれは，神をすべての倫理的な出来事のうちにみるのであって，できあがった全体，歴史のうちにみるのではない」（GS I-1, 112: 1910年9月26日）。ローゼンツヴァイクはこの手紙のなかでは「啓示」という言葉こそ使っていないが，1910年に書かれたこの手紙と1914年に書かれた論文「無神論的神学」のあいだにまったく連続性はないのであろうか。たしかに先にも言及したように1910年のローゼンツヴァイクの念頭にあったのはユダヤ教ではなくキリスト教であり，1914年のかれはすでにユダヤ教へと回帰している。それゆえ，この二つの時期におけるローゼンツヴァイクをまったく同じ次元でみることに対してわれわれは慎重でなければならない。しかし，かれはすでに1909年においてハンス・エーレンベルクのプロテスタントへの改宗に賛同し，自らの宗教的渇望をも語っている。ローゼンツヴァイクはヘーゲル哲学に取り組みながらも，そこから抜けだそうとしていた。歴史を超えたものを肯定し，「神をすべての倫理的な出来事」のうちにみようとするローゼンツヴァイクの主張は，歴史のなかで罪に汚された人間の行為に突然，介入してくる啓示の出来事として解釈することも不可能ではなく，ここにわれわれはかれの思想発展の位相を確認することもできよう。

　われわれは人間の自律性を過度に主張したり，歴史学に大きく依存する神学に対するローゼンツヴァイクの嫌悪，つまりかれの近代神学批判を考察した。これらの神学はいずれも，神的なものを見失っているという批判を浴びせられることになる。最後にもう一つかれが不満をもつ立場，すな

わち神秘主義がある。かれによれば神と人間の合一・融合を目指すようなタイプの神秘主義は，神的なものと人間的なものの混乱を示している。ローゼンツヴァイクの眼からみれば，「この神秘主義はユダヤ人たちの原始的な宗教的感性を賛美したけれども，超越的な神の啓示の声を消してしまった」[28]。メンデス＝フロールによれば，「無神論的神学」はブーバー批判も意図されていた。当時，ブーバーはロマン主義的な神秘主義の思想を展開しており，この論文が雑誌に掲載されなかったのはブーバー批判がみえ隠れしていたからであろう。少なくともこの時点においてはブーバーとローゼンツヴァイクのあいだの関係は，良好とはいえないものであっただろう[29]。

ⅱ) 方向づけとしての啓示

ローゼンツヴァイクは，「無神論的神学」のなかでふれた啓示の問題をさらに展開していく。われわれは，ふたたびローゼンシュトックの回想に耳を傾けてみよう。1916年，ローゼンシュトックはローゼンツヴァイクの従兄弟であるルドルフ・エーレンベルクから，ローゼンツヴァイクがユダヤ教に立ち返ったこと，そしてその後のかれの生活について知らされた。エーレンベルクは，ローゼンシュトックにローゼンツヴァイクへ手紙を書くことを促した。当時ローゼンツヴァイクは第一次世界大戦に参加し，マケドニアの前線にいた。この年の5月29日からかれらのあいだで手紙の交換がはじまったが，ローゼンシュトックはこの文通には気が乗らなかったらしい。なぜなら1913年の議論において，かれらは哲学者（ローゼンツヴァイク）とキリスト教徒（ローゼンシュトック）という関係であったが，1916年の時点でかれらはユダヤ教徒（ローゼンツヴァイク）とキリスト教徒（ローゼンシュトック）という関係になっていたからである[30]。かれらは1913年と同様にさまざまな問題について，いやそれ以上に激しい議論

---

28) Mendes-Flohr, "Franz Rosenzweig writes the essay 'Atheistic Theology'," 322.

29) "From 1908 to 1914," in *Philosophical and Theological Writings*, 5-6.「ローゼンツヴァイクにとって，ブーバーのユダヤ教概念は神的・人間的な分離を崩壊させるような点で，社会的・心理学的であり，民族主義的である」(Ibid., 5)。

30) "Prologue/Epilogue to the Letters-Fifty Years Later," in *Judaism Despite Christianity. The "Letters on Christianity and Judaism" between Eugen Rosenstock-Huessy and Franz Rosenzweig*, ed. Eugen Rosenstock-Huessy, 74-75.

を交わした*31。ここではその詳しい内容にふれることはできないが，われわれにとって興味深いことはローゼンツヴァイクが啓示についてローゼンシュトックに尋ねていることである。

1916年10月に出された手紙で，ローゼンツヴァイクはローゼンシュトックにこう尋ねている。「自然と理性の関係について，あなたがいま考えている概念をわたしに説明してください」(GS I-1, 256：1916年10月)。ローゼンシュトックは，ローゼンツヴァイクの質問に対して次のように答えている。

> あなたが提起している質問，すなわち「自然と啓示」(Natur und Offenbarung) をわたしは，「自然的悟性と啓示」(natürlicher Verstand und Offenbarung) としてなら理解することができます。それどころか自然と啓示は，比較することなどできないのです。つまり自然的悟性は前方 (vorn) と後方 (hinten)，左 (links) と右 (rechts) を知っており，類比の網目でもって (mit einem Netz von Analogien) この四方の空間のなかをなんとかやりくりします。自然的悟性は比較し，とてつもない距離をこうしてある場所から隣の場所へと足を引きずりながら進んでいくのです……(GS I-1, 276：1916年10月28日)。

ローゼンシュトックにとって自然的悟性は自然のなかで前方と後方，左と右を区別し認識することはできる。いい換えれば自然的悟性はそれしか知らず，その四方から囲まれた空間のなかを持ち前の比較という手段で進んでいく。ただし自然的悟性は，計り知れない距離を当て所もなくただある場所から次の場所に向かって進んでいくだけである。要するに自然的悟性しかもたない人間は自分が中心になっているがゆえに，中心は自分とともに浮遊しており，それは何ら中心点の役割を果たすことができていないのだ。ローゼンシュトックは，さらに続けて次のように書いている。

> この四方の空間のなかで自らの立場を，認識する中心としてではなく，

---

31) モーゼスは両者の手紙の交換のうちに「神学的次元」と「政治的次元」という二つの位相を確認し，議論を展開している。モーゼス「異化」『歴史の天使 ローゼンツヴァイク，ベンヤミン，ショーレム』。

上から条件づけられるもの (*von oben bedingt*) として引き受ける決断，すなわち世界の中心であることのこの放棄は，もはや人間的－自然的悟性の事柄ではなく，われわれに対して (an uns)，われわれにおいて (in uns)，そしてわれわれにとって (für uns) 啓示を可能にするわれわれのうちにある能力です (GS I-1, 276)。

自分が立っている場所は実は中心ではなかった。認識する自己は，その中心点を上から到来するものに明け渡さなければならない。しかも自己は，そして自らの立場はその上から到来するものによって条件づけられているのである。これこそローゼンシュトックが自然的悟性と対比させる啓示の意味である。啓示は，人間におのれが世界の中心であるという認識を放棄させる。ただしここで理解されている啓示は，上からただ一方的に到来するものではないようだ。もちろん端緒は絶対的に上からの啓示にあるのだが，それを可能にする，すなわち啓示を受け入れる能力が人間のうちにあるといえよう。上からの啓示は，それを受けた人間による下からの決断と相まって人間に自らの限界を認識させるのである。

ローゼンツヴァイクは，このようなローゼンシュトックの答えを受け，その1年後の1917年11月18日，いわゆる「救済の星の『原細胞』」("Urzelle" des Stern der Erlösung) と呼ばれているルドルフ・エーレンベルク宛の手紙のなかでふたたび啓示について言及している。その際，かれはローゼンシュトックの名前にふれているところをみると，上記の手紙の内容はローゼンツヴァイクにとって大きな意味があったと推測できる。

去年，ローゼンシュトックとの手紙のやり取りのなかで，わたしはかれが啓示の下で何を理解しているかを率直に尋ねました。かれは，啓示は方向づけである (Offenbarung ist Orientierung) と答えました。啓示に従えば〔啓示の後には〕(Nach der Offenbarung)，自然のなかには一つの現実的で，もはや相対化されるべきではない上や下 (ein wirkliches, nicht mehr zu relativierendes Oben und Unten) ——「天」と「地」——……があり，また時間のなかには一つの現実的で，確かな以前と以後 (ein wirkliches festes Früher und Später) があります。したがって「自然的な」空間と自然的な時間のなかで中心とは，つねにわたしが

第1章　若きローゼンツヴァイクと信仰の問題　　　　　65

ちょうど存在している地点なのです（人間は万物の尺度である）。〔しかし〕啓示された空間－時間－世界のなかで中心とは，仮にわたしが自分自身変化したり，あるいは移動するとしても，動くことなく固定された一つの点（ein unbeweglich fixierter Punkt）であって，わたしがこの点の位置をずらしたりすることはないのです。つまり，地が世界の中心であり，世界史はキリスト以前と以後に位置しています（神と神自身のロゴスは万物の尺度である）（Ur, 125-126）。

　ここでもやはり先に引用したローゼンシュトックとの手紙の内容とほぼ同一のことが書かれている。ローゼンツヴァイクにとって啓示とは，相対的な自然的空間・時間のなかに一つの現実的で確固とした点を設けるものであり，この点は人間の移動とともに位置がずらされるものではけっしてない。むしろ啓示は人間にとっては「方向づけ」という意味を有している。

　では啓示を受ける人間はいかなる人間であろうか。ローゼンツヴァイクはいう。「『わたしはともかく存在している』という反抗する《わたし》」（das trotzige Ich, das "ich nun einmal bin"）（Ur, 133）[*32]に対して啓示は生起するのであり，ローゼンツヴァイクがここで「アダム，お前はどこにいるのか」（「創世記」3:9）という句を聖書から引用している（Ur, 131）。このように描かれる人間，あるいは啓示の意義の強調，そして聖書の句はすべてかれの『救済の星』の内容をすでに先取りしている。ローゼンツヴァイクは，『救済の星』において人間は自分が立っている場所からしか哲学ができないこと，ある意味，徹底的におのれの有限性を自覚した人間にしか哲学はできないことを訴え，あるいは反抗する人間が神の啓示，つまり神の愛によって自らの反抗心を拭い去り，心を開いていく様を描いている。内容の詳しい検討は第4章に譲るとして，ともかくローゼンツヴァイクにとって人間は自分の悟性だけでは，相対的な空間と時間のなかに確固たる基準を見出せないのであり，ここに神の啓示の絶対的な必要性があるといえよう。

　さてわれわれは，ローゼンツヴァイクの学生時代からはじめ，かれにと

---

32) 以下，大文字の "Ich" は文章上の混乱を避けるため，《わたし》と表記する。

ってのキリスト教，ユダヤ教，そして啓示の意義について概観してきたが，次に第一次世界大戦から復帰し，『救済の星』を出版する少し前に，ローゼンツヴァイクが師であるマイネッケに送った手紙をみてみよう。そこにはこれまでのローゼンツヴァイクの精神的遍歴が映し出されており，本書の今後の展開から考えても一考に値する手紙である。

第4節 すれちがいの師弟関係 ── マイネッケとの埋まらない溝

i) 復員したローゼンツヴァイク

ローゼンツヴァイクのマイネッケ宛の手紙を考察する前に，前節の議論とは多少時間のずれがあるかもしれないが，簡単に戦争前後におけるローゼンツヴァイクの消息を確認しておこう。1914年9月，ローゼンツヴァイクは赤十字における自発的な病人看護士に登録を申し込んだ。さらにかれは，1915年4月に野戦砲兵の志願兵に加入している。1916年2月から戦争が終わるまで，かれはバルカン半島で兵士として戦争に参加し，そこで『救済の星』に関する多くの着想を得たようだ。しかし1918年9月の終りごろ，ローゼンツヴァイクはマラリア患者としてベルグラートの野戦病院に入院し，10月にフライブルクに戻ってきた[33]。

第一次世界大戦という世界史的出来事から復帰したローゼンツヴァイクは，精力的に活動を再開する。かれは，コーエンや一時は批判的であったブーバー ── その後，ローゼンツヴァイクはブーバーと一緒にヘブライ語聖書をドイツ語に翻訳している ── と交流を深め，1921年には『救済の星』を出版し，フランクフルトにユダヤ人の成人教育を目的とした「自由ユダヤ学院」(das Freie Jüdische Lehrhaus) を創設することにも尽力した。とくに「自由ユダヤ学院」の存在は，20世紀のドイツ・ユダヤ精神史にとって重要な意味をもっている。というのもユダヤ教には，キリスト教とは異なる独自の問題があったからである。啓蒙主義の時代以降，ユダヤ人はドイツ国家・ドイツ人との共生を果たすためにドイツ文化に同化するという方法をとり，キリスト教への改宗を望んで行う者も多々いた。しかし，

---

33) Clemens Thoma, "Franz Rosenzweig: Deuter von Krieg, Politik und philosophisch-theologischer Entwicklung. Haupttendenzen im *Zweistromland*," in *Rosenzweig als Leser*, 44.

第1章　若きローゼンツヴァイクと信仰の問題　　　　　67

このドイツ文化への同化が進めば進むほど，ユダヤ人は自らのアイデンティティであるユダヤ教を忘却していった。実はローゼンツヴァイクもまたそのようなユダヤ人の一人であったし，かれの両親も同化したユダヤ人であった。それゆえかれは，フランクフルトに成人を対象とした教育機関を設けることによってふたたびユダヤ人におのれの伝統を思い出させようとしたのである[34]。学院ではブーバーの他に，レオ・シュトラウスやエーリッヒ・フロム，ゲルショム・ショーレムなどのユダヤ人思想家が教鞭を執り，聖書やヘブライ語，ユダヤ思想を教えていた。

　さてユダヤ教を自らの宗教として選んだローゼンツヴァイクの決断は，かれの従兄弟や友人そして家族を驚かせ，憤慨させもしたが，かれの学問上の師であるマイネッケもまたそのなかの一人であった。マイネッケは自伝『シュトラスブルクーフライブルクーベルリン1901-1919』のなかで，ローゼンツヴァイクについて次のように記している。

　　さらにわたしは，学問において名の知れることになったこのサークルのユダヤ系のメンバー，フランツ・ローゼンツヴァイクにふれる。かれはわたしの『世界市民主義と国民国家』におけるヘーゲルの章に刺激され，ヘーゲルと国家をめぐる詳細な書物を著した。またかれは，戦争のあと，かれが恐れたようにドイツ的理想の最終的な崩壊に心を揺さぶられ，精神化されたユダヤ教のなかに (in einem vergeistigten Judentum) ふたたび先祖から受け継いだ使命を見出そうと考え，マルティン・ブーバーと一緒に活動した。その後，ローゼンツヴァイクは苦痛に満ちた麻痺に襲われ，最終的にその麻痺に負けてしまった。かれが死んだあとに残った重苦しい手紙は，フライブルグ時代が過ぎ去っても多くのことを蔵している[35]。

「精神化されたユダヤ教」という言葉が，当時のドイツにおいてユダヤ教

---

　34)　ローゼンツヴァイクが，このような教育機関を設立したコンテクストについては以下の研究を参照されたい。Brenner, *The Renaissance of Jewish Culture in Weimar Germany*.
　35)　Friedrich Meinecke, "Straßburg-Freiburg-Berlin 1901-1919," in *Werke, Autobiographische Schriften*, Bd. 8 (Stuttgart: K. F. Koehler Verlag, 1969), 196.

が実質的に力をもっていなかったことを示しているが、この自伝が書かれたのは第二次世界大戦後の1949年である。マイネッケが最後にローゼンツヴァイクといつ会ったかは定かではないが、ローゼンツヴァイクは1929年にこの世を去っているので、ちょうど20年後のローゼンツヴァイクをめぐるマイネッケの印象、そして記憶ということになるだろう。しかしはたしてマイネッケは、ローゼンツヴァイクがユダヤ教に立ち返った真の動機を理解していたのだろうか。マイネッケによれば、ローゼンツヴァイクがユダヤ教をふたたび選んだのは「ドイツ的理想の最終的な崩壊」にその原因があった。たしかに、第一次世界大戦の体験はかれに対して何らかの影響を及ぼしたであろう。それは、かれが研究していたヘーゲルの歴史哲学の破綻を意味していたのである。このことを示唆するかのように、かれは戦争のために先延ばしになっていた『ヘーゲルと国家』の出版に際して、新しい序文を書き、次のように告白している。

　　今日、ドイツの歴史を書くための勇気をいまさらどこで手に入れるべきか、わたしにはわからない。当時この本が成立したとき、内外でのビスマルク国家の息を詰まらせるような窮屈さが、自由な世界の息吹が感じられる国家へと広げられるような希望があった。……〔しかし〕結末は異なっていた。瓦礫の街が、かつて国家が立っていた場所を示している*36（Vo, 51）。

敗戦はローゼンツヴァイクにドイツ国家への疑念を呼び起こした。戦前にあったかれのわずかな希望も打ち砕かれた。かれは続けていう。

　　今日であればもはや書かなかったであろうこの書物に、わたしはほとんどまったく手を加えることができなかった。残されていることは、昔のままと同じように出版することだけである。それゆえこの書物は原点、そして意図において戦前の精神の証言なのであり、1919年の「精神」の証言ではない*37（Vo, 51）。

　　36）　Franz Rosenzweig, *Hegel und der Staat*（München/Berlin: Verlag R. Oldenbourg, 1920; reprint, Aalen: Scientia Verlag, 1982）, XII.
　　37）　Ibid., XIII.

なるほどローゼンツヴァイクにとって敗戦は精神的変化をかれにもたらした。この意味では，マイネッケの記憶は正しい。しかし，かれの知っているローゼンツヴァイクはあくまで歴史家・学者としてのローゼンツヴァイクであり，かれの深みに達したユダヤ教理解にまでマイネッケの眼差しが届いていたかは疑問である。しかもローゼンツヴァイクがユダヤ教に立ち返ったのは，何も戦争のショックだけが原因ではなく，当時の学問的状況にも多くの不満をもっていたからである。

『ヘーゲルと国家』を出版したころ，マイネッケはローゼンツヴァイクに大学の職を紹介しようとした*38。当時のドイツで，ユダヤ人が大学に職を得ることはけっして簡単なことではなかった。歴史学者としてのマイネッケの名声とローゼンツヴァイクの豊かな才能があってこそ，この計画も実現できるはずであった。しかし，ローゼンツヴァイクはこのマイネッケの申し出を断った。1920年8月30日付けのマイネッケ宛ての手紙のなかで，この問題について語られているので，少し詳しくこの手紙をみてみよう。

ⅱ）歴史家から哲学者へ

ローゼンツヴァイクは，マイネッケが『ヘーゲルと国家』に対して好意的な評価を寄せてくれたことに感謝し，まだ出版されていない第二巻が早く師の手元に届くことを望んでいる。しかし，このような儀礼的な挨拶のあと，ローゼンツヴァイクはすぐになぜマイネッケの用意してくれた大学の職を断ったかを説明し出す。まずかれは，ベルリンでマイネッケと会った時に感じた強い違和感を率直に吐露する。「わたしは，あなたにわたしの歩みの人格的な必然性（die persönliche Notwendigkeit meines Ganges）を納得させることに上手くいきませんでした」（GS I-2, 678-679：1920年8月30日）。

ローゼンツヴァイクがマイネッケに伝えることができなかったことは，大学の職の辞退だけでなく，かれがユダヤ教に立ち返った理由とその意義

---

38) これに加えて，ステファン・マイネケによれば「マイネッケが1919年にくり返しかれにハビリタチオンを提案したり，1921年に定期的に『歴史学雑誌』へ取り組むことを勧めた時でさえ，ローゼンツヴァイクは例外なくきまって拒否した」。Meineke, "A Life of Contradiction," 463.

である。さらにローゼンツヴァイクは，自分とマイネッケとの対話が上手くいかなかった理由を，次のように分析している。

　……わたしはあなたに対してわたしにとって決定的に重要な人格的なものを客観的なものから明確にしようとしたこと，たしかにこれがベルリンでのわたしの過ちだったのです (GS I-2, 679)。

「わたしの歩みの人格的な必然性」や「人格的なもの」とは，もちろんユダヤ教のことを示している。ローゼンツヴァイクにとってユダヤ教とは，けっして自分の外側にある「客観的なもの」でも，学問的な言葉で説明できるものでもなく，かれの人格と重なり合うきわめて内面的にして現実的なものであり，自己を形成する原動力であった。さらにローゼンツヴァイクは，かれがユダヤ教に立ち返ることを決断した1913年の出来事について，次のように語っている。

　1913年，わたしにとって何かが起きました。もしわたしが一度それについて語らなければならないのであれば，それは崩壊 (Zusammenbruch) という名前以外では呼ぶことのできないものです。わたしは，突然瓦礫の街の上に自らが立っていることを感じたのです。あるいは，むしろわたしが気づいたことは，わたしが歩んだ道は非現実性に挟まれた道に通じているということです。要するに，それはわたしにわたしの才能だけ (*nur* mein Talent) を，もしくは諸々のわたしの才能 (meine Talente) を示す道だったのです。わたしはこのような才能に従属することや，自己に仕えることを無意味だと感じました (GS I-2, 679)。

かれはさらにこれまでの自らの学問的な営みを，「意味も目的もなく，自らのうちで漂い飽くことのない形式に対するわたしの欲求」(GS I-2, 679) とみなし，手厳しく自己批判をしている。こうしてかれは，自らの歴史研究もまた単なる形式への欲求や自己探求であったことを告白する。「わたしは，わたしの断片的な才能の直中でわたし自身を，そしてあらゆる多様なものの直中で一なるものを探求しました」(Inmitten der Fetzen meiner Talente suchte ich nach mir selber, inmitten alles Vielen nach dem Einen）（GS I-2, 679-680）。かれにとってこれまでの学問は，自己にのみ奉仕するものであった。ここにローゼンツヴァイクがフランクフルトに「自由ユダヤ学院」を創設した理由がある。かれの眼には従来の学問，とりわけ歴史学があまりに細部や客観的な叙述にこだわりすぎ，人間の生における人格的な側面を捉えることができないと映ったのである。また当時のユダヤ人，とくに成人に達したユダヤ人が自分たちの伝統を忘却していることに対してかれは危機感をおぼえたのではないだろうか。だからこそローゼンツヴァイクは，「自由ユダヤ学院」という成人教育の機関を創設したのである。かくしてかれは歴史家であることを放棄しただけでなく，当時の学問そのものに対しても厳しい批判を浴びせたのであった。

> わたしは（完全に大学教授の資格を得ることのできる）一人の歴史家から（完全に大学教授の資格を得ることのできない）一人の哲学者になりました。……しかし，本質的なことは，わたしにとって学問がもはやまったく中心的な意味をもっていないということであり，それ以来，わたしの生は「暗い衝動」（dunkler Drang）によって規定されているということです。わたしはその暗い衝動に「わたしのユダヤ教」（mein Judentum）というたった一つの名前しか最終的には与えることができないことをはっきりと意識しています。あらゆる過程の学問的な側面，つまり歴史家が哲学者に変わったということは，結果にすぎないのです。しかし，この結果は「わたしがみた亡霊は悪魔ではなかった」という幾度も歓迎すべき証明書を，わたし自身にもたらしたのです。今日，わたしは7年前よりも足を広げて世界のうちに立っていると信じています。間もなくフランクフルトにあるカウフマンで刊行される『救済の星』の著者は，『ヘーゲルと国家』のそれとは異なる種類の著者なのです。しかし，最終的にはこの新しい書物でさえ単なる一冊の書物（ein *Buch*）にすぎないのです（GS I-2, 680）。

ローゼンツヴァイクはここではっきりとこれまで歩んできた歴史家の道を放棄し，大学のなかに身をおくことさえ拒否している。既存の学問が，かれの思想の中心的な場所を占めることはすでにできなかった。歴史家と

しての仕事であった『ヘーゲルと国家』は，もはやかれの著作ではない。新しいローゼンツヴァイクは，『救済の星』のなかにだけ見出すことができるのである。マイネッケが『救済の星』を読んだかどうかは定かではない。もし1913年にローゼンツヴァイクを見舞った「崩壊」の経験と，そこから立ちあらわれたユダヤ教への劇的な回帰を促したかれの生のなかにある「暗い衝動」を，マイネッケが理解できなかったのであれば，当然ローゼンツヴァイクが燃えるような情熱のなかで書いた『救済の星』は，マイネッケの眼には不合理な書物にみえたかもしれない。マイネッケであれ，あるいはかれと同世代のトレルチであれ，厳密な歴史研究に基づいて学問を展開してきた者にとって，ローゼンツヴァイクの世代があまりに「生」の高揚を強調し，時にはニーチェ的なまでに歴史を嫌悪することに対して，けっして賛成することはできなかったはずである。マックス・ヴェーバーが『職業としての学問』のなかで青年たちの熱狂を戒めているのは，有名な話である。

　マイネッケとローゼンツヴァイクのあいだには，たしかに埋まることのない溝があり，悲劇的なほどにかれらの関係はすれ違いをみせている。ローゼンツヴァイクはこれまで行ってきた学問，とりわけ歴史学は自己やその才能に従属することであったことをマイネッケに告げたが，それに代わってかれの目的になったのは「人間への奉仕」(der Dienst an *Menschen*) (GS I-2, 681) であった。この目的はけっして大学や既存の学問では達成できないと，ローゼンツヴァイクには感じられた。しかし，すれ違いがあるのはかれらのあいだだけではない。それは単なる師弟関係に限定されない世代間のすれ違いを意味しており，例えばバルトとトレルチのあいだに思想的な隔たりをみることができるように，バルトと同い年であるローゼンツヴァイクのなかには，マイネッケに対するアンヴィバレントな感情が横たわっていた。このことをもっともよくあらわしているのが，「歴史家から哲学者へ」，いい換えれば「歴史から生へ」というローゼンツヴァイクの思想的変化である。歴史家ローゼンツヴァイクが書いた『ヘーゲルと国家』は，ユダヤ人哲学者ローゼンツヴァイクが書いた『救済の星』に席を譲る。しかし疑問はまだ残る。先に引用した手紙の最後にはこうある。「しかし，最終的にこの新しい書物でさえ単なる一冊の書物にすぎないのです」。ローゼンツヴァイクにとって，かれが全身全霊を傾けて書いた

第1章　若きローゼンツヴァイクと信仰の問題　　　　　　　　73

『救済の星』でさえ所詮は一冊の書物にすぎないのであり，書物の域を超え出るものではなかった。かれが求めているのは，歴史，学問，そして最終的には書物とも異なる何かであった。この疑問は本書を貫く本質的な問題であるがゆえに，ここで安易な答えを与えることは差し控えよう。

おわりに

　われわれはローゼンツヴァイクの学生時代からはじめ，『救済の星』を出版する直前のマイネッケへの手紙のなかにあらわれたかれの決意までを確認してきた。ここでふたたび，第1節で論じた1910年の手紙にある歴史（「19世紀的な意味での歴史に対する戦い」）と宗教（「20世紀的な意味での宗教のための戦い」）という鍵語に焦点を当てて，第1章の内容をまとめてみよう。

　当時のローゼンツヴァイクにとって歴史とは，くり返し書いているように，ヘーゲルの歴史哲学を意味していた。かれは暴力的な歴史の全体論から抜け出すことが，もっとも重要な思想的課題だと考えていたのであり，実のところ1910年に紡がれた思想の糸は遠く1921年の『救済の星』にまでつながっている。ヘーゲル的な歴史に抗しながら，ローゼンツヴァイクは宗教のための戦いを宣言する。しかし，ここでいわれている「宗教」とは1910年においてはキリスト教を，1913年以降においてはユダヤ教を指し示すことも確認した。しかしローゼンツヴァイクが「宗教」という言葉を語るとき，これは既存のキリスト教，あるいは既存のユダヤ教を意味しているのだろうか。ここには一言では語れない複雑な問題がある。なぜなら当時の宗教あるいは神学は，良くも悪くも政治や文化との強い結びつきを保持していたからである。キリスト教においては，すでにヘーゲルにみられるように，キリスト教，わけてもプロテスタントは近代ヨーロッパ文明の原動力とされ，いわゆるリベラルな神学の陣営においてはキリスト教と文化を調和させようとしていた。

　ユダヤ教はどうであろうか。もちろんキリスト教のように，文明を動かす原動力には政治的状況からみてもなりえなかったが，ユダヤ教もまたキリスト教と似たような状況にあった[*39]。モーゼス・メンデルスゾーンに代

表されるドイツ人とユダヤ人の《共生》(Symbiose) は，制約はあったもののローゼンツヴァイクの時代まで信じられてきた。第一次世界大戦の最中である1915年，コーエンは「ドイツ性とユダヤ性」というパンフレットのなかで「ドイツ文化と預言者の倫理的普遍主義とのあいだの客観的で歴史的な収斂」を語り，これに基づいてドイツの戦争目的を正当化した[40]。このコーエンの態度は，当時のユダヤ教における宗教と政治，あるいは宗教とドイツ文化との強い結びつきを示していよう。それゆえ巨視的な観点からみれば，当時のキリスト教やユダヤ教はヘーゲル的な枠組み，すなわち宗教と国家の親密な関係のなかにあったということができる——もちろんユダヤ教は圧倒的に不利な状況におかれていたが。

コロンビア大学の教授マーク・リラはこのローゼンツヴァイクの二つの戦い，すなわち歴史と宗教をめぐる二つの前線を「回帰」(return) という概念で結びつけている[41]。リラによれば，ヘーゲルの歴史哲学において頂点に達する近代哲学は人間を生から切り離してきた。またキリスト教であろうとユダヤ教であろうと，近代の合理主義的でリベラルな神学は人間を神から遠ざけてきた。この問題は第3節でみたかれの論文「無神論的神学」において明確に示されている。このような状況に反旗を翻しながらローゼンツヴァイクは，一方ではこれまで学んできた哲学——端的にいえばヘーゲル哲学——からおのれの《生》へ「回帰」するのであり，他方では合理主義神学，かれの言葉を使えば「無神論的神学」の神から人間的なものに屈することのない《神》へ「回帰」するのである。リラの指摘は，先にみたマイネッケの手紙に示されているローゼンツヴァイクの決意ともほぼ一致している。すなわち，ローゼンツヴァイクは歴史学から生へ，そしてユダヤ教に回帰したのだった。

ただしこの場合，かれがユダヤ教に回帰したことのみを強調しすぎると，かれの思想を見誤ることになるだろう。なぜならローゼンツヴァイクはた

---

39) ブレナーはリベラルなユダヤ教が保持していた「人間理性や進歩への楽観的な信仰」が次第に衰退していく過程は，プロテスタント神学との関係からもみなければならないといい，このような流れのなかで『救済の星』が執筆されたことを指摘している。Brenner, *The Renaissance of Jewish Culture in Weimar Germany,* 42-43.

40) Mosès, *System and Revelation,* 47.

41) Mark Lilla, "A Battle for Religion," *The New York Review of Books.* Vol. XLIX, No.19 (December 5, 2002) : 62.

第1章　若きローゼンツヴァイクと信仰の問題　　　　75

しかに歴史学だけでなく，これまでの哲学的伝統にも背を向けたにもかか
わらず，マイネッケへの手紙にもあるようにかれは「一人の哲学者」に，
ユダヤ教の信仰をもった「一人の哲学者」になったからである。ローゼン
ツヴァイクは哲学そのものまでを完全に見限ったわけではないのである。
だからこそ，かれは自分の作品を「ユダヤ教の書物」でも「宗教哲学」で
もなく「哲学体系」だと考えたのであり，これまでの観念論的な哲学を古
い哲学とみなしたのであった（ND, 139-140, 155）。この問題は今後，本書
においてさまざまな箇所で言及されることになる。われわれはここではロ
ーゼンツヴァイクの思想の発展ないしは回帰を確認するにとどめ，次章以
降，かれの思想をもう少し具体的に考察することにしよう。

第2章

新しい思考の出発点
──ローゼンツヴァイクの思想における基礎構造──

> 哲学は，いたるところに，いわゆる〈事実〉のなかにあるのであって，生活の汚染から守られている領分などは，哲学のどこにもない。
> （モーリス・メルロ＝ポンティ）

はじめに

　ローゼンツヴァイクの『救済の星』が一筋縄ではいかない，ある意味，錯綜を極めた書物であることは大方のローゼンツヴァイク研究者の一致するところである。そもそも1921年にかれが『救済の星』を世に送り出したときでさえ，ほとんど読者を見出せなかったようである。この書物は，不幸にも単に「さまざまな道を通って古い律法に戻ろうと努力している一部の若いユダヤ青年」にとってのみ価値のある「ユダヤ教の書物」として受け取られた，というのがローゼンツヴァイクの偽らざる認識である（ND, 139-140）。それゆえわれわれは，この誤解を招きかねない書物に取り掛かる前に，『救済の星』を出版したあとの1925年にかれが自らその手引きとして著した論文「新しい思考」を頼りにしながら，ローゼンツヴァイクの思考の枠組みを明らかにしてみたい。その際もちろん議論は「新しい思考」にのみ限られるものではなく，必要であれば『救済の星』の内容や手紙にも言及するつもりである。

　ローゼンツヴァイクは，「新しい思考」のなかで「古い思考と新しい思考……とのあいだの違いは，他者を必要とすること，そして同じことであるが，時間を真剣に受け取ることのうちに存する」（ND, 151-152）と書

いている*1。それゆえここでは，まずかれにとって古い思考とは何を意味するのかという問題とかれが自分の新しい思考を「経験する哲学」と呼ぶ所以を考察し（第1節），次に新しい思考の特徴である時間の問題を「語ること」，「物語ること」，「《と》という根本語」などかれの思想の鍵語に焦点を当てながら論じたい。そして，そこからわれわれはローゼンツヴァイクの全体性批判へと歩を進めて，あらためてかれの古い思考批判を取り上げよう（第2節，第3節）。最後にわれわれは，ローゼンツヴァイクの新しい思考，あるいはかれの哲学体系のなかで哲学と神学が深く関係していることを確認する（第4節）。かくして本章の課題は今後の展開をより良く理解するための手がかりを得ることであり，ローゼンツヴァイクの新しい思考の問題意識を明るみに出すことである。

第1節 本質への問いと経験する哲学

i） 本来性という錯覚

もしラディカルであることが若者の特権であるならば，ローゼンツヴァイクにこそその権利は与えられるべきである。なぜならローゼンツヴァイクは「イオニアからイエナまでのまことに尊敬すべき仲間たち」（GS II, 13），すなわち「パルメニデスからヘーゲルまで」（GS II, 14）の哲学を《古い思考》の歴史とみなし，トータルに批判するのに対して，かれが打ち立てようとしたものは《新しい思考》に他ならなかったからである。ローゼンツヴァイクはヘーゲル研究を通して西洋における数多の哲学的遺産を継承しながらも，あえて古い思考に，そして自分の親世代に戦いを挑もうとする。

それではローゼンツヴァイクにとってこれまでの哲学は何をしてきたの

---

1) ハイデガーはローゼンツヴァイクとは異なった仕方で「時間」を問題としたが，このテーマをめぐって両者のあいだに大きな違いが出るとすれば「他者」の問題をどのようにみているかという点に尽きるのではないだろうか。その意味ではハイデガーが「生起する時間の問題」を「基礎存在論的に」問うたのに対して，ローゼンツヴァイクは時間の問題を「基礎倫理学的に」，すなわち「他者とわたしとのあいだに生起する関係の問題」として論じたというカスパーの指摘は興味深い。Casper, "Zeit-Erfahrung-Erlösung," in *Religion der Erfahrung*, 16-17.

だろうか。かれはいう。「すべての哲学は『本質』（"das Wesen"）を問うた」（ND, 143）。哲学は、ある事物に対して〈これは本来、何か〉と疑問を投げかけ、その事物の本質を問題にしてきた。ローゼンツヴァイクは、「本来的には」（eigentlich）という問題の立て方のうちに古い思考の特徴をみる。「本来的には」といいながら事物を観照することは、その問いを立てる者に、いま目の前にある事物とは別の何かがその背後に隠されていることを予感させ、かれは事実、事物の背後には本来的な何かがあると疑っているのである。すなわち、古い思考にとって「すべてのものは『本来』まったくの別の何かで（"eigentlich" etwas ganz andres）あらねばならない」（ND, 143）のだ。このような古い思考の態度とは別にローゼンツヴァイクのいう新しい思考、いい換えれば「健全な人間悟性の非哲学的な思考」（das unphilosophische Denken des gesunden Menschenverstands）（ND, 143）は、「本来的には」という問いを立てることはけっしてない。新しい思考は「椅子が椅子であることを知ることで満足し、また椅子が本来まったく別の何かであるとしたらとは問わない」（ND, 143）のである。古い思考が事物の《本質存在》を問題にしているのであれば、新しい思考は事物の《事実存在》、事物が現にそこに存在しているということから思考を開始する。

　また〈……は本来、何であるか〉という問いを発する哲学は、あるものを他のものに「還元」（Zurückführung）しようとする。ローゼンツヴァイクはヨーロッパ哲学を三つの時代——「宇宙論的古代」、「神学的中世」、「人間学的近代」（ND, 143）——にわけているが、とりわけ近代においてあらゆる事物は「我」（das Ich）に還元される。ローゼンツヴァイクにとって世界や神が「我」へ還元されたり、そこに基礎づけられたりすることはない。世界は世界に、神は神にのみ帰されなければならない。すなわち古い思考が〈……は本来、何であるか〉と問い、〈……である〉と答えるとき、もしこの〈問い−答え〉関係に価値があるとすれば、そこに「何か新しいもの」、「以前はまだそこにはなかったもの」（ND, 143）がつけ加えられなければならないのである。しかし、われわれにできることは、神のなかには神を、世界のなかには世界を、人間のなかには人間をみつけることだけである。少なくともローゼンツヴァイクにとっては、神、世界、人間の本質が問われるとき、そこに〈……は本来……である〉という答えは存在しなかった。というのも「他のすべてのもの、世界そして神は、

『ある』に先立ってすでに与えられている」(ND, 144) からである。それゆえ新しい思考の前提は，第一に神，世界，人間という基礎概念はけっして他の概念に還元されえないということ，そして第二に〈……である〉という答えに先立って自己のみならず，神や世界もまた所与のものとして，すなわち「原現象」*2 (Urphänomene) として与えられているという点にこそある。かれの言葉を用いれば，神，世界，人間を「実定的な形式で」(in positiver Form) (ND, 144) 提示することが『救済の星』の第一部の要点であり，この三つの基礎概念こそかれの「哲学体系」を形成する根源的な諸要素でもある。

　それでは上記の二つの点について，もう少し詳しく考えてみよう。第一にすでに述べたように，ローゼンツヴァイクによれば，それぞれの概念は他の二つの概念に還元されることはない――例えば，神が世界や人間に還元されることはない。しかし「それぞれの概念は，それ自体に向かってのみ還元されていなければならないのである」(ND, 144)。しかも「それぞれの概念はそれ自体で『本質』(Wesen) であり，それぞれの概念はそれ自体でこの表現が有している形而上学的に重要な点をすべて保持している実体 (Substanz) である」(ND, 144)。かれは神，世界，人間を『救済の星』や論文「新しい思考」においてさまざまな表現――「基礎概念」，「本質」，「本質概念」，「本質性」，「実体」，「要素」――で語るが，「本質」あるいは「本質性」という言葉は誤解を招きかねない。なぜなら古い思考の特徴としてローゼンツヴァイクは，「本質への問い」をあげていたからである。このあたりの議論は少し錯綜してわかりづらいが，概ね次のようにいうことができるだろう。

　まず先に引用したように神，世界，人間という基礎概念，すなわち新しい思考における本質は自ら自身に向かって還元されているとローゼンツヴァイクは書いているが，これはそれぞれの本質が静的に存在しているわけではないことを意味している。「それぞれ〔の概念〕が自分自身に向かってのみ還元されていなければならない」(Jeder ist nur auf sich selbst zurückzuführen) の auf sich selbst は対格をとっており，本質が有している動的な側面をあらわしている。それゆえ，それぞれの本質のうちでは止むことの

---

2) Casper, "Responsibility Rescued," in *The Philosophy of Franz Rosenzweig*, 92.

ない自ら自身への還元の運動が行われているのである。本質の内部である種の運動が生じていることは,『救済の星』第一部においても検討されている。かれによれば神,世界,人間のうちにはそれぞれ「肯定」(Ja),「否定」(Nein),そして「と」(Und)の契機すなわち根源語があり,この三つの弁証法的な関係がそれぞれの本質を規定している[*3]。また古い思考が事物の本質を問うとき,この思考は「本来的には」という形で問いを立てる。先にも述べたように,古い思考は事物の背後に別なる何かを期待している。これに対して新しい思考が発する「本質への問い」には,「トートロジカルな答えがあるにすぎない」(ND, 145)。つまり「神は神的であるにすぎないし,人間は人間的,そして世界は世界的であるにすぎない」(ND, 145)のだ。それゆえ古い思考と新しい思考が本質を問うとき,そこには「本来的には」という言葉が介在するかしないかによって,大きな違いが出てくるといえよう。

このように古い思考は〈これは本来,何であるか〉と問うことで,神,世界,人間という本質を別の本質に還元しようとするのに対して,新しい思考はある本質を別の本質に還元することを批判しているが,還元の運動そのものは否定されていない。新しい思考はそれぞれの本質のうちに還元を,つまり運動の契機を見出しているのである。また古い思考において上記のような還元の方法がとられることによって,〈本質への問い−答え〉関係は〈Aは本来,何であるか ── Aは本来,Bである〉という構造として成り立つのに対して,新しい思考は仮に〈Aは本来,何であるか〉と問われても〈AはAである〉という答えしか発することができない。すなわち,古い思考が立てた〈本質への問い−答え〉関係は新しい思考の前では意味がなく,そもそも新しい思考である「健全な人間悟性の非哲学的な思考」(ND, 143)は古い思考のような問いを立てることはないのである。

こうして神,世界,人間という本質が「まったく特定の何か」(etwa ganz Bestimmtes),「お互い取り違えることができないもの」(untereinander Unverwechselbares)としてわれわれの前に措定される(ND, 145)。しかも「神,世界,人間は本質性としてお互いまったく一様に超越的であり」,「その孤立性のなかで」お互いから分離されている(ND, 145-146)[*4]。こ

---

3) この問題は第3章で論じられる。

の問題が上記の第二の点と関わってくる。すなわち，どのようにしてわれわれはこの孤立した三つの本質を所与のものとして受け取ることができるのだろうか。ローゼンツヴァイクによれば，われわれはこれらの神，世界，人間についてすべてを知っていながら，何も知らないという両義的な状態におかれている。とはいえわれわれは，神，世界，人間について語ることができる。何も知らないということで，それらについて何事かを語っているのだ。換言すればわれわれは神，世界，人間を思考でもって把握しているのではなく，むしろ「われわれは経験の直観的知識（das anschauliche Wissen der Erfahrung）によって，神が，人間が，そして世界がそれ自体で何とみなされているかを（was Gott, was der Mensch, was die Welt für sich genommen "ist"）このうえもなく正確に知る」（ND, 145）。古い思考がおのれの思惟や理性でもって神，世界，人間を把握し，認識し，その背後に本質を見出そうとするのに対して，新しい思考は神，世界，人間がすでに与えられていることを知るのであり，神，世界，人間は「それ自体で」，つまり何ものにも媒介されることなく，直観的に経験のなかで受け取られているのだ。思考によって摑み取られる以前の神，世界，人間，すなわち「原現象」は〈これは本来，何なのか〉という問いそのものが無意味になる地点であり，傲慢にも〈これは本来……である〉と語る「思考の『変化させる』知識」（"das verändernde" Wissen des Denkens）に対して「経験の直観的知識」が立ちはだかる（ND, 145）。

しかし懐疑し，根源に立ち返ることをおのれの職分とする哲学は，このまま経験主義に席を譲ってしまうのだろうか。「哲学の終焉？」（Finis philosophiae?）（ND, 144）[*5]。そんなことはない，とローゼンツヴァイクはいう。「むしろ哲学が確実にその思考の終わりを向かえるこの点で，経験する哲学（die erfahrende Philosophie）をはじめることができる」（ND, 144）。直観と経験という語彙がここで組み合わされているが，ローゼンツヴァ

---

4) この二つの特徴は，ローゼンツヴァイクのメタ概念においても重要な意味をもっている。第3章第1節参照。

5) レヴィナスはこのローゼンツヴァイクの発言を受けて，次のように書いている。「哲学の終焉とは哲学が未だ始まっていなかった時代，哲学することが不可能であった時代への帰還のことではありません。哲学の終焉とは，哲学が哲学者を通して語られることがないがゆえに，万象が哲学であるような時代の始まりをいうのです」。「『二つの世界のあいだで』——フランツ・ローゼンツヴァイクの道」『困難な自由』，203頁。

イクは自分の立場を「絶対的経験主義」(absoluter Empirismus) (ND, 161) と名づけている。

ⅱ) 事実性の経験

絶対的経験主義あるいは経験する哲学は、ローゼンツヴァイクの根本思想に関わる問題である。『救済の星』のなかでは経験についてほとんど語られていないにもかかわらず、論文「新しい思考」は経験がかれの思想の本質的な部分を形成していることを示している。なぜなら「絶対的経験主義」という「しるし」は、「概念の前世界」(die Vorwelt des Begriffs)、「現実性の世界」(die Welt der Wirklichkeit)、そして「真理の超世界」(die Überwelt der Wahrheit) という三つの世界を覆っており (ND, 161)[*6]、しかもこの三つの世界はそれぞれ『救済の星』の第一部、第二部、第三部に形式的にも内容的にも対応している。例えば、『救済の星』のそれぞれの部に付されているタイトルの一部をみるだけでもすぐにそのことがわかる——第一部は「永続的な前世界」(die immerwährende Vorwelt)、第二部は「つねに刷新される世界」(die allzeiterneuerte Welt)、そして第三部は「永遠なる超世界」(die ewige Überwelt) となっている。実をいえば、これまで論じてきた経験と本質の関係は論文「新しい思考」でいわれている「概念の前世界」、そして『救済の星』においては第一部「永続的な前世界」に属する問題である。ローゼンツヴァイクにとって本質に関わる世界は現実性に先立つ概念的な世界を意味しており、その世界のなかで「本質性の哲学は時間から手を引き……つねに永続するものを探求している」[*7]。こうしてローゼンツヴァイクはお互い孤立したなかにいる神、世界、人間を「現実性の前提」(ND, 146) と呼んだのであった。

経験は「概念の前世界」のなかで発せられる「何があるのか」(was ist?) という問い——〈それは本来、何であるか〉ではない！——に対してト

---

6) なお本章では最初の二つの世界、つまり「概念の前世界」と「現実性の世界」に主として焦点を当てながら、いくつかの鍵語を考察する。三番目の「真理の超世界」で扱われるのはユダヤ教とキリスト教という信仰共同体であり、本書第5章で論じられる。

7) Heinz-Jürgen Görtz, "Die Wahrheit der Erfahrung in Franz Rosenzweigs „Neuem Denken"," *Theologie und Philosophie* 3 (1987): 396.

ートロジカルな答えを差し出し、そしてすべてを把握しようとする「哲学的な思考の統一衝動」には「ここまでであり、これ以上はない」（das Bishierherundnichtweiter）という限界づけをする（ND, 148）。その意味では経験は哲学に対する規制概念でもある。すでに述べたように、ローゼンツヴァイクによれば「概念の前世界」において「神、世界、人間が何であるかを知っている者」は結局のところ何も知らない者である。というのもかれが何かを知っているとすれば、神が神であること、世界が世界であること、そして人間は人間であることだけだからである。しかも神、世界、人間は経験のなかで受け取られているものの、いまだ真の意味で、生き生きと経験されているのではない。かれは次のように書いている。

　　……経験は、たしかに経験に関する思考において最終的な事実性（letzte Tatsächlichkeiten）として明らかになる諸事物を経験しない。しかしこの経験は、経験が経験することをこの事実性において〔沿って〕（an）経験する（ND, 147）。

「経験に関する思考」が属するのは、あくまで「概念の前世界」である。経験において神、世界、人間が最終的な事実性として受け取られているとしても、換言すれば経験が神、世界、人間を経験の内実として受け取ったとしても、経験はこの事実性を真の意味ではいまだ経験していない。とはいえ経験はこの「最終的な事実性」である神、世界、人間が明確になっていないならば、現実的で生き生きとした経験に達することができない。だからこそローゼンツヴァイクは、古い思考に囚われていた神、世界、人間をいま一度、事実性へ、それもこれ以上先に進むことのできない「最終的な事実性」として確立しようとしたのであり、「前もってこの事実性を純粋にはっきりと示したこと」（ND, 147）は、「現実性の世界」における真の経験にとって不可欠の作業であった。

　上記の議論からわかるように、ローゼンツヴァイクはこれまで「本質」と呼んでいた神、世界、人間を今度は「事実性」といいかえているわけだが、かれによればこれらの事実性は劇における「登場人物の一覧表」であり、「劇場のプログラム」のようなものである（ND, 147）。『救済の星』が一つの完成された劇を示しているとしたら、そこで神、世界、人間は欠く

ことのできない役者として自分の役割を演じなければならない。また神，世界，人間という事実性がプログラムを構成しているのであれば，プログラムは劇がはじまる前に配られていなければならない。プログラムは劇の開演に先立っており，プログラムが完成してからやっとその幕は切って落とされるのである。かれは次のようにも書いている。

> 事実性とはすべての昔話がそれでもってはじまり，しかもまさにそれでもってただはじまるだけであり，そして昔話の過程や昔話を物語ることの流れのなかでは，もはや一度もあらわれえないような「昔々」（Eswareinmal）である（ND, 147）。

　事実性はすでに経験において与えられており，後述するように『救済の星』のなかでは神，世界，人間は「構成的演繹」（die konstruktive Ableitung）という方法で分析されることになる。かくしてローゼンツヴァイクの経験する哲学は，「実証的要素の全くない経験主義」[8]であり，事実性もまた証明されることを一切要求されることはなく，『救済の星』という物語の最初におかれている「昔々」である。
　さて「昔々」というこれ以上遡れない地点にある神，世界，人間は言葉を通して語られ，それによってはじめて劇が遂行されることになる。語るという行為によって語り手の口から言葉が流れ出てくるが，同時にそこには時間が生じている。しかも語りとは独り言ではない。語る者は自分自身以外の誰かに対して語っているのであり，ローゼンツヴァイクは「語ることはそもそも他者の手を借りて生活することである」（ND, 151）とまで書いている。これに対して「思考は無時間的であり，そうであることを欲している」（ND, 151）。哲学者は共同に哲学をするのではなく，孤独のなかで思索をくり返す。お互いの語りがないところに，時間が生じることはない。だからこそローゼンツヴァイクは新しい思考の核心を述べるとき，「他者を必要とすること」（das Bedürfen des andern）と「時間を真剣に受け取ること」（das Ernstnehmen der Zeit）の二つをあげたのであり，しかも両

8）　レヴィナス「『二つの世界のあいだで』──フランツ・ローゼンツヴァイクの道」『困難な自由』，207頁。

者は同じことだと宣言したのである。それでは次節では「語ること」あるいは「物語ること」の内容を最初にとりあげ、それから、新しい思考における時間と経験の関係について考察してみよう。

第2節 時間のなかでの《と》の経験

ⅰ) 物語る哲学

　ローゼンツヴァイクの新しい思考は経験において受け取られた神、世界、人間という事実性を語ろうとする。というのも、あらゆる現実性に先立つ原現象としての神、世界、人間は古い思考に抗しながらそれぞれ自足した立場を得たが、いまだ神、世界、人間は孤立のなかにあり非現実的だからである。それゆえ、事実性がそれぞれお互い自足し孤立した状態から抜け出て、現実性のなかで生き生きと語られるために、われわれは「経験の直観的知識」にかわって「物語るという方法」(eine Methode der Erzählens) (ND, 148) をとらなければならない。なぜなら「現実的なものは『存在して』いない」(ND, 148) のであり、ここでは「経験の直観的知識」は適切な方法とはいえないからである。逆にいえば存在しているものは「経験の直観的知識」で事足りるというのが、これまでくり返されてきたローゼンツヴァイクの主張である。それでは、かれは「物語るという方法」で何を考えているのだろうか。まずローゼンツヴァイクは、「物語る者」を次のように定義する。

　　物語る者 (wer erzählt) は、『本来』どうであったかではなく (wie es "eigentlich" gewesen ist)、むしろ現実的にどのように進行していったかを語ろうとしている (wie es wirklich zugegangen ist) (ND, 148)。

「現実的に」、「どのように」、「進行していったか」、これらの言葉すべてが時間的な位相をあらわしている。19世紀ドイツの偉大な歴史家ランケを彷彿させる「『本来』どうであったか」という問いは、固定した因果関係を問題にしているのであり、古い思考の言葉を使えば出来事の本質を問うているのだ。しかし「語り手」(der Erzähler) (ND, 148) の関心は固定し

た本質ではなく，出来事の過程的性格にこそ存しているのであって，かれに相応しい言葉は「であった－命題」（War-Sätze）や「である－命題」（Ist-Sätze）ではなく，「動詞」（Verbum）つまり「時間－語」（Zeit-wort）である（ND, 148）。ローゼンツヴァイクの思想にとって物語ること（物語る者）と時間は不可分の関係にあることがわかるが，さらにかれは次のようにいっている。

> 時間は語り手にとって現実的になる。生起するものは，時間のなかで生起するのではなく，むしろ時間が，時間そのものが生起する（ND, 148）。

　ある出来事は語り手（物語る者）が語らなければそのまま忘却されてしまうが，たとえどんなに瑣末な出来事であっても，それは語られることによってはじめて時間のなかでわれわれの目の前に一つの出来事として生起する。しかもローゼンツヴァイクによれば語り手が物語ることは，出来事を生起させているだけでなく，それ自体で時間をも生み出している。言葉の流れは時間の流れを示しているのであって，「語ることは時間に結びつけられ，時間によって育まれる」（ND, 151）。このように「物語るという方法」は，いまだ無時間的に永続しているだけの事実性を時間の流れのなかにもたらすことを意図しており，「物語る哲学」（eine erzählende Philosophie）とは哲学をする地平が時間であることを意味している。次にわれわれは，もう少し細かく新しい思考における時間の意義について考えてみよう。
　論文「新しい思考」を読む者は，そのなかで何度もローゼンツヴァイクが時間について語っており，かれの思想にとって時間の問題が重要な位置を占めていることを容易に推測できよう。例えば，先に述べた「時間を真剣に受け取ること」もそうだが，他の箇所をみると，「時間はそれ自体ですでにわたしが最初に語った新しい思考である」（ND, 148），あるいは「新しい思考方法は新しい思考の時間性から生じる」（ND, 151）と書かれている。
　くり返し述べているようにローゼンツヴァイクによれば，「パルメニデスからヘーゲルまで」の哲学は事物の「本質」を問題にしてきた。しかし「本質は時間について何も知ろうとしない」（ND, 148）し，哲学者自身も

無時間的な相の下で哲学を行い，それが可能だと信じてきた。このような古い思考に対してローゼンツヴァイクは，「時間はそれ自体でわたしが最初に語った新しい思考である」と断言した。「時間から独立しては認識できないこと」(ND, 149) を熟知している新しい思考は，神について語るときも「神は超越的か，あるいは内在的なのかどうかという問題」を立てるのではなく，「いかにして，いつ神は遠き神から近き神へ，そしてふたたび近き神から遠き神になるのか」(ND, 148) を語ろうとする。それゆえ，ローゼンツヴァイクにとって事実性として措定された神，世界，人間は無時間的に孤立した本質であることをやめて，生き生きとした「現実性」(Wirklichkeit) へ，つまり時間のなかでお互いが関係づけられなければならないのである。われわれは神，世界，人間をどのように認識し，語り，そして経験することができるのだろうか。かれによれば，われわれは本質の相の下で神，世界，人間を知る――とはいえ，結局のところわれわれは何も知らないわけだが――ことに甘んじるのではなく，それらが現実性のなかで働き，相互に関係しあっていることを認識し，それらを経験する地点にまでいたらなければならない。ローゼンツヴァイクに少し語ってもらおう。

　　神，世界，そして人間を認識することが意味しているのは，現実性というこの時間のなかで，神，世界，人間が行っていること，あるいは神，世界，人間に向かって生じること，つまりお互い作用しあうことやお互いから生起することを認識することである (ND, 150)。

あるいはかれは，次のようにも書いている。

　　神，世界，そして人間が何で「ある」("ist") かをわれわれは知らない。むしろ，われわれが知っていることは，神，世界，人間が何を行うのか，それらに対して何が行われるのかだけである (ND, 155)。

ここでローゼンツヴァイクは，本来の意味での経験や認識を「神，世界，人間に向かって生じること，つまりお互い作用しあうことやお互いから生起すること」に求めている。神，世界，人間は単独ではなく，関係をもっ

てこそわれわれの経験の対象となるのであり，われわれはこれらの本質ではなく，相互間の働きを経験することができるのだ。そうであるならば，ここでの問題は神，世界，人間のあいだでどのような働きあるいは何が生起しているのか，そしてこれらの事実性のあいだでは何が媒介となってお互いを結びつけているのか，ということだろう。前者の問題は第4章で論じられることになるので，ここでは直接扱うことはしない。われわれは，後者の問題つまり事実性を媒介するものについて考えてみよう。

ⅱ）　関係の《と》と分離の《と》

　神，世界，人間をお互いに結びつけているものとは何か。それは《と》（und）という語である。かれは，この「小さな言葉である《と》」（das Wörtchen Und）を「あらゆる経験の根本語」（Grundwort aller Erfahrung），「経験の最初のもの」（das Erste der Erfahrung）と呼んでいる。ここではとくに《と》が「経験の最初のもの」であるという指摘が重要である。なぜなら《と》に媒介されてはじめて，経験が生じることをローゼンツヴァイクは語っており，この指摘はこれまでのわれわれの議論を支持しているからである。すなわち神，世界，人間という事実性は単独では経験の内実であっても，動詞として《経験している》とはいえないのであって，《と》を媒介にしてこそ現実的な意味での経験が生じるのだ。だからこそまさに《と》は「あらゆる経験の根本語」であり，《と》がなければ経験は不可能である。さらにもう一つつけ加えるならば，《と》はローゼンツヴァイクの体系概念とも密接な関係をもっている。かれはある手紙のなかでこう説明している。

　　ヴィクトール・フォン・ヴァイツゼッカーの体系概念——それはわたしにとって重要な事柄ですが——は，事実上わたしの考える体系概念でもあり，またおそらくローゼンシュトックのそれでもあるでしょう。わたしは，この概念を次のように定式化します。つまり体系とは，複数の石材が建物を構成し，その石材が建物のために（それ以外の理由なしに）そこに存在している建築術ではない（nicht Architektur），と。そうではなく，体系が意味しているのはこういうことです。すなわち個別的なものは各々，あらゆる他の個別的なものと関係（Beziehung）

したいという衝動と意志を有しており，また「全体」はその意識的な視界を越えたところにあって，触手をそこへと伸ばすような個別性のカオスだけをみています。ヘーゲル的な体系においては，個別的などの位置も全体のなかにのみ繋ぎとめられているのです……（GS I-1, 484: 1917年12月1日）。

手紙のなかにでてくるヴィクトール・フォン・ヴァイツゼッカーとは名著『ゲシュタルトクライス』を著し，医学的人間学ともいうべき分野を確立したあのヴァイツゼッカーであるが，ローゼンツヴァイクは自らの体系概念をかれのそれに比している。ここで書かれている「個別的なものは各々，あらゆる他の個別的なものと関係したいという衝動と意志を有しており」という箇所は，ローゼンツヴァイクの《と》の経験概念とも一致するし，かれが語る「新しい思考」の特徴とも対応している。つまり，「新しい思考」とは「他者を必要とすること」のうちにその顕著な特徴をもっているのであり，自らを開放し同時に他者を求めること，それは内から外に向かう関係の運動をあらわしている。この箇所は，ローゼンツヴァイクの思想における「対話的思考」をみごとに映しだしているともいえよう[9]。

さてわれわれは《と》の経験を考察してきたが，《と》はたしかに本質のあいだに働きと経験を生み出す関係の《と》であった。しかしこの側面のみを強調するだけでは，ローゼンツヴァイクの《と》の思想を正しく理解したとはいえないだろう。すなわち関係の《と》は，同時に分離の《と》を意味している。ローゼンツヴァイクにとって古い思考の最たる問題はある一つの本質——世界，神，我など——を定めて，そこにあらゆるものを還元してしまうことであった。そうであれば，先に引用した「経験の最初のもの」という言葉にわれわれは二つの意味を読み込むことができる。第一にすでに書いたように，《と》を媒介にしてこそ真の意味での経験が成り立つのであり，この場合の《と》は関係の《と》である。これとは別にこの真の経験に先立つ《と》があるはずであり，これこそ第二の意味での《と》，つまり分離の《と》である。神《と》世界《と》人間は一方が

---

9) ローゼンツヴァイクと「対話的思考」の関係については，以下の書物を参照されたい。Mayer, *Franz Rosenzweig. Eine Philosophie der dialogischen Erfahrung*; Casper, *Das Dialogische Denken*, 62-193.

第 2 章 新しい思考の出発点　　　91

他方を同化するのではく，分離の《と》によって引き離されてはじめて関係の《と》は意味をもつことができる。ローゼンツヴァイクのいう「現実的な経験のあらゆる事実に先立つ事実性の経験」(ND, 158. 傍点引用者)とは，もちろん神，世界，人間がそれ自体で経験において受け取られ，経験の内実を形成していることを意味するが，それだけでなく分離の《と》の経験を含んでいるのである。かくしてわれわれは，〈分離の《と》－事実性の経験〉，〈関係の《と》－現実性の経験〉という二つの構造を見出すことができる。おそらく次の文章がこのような経験の位相を示していよう。

　　ここで前提とされているのは，神，世界，人間という「存在」の分離(die Trennung ihres "Sein") である。というのも，もし神，世界，人間が分離されていないとしたら，神，世界，人間はお互いに作用しあうことが何一つできないからである (ND, 150. 傍点引用者)。

そして，分離の《と》は関係の《と》になる

　　ひとえにわれわれが経験する現実性のなかで存在の分離には橋が架けられ，われわれが経験するすべてのものはこのような架橋の経験だからである。……関係のなかでのみ，創造，啓示，救済においてのみ，神，世界，人間は自らを開くだろう (ND, 150)。

　後者の引用では関係の《と》が「創造」，「啓示」，「救済」にいい換えられている。この三つの出来事のなかではじめて神，世界，人間は閉ざされた状態から開かれた状態になり，お互い関係しあい，われわれに経験が生まれる。この問題は『救済の星』第二部で主として論じられる問題であり，余計な混乱を招かないためにも，ここではこれ以上ふれないでおこう。われわれがこの問題を本格的に論じるのは，第 4 章においてである。
　ところで，上記の二つの引用にある「存在の分離」とは実に意味深長な言葉である。ローゼンツヴァイクがここで考えているのは，もちろん神，世界，人間の分離のことであるが，これはかれの思想のみならず，西洋の哲学全体にとっても大きな意味をもっているといえよう。事実，ローゼン

ツヴァイクが「パルメニデスからヘーゲルまで」の壮大な哲学の歴史を痛烈に批判するとき，この「存在の分離」という思想が根底にある。しかもこのような問題意識は，ローゼンツヴァイクの思想のかなり早い時期にその萌芽をみることができる。それゆえ存在と全体性の関係は，われわれにとっても回避することのできないテーマである。次節では，『救済の星』の最初の部分も視野におさめながらこの問題について考えてみたい。

第3節　存在の暴力と人間の死

ⅰ）　存在の分離

〈これは本来，何であるか〉という問いでもってあらゆるものを次々と審問に付していくことに哲学の栄光が存しているのであれば，この万物の懐疑こそ哲学とは存在についての問いを追求すること，つまり存在論であることを告げている。プラトンこのかた，哲学はあらゆるものを存在の光のなかで観照してきた。神もまた存在論的に証明することが試みられたのであり，ヨーロッパ思想史において神は存在と同一視されてきた感もある。

さて20世紀における哲学の歴史を繙くならば，われわれは存在の問題をもっとも深く問うた者の一人としてハイデガーの名前をあげることができるが，そのハイデガーに *Was ist das-die Philosophie?* (1956) という講演がある。「哲学とは何か」とも訳せるが，かれの狙いはむしろ「それは何か」(Was ist das?) という問いこそ哲学の本義であることを示すことである。ただしハイデガーは「それは何か」という問いは，ギリシア哲学全体ではなく，プラトン，アリストテレス以後の哲学の問題であることに注意を促している。ハイデガーによれば，ソクラテス以前の思索家たちは「哲学者」（ホ・フィロソフォス）ではなく，「ソフォンを愛する人」（アネール・フィロソフォス）であった[10]。またかれらの思索は「ト・ソフォンを

---

10) マルティン・ハイデガー『哲学とは何か』(原佑訳，ハイデッガー選集Ⅶ，理想社，1960年)，16頁。このハイデガーの講演に関する簡潔で要領を得た説明として，以下の著作を参照されたい。木田元『哲学と反哲学』(岩波現代文庫，2004年)，5-14頁。ここでの議論もこの著作にに依拠している。

第2章　新しい思考の出発点　　　　　　　　　　　　　　93

愛すること」(フィレイン・ト・ソフォン)であり,「哲学」(フィロソフィア)ではなかったのであり*11,ソクラテス以前の思索家たちはプラトンやアリストテレスとは「別の次元」*12に生きていた。ではかれらは,いかなる次元で思索していたのか。

　「ソフォンを愛する人」であったヘラクレスにとって,「叡智」とは「〈一はすべて(である)〉」ということを意味していた。〈すべて〉とは「存在者の全体」,「存在者のすべて」をあらわしており,「〈一〉」とは「一なるもの」,「唯一なるもの」,「すべてのものを一ならしめるもの」を示している*13。しかも「すべての存在者は存在において一ならしめられている」*14。かくして「〈一はすべて〉」と同義である「叡智」が告げているのは,「すべての存在者は存在において存在する」(Alles Seiende ist im Sein)ということである*15。ハイデガーはこの定式をより厳密に推し進めて,次のようにいう。「存在は存在者を存在せしめる」*16 (Das Sein ist das Seiende)。この場合,"ist"は「他動詞的に発言されており,〈集約する〉と同じこと」*17をいい当てている。すなわち存在者は存在のうちに集められることによって,存在者とならしめられるのである。まさに「存在者が存在のうちに集約されているということ」,「存在の輝きのうちで存在者が輝きでるということ」がギリシア人を「驚異」させたのであった*18。ハイデガーにとってこのようなソクラテス以前の思索家たちは,存在における存在者という事態に純粋に驚き,「叡智」つまり「〈一はすべて(である)〉」との根源的な調和を保っていた。しかし,やがてソフィストたちの悟性が,この驚異に対して有り体の説明を施すことで調和を破ろうとした。この動きに抗するように,そしてこのもっとも驚異すべきことを救うために,わずかな人々があらわれた。かれらは叡知を探し求めた。換言すれば,存在における存在者に驚異し,〈一はすべて(である)〉のなかで調和している

---

11)　同上訳書,18頁。
12)　同上訳書,19頁。
13)　同上訳書,16-17頁。
14)　同上訳書,17頁。
15)　同上訳書。
16)　同上訳書。
17)　同上訳書。
18)　同上訳書,17-18頁。

のではなく，存在における存在者が探求されはじめたのだ。かれらは驚異を保持しようとするために，「根源的な調和」ではなく，「ソフォンへの特殊な努力」を，その根拠の探求を開始したのである[19]。かくしてこのわずかな人々はこう問うのであった。「それは何か」(Was ist das?)。哲学は存在者が何であるかを探求しようとし，万物の本質を問うのである。

ハイデガーの議論が少し長くなってしまったが，要するにハイデガーはギリシア哲学に二つの次元をみているといえよう。第一の次元はソクラテス以前の思索家たちのそれであり，かれらは〈一はすべて（である）〉に驚嘆しながら，そのなかで調和しながら生きている。第二の次元は存在の調和が破られたあとにあらわれるプラトンやアリストテレスのそれであり，存在者への問い，つまり〈それは何であるか〉という物事の本質へと向かう問いがここでは優勢になる。ハイデガーはもちろん，第一の次元に哲学のはじまり，そしておのれの故郷(ハイマート)を見出している。ではローゼンツヴァイクはどうであろうか。かれは次のようにいったはずである，「パルメニデスからヘーゲルまで」と。ローゼンツヴァイクの思想には，ハイデガーのようにギリシア哲学を分類する視座は存在しない。当然である。パルメニデスなどに代表される「〈一はすべて（である）〉」との調和も，プラトン以後の哲学者たちの「それは（本来）何か」という本質への問いも，いずれも古い思考に属しているのだから。一なる全体のなかで生きることも，一なる本質を問うこともローゼンツヴァイクにはもう不可能であった。むしろ存在は分離されなければならないのである。一なる調和も本質も存在の多様性を解消する結果に終わるのであり，そこに新しい思考の出る幕はないだろう。このようにローゼンツヴァイクのいう「存在の分離」とは，ギリシア以来の哲学を根底から覆そうとする試みといえよう。

さてローゼンツヴァイクの思索には，かなり初期からヘーゲルに照準を当て，ある意味，アンヴィバレントな感情を抱きながらかれの存在論と格闘していた痕跡がある。あるいはいい換えるならば，ローゼンツヴァイクはヘーゲルの「存在－神－論」(Onto-theo-logie)に批判の矛先を向けていたということもできる[20]。ここでもまたハイデガーに登場してもらおう。

---

19) 同上訳書，18頁。
20) 存在－神－論の歴史については以下の著作を参照されたい。宮本久雄『他者の原トポス——存在と他者をめぐるヘブライ・教父・中世の思索から』（創文社，2000年）。

第2章 新しい思考の出発点

ハイデガーによれば西洋の形而上学は,存在論であると同時に神論であった。曰く,「形而上学は存在するものの存在をもっとも普遍的なるものに,すなわちあらゆる場合に等しく-妥当するものに (das überall Gleich-Gültigen) 根拠を求める統一において思考するとともに,また総体の,すなわちあらゆるものに対する最高位の,根拠を与える統一においても思考するのである」[21]。あるいは「形而上学が存在するものを,各々の存在するものそのものに共通なるそれの根拠に注目して思考するならば,形而上学は存在-論としての論理学」であり,また「形而上学が全体としての存在するものそのものを,すなわち万有に根拠を与える最高の存在するものに注目して思考するならば,形而上学は神-論としての論理学である」[22]。

実はこのような存在-神-論としての形而上学は,ヘーゲルの思想のなかにも見出される。ハイデガーが書いているように,「ヘーゲルは存在を,それのもっとも空虚な空虚さにおいて,したがってもっとも普遍的なものにおいて思考する」[23]。しかしこのような空虚な存在は,同時に「完成せるもっとも完全なる豊かな充実さ」[24]においても考えられるのである。後者のもっとも充実した存在とは,まさに歴史のなかを弁証法的な運動によって上昇していった先にある自足した絶対精神と考えることができよう。この普遍的存在（=存在論）である絶対精神は何ものにも依存しない自己原因（=神論）であり,しかもあらゆるものを根拠づける。こうして完成した存在はヘーゲルにおいて「ロゴスあるいは根拠づける (gründende) 根拠」[25]として明らかにされるのであって,かれが自らの形而上学を「論理学」と名づけたことは上記の背景を踏まえるならば十分意味のあることである。

われわれは「存在-神-論」という言葉こそ用いないが,ローゼンツヴァイクがこのような構造をヘーゲルの歴史哲学のうちに読み取ろうとした

---

21) マルティン・ハイデガー『同一性と差異性』（大江精志郎訳,ハイデッガー選集X,理想社,1960年）,54頁。
22) 同上訳書,73-74頁。
23) 同上訳書,52頁。
24) 同上訳書。
25) 同上訳書,53頁。

契機を確認できる。例えば第1章で引用した1910年の手紙のなかで，かれはすでに歴史と存在論の関係を糾弾しており，それはとりもなおさずヘーゲル批判であったことを思い出していただきたい。あらためて問題の箇所を引用してみよう。「……われわれは『歴史のなかに神』("Gott in der Geschichte") をみることもまた拒否する。というのも，われわれは（宗教的な関係における）歴史を像として，存在としてみようとするのではないからである。そうではなくわれわれは，歴史がそれを通して生成する (werden) 過程のうちで神を復活させる (restaurieren) ために，歴史における神を否定するのである。われわれは，神をすべての倫理的な出来事 (ethisches Geschehen) のうちにみるのであって，できあがった全体，歴史のうちにみるのではない」(GS I-1, 112: 1910年9月26日)。ここでローゼンツヴァイクは歴史の存在論を拒否しているのだが，換言すればかれはあらゆるものを踏み台にし，戦争でさえ許容するヘーゲル的な歴史哲学が存在論と手を携えながら神でさえそのなかに包括ないしは同一化して，全体化を成し遂げようすることに激しい嫌悪感を示しているのである。ヘーゲルにおいては諸々の存在はあくまで世界史のなかに場所を有してこそはじめて意味をもつことができ，意味の源泉は全体にある。1910年のローゼンツヴァイクにしてすでにこうである。次章で議論されるが，『救済の星』や論文「新しい思考」に出てくるローゼンツヴァイクのメタ概念もまたある種の存在－神－論批判であり，この議論は全体性批判と名前を変えながらかなり早い時期からかれの思想の要となっていた。この思索は，やがて「存在の分離」という思想にいたることはいうまでもない。

　ところでレヴィナスはローゼンツヴァイクから大きな影響を受けた思想家の一人だが，実はかれにとっても全体性の問題はおのれの思想を貫く途切れることのない一本の糸であり，かれもまた存在－神－論を批判した。そもそもレヴィナスは，このような批判の視点をローゼンツヴァイクから引き継いだのであった。だからこそレヴィナスは主著『全体性と無限』のなかでローゼンツヴァイクがわれわれに大きな感銘を与えるものは「全体性の観念の異議申し立て」であり，しかも「ローゼンツヴァイクのこの書物は枚挙に暇がないほど本書〔『全体性と無限』〕の至るところに浸透している」とまでいうことができたのである[*26]。そのレヴィナスが哲学と存在，そして全体性の問題を戦争に結びつけて語っている興味深い箇所が

ある。

　戦争において顕示される存在の様相を定めるのが全体性の概念である。そして，この全体性の概念が西欧哲学を牛耳っているのである。西欧哲学においては，固体は力の担い手に還元され，知らず知らずのうちにこの力によって命じられる。諸固体はその意味を全体性から借り受ける（この意味は全体性の外では不可視のものである）[27]。

　戦争においてはあらゆるものが一つの目的のために動員される。ローゼンツヴァイクが生きた20世紀は，総動員体制すなわち軍人と民間人の区別が取り払われ，無差別の攻撃が許容された世紀である。全体性の概念によって規定された存在，あるいは戦争において国家として姿をあらわす暴力的な存在は個人をおのれの構成要素として扱いながら，絶対的な奉仕を求める。個人もまたその奉仕によって自らの存在が全体性ないしは国家のなかに繋ぎ止められていることを感じ，安堵する。レヴィナスによれば政治的なもののもっとも極端な姿である戦争のうちに顕在化する全体性の概念は，西欧の哲学にすでに埋め込まれていた。

　古い思考があらゆるものを一つの本質に還元するということは，裏を返せば全体性のなかに個別的なものを無理やりねじ込むことである。一なる本質は同時に全なる本質を意味している。それゆえ「全体化する思考の真の機能は，存在を見つめることではなく，存在を有機的に組織することで規定することにある」[28]。ローゼンツヴァイクは，このもっとも明確な姿をヘーゲルの歴史哲学のうちにみた。すなわち「〈全体性〉の体系として

　26）　エマニュエル・レヴィナス『全体性と無限——外部性についての試論』（合田正人訳，国文社，1989年），25頁。ローゼンツヴァイクとレヴィナスの関係については以下の研究を参照されたい。Robert Gibbs, *Correlations in Rosenzweig and Levinas*（Princeton: Princeton University Press, 1992）; Richard A. Cohen, *Elevations. The Height of The Good in Rosenzweig and Levinas*（Chicago: The University of Chicago Press, 1994）。ただしゴードンは，ローゼンツヴァイクとレヴィナスの思想の類似性には疑問を呈している。Gordon, *Rosenzweig and Heidegger*, 9-12.
　27）　レヴィナス『全体性と無限——外部性についての試論』，15頁。
　28）　エマニュエル・レヴィナス『他性と超越』（合田正人・松丸和弘訳，法政大学出版局，2001年），59頁。

のヘーゲルの存在論，〈絶対精神〉の生成の物語としてのかれの歴史哲学はあらかじめ，ありうべき一切の矛盾を，〈体系〉の（必然的）契機とみなすことで，それらすべてを包摂してしまっている」[*29]。それでは個別的なものはこの全体性のなかで息を詰まらせ，「体系になった社会のなかでの閉所恐怖症」[*30]におびえながら生を送るしかないのだろうか。1910年の手紙のなかですでにヨーロッパを支配する全体性の哲学を予感し，疑問を呈していたローゼンツヴァイクは，1921年の『救済の星』では何をもって古い哲学に戦いを挑もうとするのか。

ii) 全体性の亀裂

20世紀初頭のドイツにおいてブルジョアの衣装をまとった父親たちの思想に対して数え切れないほどの「息子の反逆」（ピーター・ゲイ）が起きたことは，すでに陳腐な決まり文句に成り下がっている。その一つの，しかしきわめて重大な契機が第一次世界大戦であった。ある者はこの戦争がローゼンツヴァイクにとっては「1914年のトラウマ」[*31]となったとさえいっている。たしかに戦争のトラウマは思想家に限らず，多くの名もなき青年たちを襲ったに違いない。戦争体験がローゼンツヴァイクにヘーゲル哲学では解決しえない問題を突きつけ，そのなかに《人間の死》という問題があることは，同世代のハイデガーやカール・ヤスパースが同様の問題に取り組んでいたことを考えあわせるならば，見逃せない事実である。例えば，ヨーゼフ・テーヴェスは「戦争中の現実的な死の経験が，何よりもまずかれを新しい認識に導いた」[*32]と書いているが，事実『救済の星』は死と認識論の関係からはじまるのであった。ただしローゼンツヴァイクの思想とかれの戦争体験の関係をあまり強調しすぎることに，問題なしとはいえない。なぜならローゼンツヴァイクは，ある手紙のなかで次のように書いているからである。

---

29) モーゼス「真に受けられたヘーゲル」『歴史の天使』，60頁。
30) テオドール・W・アドルノ『否定弁証法』（木田元・徳永恂他訳，作品社，1996年），33頁。
31) Mosès, *System and Revelation*, 33.
32) Joseph Tewes, *Zum Existenzbegriff Franz Rosenzweigs* (Meisenheim am Glan: Verlag Anton Hain, 1970), 15.

第 2 章　新しい思考の出発点　　　　　　　　　　　　　　　　99

　戦争そのものは，わたしにとって一つの時期を意味するものではまったくありませんでした。わたしは1913年にあまりに多くのことを体験したがゆえに，すでに1914年はわたしに対してさらに強い印象を刻みつけるために，世界の没落（der Weltuntergang）を特段もたらすはずもなかったのです（GS I-1, 242: 1916年10月）。

　かれは，1914年の戦争が当時の自分に対して「さらに」「世界の没落」という印象を突きつけることはなかったといっている。ローゼンツヴァイクはここで「さらに」という副詞を用いているが，かれにとって1914年よりも1913年のほうが大きな意味をもっていたのである。1913年，すなわちローゼンツヴァイクがローゼンシュトックと激しい議論を繰り広げ，最終的にユダヤ教に戻ることを決意したあの日である。また第 1 章でみたマイネッケへの手紙のなかでかれは，この経験を「崩壊」（Zusammenbruch）という言葉であらわしていたことを，われわれはすでに確認している。われわれはローゼンツヴァイクにおける戦争体験の意味を軽視するわけではないが，上記のような手紙がある以上，ローゼンツヴァイクの戦争体験のなかにかれの思想を過度に読み込むことに対して一定の留保が必要かもしれない。

　ならばローゼンツヴァイクは，なぜ『救済の星』を死の描写からはじめたのだろうか。一つ考えられることは，ローゼンツヴァイクが神，世界，人間という概念をこれ以上は遡れないという意味で措定し，それを事実性と呼んだことのうちにその一つの理由を求めることができる。すなわち，かれは《根源的な所与性》でもって古い思考としての還元の哲学に対抗したように，死という何人も避けることのできない人間の宿命あるいは人間が有している冷酷な《根源的事実》でもって観念論的な全体性の哲学に致命的な亀裂を入れようとしたのではないだろうか。ローゼンツヴァイクの意図は，死という絶対的に還元不可能な事実による「観念論という『器の破壊』」[33]にこそあった。レーヴィットがローゼンツヴァイクをハイデガ

---

33)　Gershom Scholem, "Franz Rosenzweig and His Book *The Star of Redemption*," in *The Philosophy of Franz Rosenzweig*, 26. ここで用いられている「器の破壊」という語彙は，イサーク・ルリアに由来するユダヤ神秘主義（カバラ）のものである。イサーク・ルリアについてはショーレムの次の書物を参照されたい。ショーレム『ユダヤ神秘主義』，とくに322-380頁。

ーと並べながら，ローゼンツヴァイクの思想の出発点を「あらゆる文化的状況に先立つような，その有限な実存における赤裸々な人間」[*34]であると述べているが，死はそれよりも根源的なものであり，いってみれば限界概念としての死こそかれの出発点である。それゆえ上記の議論が正しいのであれば，『救済の星』が死の問題からはじまることはすでにしてヘーゲルはもちろんヨーロッパの哲学全体に対する宣戦布告だといえよう。

さてわれわれも，そろそろ死という暗鬱な描写によって幕が開かれる『救済の星』の世界のなかに足を踏み入れてみたい。『救済の星』の冒頭は，まるで人間の死と老獪な哲学が主導権争いを繰り広げているかのような様をわれわれにみせてくれる。その皮切りとなる文章はローゼンツヴァイク研究者によって必ずといってよいほど引用されてきた箇所であるが，われわれもまたその慣習に従うことにしよう[*35]。

> 万物のあらゆる認識は，死，そして死の恐怖からはじまる。哲学は思い上がって，この世的なものの不安を取り去り，死からその毒のとげを取り除き，そして冥府から毒気のある風を取り除こうとする（GS II, 3）。

人間が何かを思考しそれを把握しようとするならば，人間は自分がすべてを俯瞰できる高みにいるという錯覚からまず眼を覚まさなければならない。「死の恐怖」そして「死の不安」（GS II, 3）のなかでおのれの有限性に忠実であってこそ，人間は思考が負っている傲慢という罪から解放されるのである。しかし哲学は人間の死を否定する。「哲学は，それぞれが歩んでいる足元に開けている墓の上を無理やり通り過ぎていく」（GS II, 3）。このような狡猾な哲学に対してローゼンツヴァイクはいう。「人間はとど

またローゼンツヴァイクとユダヤ神秘主義の関係については次の論文が有益である。Moshe Idel, "Franz Rosenzweig and the Kabbalah," in *The Philosophy of Franz Rosenzweig*, 162-171. また本書序論の注30を参照されたい。

34) Löwith, "M. Heidegger und F. Rosenzweig: Ein Nachtrag zu *Sein und Zeit*," in *Sämtliche Schriften*, Bd. 8, 74. 「ハイデガーとローゼンツヴァイク1――『存在と時間』へ一つの補遺」，61頁。

35) 『救済の星』の冒頭の文章とフリードリヒ・シラーの詩「理想と生」とのあいだにある深い関係については，ゴードンの見解を参照されたい。Gordon, *Rosenzweig and Heidegger*, 143-147.

第2章 新しい思考の出発点

まることを欲している，かれは欲しているのだ——生きることを」(GS II, 3)。もし人間が何かを認識したいならば，人間は死の恐怖と不安，つまりこの世のなかにとどまるべきであり，これこそローゼンツヴァイクにとって人間が生きていることのしるしである。ところが老獪な哲学は，人間よりもさらに一枚上手であった。すなわち「哲学はこの世的なもののまわりに万物の青みがかった靄をおりなすことによって，人間からこの当為（Soll）をだましとる」(GS II, 4)。哲学は有限で単独なものを全体のなかに包み込み，あたかも人間は死と無縁であるかのようなそぶりをみせる。しかし「あらゆる死すべきものは孤独であり」(GS II, 4)，死とは徹頭徹尾，全体には還元されることのないそれぞれの死，つまり還元不可能で，非関係的な「何か」(das Etwas) である (GS II, 5)。

哲学は死が一度手に負えないとわかると，全力で《何かとしての死》を自らのうちに同化しようとする。ローゼンツヴァイクによれば，このような哲学は必然的に「観念論」であらざるをえない。なぜなら観念論は全体のなかに組み込まれた単独なもの，そして死が反抗しなくなるまで思考によって加工しようとするからである。つねに全体から部分を把握しようとする観念論的な哲学は，目の前で生きている人間の悲痛の声に耳を傾けることはない。全体のなかで，ある部分が消滅しようとも，それは何ら全体には影響を与えず，他の部分がその欠如を補うだけであり，これこそがローゼンツヴァイクにとって観念論的な哲学の特徴を示している。哲学は死を「何か」として認めるのではなく，単なる「無」(Nichts) へ解消しようとする。なるほど死は無である。しかし，死は《何かとしての無》である。しかも数え切れないほどの死がこの世のうちにあるように，「何かであるような無数の無がある」(GS II, 5)。哲学はこれを認めることができない。哲学は死を単なる無に加工し，排除することによって，万物を認識する可能性を保持しようとする。「一にして普遍的な万物の認識の前では，一にして普遍的な無がなお妥当するだけである」(GS II, 5)。換言すれば，哲学は無前提から出発して万物を包括しようとする。だが哲学は，最終的には還元不可能な死から眼をそらすことができない。哲学がどれだけ手を尽くしても，死は何かとして現にそこにあるのだ。かくして「哲学の根本問題」とは「無の多様性」(Vielheit des Nichts)，「死の現実性」(Wirklichkeit des Todes) であり，ここから新しい思考は出発しなければならないのであ

る（GS II, 5）。『救済の星』第一部の最初には，「哲学者に向かって！」（in philosophos!）というラテン語がおかれているが，以上の内容からわかるように，ローゼンツヴァイクにとって死の問題はこれまでの哲学と袂を分かつための第一歩である。

　観念論の虚構が次々と暴かれていく。ローゼンツヴァイクはキルケゴール，ショーペンハウアー，ニーチェといった面々が矢継ぎ早にヘーゲルに否を突きつける様をたどっていく。かれによれば反抗者は，まず「認識可能な万物の外でかれの足元にあるアルキメデスの点を探さなければならなかった」（GS II, 7）。全体のなかに人間の居場所はなかった。いや，そもそも死が哲学に先立つ根源的な何かとしてあるのならば，その死を背負っている人間もまた哲学に屈服するわけにはいかないだろう。哲学をしているのは人間なのだから。哲学は人間を認め，「概念として把握しない何かとして認めなければならなかった」（GS II, 10）。「絶対的単独性」としての人間は，「姓と名によって確定されたかれの存在において」哲学に対して次のような姿であらわれる（GS II, 10）。

　　人間――否，人間ではなく，一人の人間，一人の全き特定の人間，つまり哲学を超えた一人の力――否，かれの哲学を超えて一つの力になった。哲学者は，かれの哲学にとって半端な者であることをやめた（GS II, 10）。

　全体性からの人間の離脱によって，哲学の全体性は完全に崩壊した。「万物は水である」というタレス的な哲学の命題が示しているような全体性，あるいは「存在と思考の同一性」（die Identität von Sein und Denken）は破裂した*[36]。存在は分離し，すべてを把握する思考は挫折したのである。かくして全体性の哲学に対するローゼンツヴァイクの戦いは，かれが存在の分離そして全体の複数性を勝ち取ることで終結した。かれは次のように終戦を告げる。「われわれは全体を粉砕した。いまや，それぞれの破

　36）　「存在と思考の同一性」とは，パルメニデスの「何故なら思惟することと有ることとは同一であるから」を踏まえた表現であろう。タレスやパルメニデスの断片については以下の著作を参照されたい。『初期ギリシア哲学者断片集』（山本光雄訳，岩波書店，1958年）。

片がそれ自体で一つの全体である」(GS II, 28)。

ところでローゼンツヴァイクは，この全体性を破壊する役回りをまず人間に求めている。全体性から解放された人間はかれによって「メタ倫理的な人間」(der metaethische Mensch) と呼ばれ，この人間は次に「コスモスの論理的－自然的統一性を」「メタ論理的な世界」(die metalogische Welt) と「メタ自然的な神」(der metaphysische Gott) へと分解する。メタ倫理的な人間とは，まさに全体性を破裂させる「酵素」(der Gärstoff) である (GS II, 17)。論文「新しい思考」のなかでローゼンツヴァイクは古い思考から独立した神，世界，人間を事実性や本質という名で呼んでいた。このことは『救済の星』においても同様であるが，そこでは論文「新しい思考」よりも詳細に神，世界，人間の内的構造が分析され，人間には「メタ倫理学」(Metaethik)，世界には「メタ論理学」(Metalogik)，そして神には「メタ自然学」*37 (Metaphysik) という学が対応させられている。しかもそれぞれの学には「メタ」という接頭辞がおかれている。「メタ」の概念を分析することは，『救済の星』の第一部を理解する上で不可欠の作業である。しかし，われわれはここではこれ以上この問題にふれることをやめて，議論は第3章へ譲ることにしよう。

さてローゼンツヴァイクは，人間に対して哲学には従属しない，いや哲学をも超える大きな力を与えた。しかし，この人間は哲学することまで放棄してしまったのだろうか。そんなことはないはずである。かれの新しい思考は一つの「哲学体系」であり，「経験する哲学」であり，新しい思考はあらためて人間の死という出発点からおのれの歩みをはじめるのだから。ローゼンツヴァイクの哲学体系は哲学の廃棄では断じてなく，「思考の完全なる再生」(ND, 140) を目指す。かれは高みにある哲学をまず人間の手に取り戻し，「万象が哲学であるような時代」*38 を，《生活／生そのものが哲学となること》を求めているのだ。論文「新しい思考」のなかでかれは，次のように鮮やかにおのれの哲学観を披瀝している。

---

37) "Metaphysik" という言葉は通常「形而上学」と訳されるが，ここでは他の二つの学との関係，そして第3章で論じられたメタという概念の重要性も鑑みて「メタ自然学」と訳した。

38) レヴィナス「『二つの世界のあいだで』——フランツ・ローゼンツヴァイクの道」『困難な自由』, 203頁。

哲学することはまたこれから先も，まさにこれから先においても続けてなされるべきである。あらゆる人が一度哲学するべきだ。あらゆる人が，一度自分自身の立脚点と生の観点から（vom eigenen Stand-und Lebenspunkt）周りを見渡すべきだ。しかし，この見方は自己目的ではない。書物は達成された目的ではないし，暫定的な目的でもない。書物はこの種の他人によって自らを支えたり，あるいは支えられたりする代わりに，自ら自身で責任を負わなければならない。この責任は，生の日常（der Alltag des Lebens）において生じる。すべての一日（Alltag）を日常として知り，そして生きるためだけに，万物の生の日々は隈なく横断されなければならなかった（ND, 160）。

　この引用には，前半部分（「哲学することは……周りを見渡すべきだ」）に今後の考察するべきテーマが，そして後半部分（「しかし，この見方は……隈なく横断されなければならなかった」）にこれまで論じてきたテーマが明確に示されている。後半部分にあらわれているテーマとは端的にいえば，《書物と生活／生》の関係である。第1章で扱ったマイネッケへの手紙を思い出していただきたい。そこにはこうあった。「間もなくフランクフルトにあるカウフマンで刊行される『救済の星』の著者は，『ヘーゲルと国家』のそれとは別の種類の著者なのです。しかし，最終的にはこの新しい書物でさえ単なる一冊の書物にすぎないのです」（GS I-2, 680）。かれにとって哲学体系としての『救済の星』よりも重要なのは，人間の生活／生である。哲学に先立って姓と名をもった哲学者が確固として存在するように，書物には著者が，そしてかれの人生があるのだ。書物のなかで語られた内容はその書物が責任をとるのではなく，著者がおのれの生活／生の歩みのなかで日々担っていかなければならない。だからこそどんなに渾身の力を込めて著した書物も，所詮書物にすぎないのである。このように少なくとも1920年から1925年までのローゼンツヴァイクのあいだには，書物とそれを支える生活／生の思想が一貫してあったということができるだろう。

　さて引用の前半部分にもかれの思想がよくあらわれているが，この問題は次節で『救済の星』の第二部の序文も視野におさめながら考えてみたい。

第4節　もっとも極端な主観性から無限の客観性へ

ⅰ）哲学する《わたし》

おのれの責任を，そして生活／生を引き受けることを説いてやまないローゼンツヴァイクは，当時，流行していたような自然や原始状態に戻るような非合理主義を標榜しているわけではない（ND, 156）。「哲学することはまたこれから先も，まさにこれから先においても続けてなされるべきである」と書くことで，ローゼンツヴァイクは市井の人々が自分の生活／生とともに，そして生活／生のなかで哲学することを願っているのだ。生活／生のなかで哲学すること，ローゼンツヴァイクはこれをいい換えて次のように書いている。「あらゆる人が，一度自分自身の立脚点と生の観点から（vom eigenen Stand-und Lebenspunkt）周りを見渡すべきだ」（ND, 160. 傍点引用者）。

人は自分の立脚点をそれぞれもっている。それゆえどこか普遍的な高みからではなく，おのれの立脚点から哲学することとは，哲学をはじめる場所がそれぞれにあること，つまり複数あることを意味している。古い哲学の「一次元的な観念論的体系」（das eindimensionale idealistische System）（GS Ⅱ, 116），「存在と思考の同一性」のなかでは，複数の立脚点は存在しえない。仮に多様な立脚点が存在したとしても，それは全体性に奉仕してこそ意味を有するのであり，そこで自分の哲学をすることなど不可能である。新しい哲学は存在が多様であるように《複数性の思考》でなければならないのであり[39]，これについてローゼンツヴァイクは次のように書いている。

　新しい哲学の概念は，古い哲学の概念の頂点に集結した諸要素すべて

39）ローゼンツヴァイクのような「存在論的多元主義」（ontological pluralism）を自らの課題とした思想家としてレヴィナス，アドルノそしてベンヤミンの名をあげる者もいる。Wayne Whitson Floyd, "Transcendence in the Light of Redemption: Adorno and the Legacy of Rosenzweig and Benjamin," *Journal of the American Academy of Religion* 61 (Fall 1993). この意味ではかれらとは別様の仕方で「人間の複数性」を語ったハンナ・アーレントの名をこの流れのなかにおくこともできるだろう。

に反対した。〔新しい〕哲学は,客観的に思惟することができる万物や対象へと向かうこの客観性の思考を有していない。むしろ〔新しい〕哲学とは「世界観」(Weltanschauung)であり,世界が個々の精神に与えるような印象に対して個々の精神が反応するような思想である (GS II, 116. 傍点引用者)。

ローゼンツヴァイクは,新しい哲学を「世界観」と呼んでいる。かれによれば世界観とは各々個人が有している精神に対して,世界がそれに応じて多様にあらわれることを肯定する思想である。この「世界観の絶対的な多様性」は「多次元的な形式」にのみ相応しいのであり (GS II, 116-117),かくして「哲学史の雇われ知事に当然すぎないような古い職業的で非人格的な哲学者の類型に代わって,最高に人格的な哲学者の類型,世界観の,それどころか立脚点の哲学者という哲学者の類型 (ein höchst persönlicher 〔Philosophentyp〕, der des Weltanschauungs-, ja Standpunktsphilosophen)」(GS II, 117. 傍点引用者) があらわれる。「立脚点の哲学者」こそ,おのれの有限性を心得た哲学者であり,全体を俯瞰しようなどという不遜な考えを抱かない哲学者である。それゆえ哲学体系はその出発点を,枠組みを哲学者その人に,すなわち哲学者の主観性に求めることになる。ローゼンツヴァイクは,ある手紙のなかで次のように書いている

しかし哲学が諦めることのできない絶対的なものは,一体どこにとどまっているのでしょうか。……次のようにいえるでしょう。もし「全体」(das Ganze) がもはや体系の内容 (Inhalt) ではないならば,全体はまさに体系の形式 (Form) でなければならないのです。あるいは別のいい方もできます。すなわち,体系の全体性はもはや客観的ではなく,主観的なのです。わたし自身が,「世界をみる者」(der Weltanschauende) であるわたしは,わたしがみた世界の内容に対して限界づけを行うエーテル (Äther) なのです (それゆえ,このエーテルは「内部」に向かって,内容に向かって,つまり世界に向かってのみ限界づけをします)。哲学者それ自身 (der Philosoph) は,哲学の形式なのです (GS I-1, 485: 1917年12月1日)。

哲学が人間を操っているのではない。人間が哲学をしているのであり，人間が哲学の限界を確定する。しかし疑問もあろう。複数の世界観や立脚点があることを肯定し，哲学者の主観性から出発する新しい哲学は，はたして本当に「学」(Wissenschaft) の名に値するのだろうか。皮肉にも古い哲学は一次元性，全体性に固執してきたことで，学としての体面を保ってきた。しかし新しい哲学は，単なる相対主義に陥り，学としての体系を放棄してしまうのではないだろうか。ローゼンツヴァイクによれば，この疑問は実に正当なものである。しかし哲学は，自分の力でこの疑問を解くことができない。哲学が学であるためには，どこからか支援が寄せられなければならないのだ。

> 哲学は，自らの出発する新しい位置，つまり主観的で，いやそれどころか極端に人格的〔個人的で〕で，さらにはそれを超えて，比較不可能で自ら自身のうちに沈滞した自己とその立場を堅持しながら，それにもかかわらず学の客観性に達しなければならない。もっとも極端な主観性（extremste Subjektivität)，お望みならば，耳も聞こえず目もみえない自己への執着と無限の客観性（unendliche Objektivität) という澄んだ明晰さとのあいだに結ばれたこの橋は，どこに見出されるのか (GS II, 117)。

ⅱ) 啓示を受ける《わたし》

「無限の客観性という澄んだ明晰さ」へと哲学を渡らせる橋とは何を意味するのだろうか。あるいは，この客観性とは何を指しているのだろうか。まず橋の意味であるが，これについてローゼンツヴァイクは次のように明確に語っている。「もっとも主観的なものからもっとも客観的なものへのこの橋は，神学の啓示概念によって架けられる」(GS II, 117-118)。ここでもまた啓示概念の重要性が語られている。ローゼンツヴァイクにとって全体性という伽藍から歩み出た哲学者はおのれの立脚点を確保したとしても，自らを歴史のなかで方向づけて，単なる主観的相対主義には陥らない中心点が必要であった。かれはその基準を啓示に求めたのだが，実はこの問題は第1章で論じられたローゼンツヴァイクの経験そのものに根ざしたものである。つまり，かれ自身が懐疑主義のなかでさまよいながら見出

した(ローゼンシュトックとも共有した)「啓示は方向づけである」(Ur, 125-126)という確信であり，論文「無神論的神学」のなかに出てくる「歴史的であり－歴史を超えた啓示」(AT, 689)こそ，主観的な哲学者に必要な橋を形成する。換言すれば，ローゼンツヴァイクが懐疑主義から抜け出たように，哲学者はおのれの主観主義を克服し，自分が向かうべき方向を確定する基準を獲得するためには「啓示の受領者としての人間」(der Mensch als Empfänger der Offenbarung)(GS II, 118)にならなければならないのだ。

　こうなると次の問題として，主観的な哲学が啓示という橋を渡った先にある客観性とは何かということになるだろう。一つ考えられるのは，ここでの客観性とは世界を意味しているということである。しかしこの世界は，事実性として指定された世界を示しているのではない。新しい哲学者が見出した世界は，たしかに全体性から解放され，それぞれ孤立しながら自足しているが，いまだ生き生きとしていない世界である。そうではなく，ここでいわれている啓示を受けた新しい哲学者がみる世界とは，神によって創造された世界，すなわち被造物としての世界である。ローゼンツヴァイクにとって客観性とは，現実的な時間のなかで経験され，すでにそこにあったという根源的な先行性にこそ求められるのであり，これは啓示を受領してはじめて気づくことのできる客観性である。こうして啓示は，哲学者に《世界が創造されてそこにある》という客観的な過去を認めさせる。レーヴィットもいうように，「ある究極的なものを名指そうとするあらゆる言葉が，例えば，根拠(Grund)と基礎(Grund-lage)，原因(Ur-sache)と起源(Ur-sprung)，前提(Voraus-setzung)と，法則(Gesetz)つまり，あらかじめ定立されているもの(in voraus Gesetztes)といった言葉が，過去時制(*Vergangenheit*)の形式をもつのは偶然ではないのである」[*40]。

　かくして主観的な哲学は，啓示を通って澄んだ客観性の世界，創造された世界へと向かう。「概念の前世界」は，神の啓示によって《と》を媒介とする「現実性の世界」に変貌する。啓示は哲学のなかに創造を基礎づけ，同時に啓示が哲学者の立脚点を形成し支えるのであって，その時，啓示は

---

40) Löwith, "M. Heidegger und F. Rosenzweig: Ein Nachtrag zu *Sein und Zeit*," in *Sämtliche Schriften*, Bd. 8, 77.「ハイデガーとローゼンツヴァイク1――『存在と時間』へ一つの補遺」，64頁。あるいは，GS II, 146を参照されたい。

哲学者にとって所与のものとなる。ローゼンツヴァイクによれば哲学は神学の援助を請うことで現実的な経験へと歩みだしていくのであり，その第一歩が創造の世界である。その意味では啓示が橋であるならば，「創造とはまさに，いまやそこを通って哲学が神学の家のなかに入っていく小さな門である」(GS II, 114)。しかしこれらのことは，逆にいえば神学も哲学を必要としていることを意味する。すなわち，「哲学は……神学的内実の先取りであり，あるいはむしろより正確にいえば，その内実の基礎づけ，神学的な内実がその上におかれている前提条件の証明である」(GS II, 119)。かれによれば哲学が措定する神，世界，人間は神学にとって創造，啓示，救済が生起するための前提条件であり土台である。とはいえその事実性としての神，世界，人間を考察する哲学者は，世界と人間は神によって創造された被造物であり，それらは相互に関係づけられていることを，啓示を媒介にして認識しなければならない。「創造は，哲学者がかれの問いを向けるべきア̇ル̇ケ̇ー̇ (*arche*) ―― 第一原理 ―― 」[41]であり，世界は神によって創造された「無限の客観性」である。

　ローゼンツヴァイクは，このように哲学と神学とが相互的な関係を有している思想を「新しい神学的合理主義」(der neue theologische Rationalismus) (GS II, 115)と呼んでいる。ただし哲学と神学が一つになるわけではない[42]。両者の関係はあくまで「兄弟のようなもの」であり，この思想を担う者のなかでは「統一された人格」へとならなければならない (ND, 153)。ローゼンツヴァイクにとって「神学的問題は人間的なものへと翻訳されることを望み，人間の問題は神学的なものへと至るまで前進することを望んでいる」(ND, 153)のであり，どちらか一方だけでは新しい思考にはなりえないのである。

---

41) Paul Mendes-Flohr, "Franz Rosenzweig's Concept of Philosophical Faith," *Leo Baeck Institute Yearbook* 34（1989）: 361.

42) アミールは，ローゼンツヴァイクにおける哲学と神学の関係を次のように書いている。「メタ倫理的な人間を神との対話の関連のうちに委ねる神学は，ローゼンツヴァイクにとってはそれによって哲学的な思惟が客観的な次元を獲得し，『真理』や『学問性』の立場を得ることができるような手段 (das Instrument) である。しかし，かれはこれでもって哲学の成果を放棄したり，純粋に神学的な体系を仕上げようと考えているのではない」。Yehoyada Amir, "Ewigkeit und Wahrheit. Die Messianische Erkenntnistheorie Rosenzweigs," in *Vom Jenseits. Jüdische Denken in der europäischen Geistesgeschichte,* herausgegeben Eveline von Goodman-Thau (Berlin: Akademie, 1997), 147.

おわりに

　さてわれわれは，ローゼンツヴァイクの思考の枠組みとでもいうべきものを論文「新しい思考」を中心にして，『救済の星』も一部参照しながら考察してきた。いくつもの鍵語がでてきたが，無用なくり返しを避けるために最後に二点確認して次の章に進むことにしよう。まず問われるべきは，本章のタイトルにもなっているローゼンツヴァイクの新しい思考の出発点である。ローゼンツヴァイクは新しいタイプの哲学者を「立脚点の哲学者」と呼んだが，この立脚点すなわち新しい思考の出発点には三つの位相，あるいは三人の《わたし》がいるように思われる。手紙「救済の星の『原細胞』」からの次の引用がこのことを明確に示していよう。

　　哲学する理性はすべてを自らのうちに取り入れ，その独占的な実存（Alleinexistenz）を宣言したあとに，突然（plötzlich），人間が，遙か前に哲学的に消化した人間がまだそこにいることを発見します。……「わたしが，塵芥にすぎないわたしですが」として（als "Ich, der ich doch Staub und Asche bin"）。まったくありふれた個人的な主体であるわたし，姓と名前をもったわたし，塵芥であるわたし，このようなわたしがなおそこにいるのです。そして，哲学をするのです……（Ich ganz gemeines Privatsubjekt, Ich Vor-und Zuname, Ich Staub und Asche, Ich bin noch da. Und philosophiere, ……）（Ur, 126-127）。

　自足した哲学的理性が自らの揺るぎない立場を宣言したにもかかわらず，まだそこには同化されることのない人間，いや《わたし》がいる。すなわち個別的な人間として姓と名前をもった具体的な《わたし》がいて，次になおも自らの立脚点を退くことなく，そこに立ちながら哲学する《わたし》がいる。ローゼンツヴァイクにとってこのような人間こそ日常性のなかで新しい思考を実践するに相応しい人間であるが，さらにもう一人の《わたし》がいなければならない。それは啓示の受領者としての《わたし》であり，神によって創造された被造物としての《わたし》である。ローゼ

ンツヴァイクの場合であれば、ユダヤ教徒としての《わたし》ということになるだろう。この三番目の《わたし》は、「創世記」18:27を踏まえながら「塵芥であるわたし」として示されている。しかも、このような《わたし》はある種の覚醒をともないながら、哲学する理性の前にあらわれる。この《わたし》の覚醒ともいえる瞬間を、ローゼンツヴァイクは「突然」という語彙で表現している。等質的で単線的な時間のなかに鋭い切り込みを入れるような「突然」の瞬間こそ哲学する理性の限界が暴露され、人間が絶対的な理性と決別する瞬間である。あるいは神の啓示が生起し、それを受けることで、人間が被造物として覚醒する緊張に満ちた時間である。こうして人間は根本的には一つの人格でありながら、三人の《わたし》をうちに秘め、新しい哲学者として新しい思考を担うのである。またこの新しい哲学者とかれの立脚点は、啓示によって形成され支えられていなければならなかった。新しい思考は哲学と神学の両方を必要とする思考であり、それは「概念の前世界」が「現実性の世界」になるために要請される不可欠の思考である。

　次にローゼンツヴァイクは、新しい思考を「哲学体系」と呼んでいた。たしかにかれは徹頭徹尾、哲学者の立場に踏みとどまっている。しかしかれは単なる哲学者ではなく、信仰をもった哲学者であった。そうであれば、ローゼンツヴァイクの哲学体系において啓示が重要な位置を占めていることは当然であろう。「体系とは精神となった胃袋であり、狂暴さこそがすべての観念論の印である」[43]といったのはアドルノだが、これに反してローゼンツヴァイクの哲学体系はアドルノが批判する体系とは異なることはいうまでもない。すなわちローゼンツヴァイクの体系は、哲学を土台としながらも神の啓示に支えられた《啓示を中心にした体系》である。あるいは哲学者にとっての神、世界、人間が啓示によって生命力を取り戻し、同時にこの現在の啓示を媒介にして哲学者が過去の創造と未来の救済という出来事に覚醒することができるのであれば、ローゼンツヴァイクの体系には時間性が必然的に埋め込まれており、「認識上の体系の中心には啓示がある」ということもできる[44]。かかる意味でローゼンツヴァイクの哲学

---

43) アドルノ『否定弁証法』、32頁。
44) Mendes-Flohr, "Franz Rosenzweig's Concept of Philosophical Faith," 367.

体系は，古い思考とまったく異なり，時間に対して開かれた体系であり，だからこそこの体系のなかでは「個別的なものは各々，あらゆる他の個別的なものと関係したいという衝動と意志」(GS I-1, 484: 1917年12月1日)を有することができるのである。新しい思考は「固定したイデー」(fixe idée) をもたず，「時間から独立しては認識できないことを知っている」のであり，「知らせは時が来るとやってくる」(kommt Zeit, kommt Rat) ということを熟知している (ND, 149)。ローゼンツヴァイクによれば「この秘密が新しい哲学がもっている知恵のすべてである」(ND, 149)。そうであるならば，かれの哲学体系は固定し完結した体系ではなく，時間とともに《生成する体系》であり，哲学の強制的統一を堰きとめながら「時宜にかなった理解」(Verstehen zur rechten Zeit)(ND, 149) を追究するのである。

　以上，われわれは第 1 章と第 2 章の考察によってローゼンツヴァイクにおける啓示の重要性を解明し，いくつかの鍵語を通してかれの思考の枠組みも明らかにし，最後に新しい思考の出発点となる《わたし》の三つの位相とローゼンツヴァイクの「哲学体系」の意味を確認した。われわれは，いまやっと『救済の星』の門をくぐろうとしている。

第Ⅱ部
孤立と関係
―― 『救済の星』第一部，第二部を中心に ――

第3章

永続的なものの探求
—— 神, 世界, 人間 ——

> ……みずからを根源として主張したりしない思考は, 自分は産出するのではなく, 経験としてすでに所有しているものを再現して見せるだけだということを隠したりしないであろう。(テオドール・W・アドルノ)

はじめに

 われわれは, 前章でローゼンツヴァイクの思想の基礎構造を主に論文「新しい思考」に依拠しながら考察してきた。第1章で『救済の星』を執筆する以前の, またそれを出版する以前のかれの思想の展開をみてきたことを考えると, われわれはそのまま第3章(本章)の議論である『救済の星』第一部の内容に入ってもよかったはずである。しかし, われわれはあえてそれをせず, 回り道をしてきたことには理由がある。すなわち『救済の星』を繙く者は誰もが感じることであるが, この書物の第一部の議論は驚くほど難解な上に錯綜をきわめている。だからこそ, われわれは『救済の星』という大伽藍に足を踏み入れる前に一度その門の前で立ち止まり, 今後必要な最小限の思想的見取り図を描いておいたのである。
 本章では前章において幾度とくり返された神, 世界, 人間という事実性の内実を, 『救済の星』の議論にしたがって考察してみたい。かれはこの三つの事実性を個別的な存在として導出するに際して, その前提に無をお

いた。ローゼンツヴァイクは肯定と否定の契機を媒介にした無から神，世界，人間の「絶対的事実性」を導出すると同時に，それらはさらに「メタ自然的な神」，「メタ論理的な世界」，「メタ倫理的な人間」という孤立性と超越性を特徴とするメタレベルで分析されることになる。われわれは神，世界，人間の内実を考察する前に，かれの新しい思考における「無」と「メタ」の概念について少し論じてみたい（第1節）。さらにわれわれはこの「諸要素」としての神，世界，人間の内的構造を分析し（第2節），最後に『救済の星』第一部の意義を確認しながら，ローゼンツヴァイクの新しい思考にとって「概念の前世界」が有する意味を考えてみよう。その際，われわれはふたたび前章で扱った啓示の重要性に言及することになるであろう（第3節）。

第1節　無の起点から，そしてメタの次元から

ⅰ）　微分の無 —— 存在への通路

われわれは第2章においてローゼンツヴァイクが全体性の哲学を瓦解させるために，そのなかに人間の死を一種の起爆剤として埋め込んだことを確認した。たしかに死は無であった。しかしこの「死という無」は単なる「一にして普遍的な無」ではなく，「何か」つまり《何かとしての無》であった[1]。それと同時に，死がそれぞれの個別的な死であるように，無もまた単数ではなく複数であり，「無の多様性」こそ新しい思考にとって重要な意味をもつのであった。しかもローゼンツヴァイクは死とともに「何かである無数の無」を受け入れ，それを「永続的なもの（das Immerwährende）の出発点にしなければならない」（GS II, 22）と書いている。ここで言及されている「永続的なもの」とは事実性としての神，世界，人間を示している。かれはこの三つの永続性を探求するためには，まず無を受け入れること，すなわち「存在の無」を前提としなければならないと考える。

---

1)　ローゼンツヴァイクの無の概念に焦点を当てた研究として，以下の論文を参照されたい。Norbert M. Samuelson, "The Concept of 'Nichts' in Rosenzweig's "Star of Redemption"," in *Der Philosoph Franz Rosenzweig, Bd. II*.

第3章　永続的なものの探求

　われわれの知の無は単一の無ではなく、むしろ三重の無（ein dreifaches〔Nichts〕）である。こうして無は、自らのうちに特定可能性の約束（die Verheißung der Bestimmbarkeit）を含んでいる。それゆえ、われわれは……この無のなかに、この知の三重の無のなかに、われわれが細かく分割しなければならなかった万物をふたたびみつけることを願っている（GS II, 24）。

　単なる無ではなく、何かとしての無、もっと正確にいえば何かをうちに含んだ無こそ、『救済の星』第一部の議論にとって出発点を形成するものである。かれは、無を「方法論的な補助概念」（methodischer Hilfsbegriff）（ND, 142）とも呼んでいる。しかし「案内役」（Führerin）としての無は、「空虚で普遍的な無」から「何かの無」へと向かうために一つの学を必要としており、ローゼンツヴァイクはその任を数学、とりわけ微分に負わせている（GS II, 22）。
　かれがここで依拠している議論はコーエンの「根源の論理学」であるが、ローゼンツヴァイクにとってコーエンは新カント主義者であっても、観念論とは異なる思想をもっていた。

　　ヘルマン・コーエンがはじめて、数学のなかに思考のオルガノン（ein Organon des Denkens）を発見した。というのもまさに数学は一にして普遍的な零という空虚な無から諸要素を産出するのではなく、その都度探し出された特定の要素に分類された微分の無から諸要素を産出するからである。微分は、自らのうちで無と何かを結びつけている（GS II, 23. 傍点引用者）。

　最後の微分の定義こそ、ローゼンツヴァイクの意味する無を示していよう。あるいは微分において「ある何かを、つまり無の何かを指し示すのは無であり、同時に無の懐のうちでなおまどろんでいるのが、ある何かである」（GS II, 23）ということもできる。かれは神、世界、人間という「思考に先立つ存在」（GS II, 22）をまったくの無前提から産出するのではなく、これらを描くために微分に由来する無を前提として設けている。
　それではこの何かとしての無から、いかにして存在が導き出されるのだ

ろうか。微分が切り開く「無から何かへ」の道には二つある，とローゼンツヴァイクは考えている。一つの道は「無ではないものの肯定」(die Bejahung dessen, was nicht Nichts ist) であり，もう一つの道は「無の否定」(die Verneinung der Nichts) である (GS II, 23)。前者の方法においては「無に抗して……存在の肯定的確証」を得ることができ，後者の方法においては「否定それ自体が思考によって破壊され，否定される」のである[*2]。しかもこの二つの道を通ることによって神，世界，人間のうちには「自存的で」静的な本質（=「無ではないものの肯定」）と「力動的で意志的な相貌」（=「無の否定」）があらわれることになる[*3]。それぞれの事実性のうちに見出されるこの二つの位相は，本章の第2節で論じられることになる。このように神，世界，人間を他のものに還元できず，しかも観念論的な哲学のように無前提から出発することができない新しい思考は，「無のうちに何かの根源」(GS II, 23) をみざるをえないのである。その意味では無とは「問いの純粋な状態の告示」[*4]であり，ローゼンツヴァイクの思想において三つの事実性を導出するためには無の他に何も前提をなすものは存在しえないであろう。

　こうしてローゼンツヴァイクは無から存在を導き出すことによって，神，世界，人間を措定する。かれは全体性から解放された神，世界，人間にそれぞれ「メタ自然学」，「メタ論理学」，「メタ倫理学」という学を対応させているが，出発点としての無はこの「メタ」(meta) の次元を開示するものである。われわれは，ローゼンツヴァイクがメタという語彙で何を意味しているのかを次の課題としよう。

ii) メタ概念における二つの意味 —— 分離と超越

　ローゼンツヴァイクがメタという概念を用いるとき，かれは事実性としての神，世界，人間がいかなる状態におかれているかを示そうとしている。この問題は，これまでのわれわれの考察においてくり返しさまざまな形で

---

2) Julius Guttmann, *Philosophies of Judaism. The History of Jewish Philosophy from Biblical Times to Franz Rosenzweig*, translated by David W. Silverman, Introduction by R. J. Zwi Werblowsky (New York/Chicago/San Francisco: Holt, Rinehart and Winston, 1964), 374.『ユダヤ哲学　聖書時代からフランツ・ローゼンツヴァイクまで』（合田正人訳，みすず書房，2000年），373-374頁。
3) Ibid., 374. 同上訳書，374頁。
4) Casper, *Das Dialogische Denken*, 85.

言及されてきたといえよう。

ローゼンツヴァイクの言葉を借りれば、メタとは事実性の「本質的な分離性」(die wesenhafte Getrenntheit) と「相対している『超越』」(die "Transzendenz" zueinander) を意味している (ND, 146)[*5]。前者の「本質的な分離性」という意味は、ナータン・ローテンシュトライヒが書いているように「存在論的な言及」であり、「還元不可能な存在論的立場」をあらわしている[*6]。その意味は、「存在の分離」というローゼンツヴァイクの象徴的な語彙によく示されているといえよう。しかしこの問題は、すでに既出の内容なのでここではもうふれない。ただ一点確認しておくならば、われわれは第2章でローゼンツヴァイクの経験概念のなかに「関係」と同時に「分離」の契機もみたが、メタの概念においては「分離」の契機しか存在しないのである。

次に後者の「超越」としてのメタ理解は神、世界、人間が全体性から解放され――存在－神－論批判――、それぞれ自足性に向かって超越して行く局面を描いている。われわれはこれまで神、世界、人間が超越する場所を「全体性」とひとくくりにして扱ってきたが、ローゼンツヴァイクは神、世界、人間がどのような全体性からそれぞれ超越するかを説明している。この問題の手がかりは、かれが神、世界、人間にそれぞれ対応させた「メタ自然学」、「メタ論理学」、「メタ倫理学」という名にある。すなわち、神は自然（＝汎神論）から、世界は統一的な論理・法則（＝ロゴス）から、そして人間はカント的な倫理から超越することで、おのれの分離と自足性を維持することになる。

ローゼンツヴァイクの議論の順序にしたがうならば、まず人間がこれまでの倫理から超越しようとする。かれによれば「哲学は人間を、『人格性』としての人間をも倫理のなかで捉えようと考えてきた」(GS II, 11)。しかし哲学が人間を捉えるということは、人間を概念へ解消することを意味し

---

5) スーザン・ハンデルマンは、ローゼンツヴァイクにおけるメタの領域を「存在と理性が一致することなき場所」と呼んでいる。Susan A. Handelman, *Fragments of Redemption. Jewish Thought and Literary Theory in Benjamin, Scholem, and Levinas* (Bloomington/Indianapolis: Indiana University Press, 1991), 184.『救済の解釈学　ベンヤミン、ショーレム、レヴィナス』（合田正人・田中亜美訳、法政大学出版局、2005年）、329頁。

6) Rotenstreich, "Rosenzweig's Notion of Metaethics," in *The Philosophy of Franz Rosenzweig*, 69, 70.

た。それが仮に倫理であっても同じことだとローゼンツヴァイクはいい，カントに批判の矢を向ける。「……まさにカントにおいて，普遍的に妥当する行為としての道徳律の定式化によって，ふたたび人間の一者性（das Eins）を超えた万物の概念は勝利を手にしたのであった」（GS II, 11）[*7]。そして次のようにローゼンツヴァイクは，これまでの倫理を批判する。

> 倫理学が，たとえどれほど根本的にあらゆる存在に抗して一つの特別な立場を行為に委ねることを欲したとしても，それにもかかわらず倫理学は実行に際して必然的に行為をふたたび認識可能な万物の円のなかへと引きずり込んだのであった（GS II, 11）。

かくしてローゼンツヴァイクにとって人間は一度この既存の倫理のなかから超越することを，すなわち「メタ倫理的な人間」は「倫理が描いてきた円環の彼方」に立たなければならないのであり，この彼岸とはある意味「善悪の彼岸」ともいえる[*8]。

世界はどうであろうか。ローゼンツヴァイクによれば，世界は本来多様であるにもかかわらず，「ロゴスの統一性が一つの全体生として世界の統一を基礎づける」（GS II, 12）。タレスの「万物は水である」という定式に代表されるように，「存在と思考の同一性」が多様な世界を全体のなかに押し込めようとする。しかし「存在と思考の同一性」は，「一つの内的な非同一性」を前提にしてこそ，次の同一性へと進むことができるのである（GS II, 13）。世界は思考の統一性に反抗することで，統一的なロゴスから超越し，世界における偶然的なものを肯定する。この時，世界は「メタ論理的な世界」になる。

こうして人間がまず倫理から超越し，世界がロゴスから超越したのち，

---

7) ローゼンツヴァイクの眼からみれば，ヘーゲルはカントの正当な継承者である。「カント自身がヘーゲルの国家哲学や歴史哲学的な端緒においてだけでなく，倫理的な根本概念においてもすでにかれの世界史概念の名づけ親になる」（GS II, 11）。ローゼンツヴァイクとカントの関係については，以下の研究を参照されたい。Paul Mendes-Flohr, "Rosenzweig and Kant: Two Views of Ritual and Religion," in *Divided Passions: Jewish Intellectuals and the Experience of Modernity* (Detroit: Wayne State University Press, 1991); Fricke, *Franz Rosenzweigs Philosophie der Offenbarung,* 58-60, 75-78.

8) Mosès, *System and Revelation,* 72.

神もまた自然（コスモス）から超越する。ローゼンツヴァイクにとって「パルメニデスからヘーゲルまでのコスモスは，神々に対する安全な場所であった」（GS II, 17）。タレスの思想である「万物は神々に充ちている」[*9]が示しているように，コスモスはそれ自体に絶対的なものを閉じ込めていた。このような「哲学の汎神論的な全体概念」を取り除き，神もまた自然との同一性から超越しなければならず，「神は存在と思考のあらゆる同一性に先立つ現存在（Dasein）を有していなければならない」（GS II, 19）のである。

　ローゼンツヴァイクは人間，世界，神がそれぞれの全体性から超越していく様子を描いているわけだが，今度は逆に人間，世界，神はこれまで従属していた倫理，ロゴス，自然を自らのうちに閉じ込める。というのも，それらをうちに包摂しない限り，結局のところ「人間」，「世界」，「神」に対して「倫理」——かれは「エートス」といい換えている——，「ロゴス」，「自然」が相対しているだけで，真の独立性を得ることはできないからである。少なくとも人間，世界，神はメタレベルではそれ自体で全体を形成していなければならないのであり，このような次元での人間，世界，神の構造分析こそ『救済の星』第一部の内容を形成している。

　こうしてわれわれは，メタの概念における二つの意味——「分離性」と「超越」——を確認した。とくに後者の「超越」の局面は，ローゼンツヴァイクの思想の特徴をあらわしていよう。まずメタという接頭語は「境界画定」（GS II, 21）の方法として用いられているわけだが，実はこの段階では神，世界，人間はいまだ時間的な次元で捉えられているのではない。ローゼンツヴァイクは人間の死によって観念論という全体性の哲学に亀裂を入れたのであり，これによって古い思考を一掃しようとした。しかしかれは，新しい思考をはじめるために神，世界，人間を事実性として措定するとき，あらためて「概念の前世界」という無時間的な次元で神，世界，人間を構成していく。一方でローゼンツヴァイクは，キルケゴールのよう

---

9)　アリストテレスは，『霊魂論』のなかで次のようにいっている。「……或る人々は〔宇宙〕全体のうちに霊魂が混合されていると主張する。ここからしておそらくまたタレスも万物は神々に充ちていると考えるにいたったのだろう」。アリストテレス「霊魂論」（『アリストテレス全集6』，山本光雄訳，岩波書店，1968年），34頁。

に死や不安を強調することで実存哲学の流れのなかに位置づけられるかもしれない。あるいはローゼンツヴァイクが「ものの何であるか」(was, what)ではなく,「ものがあること」(daß, that)[*10]を真剣に受け取る後期シェリングの影響を受けていることを考えれば,なおさらローゼンツヴァイクを実存哲学へと近づけたくなるだろう。しかし上記のメタ概念の議論を念頭におくならば,完全にかれを実存哲学者として規定することが難しいことも事実である。なぜならかれは「『非合理的な』対象として」(als "irrationale" Gegenstände)(GS II, 21)[*11],「存在するために思考を必要としない永続的なものを探求する」(GS II, 22)と自ら記しており,このような議論は,他方でかれを限りなく現象学の方法に近づけるからである[*12]。「事象そのものへ」肉薄しようとする現象学は,「機能的連関」から一度事物を取り出し,その事物をふたたび「意識の自由な作用によって把握されたもの」として定義し直そうとする[*13]。メタレベルの議論はこのような「事象そのもの」あるいは「些細な物」(ホフマンスタール)にきわめて似通ったものであり,カスパーがいうようにローゼンツヴァイクはあらゆる先入見を取り払って「最初の所与性」(die erste Gegebenheit)を示そうとして,さらには「思考にその基準を与えるもの」(was dem Denken sein Maß gibt)を措定しようとしているのである[*14]。もちろん方法が現象学的なのであって,ローゼンツヴァイク自身は現象学を目指していたということはできないが,かれの思想は実存哲学と現象学という当時の思想的潮流に――意識的にも無意識的にも――棹さしていたとみることができよう。

---

10) Hannah Arendt, "What is Existential Philosophy," in *Essays in Understanding. 1930-1954,* ed. Jerome Kohn (New York: Harcourt Brace & Company, 1994), 167.「実存哲学とは何か」(『アーレント政治思想集成1』(J・コーン編,斎藤純一・山田正行・矢野久美子訳,みすず書房,2002年),226頁。

11) もちろんここでの「非合理的」という言葉は,「思考に先立つ存在」あるいは反省以前という意味である。

12) カスパーによればローゼンツヴァイクは,フッサールの影響によって現象学的な方法に近づいたのではない。しかし,かれがフッサールと面識があったという事実もカスパーによって指摘されている。Bernhard Casper, "Transzendentale Phänomenalität und ereignetes Ereignis. Der Sprung in ein hermeneutisches Denken," in *Religion der Erfahrung,* 29, 33.

13) Arendt, "What is Existential Philosophy," in *Essays in Understanding. 1930-1954,* 165.「実存哲学とは何か」『アーレント政治思想集成1』,223頁。

14) Casper, *Das Dialogische Denken,* 85.

また神，世界，人間が従来の観念論的な哲学ではなく，メタレベルで分析されるということは『救済の星』第二部の議論にとっても重要な意味をもっている。すなわち，第二部において創造，啓示，救済という神学的カテゴリーによって神，世界，人間が関係づけられるとき，それらは一度全体性から超越し分離していなければ，お互いを《と》でもって結び合わせることができないのである。結論を先取りすれば，人間と世界は神の愛，つまり神の啓示によって自己開示することになるが，人間と世界はメタレベルにおいてはじめてこの神の愛を受けることができるのであり，神もまた自然と同一であるならば，愛を注ぐことはできないであろう。その意味で「メタ」とは神が自らの愛を注ぎ，人間と世界が神の愛を受けるための準備ないしは前提条件を形成しており，これは「概念の前世界」（『救済の星』の第一部）が「現実性の世界」（『救済の星』の第二部）の前提であるというローゼンツヴァイクの主張に対応している（ND, 146）。

このようにわれわれはローゼンツヴァイクにおける無とメタの概念を考察してきたが，この二つの概念は永続的なものを探求するための根本的前提としての機能を果たしている。『救済の星』第一部の大部分はメタレベルにおいて無から開始される神，世界，人間の「構成的演繹」に当てられている。われわれもまたローゼンツヴァイクにしたがって，「現実性の世界」の前提となる「概念の前世界」をみてみよう。

第2節　全体性の破片

ⅰ）　メタ自然的な神——本質，自由，神話的なオリュンポス

「われわれは，神について何も知らない。しかしこの非知（Nichtwissen）は，神についての非知である。かくして非知は，神に関するわれわれの知のはじまりである」（GS II, 25）。ローゼンツヴァイクは，「メタ自然的な神」を考察する第一部第一巻「神とその存在，あるいはメタ自然学」を，まるで神の肯定的な規定を次々と斥けていく否定神学を彷彿させるような文章からはじめている。しかしかれの意図は，神を否定神学の言葉で論じることにはない。というのも否定神学においては最終的に神は規定できないもの，無と示されるからである。先に述べたように，ローゼンツヴァイ

クが想定する無は到達点ではけっしてなく，出発点を形成するものであり，かれの進む道は「無から何かへ」通じている道なのだ。すなわち「われわれの目的は消極的な概念（negativer〔Begriff〕）ではなく，むしろ反対に最高に積極的な概念（ein höchst positiver Begriff）である」（GS II, 25）。あるいはかれが探求している神は，のちに語られる世界や人間も同様に，「絶対的事実性」（absolute Tatsächlichkeit）であり「実定性」（Positivität）である（GS II, 25）[*15]。このようにローゼンツヴァイクは，目的論的に議論を展開しながら最終的には「何か」である「神の現実性」（die Wirklichkeit Gottes）（GS II, 26）に到達しようとしている。またかれによれば「無という単なる仮説的出発点」[*16]から存在が導出されるためには，「肯定の道」と「否定の道」という二つのそれがある。肯定の道とは，すなわち「探求されたものの肯定」であり，それは「非無の肯定」である。これに対して否定の道とは「前提とされたものの否定」であり，「無の否定」を指している（GS II, 26）。

さてローゼンツヴァイクは神の事実性の構成において，まず肯定すなわち「非無の肯定」を遂行する。かれによれば最初におかれているのは「自らを肯定に向かってすでに開いているような無」（GS II, 28）以外の何ものでもないのだが，この「非無の肯定は内なる限界として無ではないものすべての無限性の輪郭をはっきりとさせ」，こうして「無限なるものが肯定される」（GS II, 29）。これこそローゼンツヴァイクによれば「神の無限の本質」（Gottes unendliches Wesen），「神の無限の事実性」（seine unendliche Tatsächlichkeit），そして「神の自然」（seine Physis）である（GS II, 29）。換言すれば，「神における最初の肯定があらゆる無限性に神的な本質を基礎づける」（GS II, 29）のであり，ローゼンツヴァイクはこの神の本質，

---

15) ここで用いられている「絶対的事実性」や「実定性」という言葉は，ローゼンツヴァイクとシェリングの関係を示唆している。事実，かれは後期シェリング，とりわけかれの『世界時代』（*Weltalter*）から大きな影響を受けていたことはすでに序論で指摘した。ただし上記の問題に限らず，最近の研究ではコーエンの影響を重視すべきことを強調する者もいる。例えば，ホルヴィッツはマーグリットに宛てた手紙のなかでローゼンツヴァイク自身が自らに対するコーエンの影響について語っていることを指摘している。Horwitz, "The Shaping of Rosenzweig's Identity According to the Gritli Letters," in *Rosenzweig als Leser*, 29.

16) Fricke, *Franz Rosenzweigs Philosophie der Offenbarung*, 106.

神の自然,「無限に肯定された存在」を "A" (das Allgemeine) という「記号」(Zeichen) であらわす (GS II, 30)。

　肯定,そして肯定によっておかれた神の無限の本質のなかには自らを超えて行こうとする運動は何もない。しかし新しい思考の前提としての事実性はたしかにいまだ現実的ではないが,自らのうちに還元の運動を宿しているはずであった。つまりそれは,単に静的に存在しているものではないのである。それゆえ肯定とは別に「否定から運動が到来しなければならない」(GS II, 30)。それでは否定,すなわち「無の否定」からは神のいかなる運動が導出されるのだろうか。ローゼンツヴァイクによれば,無の根源的否定から生まれるのは「神の自由」(Gottes Freiheit) であり,この神の自由は「絶対的に強烈な否定」である (GS II, 32)。神の本質が「無限の大海」であるならば,神の自由は「無尽蔵の源泉」であり,かれはこれを "A =" という記号で示している (GS II, 33)。

　このように「メタ自然的な神」のうちに神の無限の本質と神の自由が想定されたわけだが,両者はどのような関係にあるのだろうか。ローゼンツヴァイクはまず,神の自由を「無限の力」(unendliche Macht) と定義し,しかも「無限の恣意」(unendliche Willkür) とまでいう (GS II, 33)。無限の恣意としての神の力は動的であるがゆえに,「純粋な現存在という無限の沈黙」(GS II, 33) のなかで安らいでいる神的な本質を飲み込もうとする。しかし「恣意は本質に接近することによって,にもかかわらず本質を担っている存在の影響圏のなかへ陥っていく」(GS II, 33)。すなわち無限の力あるいは無限の恣意は,無限の本質によって逆に取り込まれてしまうのである。ローゼンツヴァイクは「神的な行為という無限の力」が神的な本質の磁場に入っていく一点を捉え,ここにおいて両者が接することで今度は神的な本質は「神的な必然」(das göttliche Müssen) ないしは「神的な運命」(das göttliche Schicksal) と呼ばれることになる (GS II, 34)。つまり,要約すれば神のうちで肯定と否定は相互に関係をもつことで,「神的な自由が恣意と力へ自らを形成するように,神的な本質は必然と運命へ自らを形成する」(GS II, 34) のであり,かれはこれを「神の活力」(Lebendigkeit des Gottes) (GS II, 33) としている。

　さてこのように捉えられた「メタ自然的な神」は,ローゼンツヴァイクにとっていわゆるヘブライズムの伝統に連なる神ではない。かれがここで

描こうとしているのは，古代ギリシアにおける「神話的なオリュンポス」（der mythische Olymp）（GS II, 36）の神々である。またこの神は "A = A" という等式で示され，これは「神の純粋な根源性と神が自ら自身のうちで自足していること」（die reine Ursprünglichkeit und Insichselbstbefriedigtheit des Gottes）（GS II, 36）を意味している。さらにローゼンツヴァイクによれば，古代ギリシアの神々は自足し外部と何ら関係をもたないがゆえに，基本的には人間や世界へと降りてくることもない。「神は自らを贈ることも，愛することもないし，愛する必要もないのである」（GS II, 43）。かくしてこのような神は，かれによって「メタ自然的」と形容されるのであった。

ⅱ） メタ論理的な世界——ロゴス，世界の豊穣さ，造形的なコスモス

「われわれは，世界について一体何を知っているのか。世界は，われわれを取り囲んでいるようにみえる。われわれは世界のなかに生きているが，世界はわれわれのなかにも存在する」（GS II, 44）。ローゼンツヴァイクにとって世界は「自明なもの」（das Selbstverständliche）であるにもかかわらず，これまでの哲学は世界の自明性を「零」（Null）に還元しようとしてきた（GS II, 44）。これに対してかれはここでもまた「メタ自然的な神」の議論と同様に，無から世界を立ち上げ，世界に関するわれわれの非知を宣言することで「実定的なものの深みへ」（GS II, 45）降りていこうとする。

> 世界についてわれわれは何も知らない。ここでもまた無はわれわれの知の無であり，われわれの知に関するある特定の個別的な無である。ここでも無は，そこから知の何かへ，すなわち「実定的なもの」への跳躍がなされるべき跳躍板である（GS II, 45）。

さてローゼンツヴァイクは「メタ論理的な世界」を考察する場合も，「非無の肯定」と「無の否定」という二つの道を通って世界を捉えようとする。しかし「メタ論理的な世界」においては，当然のことながら「メタ自然的な神」とは異なる内容が展開されなければならない。先の議論においては非無の肯定を通して「メタ自然的な神」のうちには無限の本質が見出されたが，「メタ論理的な世界」のうちにも神とは別の本質が存在する。

第 3 章　永続的なものの探求

「なぜなら世界の存在は，無限に停止している本質ではないからである」(GS II, 46)。また世界の存在とは「無尽蔵でつねに新たに生み出され，新たに受け取られた視覚の豊穣さ」(die unerschöpfliche stets neugezeugte und neu empfangene Fülle der Gesichte) であり，「世界が豊かな－彫像－であること」(voller-Figur-sein) を意味し，これは「われわれが，神の存在とみなすようなつねに停止し，それ自体で瞬間ごとに無限なる本質の反対物」である (GS II, 46)。それではこの「根源的な肯定」(das Urja) (GS II, 46) がもたらす世界の本質とは何か。ローゼンツヴァイクはそれを「『いたるところに』存在するものと『つねに』持続するもの」("überall" Seiendes und "immer" Währendes) (GS II, 46) としながら次のようにいう。「ロゴス (der Logos) が世界の本質である」(GS II, 46)。ただしこのいたるところにあり，つねに持続しているロゴスは，思考のなかでのみ把握される。ロゴスを捉えた思考は，「個々の特定物の多様に枝分かれしした体系として世界へ注がれるのである」(GS II, 46)。ローゼンツヴァイクは，このようなロゴスを "=A" という記号であらわす。ロゴスは「内在的な秩序」[*17]として世界の形式あるいは枠組みを説明するものであり，カスパーもいうように「世界－ロゴスは，その固有の統一性を意のままにするのではけっしてなく，それが用いられることによってのみ一にして普遍的な世界－ロゴスなのである」[*18]。それゆえロゴスを捉えた思考は「自然の多様性に本質的に適用されるような一般的有効性をそなえている」[*19]のは間違いないが，思考は「世界に対する意義」，すなわちその「応用可能性」(Anwendbarkeit) を世界の多様性に負うことになる (GS II, 46)。つまりロゴスは，世界の多様性に従属しているのである。またローゼンツヴァイクはロゴスを「世界精神」(der Weltgeist)，「大地の霊」(Erdgeist) や「世界霊」(Weltseele) と呼んでいるが，このロゴス理解がヘーゲル哲学の色合いを帯びることを回避するために，ここではロマン主義的な自然哲学の流れを強調し，若きシェリングやノヴァーリスの名前をあげていることも注意しておきたい (GS II, 46-47)。

　次に問題となるのは，無の否定によって導き出されるのは何かというこ

---

17) Mosès, *System and Revelation*, 65.
18) Casper, *Das Dialogische Denken*, 96.
19) Guttmann, *Philosophies of Judaism*, 378.『ユダヤ哲学』, 377頁。

とである。「メタ自然的な神」においては神の自由という力動的な要因であったが,「メタ論理的な世界」において無の否定からは世界の「豊穣さ」(die Fülle)（GS II, 48）があらわれる。換言すれば無の否定を媒介に「根拠もなく無方向的に個別的な現象（die einzelnen Erscheinungen）が〔無の〕夜から上昇する」(GS II, 49) のであり，この「個別的な現象」とは「それ自体で一つのはじまり」（ein Anfang für sich）にして,「ある未曾有のもの」(ein Unerhörtes) である (GS II, 48)。こうしてローゼンツヴァイクは「普遍的なものの世界内的な秩序」（die innerweltliche Ordnung des Allgemeinen）を「特殊性の世界内的な豊穣さ」（die innerweltliche Fülle der Bensonderheit）に対比させ，この特殊性は "B" (die Bensonderheit) という「個別性のむき出しの記号」で示される (GS II, 49)。

さてロゴスが《世界の形式》を意味しているのであれば，特殊性は《世界の内実》を形成しているといえよう。すでに述べたように特殊性は「所与のもの」ではなく,「つねに新しい贈り物」を意味していた (GS II, 50)。しかしこの特殊性，あるいは世界のうちで湧き出てくる個別的な現象はパルメニデスからヘーゲルまでの「観念論の重荷」(GS II, 50) であった。というのも観念論が現象を「自発的なもの」(spontan) (GS II, 50) として把握してしまうと，観念論が有しているロゴスの全能性を喪失してしまうからである。それゆえ「観念論は，〔世界の〕湧き出る豊穣さを所与の死んだカオスへ偽造し直さなければならなかった」(GS II, 50)。ここで言及されている観念論のロゴスは「世界創造者」(Weltschöpfer) (GS II, 51) としてのロゴスであり，世界の形式としてのロゴスとは大きな違いがあることはいうまでもない。

さらにローゼンツヴァイクは,「メタ論理的な世界」における普遍的なものと特殊なものとの関係を次のように書いている。

> 特殊なもの——「B」という記号を思い出していただきたい——は無方向的であり，普遍的なもの——「= A」——はそれ自体では受動的であり，動くことはない。しかし普遍的なものは適用を求めることによって，吸引力が普遍的なものから発する (GS II, 51)。

特殊なものは普遍的なものへと引き寄せられることによって，普遍的

ものの存在を知る。ローゼンツヴァイクは普遍的なものの領域に入り，普遍的なものとの関係を築いた特殊なものを「個体」(Individuum)（GS II, 52）と呼ぶ。同時に普遍的なものは「類」(die Gattung)（GS II, 52）となる。しかも類となった普遍的なものは，「一つの個別化された普遍的なもの」(ein individualisiertes Allgemeines) であり「一つの特殊な普遍性」(eine besondere Allgemeinheit) である (GS II, 52)。かれはこの関係を国家，社会そして民族に比している。またメタ論理的な世界はメタ自然的な神のように等式であらわすならば "B = A" であり，この異なる記号が結びついている等式は「肯定」と「否定」を経た「と」において成立するのであって，「原現象である世界はまた互いに還元することができない二つの現象の逆説的な同時性を示している」[*20] といえよう。ローゼンツヴァイクは，このような世界を古代ギリシアに範を求めて「造形的なコスモス」(der plastische Kosmos) と呼んでいる (GS II, 56)。

メタ論理的な世界は当然，創造された世界ではない。しかし同時にこの世界は，観念論の世界とも鋭く対立している。ローゼンツヴァイクによれば「メタ論理的な世界は完全に満たされた世界であり，形態を与えられた世界である」(GS II, 56)。しかしこの世界は，観念論の世界のように「全体によって満たされたり，全体によって担われているのではない」(GS II, 56)。かれはここで全体と部分の関係を問題にしている。諸部分は全体と関係をもつとしても，部分から全体への道は複数存在していなければならず，部分は全体へと通じる固有の道を確保していなければならない。ローゼンツヴァイクは，全体がその諸部分をたった一つの道を介して集合させようとする思想を「一次元性」(Eindimensionalität)（GS II, 56）という名の下で斥ける。これに対して「メタ論理的な世界」の体系は，「多次元的」(vieldimensional)（GS II, 57）であることを目指す。

> あらゆる個別的な点から糸と関係は他のあらゆる点と全体に向かって進み，この無数の関係の統一性，つまり相対的な完結は哲学者の人格的で，体験され哲学された立脚点の統一性である (GS II, 57)。

---

20) Casper, *Das Dialogische Denken*, 97.

体系において出発点は，諸部分あるいは個別的な点でなければならない。しかし，この関係は最初から規定されていることはない。合田正人が簡潔な例で説明しているように，「ある人物にはある本質が内在していて，それがあらかじめその人物の（好ましい）交際関係を決定しているわけではない」[21]のである。また諸部分は，全体によって強制されるのではなく，さまざまな道を通って全体へと向かいそこに無数の関係を築き上げるとしても，そこにあらわれる体系は「相対的な完結」を示しているにすぎない。世界の体系は少なくともこの時点では最終的に「メタ論理的な世界」として把握されるとしても，体系はあたかもモザイクの様相を呈しながら，つねに関係の網の目のなかで生成している。

このようにローゼンツヴァイクは，「メタ論理的な世界」を描いている。とはいえこの世界はいまだ自己を開示していない世界，「自らを発生させる自律した世界」[22]であり，その意味では他と関係を有さない世界である。それでは最後にわれわれは自足した「メタ自然的な神」，「メタ論理的な世界」に続いて「メタ倫理的な人間」を考察してみよう。

iii）メタ倫理的な人間——性格，意志，悲劇的な英雄

ローゼンツヴァイクは，『救済の星』が出版される前，ハンス・エーレンベルクへの手紙のなかで「根本的な構想はメタ倫理的なものの概念のなかにあった」と書いている（GS I-2, 606: 1918年9月8日）。また「万物は神々に充ちている」という古代ギリシア人の言葉に象徴される神と世界の混在，つまり「コスモスの論理的－自然的統一性」を「メタ論理的な世界」と「メタ自然的な神」へと分解しようとするとき，かれは「メタ倫理的な人間」の必要性を語り，その人間を「酵素」（Gärstoff）と呼んだのであった（GS II, 17）。少なくとも「概念の前世界」において全体性の哲学から抜け出すための口火を切るのは，何よりもまずおのれの死を自覚し，倫理の覆いを一度取り去った人間の課題である。それゆえローゼンツヴァイクの人間概念は，かれの思想の解明において重要な役割を演じていることがわかるだろう。

---

21) 合田正人「星々の友情——ローゼンツヴァイクとベンヤミン」，13頁。
22) Mosès, *System and Revelation*, 67.

第 3 章　永続的なものの探求　　　　　　　　　131

　さてローゼンツヴァイクによれば，神の本質は「不死的」（unsterblich）かつ「無条件的」（unbedingt）であり，世界の本質は「普遍的」（allgemein）で「必然的」（notwendig）であるのに対して，人間の本質は「儚い」（vergänglich）ものである。また，神の存在は「無条件的なもののなかの存在」（Sein im Unbedingten）を，世界の存在は「普遍的なもののなかの存在」（Sein im Allgemeinen）を，最後に人間の存在は「特殊なもののなかの存在」（Sein im Besonderen）をその特徴としている（GS II, 68-69）。それゆえ特殊な存在としての人間は普遍的な法則へと還元されることはなく，われわれはローゼンツヴァイクが人間を「特殊性」と「儚さ」という相で捉えていることがわかる。しかしこのように儚く特殊な人間は，「知の普遍妥当性や必然性」の「彼方」（jenseits）ではなく「此岸」（diesseits）にいる（GS II, 69）。

　また「わたしはなおそこに存在している」（Ich bin noch da）と誇る人間にとって最初の言葉である「根源的な肯定」は「かれの固有存在」（sein Eigensein）を肯定するのであり，かれは「単独者」（ein Einzelnes）とも呼ばれる（GS II, 69）。単独者は「果てしなく空虚な空間」（GS II, 69）のなかにおり，かれは自分の隣にいる他の単独者については何も知らない。それゆえローテンシュトライヒが指摘するように「人間個人は，それ自身の外側にある全体性のなかに沈められえない一存在として内部から理解されなければならない」[23]のであり，「人間のこの特異性は単独的なものでありながら，全体的なものでもある」（GS II, 69）。かくしてローゼンツヴァイクによれば徹底的に特殊で単独的であるにもかかわらず，自らが全体である人間はおのれのうちに「持続的な本質」である「『性格』という際限のない特異性」（die unbegrenzte Eigenheit des "Charakters"）を有することになり，これをかれは "B" という記号であらわす（GS II, 70）。ここで一つ注意すべきことは，ローゼンツヴァイクのいう「性格」とは，モーゼスもいうように「心理学的な概念」[24]ではないということである。そうではなく，ローゼンツヴァイクにとって性格とは「誰もが有している単独性という還元不可能な核心」[25]を指しているのだ。

　23）　Rotenstreich, "Rosenzweig's Notion of Metaethics," in *The Philosophy of Franz Rosenzweig*, 76.
　24）　Mosès, *System and Revelation*, 70.

またこの人間の性格とは別に，無の否定を介して「メタ自然的な神」においては神の自由が導き出されたように，メタ倫理的な人間の場合も自由が導出される。しかし人間の自由は，当然，神の自由とは異なる。

> 人間の自由は，神のような行為への自由ではなく，意志することへ向かう自由（Freiheit zum Willen）である。自由な力ではなく，自由な意志である。力量（das Können）は人間の自由にとって神の自由とは対照的に，その根底においてすでに発揮されていない……（GS II, 71-72）。

神の自由が行為や力など動的な局面をあらわしているのに対して，人間の自由は意志という「方向」は定められていても（GS II, 72），いまだ実践的なかたちで遂行されてはいない。それは最初から根本的に限界づけられていることに理由があるといえるが，それにもかかわらず「人間が自由を意志することは神の力量のように無条件的であり，限りないものなのである」（GS II, 72）。それゆえローゼンツヴァイクの語る「メタ倫理的な人間」は，神と比すならば根本においておのれの「有限性」（die Endlichkeit）（GS II, 71）をわきまえているのであり，これを記号で示せば "A = B" である。

また人間の自由な意志は方向づけされており，この意志が欲しているのはまさにおのれが存在することであるが，この途上で「自由な意志」は「反抗的な意志」（der trotzige Willen）になる。「自由な意志の抽象概念は反抗心（Trotz）としての形象」（GS II, 73）を受け取ることで，無の否定を媒介にして導出された自由な意志すなわち人間の「反抗心」は，おのれのうちにある持続的に存在している「性格」に抵抗する。しかし「自由な意志と特異性が具体的になる」[*26]ことで，ローゼンツヴァイクによればこの「性格」と「反抗心」は「形成する《と》」（das gestaltende Und）（GS II, 68）を通して，「自己」（das Selbst）として成立することになる（GS II, 73）。こうして特殊で有限な自己を符号であらわせば "B = B" となり，「自己は

---

25) Ibid.
26) Casper, *Das Dialogische Denken*, 102.

自らのうちで絶対的に閉ざされて」(GS II, 73) おり自足しているがゆえに，「自己の原現象は自らのうちで存在のあらゆる地平を満たしている」[*27]。

さてローゼンツヴァイクにとって自己は，「個人性」(Individualität) ではなく，自らの「性格」に深く根ざしている。かれによれば「人格性」(Persönlichkeit) は特定の個人性との確かな関係によって確立されるのに対して，自己はその性格一般に単にかたくすがりつくことで「自己」となる (GS II, 78)。人格性とはペルソナ (persona) に由来する言葉であり，それは「仮面」を意味する。役者が舞台に上がるときに顔につける仮面は，ローゼンツヴァイクにとって社会での人間の役割を意味しており，人格性とは「人間性の多声的なシンフォニーにおける一つの声である」(GS II, 74)。それゆえ人格性はつねに複数であるが，自己はつねに単数であり比較されることもなく，かれの語る自己は「その言葉のもっとも厳格な意味において孤独な人間 (der einsame Mensch) である」(GS II, 77)。ローゼンツヴァイクの人格性の概念は，自己と対比される限り，けっして積極的な意味で用いられているのではない。むしろ人格性とは，いつしか社会のなかに埋没している人間を示しており，その意味では人格性は「政治的動物」(das politische Tier) と同義である (GS II, 77) [*28]。

また自己は明確な誕生の日をもっている。「この日まで人間は，かれ自身の意識に先立って世界の一部でもある」(GS II, 77)。それでは自己が誕生する日とはいつであろうか。ローゼンツヴァイクによれば「人格性そして個人性が類のなかへ向かって死を遂げるその同じ日に」(GS II, 77)，この瞬間に自己が生まれる。次にかれはこの新たに生まれた自己を「ダイモン」(Daimon) と呼び[*29]，「この盲目的で無言で自らのうちに閉鎖したダイモンはエロス (Eros) の仮面をかぶって人間を不意に襲う」(GS II, 77)。

---

27) Ibid., 102-103.
28) この意味ではハイデガーの「非本来性」の概念に近いかもしれない。ローゼンツヴァイクとハイデガーの比較としては，レーヴィットの論文の他に次の著作を参照せよ。Richard A. Cohen, *Elevation: The Height of the Good in Rosenzweig and Levinas,* 40-66. またより包括的な研究としては，Gordon, *Rosenzweig and Heidegger* を参照されたい。
29) ローゼンツヴァイクによれば，かれがここで意味している「ダイモン」とはゲーテの用いる人格性を示唆するダイモンではなく，ヘラクレイトスの言葉 (「かれのエートスは，人間にとってダイモンである」) に示されるダイモンである (GS II, 77)。

その時「エロス」は，人間に対して自分が「タナトス」(Thanatos) であることを暴露する。これこそが自己における二番目の誕生であり，「自己の秘密の誕生」(GS II, 77) である。

ローゼンツヴァイクが描く自己の誕生の物語は，かれの新しい思考を担う新しい哲学者の姿とも一致している。すなわち，《全体性から離脱すること》は《社会的な人格性が姿を消したとき，自己ははじめておのれを確立する》ということに，また《おのれの死を意識すること》は《自己がタナトスに出会うこと》にそれぞれ対応しており，この二つの誕生の出来事は新しい哲学者にとって不可欠の契機であった。こうして自己は人格性とは異なり，社会と関係をまったくもつことはない。ただしこれは，人間がこれまでの哲学的・倫理的重荷を一度振りほどくために必要な作業であった。それゆえ「自己は人倫的な世界のなかで生きているのではなく，自己がそのエートスをもっているのである」(GS II, 79)。自己はおのれのなかに「倫理的なものの世界」(GS II, 79) を蔵しており，だからこそ自己は「メタ倫理的」と形容されるのである。

ローゼンツヴァイクが，このような孤独でメタ倫理的な自己（人間）を描く際によりどころとするのは，古代ギリシアの「悲劇的英雄」(der tragische Heros) である。曰く，「英雄は沈黙することによって，かれを神と世界とに結んでいる橋を取り払い，語ることで他者との境界を設け個別化する人格性の領域から，自己の氷のような孤独へと際立ちながら上昇していく」(GS II, 84)[*30]。

---

30) ローゼンツヴァイクは「メタ自然的な神」，「メタ論理的な世界」，「メタ倫理的な人間」という三つの「絶対的事実性」を分析しながら，それぞれを「神話的なオリュンポス」，「造形的なコスモス」，そして「悲劇的な英雄」という古代ギリシアの異教世界における三つの形象に対応させている。さらにかれは，この異教世界を芸術作品における三つの構成要素——「外的形式」(äußere Form)，「内的形式」(innere Form)，「内実」(Gehalt)——に比すことであらわそうとする。

また興味深いことに，ローゼンツヴァイクによれば英雄の沈黙もまた言語である。もちろん「魂の言語」(Sprache der Seele) ではないが，「語らない者の言語」あるいは「語ることのできない者の言語」という世界が存在する (GS II, 87)。英雄は悲劇という芸術作品を通して他者のなかに「恐怖と哀れみ」(GS II, 88) を呼び覚まし，それはすぐに鑑賞者の内面において鳴り響き，かれらも英雄と同様に閉ざされた自己になる。しかし自己のあいだでは，いまだに対話が生じることはない。「自己は共同体を形成しない。それにもかかわらず，共通の内実が成立する。複数の自己 (die Selbste) はお互いに向かってやってくることはないが，すべての人のなかに同じ音色，つまり固有の自己の感情が鳴り響くのである。人間から人間

第3節　現実的な運動のなかへ

ⅰ）概念と現実性の弁証法

われわれは，『救済の星』第一部の内容をローゼンツヴァイクの議論に即してたどってきた。形而上学的な色彩がきわめて強いかれの議論を理解することは容易な作業ではない。「実定的なものの夜のなかに降りていく」ことによって，「万物の統一性」が破壊されたことを強調するローゼンツヴァイクの議論は（GS II, 91），辟易するほどの反復に満ちている。それでもなおかれが，全体性の破壊にこだわったのにはそれ相応の理由があるはずである。あるいはかれが「メタ自然的な神」，「メタ論理的な世界」，「メタ倫理的な人間」を古代ギリシアの世界と重ね合わせていることにも何がしかの意味があるといえよう。本節でこの問題について少し考えてみたい。

ローゼンツヴァイクは，第一部の最後で10頁ほどの短い章を書いている。「移行」（Übergang）と呼ばれているこの章で，かれは孤立した諸要素が関係のなかに入っていくこと，つまり「移行」する必要性を語っている。かれによればわれわれは，諸要素が「何であるか」を知ることはできないのであった。それゆえわれわれは，諸要素をそのようなものとして受け取る他に道はないのである。しかしそうであれば，なぜわれわれは神，世界，人間について語ることができるのだろうか。逆説的ないい方になるが，やはりわれわれは神，世界，人間という諸要素を知っているのである。もち

へいたる橋はいまだ通じていないけれども，同一なことの無言の伝達が生じる。それは魂から魂へは生じない──魂の王国はいまだ存在しない──，この伝達は自己から自己へ，一方の沈黙から他方の沈黙へと生じる」（GS II, 88）。

自己は魂というおのれの内面が成立していない以上，いまだ自分を開けず，言葉を発することもできないでいる。たしかに芸術はそれを鑑賞する者に何かを呼びおこすが，その「芸術の魔法の笛」（GS II, 89）にできることは人間の内面に和音を響かせるという奇跡を成し遂げることまでである。「共通の響きが聴こえてきて，それをいたるところで耳にはするが，その響きはただ自分の内面のなかだけであった」（GS II, 89）。芸術作品が「孤立性」，「統一性」，「沈黙的本質」というそれぞれの意味において完成された領域を形成しているように，メタレベルの神，世界，そして人間もいまだ他との関係を欠いた状態に甘んじており，自らを開示することはないのである。

ろん神，世界，人間をそれ自体において知っているのではなく，「われわれは一つの生き生きとした運動（eine lebendige Bewegung）を，つまりこの諸要素が泳いでいる一つの回路（Stromkreis）を知っている」（GS II, 91）のであり，この運動はわれわれの生に深く根ざしている。

　　われわれの生の頭上で光を発し輝いている星辰の軌跡（die Bahn des Gestirns）のなかで，これら諸要素はわれわれにとっては慣れ親しまれたものであり，あらゆる意味において信頼に足るものである（GS II, 91）。

「一つの生き生きとした運動」や「軌跡」とは，いい換えれば「現実性」である。「曲線（die Kurve）が，まず諸要素の単なる仮説的なものから具象的な現実性のカテゴリー的なものへ通じている」（GS II, 91）のであり，われわれはその現実性のなかですでに神，世界，人間を経験している。端的にいえばローゼンツヴァイクにとって現実性とは神の啓示を受けた人間が信仰によって経験する世界であるが，それゆえその限りでは，われわれはこれらの諸要素を知っているといえる。しかし第一部では「現実性の世界」は「計算に基づく軌跡の構造という単なる諸要素（die bloße Elemente einer rechnerische Bahnkonstruktion）へ解消され，引き離されたがゆえに」（GS II, 91），われわれは諸要素をふたたび現実的に経験できなくなったのである。なぜローゼンツヴァイクは現実性の経験を一度，諸要素というメタレベルで考察したのであろうか。この問題は，とりもなおさずなぜローゼンツヴァイクは第一部を書いたのかということにも通じる疑問である。

　第一の理由としてあげられるのはすでに何度も論じたように，観念論的な全体性の哲学が人間の現実的経験を妨げているがゆえに，ローゼンツヴァイクは一度，神，世界，人間が抱えている観念論の負債を清算しなければならなかったのである。かれはこれを遂行するために，メタという概念を用いながら半ば現象学的な方法で思索を展開したのであった。

　第二の理由は，ローゼンツヴァイクの新しい思考を担う新しい哲学者は信仰をもった哲学者であるということに起因するのではないだろうか。すなわち新しい哲学者は信仰によって神，世界，人間という諸要素が相互に織りなす関係の軌跡を経験する。しかし諸要素の関係に立脚した信仰とは

第 3 章　永続的なものの探求　　　　　　　　　137

「一つの複雑な行為」*31 である。それゆえ哲学者は哲学者である以上，おのれの職分にしたがってこの複雑な行為の構造を反省しなければならない。あるいは信仰とは現実性をめぐる経験であるならば，「経験する哲学」であるローゼンツヴァイクの新しい思考は経験を哲学し，反省しなければならないのである。だからこそかれは全体性の哲学から諸要素を解放すると同時に，現実性の経験からも諸要素を取り出しメタレベルで考察したのである。その意味では，モーゼスがいうように第一部の内容は「信仰が有している含意のア・ポステオリな分析」*32 であるといえよう。

　最後に第三の理由としてあげられるのは，ローゼンツヴァイクが第一部の内容を「異教の哲学」（eine Philosophie des Heidentums）（ND, 147）と呼んでいることに関係する。ここで異教という言葉は古代ギリシア世界を意味しているが，かれはこの異教の哲学を完全に排除するわけではない。「パルメニデスからヘーゲルまで」の観念論的な哲学を一掃しようとするローゼンツヴァイクの姿から察すれば，古代ギリシア世界は考察に値しないものとして考えられてもおかしくなかろう。しかしかれは，第一部の議論を古代ギリシアにおいて形象をとった「神話的なオリュンポス」，「造形的なコスモス」，そして「悲劇的な英雄」に対応させながら論じていた。たしかにローゼンツヴァイクにとってこの三つの形態はいまだ現実的ではなく，「異教は，その自律性において，そして形式へとなってしまったこと（Formgewordenheit）で現実性と関係をもつことはない」（ND, 154）。異教は「要素的」であり「不可視的」なのである（ND, 147）。しかし，かれによればこの三つの形象は「現実性の前提」を形成するものであり，現実性の土台にはこの異教の哲学が存在しなければならない。

　古代ギリシアの精神は現実的ではないけれども，「その秘密の不可視的な前提としてあらゆる生のなかに含まれているのである」（ND, 146）。この前提としての役割が異教の哲学に割り当てられることで，古代ギリシアが有する「古典古代の古典性」（die Klassizität Altertums）（ND, 146）もまた排除されることはない。また第一部の議論は，この異教の哲学がもっている一片の「真理」を「宗教哲学的子供だまし」（ND, 147）*33 と一蹴する

---

31)　Mosès, *System and Revelation*, 57.
32)　Ibid., 58.
33)　かれはここでマックス・ブロート（Max Brod）の名前をあげている。

のでもなく，むしろ観念論の呪縛から古代ギリシアの真理契機を救済するために書かれたのである。ローゼンツヴァイクの新しい思考が，哲学と神学の両方を必要としているということもここから理解できよう。ただしかれがこのように書いているからといって，かれの新しい思考を折衷主義のように受け取ることは可能だろうか。この問題にはさまざまな解釈が成り立つと思うが，少なくともローゼンツヴァイク自身は自分の新しい思考は「ユダヤ教的でありキリスト教的な思考」(jüdisches und christliches Denken) (ND, 154) と明確に語り，いわゆるヘブライズムの伝統とのつながりを強調している。またかれは次のようにも書いている。

　　ユダヤ教とキリスト教の神，ユダヤ教とキリスト教の世界，そしてユダヤ教とキリスト教の人間において，ただ生の軌跡の上でのみ経験可能だが，語ることのできない神の秘密，世界の秘密，そして人間の秘密は声に出して語ることができるようになる (ND, 155)。

　このようにローゼンツヴァイクの新しい思考にとって異教の哲学は欠くことのできない位置を占めるものだが，この哲学はかれの思想の本質的な部分を形成しているわけではなかろう。諸要素としての神，世界，人間は永続的な土台であっても，最終的には乗り越えられるものである。つまり異教の哲学は「概念の前世界」としてかれの「哲学体系」における一つの契機を形成しながらも，『救済の星』第二部の「現実性の世界」の前では否定される。かくして概念と現実性のあいだには《弁証法的な関係》が存在しているのである。

　ⅱ）　別の秩序を求めて
　この動的な関係を媒介にしながら『救済の星』第一部は，第二部という「別の秩序」[*34]に移行しなければならない。なぜなら，もし「概念の前世界」が否定されないならば，諸要素のあいだに関係は永遠に確立されず，そこには「諸要素のカオス」(GS II, 91) が残されるだけになってしまうからである。つまり「三つの点である神，世界，人間のあいだに確固とし

---

34) Mosès, *System and Revelation*, 76.

た秩序はない。上と下，右や左は存在しない」(GS II, 92) のであり，あるいは逆にいえばそれぞれの要素のあいだが混沌としている以上，多様性も統一性も含めてあらゆる可能性がそこにはある。つまり「単なる存在のなかではあらゆるものが可能であり，あらゆるものが可能であるにすぎないのだ」(GS II, 94)。しかしこのような「存在の単なる事実性」(GS II, 94) が，無秩序に並んでいる状態に現実的な経験である信仰は満足することができない。というのも「信仰は存在の一前提の内部でなおもすべてが可能であるようなこの存在を超えていくことを要求する」のであり，「一義的な確実性を求める」からである (GS II, 94)。だがギリシアという「古典古代の古典性」は，信仰が求めている秩序，「存在の事実性のあいだを現実性として媒介する関係」(GS II, 94) を形成することができず，諸要素は無時間的な世界で方向づけがなされていない状態に陥っているのである。信仰は諸要素が方向づけられることを望み，信仰にかなった秩序の関係が形成されなければならないのであり，信仰にはその力がそなわっている。

　ローゼンツヴァイクにとってこのような無秩序を整序するものこそ，神の啓示であった。第1章でわれわれは次のような言葉を確認したはずである。「啓示は方向づけである」(Ur, 125)。ここでもまた啓示が重要な意味をもって登場する。すなわち神，世界，人間という「つねに永続的な諸要素」は単なる可能性の域を超えて，現実的な関係の運動のなかに入っていくためには，神の啓示によって方向づけられなければならない。また神，世界，人間の「永続的な誕生の秘密」はいまだ創造の見地から明らかにされていない。啓示はこの異教の哲学を否定はするが破壊するわけではなく，むしろこの諸要素に新しい命を吹き込むものである。

　　啓示は真の異教を，創造の異教を破壊することなどないし，啓示は異教に対して転換と刷新の奇跡 (das Wunder der Umkehr und Erneuerung) を生じさせるだけである (ND, 153)。

　この引用とは別に「方向転換」(Wendung) (GS II, 97) という言葉も使われているが，ローゼンツヴァイクは啓示によって引き起こされた《転換の運動》を「概念の前世界」のうちにもたらすことで，目に見えず沈黙していた諸要素を経験の世界に引き上げようとする。それゆえ「概念の前世

界」は「現実性の世界」の前提であるが,もっと狭い意味でいえば啓示の現実性の前提である。『救済の星』第二部の課題は,異教の哲学に基づく諸要素が生き生きと関係のなかに入って行く過程を描くことであり,「つねに永続的な諸要素」は内なる転換を果たし,別の秩序へ向かわなければならないのである。だからこそ第一部の最後の短い節には「移行」というタイトルがつけられているのであり,この部の最後は次のような言葉で締めくくられている。

> この永続的な創造の秘密が啓示されることは,つねに刷新された啓示の奇蹟である (diese Offenbarwerden des immerwährenden Geheimnisses der Schöpfung ist das allzeiterneute Wunder der Offenbarung)。われわれは,移行——秘密から奇蹟へ移行する地点に立っている (GS II, 99)。

諸要素の秘密は啓示の光のなかで明らかになり,「現実性の世界」において真の経験が形成される。かくして舞台は「概念の前世界」から「現実性の世界」へと大きな転換を遂げることになり,神,世界,人間は関係の運動という「別の秩序を求めて」[*35]自らを開示する。

おわりに

われわれは,本章において『救済の星』第一部を中心に考察してきた。最後にこれまでの議論をまとめて本章を終えることにしよう。ローゼンツヴァイクが論文「新しい思考」のなかで書いているように,「第一部の神は世界や人間と単に関係をもたなかっただけでなく,確固とした場所さえなかった」(ND, 159)。神と同様に,世界や人間もまた第一部の議論においては場所をもつことはなかった。というのも事実性ないしは諸要素としての神,世界,人間はそれ自体が「存在の地平」[*36]を形成しているのであり,それ自体が場所となっているからである。つまり「メタ自然的な神」,

---

35) エマニュエル・レヴィナス「フランツ・ローゼンツヴァイク——ある近代ユダヤ思想」(『外の主体』合田正人訳,みすず書房,1997年),90頁。
36) Casper, *Das Dialogische Denken*, 104.

「メタ論理的な世界」，そして「メタ倫理的な人間」は新しい思考が出発するべき場所そのものといえよう。またメタレベルでの神，世界，人間の内実が「非無の肯定」と「無の否定」を媒介にして考察されたが，「概念の前世界」が無時間的な世界である以上，これらの要素も時間的な性質をもつものではない。第2章でみたようにこれらの諸要素はそれぞれ孤立し無秩序の状態にありながら，おのれのなかで還元の運動，いい換えれば自から他へ向かうのではなく，つねに自分のうちに向かって生じる円環運動を起こしているだけであった。ここに諸要素がいまだ無時間的である根本理由があり，無関係性は同時に無時間性を意味することになる。

このような諸要素のカオス的状況に対して，ローゼンツヴァイクは次のように問う。「いかにして諸要素は流れのなかへ (ins Strömen) 入ってくるべきなのか」。ここで言及されている「流れ」とは時間の流れを指していると解することができる。また時間とはローゼンツヴァイクにおいて現実性とほぼ同義であるといってよい。かれがくり返し論じる「現実性」を意味するドイツ語名詞 "Wirklichkeit" の動詞形は "wirken" である。"wirken" には，「働く，活動する」という意味があり，動的な様態を示す言葉である。それゆえ "Wirklichkeit" という名詞も活動的な状態にあることをあらわしており，ローゼンツヴァイクにとってメタレベルでの神，世界，人間が「現実性の世界」へ入っていくということは，とりもなおさず時間という動的な運動のなかへ入っていくことを指しているのである。さらにいえば「現実性の世界」とは時間に満たされた世界であり，そこでこそわれわれははじめて孤立した神，世界，人間を相互的な働きを含意した関係の相の下で経験することができる。

このようなローゼンツヴァイクの体系は，モーゼスによれば「二次元的な体系」[37]である。つまり諸要素という「実存の内側」からみれば，その過程は諸要素が自閉した状況から《脱自》によっておのれを開いて関係へ入るという意味で「実存哲学」を示している。しかし脱自した諸要素はいくらおのれを外へ向かって開放したとしても新しい思考という哲学体系のなかにあり，上記で述べたように新しい思考の「地平」「場所」を形成するものである。それゆえ諸要素は「存在論」という枠組みのなかにあると

---

37) Mosès, *System and Revelation*, 78.

いうこともできる。こうして『救済の星』第一部は「実存哲学」と「存在論」が交差する場として読むこともできよう*38。

さて，われわれはそろそろこの章を終えないといけないが，もう一度問いたい。すなわち諸要素はいかにして，あるいは何に・よ・っ・て・方向づけられながら時間のなかへ入っていくのか。かれの答えは明確である。分離した諸要素のあいだに啓示によって現実性としての関係が打ち立てられ，時間のなかへ導かれるのである。次章の内容に踏み入っていることを承知で少し議論を先取りすれば，ローゼンツヴァイクは《創造》，《啓示》，《救済》という神学的カテゴリーによって神，世界，人間をそれぞれ関係づけようとするが，その最初の契機は何よりもまず神の啓示にあるといえる。

> 啓示は知において創造の上に基礎づけられ，意志において救済へと向けられるがゆえに，啓示とはまさに創造の啓示であると同時に救済の啓示である（GS II, 123）。

関係を打ち立てる行為としての神の啓示によって，無関係の状態にあった神，世界，人間のあいだには「創造」（神と世界の関係），「救済」（人間と世界の関係），そしてもちろん「啓示」（神と人間の関係）という《出来事》が開示されるのであり，そこでは同時に《時間》が生じる。つまり関係の出来事が生起するということは，時間が生起することを意味するのであり，ローゼンツヴァイクは「創造」，「啓示」，「救済」という出来事にそれぞれ《過去》，《現在》，《未来》という時制を対応させている。

さてわれわれは，少し先走りすぎたようだ。この辺でわれわれは議論の場を変え，あらためて次章において「現実性の世界」で生起する三つの出来事と時間の問題についてさらに掘り下げてみたい。

---

38) Ibid.

第4章
時間性を開示させる三つの出来事
―― 創造, 啓示, 救済 ――

> すると, 時間とは何なのか。誰も私に問わないときは, わかっている。しかし問う人に説明しようとすると, わからない。（アウグスティヌス）

はじめに

　ローゼンツヴァイクの新しい思考が時間性と深い関係にあるということは, これまでの議論からもわかるように, 強調してもしすぎることはない。本章においてわれわれは, 孤立した神, 世界, 人間という諸要素が時間のなかでいかなる仕方で関係の網の目へ入っていくのかを考察したい。結論を先取りすれば, かれの新しい思考は「哲学体系」でありながら, 諸要素 ―― 神, 世界, 人間 ―― の自足性を内破させ, 相互の関係を築くために「創造」,「啓示」,「救済」という神学的カテゴリーに重要な役割を演じさせている。ただローゼンツヴァイクは神学を単に利用しようとしているわけではなく, レヴィナスがいうように「新しい哲学は, ……宗教を ―― 宗教の精神性を導く創造, 啓示, 救済を ―― 世界や歴史の経験の意味を含む, あらゆる意味の原初的地平とみなそうとする」[*1]。しかもローゼンツヴァイクにとってこの三つの出来事は, 過去, 現在, 未来という時間と

---

1) Lévinas, "Foreword," in *System and Revelation*, 14.

結びついているがゆえに，無時間的な古い思考を批判する上でも，かれの哲学体系を形成する必要不可欠な契機である。ローゼンツヴァイクの声を聴いてみよう。

> 神が行ったこと（was Gott getan hat），神が行うこと（was er tut），神が行うであろうこと（was er tun wird），また世界に生起したこと（was der Welt geschehen ist），世界に生起するであろうこと（was ihr geschehen wird），そして人間に生起すること（was dem Menschen geschieht），人間が行うであろうこと（was er tun wird）――これらすべてが，その時間性から切り離すことができない（ND, 149-150）。

　この引用には，『救済の星』第二部の基本的なモチーフがすべて書き込まれている。まず最初に神の三つの能動的行為がそれぞれ過去形，現在形，未来形という三つの時制であげられており，この神の行為は「創造」，「啓示」，「救済」をあらわしている。次に二つの世界における受動的な変化が過去形と未来形であげられているが，前者は「創造」を，後者は「救済」を示している。最後に「人間に生起すること」と「人間が行うであろうこと」というように，受動と能動両方のかたちをとった人間に関する現在形と未来形がおかれているが，前者が「啓示」，後者が「救済」を意味している。このように考えてみると，われわれは最終的にかれの思想構造のうちに次のような三つのトリアーデを見出すことができるだろう。すなわち，《創造－神と世界－過去》，《啓示－神と人間－現在》，《救済－人間と世界－未来》という組み合わせでかれの新しい思考の基本的枠組みを浮き彫りにすることができ，それぞれの構造が《出来事－関係－時間》という仕方で「現実性の世界」を形成することになる。ここで注意すべきは，過去，現在，未来という時制が先にあるわけではないということである。そうではなく，創造，啓示，救済という関係的な出来事が，われわれに対して過去，現在，未来という時間の地平を開くのである。

　さらにローゼンツヴァイクは，『救済の星』第二部は第一部の「構成的演繹」とは別の方法を取らなければならないという。かれによれば第二部の方法は，第2章で言及した「物語るという方法」である。ローゼンツヴァイクはこの「物語るという方法」の着想をシェリングの『世界時代』

(*Die Weltalter*)という「かれの独創的な断片の序文」(ND, 148)から得ており，その内容は『世界時代』の序文に示されているという。『世界時代』(過去編)の冒頭は，次のような書き出しではじまっている。

> 過ぎ去ったものは知られ，現在的なものは認識され，未来的なものは予感される。知られたものは物語られ，認識されたものは描写され，予感されたものは予言される (Das Vergangene wird gewußt, das Gegenwärtige wird erkannt, das Zukünftige wird geahndet. Das Gewußte wird erzählt, das Erkannte wird dargestellt, das Geahndete wird geweissagt)[2]。

かれはこのシェリングの思想を媒介とすることで，創造，啓示，救済という出来事が「どのように現実的に生じたか」(ND, 148) を，あるいは生じるかを第二部において語っている。

またローゼンツヴァイクの新しい思考においては「時間」だけでなく，「他者」もまた強調されていたことを思い出していただきたい。かれは過去，現在，未来という三つの時間に対して特別な言語様式を対応させている。すなわち過去（創造）と「物語」(Erzählung)，現在（啓示）と「対話」(Dialog)，そして未来（救済）と「合唱」(Chor) というように三つの時間には三つの特別な言語様式が組み合わされている。その場合，他者は創造においては「物語に耳を傾ける者」(der Hörer der Erzählung)，啓示においては「対話に応答する者」(der Antwortende des Zwiegesprächs)，最後に救済においては「合唱でともに声を合わせる者」(der Mitsprecher des Chors) としてあらわれる (ND, 51)。しかも興味深いことに三様の姿で示される他者は，最初は単に耳を傾ける者だが，やがてお互いに言葉を発し合い対話を行い，最終的には複数の個人のなかでともに声を発する合唱という共同的な営みに参与する者となり，静的・単独的な状態から動的・共同的な状態へ移行していく。モーゼスは，この思想構造を簡潔に要約して次のように書いている。「物語は過ぎ去ったことの不在を再現しており」，「対話は他者との，つまり現在との『対面』であり」，「合唱のなかで個々

---

2) Friedrich Wilhelm Schelling, "Die Weltalter (1811)," in *Ausgewählte Schriften*, Bd. 4 (Frankfurt am Mein: Suhrkamp, 1985), 215.

の声は，いつでもやがて来るべき調和を『予め－告知する』(fore-tell) ために統一される」[3]。こうしてわれわれは，ローゼンツヴァイクの思想構造を上記で示したようなトリアーデとは異なるそれで示すことができよう。すなわち新しい思考のなかには《創造－過去－物語》,《啓示－現在－対話》,《救済－未来－合唱》という三つの基本的枠組みが，先のそれとは別の仕方で，しかしお互いに関連しあいながら存しているのである。

それではわれわれは，ローゼンツヴァイクの創造論（第1節），啓示論（第2節），救済論（第3節），そして最終的に『救済の星』における第一部と第二部の議論を組み合わせることによって構成されるかれの複雑な「哲学体系」の象徴論的な描写（第4節）をさらに掘り下げて考察してみよう。

第1節　創造における神と世界 —— 過去と物語

i）　神話の神から創造の神へ

ローゼンツヴァイクにとって創造は，神と世界の関係である。「始原」(der Anfang) にある神の行為とは一体何であろうか。「神は言った」(Gott sprach)（GS II, 124）だろうか。かれによればそれは「二番目のこと」(GS II, 124) である。最初にあるのは「神は創造した」(Gott schuf)（GS II, 124）である。神は根源的新しさでもって世界を創造したが，神の創造そのものがまったく「新しいもの」(das Neue)（GS II, 124）であった。

われわれは前章で「メタ自然的な神」について考察したが，この神は孤立した神であり，自閉し自足した神であった。このような神が，創造の業を行うことは不可能である。というのも創造とは，関係の《と》を媒介にした神と世界の関係だからである。「メタ自然的な神」が，創造の業を行うには自らのうちで「転換」の運動を起こさなければならず，第二部はこの神の「方向転換」がいかにして生じたかを物語るのであり，それにしたがってわれわれの知も「刷新」されなければならない。

われわれがこれまで神について知っていたことすべては，隠れた神

---

3) Mosès, *System and Revelation*, 81.

(ein verborgener Gott) に関する知，すなわち自らとその生を固有の神話的な領域，神々の城，神々の山，そして神々の天のうちに隠した神に関する知でしかなかった。われわれが知ったこの神は，その終わりにあった。しかし創造の神は，はじまりに (im Anfang) ある (GS II, 124)。

「メタ自然的な神」はここでは「隠れた神」といい換えられているが，この神は創造以前においては「神話的な領域」に篭ったままであり，無関係の神である。いや厳密にいえば，いまだ啓示されていないという意味で神話と創造の境界線上にいる神である。しかし「メタ自然的な神」のうちにある「神の活力」は「始原」へ向かうことによって，神は「創造の神」になる。「根底からの神の誕生」(die Geburt Gottes aus dem Grund) (GS II, 124)，「創造に先立つ神の創造」(seine Schöpfung vor der Schöpfung) (GS II, 124) というシェリングを想起させるかれの言葉は「創造的な転換の運動」[*4]を意味しており，「概念の前世界」が「現実性の世界」に転換を遂げるはじまりである。それゆえ引用の最後にある「はじまりに」は，もちろん「創世記」の最初の言葉を指しているわけだが，これとは別に「現実性の世界」のはじまりも示しているといえよう。

ローゼンツヴァイクは，上記で示された神のうちなる転換をさらに詳しく描いていく。とはいえかれの議論はここでも錯綜を極め，箇所によっては神秘主義的かつ汎神論的な色彩を帯びている。しかも当然第一部の議論が前提とされており，何の留意もなく第一部の語彙が用いられるので，われわれはつねにその内容を思い出すことを強いられる。まずかれは，転回の運動を第一部でも用いた「否定」と「肯定」という「根源語」の移行として示している。すなわち「肯定として流れ込んだものは否定としてあらわれ，そして否定として流れ込んだものは肯定としてあらわれる」(GS II, 124)。何度かくり返されるこの否定と肯定の「逆転」(GS II, 124) が，第二部においても重用される。

「創造者」(der Schöpfer) と題された節においてローゼンツヴァイクは，神の「力」をめぐって議論を展開する。かれによれば神が創造するという

---

4) Fricke, *Franz Rosenzweigs Philosophie der Offenbarung*, 150.

ことは「神の自己顕現のはじまり」(der Anfang seines Sich-äußerns) であり，その際「根源的な否定とともに神の活力のなかへ注がれた神的な力があらわれる」(GS II, 125)。「神的な力」や「神の活力」という語彙は，第一部の「メタ自然的な神」の議論を前提としており，そこでは「神の自由」ともいい換えられていたのだが，創造において否定としての神の力，神の自由は肯定へ向かって転換を遂げる。

　　……神的な自由，神の根源的な否定に由来するこの力は，いまや新たに否定としてあらわれるのではもはやなく，肯定としてあらわれる。肯定としてとは，すなわち自己否定の戦いのなかで神からようやく引き出された単独的な「行為」(Akt) としてではなく，本質的に持続的なもののうちにおかれた静かな無限の「属性」(Eigenschaft) としてあらわれるのだ (GS II, 125)。

「メタ自然的な神」において否定を意味した「神の自由」「神の力」は，創造者である神においては「肯定」を示す「属性」として明らかになる。この運動のなかで「これまで神話のメタ－自然的な彼方に隠れていた神の形象 (Gestalt) は，明らかな者 (das Sichtbare) に向かってあらわれ，輝きはじめる」(GS II, 125)。フリッケは，この神の転換に二つの位相をみている。すなわち神が「明らかな者」となるということは神の「存在論的な規定」，「神の存在」と同時に，われわれが神を認識する可能性という意味で神に対する「われわれの認識可能性」を含意している，とかれはいう[*5]。

さて神の力は属性となったわけだが，ローゼンツヴァイクはこのような否定から肯定へと転換した神の力を，「単独的な行為」でも「恣意」(Willkür) でもなく，「本質」[*6] (Wesen) (GS II, 125) と呼び，次のように創造の神を描く。

　　創造者である神は，本質的に力強い (mächtig)。神の創造性 (sein Schöpfertum) は，恣意であることのない全能 (Allmacht) である。神，

---

5) Ibid., 150-151.
6) この場合の「本質」は第一部で論じた「メタ自然的な神」の本質ではなく，創造の神の「本質」である。

つまり創造のなかで明らかな者は，かれが欲するすべてのことが可能である。しかし神は，その本質から欲さなければならないものだけを欲する（GS II, 125）。

ローゼンツヴァイクによれば，このような神の描写によって神の「全知」（Allweisheit）と「全能」（Allmacht）の矛盾という問題が解決される。曰く，「もし神の知恵（Weisheit）がつねに神を制限し，神が欲しうることすべてを行う神を妨げるならば，いかにして神は全能でありうるのか」（GS II, 126）。間違いは，そもそも神の力を行為として考えるところに潜んでいるという。先の引用にあるように，かれにとって神の力は「行為」ではなく，「本質」である。神の力は「内的な必然性」（eine innere Notwendigkeit）のなかに包括されているのであり，この包括されているという状態が示すのは，とりもなおさず「神自身の知恵」である（GS II, 126）。それゆえ「力という属性」と「知恵という属性」は別々ではなく，と̇も̇に̇，さらにいえばほぼ同一の属性として描かれているがゆえに，そこに矛盾が生じることはない（GS II, 126）。

創造者はかれが欲するすべてが可能であるが，創造者がその本質から欲しなければならないことのみ̇を欲する（GS II, 126. 傍点引用者）。

こうしてローゼンツヴァイクは創造の神の特徴として，「神における本質と意志の同一性」[*7]を導き出す。

ローゼンツヴァイクはさらにもう一つ問題を提起する。「神は恣意（Willkür）から，あるいは必然（Muß）から創造したのか」。この議論もまた複雑である。かれによれば「前者〔恣意〕を肯定することは，神的な完全性と無制約性の概念の要求のように思える。神は何ものにも，少なくとも外的であれ内的であれ必要（Bedürfnis）に依存しなくてしかるべきなのである。こうして神は創造しなければならないという必要はない」（GS II,

---

7) Fricke, *Franz Rosenzweigs Philosophie der Offenbarung*, 151. ここでいわれている「意志」は，「自由」や「力」ともいい換えることができよう。

126)。しかし，この神はローゼンツヴァイクの新しい思考にとって大いに問題である。というのも，もし神が世界を創造しないならば，神は関係をもたない孤立した神，第一部で議論した神話の神と同様であり，「エピクロス的な神々の冷たい無関心」(GS II, 127) から区別することができなくなるからである。これに対して，かれの新しい思考は啓示の観点から神をみるがゆえに，神が自らを開いて関係を打ち立てるのは必然的な行為となり，かれは創造者の恣意という思想に対して「神の創造性を神の本質的な属性として主張した」中世の偉大なユダヤ人哲学者マイモニデスの名前をあげ，反論する (GS II, 127)。

それではローゼンツヴァイクにとって神の恣意は，まったく意味をなさない概念であろうか。この問題もまた第一部の議論を思い出さないと理解することができない。すなわち神の恣意とは，第一部の「メタ自然的な神」を描くときに用いられた概念である。それゆえ，そもそも恣意か必然かというような問題の立て方そのものが，かれの新しい思考からみれば間違っている。第一部から第二部へと議論が移行したのに応じて，恣意と必然の関係も並列しているのではなく，神のうちなる転回の運動——恣意から必然へ——として考えられなければならない。つまりノーバート・M・サムエルソンが書いているように，「神を創造者として定義することは，創造そのもの（あるいは，創造された世界）が神の内的な必然性の表現であるというかれの目的へと神が向かう過程なのである」[*8]。神の恣意は「創造者の創造の業」のうちにあるのではく，「創造の業に先立つ神の自己形成において，恣意は神の創造の業に先行している」(GS II, 128)。否定としての神話の神の恣意や力は，肯定としての創造の神の本質へ向かう。創造者の本質は同時に神の意志であり，神はその本質から欲することのみを欲する（＝必然）のだが，これこそ世界の創造である。

　　隠れた神の恣意は，静かな活力のなかで自らを啓示する啓示された神の創造力という基礎に依存している。神の力はその中心部が純粋な恣意，無条件の自由であるがゆえに，まさにそうであるがゆえに，純粋

---

8) Norbert M. Samuelson, *A User's Guide to Franz Rosenzweig's Star of Redemption* (Richmond: Curzon Press, 1999), 108. 傍点引用者。

な必然性でもって自らをあらわすのである (GS II, 128)。

こうして根源的な否定を根源的な肯定へと転換した創造の神は,「『啓示された神』として創造する以外に何もできない」(GS II, 128) のである。

ⅱ) 被造物としての世界

次にローゼンツヴァイクは,創造のもう一方の極である世界へ眼を向ける。神は神話の神から創造の神へ転換を遂げたわけだが,このような神に創造された世界は「メタ論理的な世界」ではありえないし,逆にいえば世界は被造物でなければ神と関係をもつことはできない。われわれは第一部において自己形成した世界を考察したが,そこでの世界は自閉していたがゆえに完成された世界であり,これ以上先に道が通じていない「頂上」(GS II, 131) であった。しかしこの「メタ論理的な世界」の「頂上」は,転換を遂げることで「現実性の世界」へ入っていく「はじまり」となる。何よりもまず世界のはじまりが意味するのは,自らが「創造されたこと」(das Geschaffenwerden) を開示することである (GS II, 131)。

> 創造の思考はまず世界をその要素的な閉鎖性と無運動性から引き抜いて万物の流れのなかへ引き込み,これまで内部に向けられていた世界の眼を外に向かって開かせ,世界の秘密を明らかにする (GS II, 131)。

神によって創造された世界は,「世界の被造物性という意識,すなわち創造されたという意識」(das Bewußtsein ihrer Geschöpflichkeit, ihres Geschaffenwerdens) (GS II, 133) として描かれ,「意識」という語彙で世界の生命論的な把握がここには示されている。また世界が創造されたということは,現実性の流れのなかにある以上,「生ける状況」であると同時に神との「関係の意識」を有することである[*9]。しかし,このローゼンツヴァイクの思想には,問題があるのではないだろうか。かれ自身も自問しているように,「メタ論理的な世界」が創造された世界に転換するということは,伝統的な創造論,すなわち「『無からの』創造」(die Schöpfung "aus

---

9) Mosès, *System and Revelation*, 84.

Nichts"）という教義と正面から対立し，矛盾することになるのではないか（GS II, 131-132)。

この疑問に対してローゼンツヴァイクは，そもそも「メタ論理的な世界観のうちで形成された世界」が「無」であるという（GS II, 133)。たしかに第一部の議論において「メタ論理的な世界」は無から導出されたのであり，そこでは世界はいまだ「演繹的構成」による自己完結した世界としてのみ描かれていた。しかし神によって，正確にいえば神の啓示によって「信仰の世界時間」(die Weltzeit des Glaubens)（GS II, 132) のなかへ参与した被造物としての世界は，「メタ論理的な根源無の表出 (die Repräsentation des metalogischen Ursprungsnichts) を描くような否定への逆転」[10]を経験し，以前の状態が無であったことを露わにするのである。このような議論にわれわれは理解を示すことは難しいかもしれないが，例えばフリッケはこのような「無」を後期シェリング的な「メー・オン」(mē on)，つまり存在をうちに含んだ非存在に比すことで理解しようとする[11]。

さてローゼンツヴァイクにとって「神は創造した」という文章は端的に創造における神の行為，および神と世界の関係をあらわしているが，われわれは次のようにこの出来事に関するかれの思想を読み取ることができるだろう。まずローゼンツヴァイクは，世界が神の業によって被造物として創造されたことを"Hervorbruch"（GS II, 133) という突発的かつ力強い語彙であらわしている。かれは，この語彙で外に向かって何かが計り知れない力とともにあらわれでるような創造の出来事を示そうとしている。「神は創造した」という文章における絶対的主体（主語）である神は，対象である被造物に対して無尽蔵の創造力を働かせている。また同時に，「神は創造した」という文章はその出来事の「過去性という形式」(Vergangenheitsform) と「一度限りであること」(das Einfürallemal) を意味している（GS II, 132)。しかしローゼンツヴァイクによれば，世界そのものからみれば「世界が被造

---

10) Fricke, *Franz Rosenzweigs Philosophie der Offenbarung*, 153.

11) Ibid., 151-152. この問題をめぐる後期シェリングの思想については以下の論文を参照されたい。森哲郎「『有の主』としての神」(『シェリング読本』，西川富雄監修，法政大学出版局，1994年)。古川賢「哲学的経験論──第二次ミュンヘン時代のシェリングの思想境域」(『東京大学文学部哲学研究室』，論集13，1995年3月)。

物として自己を-開示すること」(ihr Sich-Offenbaren als Kreatur) (GS II, 133) は，一回限りの完結した出来事ではない。神の創造力は被造物に対して働いただけでなく，「永続的な被造物存在 (das immerwährende Geschöpfsein) の意識」(GS II, 133) のうちでも働いているのであり，受動的な表現をとれば被造物は神のうちでつねに働かされているのである。かれはこのような世界の働きの過程を「被造物としての世界の連続的な自己開示」(ihr fortgesetztes Sichoffenbaren als Kreatur) (GS II, 133) と呼んでいるが，グッドマンがいうように「連続的存在であるとはいえ，世界は独立した存在を有してはおらず，その住処と支えを神のうちに見いだす」[12] ことを忘れてはならないだろう。グットマンはとくに明示していないものの，ローゼンツヴァイクは過去において創造された被造物のうちで現在でも働く神の力を「神的な摂理」(die göttliche Vorsehung) という語彙で示しており，「被造物意識は神的な摂理の思想のうちで対象化される (sich vergegenständlichen)」(GS II, 133)。

　これまで述べてきた世界の変化は，先に論じた神の転換に対応しているといえよう。すなわち，神話の神が創造の神に転換を遂げたことにしたがって，「メタ論理的な世界」は被造物としての世界へと転換した。神のうちなる転換において神の自由という否定の契機が神の本質という肯定の契機になることで，神は世界を必然的に創造したのであった。それでは世界の場合はどうであろう。もちろん，世界のうちでも転換が起きなければならないが，ローゼンツヴァイクはこの過程を次のように描いている。いわゆる「無からの創造」における「無」に相当した「メタ論理的な世界」は，そのうちに「世界を持続させる本質」(ihr dauerndes Wesen) (GS II, 133) を蔵していた。しかし神の創造の業によって，この肯定の契機をあらわす「持続的な本質」は「逆転」の運動を起こす。このあたりの議論はきわめて錯綜しているが，第一部の議論を踏まえた上でローゼンツヴァイクに語らせれば，次のようになる。すなわち「メタ論理的な世界」のなかにある持続する本質とは，「たしかにそれ自体普遍的であるが，それにもかかわらず個性を自らのうちに含み，それどころかつねにおのれから生まれるような類」(GS II, 133) である。ところがこの本質 (＝肯定の契機) は，「被

---

12) Guttmann, *Philosophies of Judaism*, 382.『ユダヤ哲学』, 382頁。

造物として自らを開示する世界において瞬間的で『つねに刷新され』るが，にもかかわらず普遍的な本質へ (zu einem augenblickhaften, "allzeit erneuerten" und dennoch allgemeinen Wesen) 逆転される」(GS II, 133)。ローゼンツヴァイクは，この本質を「非本質的な本質」(ein unwesenhaftes Wesen) (GS II, 133)[*13]とみなし，否定の契機とする。さらにかれはこの瞬間ごとに新たにされる「非本質的な本質」は何を意味するのかと自問しながら，この本質を世界の「現存在」(Dasein) (GS II, 134)[*14]と呼び変えている。

このように世界の「現存在」は，普遍的でありながら特殊であるという両義的な意味を有しており，世界は神によってつねに刷新され，否定されているがゆえに，いまだ普遍的あるいは本質的ではありえない。すなわち被造物としての世界にはつねに何かが欠けているのだが，このような未完性の状態のなかで世界の「現存在」は「存在」を求めている。

> なぜなら存在，つまり無条件かつ普遍的な存在 (unbedingtes und allgemeines Sein) は現存在に欠けているものであり，現存在はあらゆる瞬間の出現で横溢している普遍性のなかで，永続 (Bestand) と真理 (Wahrheit) を得るために存在を要求するからである (GS II, 134)。

有限で欠乏した世界の「現存在」は，自らの外側である「現実性の回路」(GS II, 134) のなかにある存在をつねに求めている。ではこの永続的な存在を与えるものとは，何であろうか。自己完結していない世界にとって，その業は神によってなされる他ないのであり，被造物としての世界は不完全な世界である。こうして「現存在は創造者の力によって捉えられて」おり，「神的な摂理」は神と世界の現実的な関係を示している (GS II, 134)。

この神的な現存在の把握は，一回限りで行われた創造のうちで生起す

---

13) フリッケは，この逆転した本質を「あらゆる特殊性を意識的に取り囲みながら，その意識においては普遍的な本質」といい換えている。Fricke, *Franz Rosenzweigs Philosophie der Offenbarung*, 155.

14) ここでは "Dasein" という単語に「現存在」という訳を与えた。いうまでもなく，「現存在」はハイデガー哲学の鍵語でもある。しかしここでは，ハイデガー的な意味はまったく含まれていないことを予め断っておきたい。

るのではない。むしろ瞬間的にたしかに普遍的なものとしてであるが，すべての現存在に対する最小の特別な瞬間ごとに（in jedem kleinsten besonderen Augenblick）自らを新たにする摂理として，この神的な現存在の把握は「神がはじまりの業を日々刷新する」("Tag um Tag das Werk des Anfangs erneuert") ように生起するのである（GS II, 135）。

「神的な摂理」が世界に対して「最小の特別な瞬間ごとに」生起するという箇所は，創造された世界に対する神の絶えることのない現在における無尽の創造力をもっともよくあらわしている。文字通り，あらゆるどんな小さな瞬間にも神の力は働いているのである。創造とは「現実性の世界」において過去の次元を開示する出来事であることは先にも述べたが，世界の立場からみれば創造の業は現在的な性格を有している。さらに神の摂理は，やがては世界に対して完成された存在を付与することを約束している。議論を先取りすれば，世界の完成が成就するのは救済の次元，つまり未来という時間においてであり，ここでローゼンツヴァイクはすでに被造物としての世界が保持している未来性の次元にふれている。かれの特殊な時間意識はさまざまな箇所で示唆されるが，少なくともここにローゼンツヴァイクの創造概念がもっている「終末論的な次元」を垣間みることができよう[15]。しかし，創造の巻での議論は過去という時間が主たる目的を形成しているのであり，われわれもまた世界と救済，未来との関係はのちに議論することにしたい。

iii） 過去を開示させる創造の出来事

ローゼンツヴァイクは創造の出来事によって観念論的で無時間的な思考の全体性を動揺させ，そこに時間性をもたらすことで過去という次元を開こうとする。端的にいえばかれは「メタ論理的な世界」を「時間化」(Verzeitlichung)（GS II, 147）するのである。その際，かれは被造物としての世界の根源的な始原性に訴えると同時に，「創世記」に記されている文章を言語的・文法的に分析するという二つの方法をとることで，世界が有している時間性，そしてその形式である過去性を明らかにしようとする。

---

15) Dober, *Die Zeit ernst nehmen*, 146-148.

先にわれわれは、ローゼンツヴァイクが神によって創造された世界を「現存在」と呼んでいることを確認した。世界の「現存在」は絶えず神的な摂理によって刷新されているが、究極的には過去における「一回限りなされた神という創造者の行為」(die einfürallemal getanen Schöpfertat Gottes) (GS II, 132) にこそ、世界の存立根拠があるといえよう。かれによれば、創造概念すなわち「始原からの存在の理念」(die Idee des Seins von Anfang) (GS II, 146) によって、われわれは人間にとって神によって創造された「世界が何よりもまず……そこに存在する」(die Welt ist vor allem...da) (GS II, 146) ことを認識する。世界が「単純素朴にそこに〔ある〕」(einfach da) (GS II, 146) とは、まさに「世界がすでに－そこに－存在する」(ihr Schon-da-sein) ということを意味する。「すでに」という副詞が世界の過去性、始原性を示しているが、ローゼンツヴァイクによればわれわれが世界を自己啓示する「現存在」として認識することは、世界が「現－存在している」(Da-sein) すなわち「すでに－そこに－存在している」(Schon-da-sein) ということをあらわしている (GS II, 146)。これこそが「創造一般のメルクマール」(GS II, 146) だという。世界を被造物として把握することは「聖書的な存在－思考の決定的な契機」[*16]であり、ローゼンツヴァイクにとって世界が単純にそこにすでにあるという「こと〔事実〕」(das Daß) (GS II, 143) こそ被造物としての世界の過去性を開示するものである。もちろん世界の事実性といっても、これは自己完結した「メタ論理的な世界」の事実性とはまったく異なるものである。なぜなら被造物としての世界は、神によって創造されたがゆえに、現在という時間においても神の創造力のなかではじめて事実として眼の前に存在しているのであり、だからこそ世界は「存在の土台」[*17]、「諸事物の永続的な基礎」(der immerwährende Grund der Dinge) (GS II, 124) [*18]ともなりうるのである。

世界は、その被造物性、世界がつねに新たに創造されうるということ

---

16) Leonard H. Ehrlich, "Rosenzweigs Begriff der Zeitigung aus den Quellen des Judentums," in *Der Philosoph Franz Rosenzweig. Bd. II*, 733.

17) レヴィナス「『二つの世界のあいだで』——フランツ・ローゼンツヴァイクの道」『困難な自由』、211頁。

18) 創造を論じている第二部第一巻のタイトルの一部。

(ihr immer neues Geschaffenwerdenkönnen) に基づいてすでに造られている。神はその永遠の創造力に基づいて世界をすでに創造したし，このような理由でのみ世界は「そこに」あり，毎朝新しくなるのである (GS II, 146. 傍点引用者)。

さて，このような世界のはじまりが物語られているのは，いうまでもなく「創世記」である。ローゼンツヴァイクは自らの思想を「文法的思考」(grammatisches Denken) (ND, 151) と呼んでいるが，「創世記」のなかでは「過去という完全に対象化された物語の形式」(die vollkommen vergegenständlichende Erzählform der Vergangenheit) (GS II, 168) でもって創造の出来事が言語的・文法的に物語られている。かれは，「創世記」に由来するいくつかの鍵となる単語・章句に焦点を当てる。例えば，ローゼンツヴァイクは「現実性」と題された節でとくに何も明言せずに「良い！」(Gut!) という形容詞を「根幹的－肯定」(die "Stamm"-Bejahung) として取り上げる (GS II, 143-144)。ローゼンツヴァイクの念頭には，「創世記」の章句が浮かんでいるといえよう。かれによればこの「良い！」のうちには「いかに」(ein Wie) だけでなく「〔……〕であるかどうか」(ein Ob) も含まれており (GS II, 144)，「良い！」とは「それは良い」(es ist gut) という意味である (GS II, 144)。またこの主語と述語を結びつける「繋辞」(Kopula)，すなわち「である」(sein, ist) は，「肯定されたあらゆる属性のうちに潜んでいる」(GS II, 144)。しかもこのような肯定によって定立された事物は「運動のなか」(in Bewegung) (GS II, 144) にある。なぜなら事物がそこにあるということは，時間のなかにあることを意味するからである。かくして時間や運動は，「繋辞『である』のうちで根源的にただ肯定された属性と結びついている」(GS II, 144)。ローゼンツヴァイクにとって「である」は無時間的な状態ではなく，そこには存在と時間のあいだの結合が内包されている。だからこそ創造された世界は，《すでにそこにある》という存在様式を取ることで，過去という時間を生起させることができるのである。

　ローゼンツヴァイクは，このような議論を下敷きにして創世記を分析する。かれによれば「良い！」という被造物の「神的な肯定」(GS II, 168) のうちに神の創造の業がある。神によるこの「神的な肯定」は一体何を肯

定するのか。神は「単なる事物」ではなく,「働きかけられた作品」(das gewirktes〔Werk〕)として事物を肯定する(GS II, 168)。神は自分の作品を創造したわけだが,「創世記」の物語を貫いているのは「かれは創造した」(er schuf),「かれは言った」(er sprach),「かれは分けた」(er schied),「神はみた」(er sah)という過去形式である。しかも主語はすべて神であり,それは「二重化された対象性」(doppelte Gegenständlichkeit)(GS II, 168)を示している。すなわち神という主体は対象が触れることのできない「彼岸性」にあり,それゆえ神はその対象から解放されている(GS II, 168)。ローゼンツヴァイクにとってこのような神の「純粋な対象性」(GS II, 168)を確保するためには,創造者は少なくともここでは名前をもつ必要はないのである。

　神は創造した。ではこれに対して世界はどうであろうか。世界は「『なった』」(es "ward")のである。すなわち創造とは「神にとっては為したこと」(für Gott Gemachthaben)を意味するのであれば,「世界にとっては成ったこと」(für Welt Gewordensein)を示している(GS II, 169. 傍点引用者)。神の創造力によって,世界はそこに生起し,あらしめられた。しかも神によって《あらしめられてある》この世界は,まさに《すでにそこにあった》ということで過去という時間と結びつけられているのであり,時間そのものが生起するのである。また「創世記」において「活動的な主語」(das aktive Subjekt)はすべて神によって担われており,ここにあらわれる事物は「神によって創造された客体」,すなわち神の創造力によってあらしめられ,働かされた「受動的名詞」(der passive Nominativ)である(GS II, 169)。神は事物に対する「純粋な対象性」を保ちながら,創造の業によって事物を生起させた。

　このようにローゼンツヴァイクは,「創世記」のいくつかの鍵語に焦点を当てて分析しているが,われわれはここから何を読み取ることができるだろうか。これらの文章は過去という時制が用いられていると同時に,「かれ-形式」(Er-Form)あるいは「それ-形式」(Es-Form),つまり三人称単数の形式をあらわしている。さらにもう一つつけ加えれば直説法をとっており,これらはモーゼスによれば「客観的な現実性を呼びおこすようなすべての形式」[*19]である。かれの主張を裏書きするように,ローゼンツヴァイクは三人称が「もっとも客観的」(GS II, 145)であるという。かく

してこのような言語形式を語るに相応しいのは「物語」というそれであり，事実，かれは自らの新しい思考を「物語る哲学」と呼んだのであった。ローゼンツヴァイクにとって創造があらゆる事物の土台を形成するものであり，もっとも客観的なものであるならば，かれの新しい思考は必然的に「物語る哲学」にならざるをえないのである。なぜならかれによれば哲学とは一方では「立脚点の哲学」であり，哲学の力だけでは主観的な立場を脱することができないからである。だからこそ哲学は神の啓示によって明らかにされた創造という客観的な出来事を必要としたといえる。かれはこういったはずだ。「創造とは，まさにいまやそこを通って哲学が神学の家に入っていく小さな門である」(GS II, 114)。新しい思考を担った物語る者は，けっして客観的な創造が〈本来何であったか〉などという傲慢な問いを発することはない。かれは聖書を通して物語るだけである。創造がいかにして現実的に生起したかを。

さてわれわれは創造の出来事を神と世界における転換運動の描写からはじめて，過去という時間性の考察へと向かった。創造，啓示，救済という「三つの時間における偉大な世界の詩 (große Weltgedicht)」(ND, 150)の一端が示されたわけだが，次にわれわれは神と人間の関係をあらわす啓示の出来事を考えてみよう。ローゼンツヴァイクの思想にとって啓示の問題が，重要な役割を果たしていることはこれまで幾度とくり返してきたことである。

第2節　啓示における神と人間 —— 現在と対話

神の啓示について論じられる『救済の星』の第二部第二巻は，ローゼンツヴァイクにとって大きな意味をもっている。このことは，かれがこの部分を「核となる巻」(Kernbuch) (GS II, 225) と呼んでいることからも容易に推測できよう。しかも啓示の巻は神の愛を媒介にした神と人間の対話的関係を主たるテーマとしており，『救済の星』のなかでもとりわけドラマチックな内容を形成している。その意味では人間が，神との出会いによっ

---

19) Mosès, *System and Revelation*, 93.

て次第に自己を開いていく過程を論じたテーヴェスの研究は興味深い。かれは人間を「悲劇的実存，『自己』」(die tragische Existenz, das "Selbst")，「対話的実存，『魂』」(die dialogische Existenz, die "Seele")，「終末論的実存」(die eschatologische Existenz) と三つに分類したが，その際閉じた自己が神の愛としての啓示によって「対話する実存」へと変化していく様子はとくに印象的である[20]。すでに述べたように，ローゼンツヴァイクは啓示を現在という時間に結びつけて論じた。テーヴェスもまた「啓示の出来事的性格」(der Ereignischarakter der Offenbarung) に注目して，そのうちに含まれているローゼンツヴァイクの現在という特殊な時間意識に光を当てている[21]。しかしかれの研究は傾聴に値する部分が多々ありながらも，主眼は上記で述べた三つの「実存の可能性」[22]とその変化にあるために，かなり限定された範囲で『救済の星』を扱っている。事実，かれはローゼンツヴァイクの啓示論と救済論を考察しても，神と世界の関係をあらわす創造論についてはほとんど言及しない。それゆえ，「現実性の世界」の三つの出来事の一つを欠くことになり，過去という時間の内実や創造と啓示のあいだにある関係が判然とせず，また「転換」や「逆転」という言葉で示される『救済の星』の動的な構造が上手く捉えられていないように思われる。

　これに対して，モーゼスの研究は「パースペクティブの全体的転換」や「観点の革命」という語彙からもわかるように，諸要素のあいだにある現実的な関係や『救済の星』の構成そのものが有しているダイナミックな場面展開を見事に浮き彫りにしている[23]。このことは，創造から啓示への観点の転換を論じる際にも強調されている。しかしモーゼスの研究は，テーヴェスが論じたような新しい思考における現在という特別な時間の分析にはあまり紙数が割かれていない。われわれのみるところ，ここ啓示の巻にはローゼンツヴァイクの思想における動的な時間構造がもっともよく示されている。すなわちモーゼスがいうように，否定と肯定を媒介にした転換の運動は神と人間それぞれにおいてもさまざまな仕方で生じているのだが，これと並行してローゼンツヴァイクは人間に対する神の愛を転換より

---

20) Tewes, *Zum Existenzbegriff Franz Rosenzweigs,* 75-121.
21) Ibid., 97.
22) Ibid., 15.
23) Mosès, *System and Revelation,* 76, 97.

もさらに緊張感に満ちた突発的時間や現在的出来事のなかであらわしているのではないだろうか。例えば「瞬間」、「いま」という言葉がこのことを示していよう。かくして本節においてわれわれは，上記の二つの研究を尊重しながらも，両者とは異なる角度からローゼンツヴァイクの神論，人間論，そして時間論を考察してみたい。

i) 隠れた神から啓示された神へ
『救済の星』の第二部第二巻は「啓示，あるいは絶えず新たにされる魂の誕生」（Offenbarung oder die allzeiterneuerte Geburt der Seele）というタイトルがつけられている。ここからわかることは，ローゼンツヴァイクにとって啓示とは「魂」つまり人間を新たに生まれ変わらせる質的な働きをするということであり，それは一度ではなく絶えずくり返される時間的な働きをも示しているということである。では，人間は何によって絶えず新たな誕生を迎えることができるのか。もちろん，先にも述べたように啓示とは神と人間の関係をあらわしているがゆえに，最初の能動的な主体は神に違いないが，より正確にいえば「神の愛」である。それゆえ第二巻では神論，人間論，愛論，そして《と》などに代表される言語論や「絶えず」——あるいは「瞬間」——という言葉があらわしている時間論が複雑に絡み合いながら展開されることになる。

さてローゼンツヴァイクは啓示を論じるときも，つねに創造との関連——もちろん，救済も同様である——を意識しながら議論を進めていく。啓示の巻の冒頭には「愛は死のように強く」（Stark wie der Tod ist Liebe）（GS II, 174）という「雅歌」8:6からの引用があげられているが，かれはこの句にある愛と死の関係を啓示と創造の関係に重ね合わせている。

> 創造の要石（Schlußstein）として，あらゆる創造されたものに対してまず被造物性という消すことのできないしるしを，つまり「過ぎ去ったもの」（"Gewesen"）という言葉を押すような死，この死に対して愛は戦いを予告し，その愛はただ現在のみを知り，現在によって生き，現在を渇望する（GS II, 174）。

被造物は有限であるがゆえに，やがて死を向かえる他ない。しかし，こ

のような儚き被造物性に対して愛は現在を生き，そして渇望することを教える。現在における啓示はもちろん過去における創造を基礎とするが，魂である人間にとって啓示は「神の顔の光のなかで逍遥する現在の体験 (das Erlebnis einer Gegenwart) である」(GS II, 174)。

　創造の巻において神が神話の神から創造の神へ転換したように，啓示の巻においても神は自らのうちに転回を起こさなければならない。ローゼンツヴァイクはここでは創造における神を「生命の神」と呼んでいるが，このような神は「神の生ける『何か』」(Gottes lebendiges "Etwas") へ向かったのちに「世界肯定」(Weltbejahung) としてあらわれる (GS II, 175)[*24]。しかしかれにとって創造における神は，いまだ啓示されていない神すなわち「隠れた神」(verborgener Gott) (GS II, 176) であり，「概念の前世界」と「現実性の世界」の狭間にいる神である。しかし信仰はこの「隠れた神」がやがて啓示されることを，「端的な確実性の高みへ」(GS II, 176) 上昇してくることを待望しているのであって，ここに「現実性そのものの軌跡」(GS II, 176) がある。

　ローゼンツヴァイクによれば啓示とは，一義的には神と人間との関係を示している。しかし神は創造という出来事においても，完全ではないがすでに自らを啓示している。創造の神は人間にとってはいまだ啓示されない「隠れた神」であるが，神にとっては一種の自己啓示を意味する。

>　創造は神にとって世界の創造だけでなく，隠れた神として自ら自身のうちに生じる何かでもある。この意味において，われわれは創造をすでに神が啓示されること (ein Offenbarwerden Gottes) と呼ばなければならなかった (GS II, 177)。

　神にとって創造とは自らの外に何かを生じさせることを指すが，同時に自らのうちに何かが生じる内的転換でもある。しかし，創造はいまだ完全な神の自己啓示ではない。神は創造者としては「もはや広がることも増大することもなく」，したがって厳密な意味でいえば創造とは神の「本質」，

---

24) ローゼンツヴァイクは，「神の生ける『何か』」を「神の活力」，「高次の無」とも呼んでいる (GS II, 175)。

神の「属性」に関わる問題である（GS II, 177）。

　しかし創造とは異なる意味での神の啓示においては、「神の隠れ」（Gottes Verborgenheit）から外に向かってあらわれる何かがなければならない（GS II, 177）。「神的な力の無限性を次第に経過していく衝動をもつような何か」が外に向かって広がらなければならず、この「衝動」は「それ自体で増大するもの」（etwas in sich Wachsendes）であり、「それ自体で上昇することができるもの」（etwas in sich Steigerungsfähiges）でなければならない（GS II, 177）。創造の神は、自らのうちなる衝動を外へ向けるために、創造に続く二番目の転換、つまり神のうちなる構成要素の転換を果たさなければならないのである。

　　この衝動がかつては根源的な自由、すなわち神的な創造者の力として隠れた神から新しい日の光へ突然あらわれるような神話的な神の抑制されない情念であったように、いまやこの運命的で神的な本質、つまり神のモイラは開かれた場所へ向かう道を自ら求める（GS II, 177）。

神の「根源的な自由」とは創造において神が転換をするために依拠した神の構成要素であるが、啓示においては「運命的で神的な本質」が転回に際してその任を負わなければならない。

　　本質的で属性的な存在としての行為する自由は、創造者の力のなかで啓示された。いまや運命に結びつけられた存在は〔これと〕対応する転換において、瞬間的に発せられた（augenblicksentsprungenes Geschehen）、つまり生起させられた出来事（ereignetes Ereignis）として自らを啓示しなければならない（GS II, 178）。

　啓示において神のうちにある「運命に結びつけられた存在」は外に向かって歩み出るが、その際神の本質は瞬間的に発出する出来事として「現実性の世界」にあらわれる。このような瞬間的な出来事こそ、ローゼンツヴァイクにとって真の意味での神の啓示であり、創造に続く「『二番目』の啓示」、「より狭い、否、もっとも狭い意味における啓示」である（GS II, 179）。かれは啓示の出来事的性格を強調しており、とくに啓示が「生起

させられた出来事」（ereignetes Ereignis）（GS II, 178. 傍点引用者）と呼ばれている箇所は重要である。すなわち「生起させられた」という受動的な表現に隠されている言葉は「神によって」に他ならず，神の脱自的な行為によって啓示は「現実性の世界」のなかで「出来事」として生起し／させられたのである[25]。神は創造において世界を「被造物」として生起させたが，人間との関係においては啓示を「出来事」として生起させたのであり，この「外化のプロセス」[26]を通して神はまさに観念ではなく事実として，現実性として自らを啓示するのである。またこの出来事によって現在という時間は，質的にも特殊な意味を有することになる。出来事は単線的な時間に亀裂を入れ，人間に不断に現在という時間を覚醒させる。それゆえ「出来事がないならば，現在は同程度に瑣末な現在という点の無定型な順番にすぎないであろう」[27]。

このような啓示において転換を遂げた「激情的になった神の内的な運命」（GS II, 178）をローゼンツヴァイクは「神の愛」と呼ぶ。

　　神の瞬間的に生まれた恣意が永続的な力へ転回したように，神の永遠の本質はあらゆる瞬間に向かって新たに眼を覚まさせられたつねに若く，つねに最初の――愛へ転回した（GS II, 178）。

しかもこの愛は瞬間から発せられるがゆえに，「過去を失っており」（vergangenheitlos），「まさに――この瞬間のうちに――到来したというつねに新しいたったいま」（das immer neue Soeben ihres Gerade-in-diesem-Augenblick-gekommen-seins）こそ愛に相応しい瞬間である（GS II, 178）。過ぎ去った瞬間もこれから到来する瞬間も，現在の愛にとっては意味がない。愛が発

---

25) カスパーは「生起させられた出来事」という表現に，ヘブライ的存在論をみている。「ヘブライ的な "hjh" に立ち戻ることで『救済の星』の中心語としてローゼンツヴァイクによって導入された『生起させられた出来事』は，ア・プリオリに先取りされることのけっしてない『瞬間的に発せられた出来事』としてあらわれる」。Bernhard Casper, "Offenbarung in Franz Rosenzweigs "erfahrendem Denken"," in *Religion der Erfahrung,* 122.

26) Mosès, *System and Revelation,* 122.

27) Tewes, *Zum Existenzbegriff Franz Rosenzweigs,* 97. またテーヴェスによれば「出来事は現在を実現化せしめるものであり」，「現在は特定の現在性として，すなわち〔人間に〕手を差し伸べる神の現臨（helfende Anwesenheit des Gottes）として『存在する』」（Ibid.）。

第4章　時間性を開示させる三つの出来事

せられるかけがえのない不可分の瞬間，このまったく新しい瞬間のうちでこそ神の愛が突発的に発せられ，意味を創造する。

　啓示された神は，もはや隠れた神へと退却することはない。なぜなら啓示とは「閉ざされたものの自己開示」（GS II, 179）以外の何ものでもないからである。創造された事物は「この瞬間に生起する啓示に照らされることによって」，「本質的な過去からその生き生きとした現在へ歩み出る」（GS II, 180）。いい換えるならば，過去において創造された被造物は現在における神の啓示，神の愛に捉えられることによって現実的な生命力を取り戻す。それゆえ神の愛が到来する瞬間は，神の力に満たされた新しい創造の「ひらめき」（Aufleuchten）（GS II, 180）である。啓示において神は，現在的であると同時に現実的である。

　さてこのような神の愛は，「愛する者の愛」（die Liebe des Liebenden）であって，「愛された者の愛」（die Liebe des Geliebten）ではけっしてない（GS II, 181）。ローゼンツヴァイクは，啓示における神と人間の関係を「愛する者」と「愛された者」の関係として捉え直すことによって，さらに愛論を展開する。「愛する者の愛」は瞬間ごとにくり返される「自己献身」（Selbsthingabe）であり，愛された者はその神から愛という贈り物を受け取る（GS II, 181）。ところがローゼンツヴァイクはこのような《神的な自己贈与》，つまり愛する者の愛は「背信的」にならざるをえないという。

　　愛する者の愛は，その本質において背信的（treulos）である。なぜなら愛する者の愛の本質は瞬間だからである。そして愛する者の愛は，それ自体誠実であるために，あらゆる瞬間を新たにしなければならず，一つ一つすべての瞬間が愛する者の愛にとって愛の最初の眼差しとならなければならない（GS II, 181）。

　それぞれ唯一の瞬間のうちにのみ他とは質的に異なる全体性の瞬間をみる愛は，他の瞬間を否定せざるをえない。だからこそ愛は愛することをやめることができず，絶え間なくあらゆる瞬間を愛で満たしていかなければならないのである。愛が到来する瞬間は背信と背中合わせにありながら，自らの背信を克服していかなければならない緊張に満ちた瞬間である。それゆえ愛は，儚い瞬間を持続させようとする。この愛の「絶えざる上昇」

は「最高の不安定性と個別的で現在的な瞬間にのみ捧げられている誠実さ (Treue)」であり,「愛のうちにある永続性の形式」である (GS II, 181)。また「愛は,つねに新しくあることを欲するがゆえに自らを高める。愛は,永続的に存在しうるためにつねに新しくあることを欲する。また愛は完全に不安定性,そして瞬間のうちで生きることによってのみ,永続性でありうる」(GS II, 182)。こうして愛は背信と誠実さ,瞬間と永続性の弁証法を絶えず繰り広げながら,運動をやめることなく自ら増大しながら被造物に働きかける。

先にわれわれはローゼンツヴァイクの思想における啓示の出来事的性格を強調したが,かれにとって愛もまた「出来事」である[28]。出来事は神によって生起させられるのと同様に,愛も「現実性の世界」のなかで生起させられ,瞬間ごとに「神は愛する」のである。ローゼンツヴァイクは,神の愛を次のような高揚した文章で描いている。

> 愛はたしかで恒常的な神の顔の根本的な形式ではなく,またその雛形が死の顔からとられた,動くことのない仮面でもなく,むしろ儚く,けっして乾くことのない表情の動きであり,永遠の特質を超えているつねに若い光である。愛は,愛する者の肖像をつくることを恐れている。肖像は,生ける顔を死者へと固めさせる。「神が愛する」とは,もっとも純粋な現在である ("Gott liebt" ist reinste Gegenwart) (GS II, 183)。

愛の動的な構造が,神の顔と肖像の関係を通して描写されている。ローゼンツヴァイクにとって愛は瞬間ごとに生起するがゆえに儚いものだが,だからこそつねに「乾くことなく」「若い」特質をそなえている。しかも神が愛する瞬間は,他のあらゆる瞬間と比較することのできない特別な瞬間という意味で「もっとも純粋な現在」である。曇りのない澄み切った現在のなかでこそ神の愛は生き生きと働き,「時間の無限性のなかでのみ次第に一つ一つ愛を達成し,万物に生命を与える (durchseelen)」(GS II, 183)。

---

28) あるいはカスパーは,「愛は……神自身の出来事である」と書いている。Casper, *Das Dialogische Denken*, 132.

この引用にあるように、ローゼンツヴァイクによれば神は「次第に一つ一つ愛を達成する」のである。この愛の過程的性格は瞬間や現在と同じように時間的な特徴を示していると同時に、「次第に」(Schritt für Schritt) あるいは「一つ一つ」(Punkt auf Punkt) という表現からわかるように、神の愛が未来の次元をも射程におさめながら、その都度現在において達成されることを意味している。すなわち愛は過程的、遂行的な運動である限り、「いまだない」(ein Nochnicht) (GS II, 183) というかたちで次々に万物に生命を与えていく。しかしこの「いまだない」は、その先に《やがて……である》という未来的状況が示唆されており、ローゼンツヴァイクにとって愛は徹頭徹尾、時間的・動的な構造のなかで考察されていることは明らかである。とはいえすでに何度も言及したように、愛にもっとも相応しい時間は現在であり、現在の愛はまさに「今日」働いている。

> 神の愛は、世界を貫いてつねに快活な衝動のうちで進む。神の愛は、つねに今日 (Heute) の、完全に今日のうちにあるが、しかし生気を失ったすべての昨日と明日は、この勝利を確信した今日のうちに一度飲み込まれてしまう。この愛は死を超えた永遠の勝利である (GS II, 183)。

啓示とは、神と人間との関係であった。次にわれわれは、神の愛を受けた人間がどのように変化するかを考察してみよう。

ii) 自閉した人間に対する神の愛

「神的愛の現象学」[29]とも呼ばれるローゼンツヴァイクの啓示論は、「愛する者」(der Liebende) である神の議論から「啓示のもう一方の極」(GS II, 186) である人間論へ、すなわち「愛された者」(das Geliebte) へその焦点を移していく。人間は、すぐに神の愛を受け取ることができるのだろうか。かれによれば人間が神の愛を受け取るためには、人間の側にも準備が必要である。

---

29) Casper, "Responsibility Rescued," in *The Philosophy of Franz Rosenzweig*, 97.

われわれが「メタ倫理的な」("metaethisch") 人間として知るにいたった人間は，準備がととのっていない。かれは聴かないし，みない。……この人間の閉鎖性はまた，かれが神の言葉を聴き，神の輝きをみるにいたるためには，まず自らを開かなければならない。反抗心や性格，高慢とダイモンはかれのなかにともに集められ，それらはかれを自らのうちに引きこもり，口を閉ざした自己へと形成したのであった (GS II, 186)。

　この引用に示されているローゼンツヴァイクの人間概念を，すでにわれわれは確認している。「メタ倫理的」という語彙は『救済の星』第一部の議論を指しており，そこで議論された人間は自己を閉ざした人間であった。このような人間は，神の愛を受け取るために自己を開示しなければならない。かれはここで明確には示していないが，この人間の自己閉鎖を放棄させる契機もまた神の愛に由来することはいうまでもない。「愛は人間の瞬間的な自己変化であり，自己否定である。……人間は愛する者に向かって消滅し，そして愛する者のうちでふたたび立ち上がる」(GS II, 182)。瞬間のうちで発せられる神の愛によって，人間は自らを変化せしめられ，否定される。しかも神による人間の否定は，死をも含んだ人間の消滅である。しかし神から否定された人間は愛によって，愛する者のうちでふたたび目を覚まし，起き上がる。このように愛を媒介にした神と人間の関係は，ローゼンツヴァイクによって肯定と否定をくり返しながら描写されている。

　さてローゼンツヴァイクによれば神の愛は，反抗的で閉鎖的な自己——つまり，人間——のうちにさまざまな変化をもたらす。いまや創造，そして啓示に際して起こった神のうちなる転回は，人間のうちにも転回を生じさせることになる。まず人間の否定的な「反抗心」(der Trotz) は，肯定的な「誇り」(der Stolz) へと転換を遂げる。「誇り」は「静かなとうとうたる水のように人間の周りで，そして人間の下に広がり，かれを担っている」(GS II, 187)。さらにローゼンツヴァイクはこの「単純に存在する誇り」を「つねに新たに沸き立つ反抗の純粋な反対物」，「傲慢」(Hoffart) ではないもの，すなわち「謙虚さ」[*30] (die Demut) と呼ぶ (GS II, 187)。かれによれば「謙虚さ」は，「庇護性の感覚」(das Gefühl des Geborgensein) (GS II, 187) のうちで安らいでいる。

愛された者は「謙虚で－誇らしげな畏敬の念」(Demütig-stolze Ehrfurcht),「依存と同時に確実に保護されているという感覚」,「永遠の腕のなかにある避難所の感覚」をうちに抱いているが,ローゼンツヴァイクによればここで「愛された者の愛」が明らかになる (GS II, 188)。かれは,次のように「愛する者の愛」と「愛された者の愛」の違いについて語っている。

> 愛する者にとってつねに新たにされるべき瞬間があるということを,愛された者は永遠に,つまりつねにかつ永遠に (immer und ewig),として知っている。『つねに』("Immer") とは愛された者の愛について描かれている言葉である (GS II, 188)。

愛する者の愛が《瞬間的》に発せられるものであるならば,愛された者にとってその愛はやむことなく《つねに》降り注ぐものである。

> 愛された者の愛は「つねに」愛されていることを知っているので,だからこそ愛された者の愛はあらゆる瞬間において愛されていることを知っている (GS II, 188)。

　ローゼンツヴァイクによれば「神はけっして愛することをやめないし,魂は愛されることをやめない」(GS II, 189) のであり,こうして自己を閉ざした人間は「愛された魂」(geliebte Seele)(GS II, 189) になる。神に愛されているということは,本質的には魂の「純粋に受動的な属性」(GS II, 189) である。しかし魂は,単なる「事物」ではない。魂は単に受動的な事物ではない以上,魂には「能動的な本質的属性」[*31]がなければならない。かれは,このような魂の能動的属性を「誠実さ」(Treue) と呼んでいる。魂がもっている「誠実さ」という属性は,おのれのうちに反抗心という否定的な契機を媒介にしてはじめて外にあらわれるものである (GS II, 189)。

---

30) またローゼンツヴァイクは,このような「謙虚さ」を「より高きものの恩寵によって存在していることを意識している謙虚さ」と定義している (GS II, 187)。
31) Fricke, *Franz Rosenzweigs Philosophie der Offenbarung*, 170.

絶えざる激情のなかで性格を主張する反抗心，この反抗心は魂の秘密の起源である。自己のなかの反抗心の嵐なくして，魂のなかの誠実さの凪は不可能だろう。反抗心，つまり人間のうちでこの暗く沸き立っている根源悪は地下の根であり，そこから誠実さの活力は神に愛された魂へと上昇する。自己の暗い閉鎖性がなければ，魂の明るい開示はなく，反抗心なくして誠実さはない (GS II, 190)。

魂の「誠実さ」は，神への対向的な運動を示している。ローゼンツヴァイクにとって「誠実さ」は，魂に与えられた一つの力である。曰く，「誠実さの属性は，魂に永続的に神の愛のなかで生きるための力を与える」(GS II, 190)。「誠実さ」は「大いなる肯定の静かな輝き」(das stille Leuchten eines großen Ja) であり，そのなかには「肯定」(Bejahung) と「持続」(Dauer) という力が含まれている (GS II, 190-191)。それゆえ先の引用にあったように，「つねに」とは愛された者の愛の言葉なのである。魂が神の愛に能動的かつ誠実に答えること，これこそローゼンツヴァイクにおける「信仰」(der Glaube) の意味である。

愛された者の誠実な信仰は瞬間のうちで結びつけられた愛する者の愛を肯定し，愛を持続するものへと安定させもする。これが応答的な愛 (die Gegenliebe) である。つまり愛する者に対する愛された者の信仰 (der Glaube der Geliebten an den Liebenden) である。魂の信仰はその誠実さのなかで神の愛を証言し，神の愛に永続的な存在を与える (GS II, 191)。

かくして力としての誠実さは神に対向する愛された者の信仰であり，愛された魂は神の愛を証言し続ける。引用の最後に「魂の信仰」が「神の愛に永続的な存在を与える」と書かれているが[32]，モーゼスによればこの「人間による神の肯定」もまた「信仰」を定義しているのであり，「神を肯定するという課題を人間に委ねる神の自己否定は，次のような愛の命令の

---

32) ローゼンツヴァイクは，次のようなカバラの教師の言葉を紹介している。「もしあなた方がわたしを証言するならば，わたしは神であり，それ以外の何ものでもない」(GS II, 191)。

言葉を通してまさに生じるのである。『あなたの心を尽くし，魂を尽くし，力を尽くして，あなたの神，主を愛しなさい』」[33]。愛する者である神は人間のうちに信仰を生じさせることができるだけでなく，愛をも命令することができる。だからこそ神は，その自己否定のなかで自らの存在を肯定させるという責任を人間に担わせたのである。自らを開示した人間は，神の命令に誠実に答えることで自らの信仰を証言する。次にわれわれは，ローゼンツヴァイクのいう神の命令の内実やかれの人間論についてさらにみていくことにしよう。

iii) 神の呼びかけによる現在の体験

ローゼンツヴァイクはこれまで述べたような神と人間の関係を，「創世記」第3章に描かれている神とアダムの対話的関係に比している。禁断の木の実を食べ，隠れているアダム（＝人間）に対して神は問う。「あなたはどこにいるのか」（Wo bist du?）。しかし応答したかれの口から発せられるのは，「かれ－かのじょ－それ」という三人称による責任転嫁であったが（GS II, 195），それにもまして神の問いは人間に鋭く迫ってくる。ブーバーは，ローゼンツヴァイクがこの神の問いを「《このような自立的な，隠された神に自由に相向かう汝，そしてその汝に対し神は我としてあらわになり得た，そのような汝はいずこに存在するのであろうか》」[34]という問いとして解釈したことを高く評価している。つまり，「我は汝の現存在を汝のどこ（Wo）という問いを通して主張する瞬間に自らを見出し」（GS II, 195），それと同時に隠れている汝の全人格的な応答「わたしはここにいます」（Hier bin ich）を求めているのである（GS II, 196）。それゆえ，ここで問題となっているのは人間の自由ではなく責任である[35]。

問いを通して神によって呼びかけられた受動的な人間は，それまでうち

---

33) Mosès, *System and Revelation*, 105. またテーヴェスは次のように書いている。「愛された者の誠実さのなかで，その愛においてつねに自らを否定した愛する者は受け止められ，ふたたび創造される」。Tewes, *Zum Existenzbegriff Franz Rosenzweigs*, 116. フリッケの議論も参照されたい。Fricke, *Franz Rosenzweigs Philosophie der Offenbarung*, 171-172.

34) Martin Buber, "Zur Geschichte des dialogischen Prinzips," in *Werke I: Schriften zur Philosophie*（München: Verlag Lambert Schneider, 1962）, 296. 「対話的原理の歴史」（『ブーバー著作集』佐藤吉昭・佐藤令子訳，みすず書房，1968年），126頁。

35) Mosès, *System and Revelation*, 111.

に秘めていた反抗心を拭い去り，自らを開き，従順に聴く耳をもつ。まさに《わたし》がここに存在しているのであり，存在させられているのである。

ここに《わたし》がいる。単独の人間である《わたし》が（das einzelne menschliche Ich）。なお完全に受動的で，なおただ開かれているだけであり，なお空虚で内容もなく，本質もなく，純粋な準備，純粋な聴従（reiner Gehorsam），そして完全なる耳がいる（GS II, 196）。

「このような従いながら耳を傾けることに向かって」（in dieses ge-horsame Hören），その都度の言葉としての「戒め」（das Gebot）の最初の内容が降りてくる（GS II, 196）。「あなたは心を尽くし，魂を尽くし，すべての力を尽くして，永遠なる者，あなたの神を愛しなさい」（Du sollst lieben den Ewigen, deinen Gott, von ganzen Herzen und von ganzen Seele und aus allem Vermögen）（GS II, 196）。ここではローゼンツヴァイクのドイツ語をそのまま訳したが，これは「申命記」6:5の引用である。まさに愛が命令されているのである。ローゼンツヴァイクによれば愛は愛する者だけが，すなわち神だけが命令できる。「愛を命じたり，強要することを三人称はできない。第三者（Dritter）はそれをできないが，一者（der Eine）はそれをできる。愛の戒めは愛する者の口からのみ発することができる」（GS II, 196）。

「私を愛しなさい」（Liebe mich）という「命令的な戒め」（das imperativische Gebot）は，ローゼンツヴァイクにとって「まったく純粋な愛の言葉」（ganz reine Sprache der Liebe），「純粋な現在」（reine Gegenwart）である（GS II, 197）。だからこそ比類なき瞬間から発せられる戒めは，人間に「聴従の即決性」（die Sofortigkeit des Gehorchens）（GS II, 197）だけを求めることができる。このことは，別言すれば，戒めは未来について考えることはないということを意味している。もちろん瞬間ごとに発せられる戒めは，未来に向かって開かれていなければならない。しかし，かれによれば未来の次元と関係をもつのは，「戒め」ではなく「律法」（Gesetz）である。「律法は時間や未来，そして継続に頼る。戒めは瞬間についてのみ知っている」（GS II, 197）。ドーバーは，このようなローゼンツヴァイクの「戒め」と「律法」をめぐる議論に二つの位相をみている。一つはいま述べた

ような「時間的」な位相だが、もう一つは「対話的な」位相である。すなわち「律法的な関係は、他者の顔の前に覆いがぶら下がっているようなものであり、これに対して戒めは他者の顔の面前で下されるのである」[*36]。「わたしを愛しなさい」という現在の瞬間的な戒めは、かれにとっていま目の前にいる人間に発せられているのであり、未来の人間に向けられているのではない。「『今日』("heute") 神は命じ、『今日』神の声を聞くことが大切である。愛する者の愛が生きるのはこの今日である——これが、戒めの命令的な今日である」(GS II, 198)。しかもこの今日下される戒めは、《あなた》に向けられている。「これに対して律法は人間を信頼することを知らない。律法は《わたし》と《あなた》について知らず、人間をかれ、かのじょ、それとしてのみ知っている」[*37]。ドーバーが指摘するように、われわれもまた上記の「戒め」と「律法」の関係のうちに《現在》という時間的次元と《神と人間》とのあいだにある対話的構造を読み取ることができるだろう。

　また人間は、おのれに降り注いでくる神による愛の戒め、つまり啓示を現在的に今日、瞬間ごとに体験する。かれはいう。「体験の現在性は直接的に発出し、語られ、聴かれ、そして実行された体験のなかで戒めという形式によってのみ満たされる」(GS II, 207)。このような現在的体験のなかで人間もまた主語になることができる。思い出していただきたいのだが、創造において主語となりうるのは神だけであった。神以外の被造物は、すべて対格にすぎなかった——「神は……を創造した」。しかし啓示において人間は単独者として、神の対話のパートナーとして主語になることができる。

　さてローゼンツヴァイクは、これまで述べてきた「単独の人間である《わたし》」と神の「戒め」とのあいだにある現在的関係のうちに三つの特徴をみている。すなわち「聴くことへの要請」(die Aufforderung zu hören)、「固有名での呼びかけ」(der Anruf beim Eigennamen)、そして「語りかける神的な口のしるし」(das Siegel des redenden göttlichen Mundes) の三つの「序論」が神と人間との対話的関係には存しているのだが (GS II, 196)、

---

36) Dober, *Die Zeit ernst nehmen*, 198.
37) Ibid.

ここで重要なのは二番目の「固有名での呼びかけ」である。まずローゼンツヴァイクによる「固有名」の定義についてみてみよう。

> 自分自身の一名前（Eigen-name）ではもちろんない固有名は，人間が恣意的に与えた名前ではなく，むしろ神自身が人間に対して創造し，ただこのような理由で創造者の創造としてのみ〔人間にとって〕固有であるような名前である（GS II, 196）。

神は自ら創造した固有名で「類概念なき単独者」（GS II, 208）である人間に語りかけることによって，人間は神との「現実的な対話」（die wirkliche Wechselrede）（GS II, 208）のなかに入っていく。人間は，神から呼びかけられることによって関係を築くことができる。しかも「固有名での呼びかけ」は現在，瞬間ごとになされるものである。神の愛が人間のうちに転換を引き起こすという意味で人間の自己否定を生じさせるのと同様に，神による「固有名での呼びかけ」を媒介にして「わたしは瞬間ごとに生まれ変わらなければならない」[*38]。カスパーによれば神の呼びかけによって人間が語りはじめ，そして「立ち上がること」（Sich-Erheben）は，人間がその「呼びかけによって時間化されることである」[*39]。つまり《わたし》ではない他者によって呼びかけられることによって，そこに《わたし》が立ち上がるのであり，その呼びかけの瞬間に《わたし》には時間が生起する。ローゼンツヴァイクが自らの新しい思考の特徴を「他者を必要とすること」と「時間を真剣に受け取ること」と考えたことを思い出すならば，ローゼンツヴァイクの啓示概念のうちに《神の呼びかけを媒介にした現在における神と人間との対話》を読み込むことも十分な理由があるといえよう。

さらにもう一つつけ加えれば，第二部第二巻のタイトル「啓示，あるいは不断に刷新された魂の誕生」が示している内容とこれまでの解釈は，ほぼ一致していると考えてよい。「不断に刷新された」は「現在」や「瞬間」という時間的位相に，「魂の誕生」は「固有名での呼びかけ」と対応して

---

38) Casper, *Das Dialogische Denken*, 127.
39) Ibid., 127-128.

第4章　時間性を開示させる三つの出来事　　　　　175

おり，啓示はまさに今日，神の呼びかけを通じて体験され，この関係のうちには「啓示としての存在」*40（Sein als Offenbarung）が，すなわち「生起させられた出来事」が生じているのである。このようにわれわれはローゼンツヴァイクの啓示概念を現在や対話との関係においてみてきたのだが，実のところ啓示は現在にのみ関わるものではない。最後にローゼンツヴァイクの啓示概念の時間的広がりを確認して，この節を終えることにしよう。

　戒めを受け取った人間は何をするのだろうか。沈黙したままであろうか。否，神の呼びかけによって捉えられ聴き従った受動的な人間は，能動的に言葉を発する。「愛する者の愛の要求に対して，愛された者の愛の告白が答える」（GS II, 199. 傍点引用者）。告白とは，過去の出来事をいま語ることを意味する。愛された者にとって過去を告白するとは，いまだ愛されていなかった状態を告白することである。それゆえ「魂は愛の告白のなかで自分自身を露わにする」のであり，そこに「羞恥心」（die Scham）が生じる（GS II, 199-200）。しかし魂は「わたしは罪を犯しました」（Ich habe gesündigt）（「詩編」51:6）（GS II, 200）と答えることで，「羞恥心」を克服しようとする。「魂は純粋に過去へ遡り，過ぎ去った弱さから現在を浄化する」（GS II, 200）。かれの議論は，聖書の言葉に基づきながらさらに続く。この「わたしは罪を犯しました」という現在完了形での，あるいは「わたしは罪人でした」（Ich war Sünder）という過去形での告白は「わたしは罪人です」（Ich bin ein Sünder）という現在形での「完全な愛の告白」（GS II, 200）へ移行することで，その最高点において乗り越えられる（GS II, 199-201）。「わたしはあなたのものです」（Ich bin dein）（「雅歌」2:16）と告白する人間に，神は「あなたはわたしのものである」（Du bist mein）と簡単に答えるのではなく，「神は過去へさかのぼり，自らを神と魂とのあいだの完全な対話の創始者，開始者として示す」。すなわち「わたしはあなたの名前であなたを呼んだ。あなたはわたしのものである」（Ich habe dich bei deinem Namen gerufen. Du bist mein）（「イザヤ書」43:1）（GS II, 200-204. 傍点は筆者）。こうしてローゼンツヴァイクによれば「信仰の告白は，罪の告白から出てくるのである」（GS II, 202）。

　40）　Ibid., 128.

現在における神の啓示は魂に対して過去を告白することを促したのであり，啓示は過去の次元を開示させた。このことは同時に啓示と創造の関係を示唆している。そもそもローゼンツヴァイクにとって，創造は広義の意味において神の啓示であるがゆえに[41]，かれの啓示概念は現在にのみ関わるのではなく，過去との関係も有していることは当然である。かれは「過ぎ去った創造は生き生きとした現在的な啓示によって証明され（beweisen），すなわち指し示される（weisen）」と述べ，「啓示が創造へと頻繁に呼び戻される関係」を次のように描いている（GS II, 203）。

　　体験された啓示の奇跡という光の輝きのなかで，この奇跡を用意し，予定している過去が明確になる。また啓示のなかで明確になる創造は，啓示の創造である（GS II, 203）。

「あなたはわたしのものである」と語ることによって，「魂に対する神の啓示は，いまや世界へと入り，世界の一部になった」（GS II, 204）。神の啓示は現在的にもかかわらず，創造との関係を開示し，過去を「過ぎ去った世界の一部」と，現在を「世界のうちにある現実的なもの」とみなす（GS II, 204）。かれによれば啓示は歴史との関係を維持し，信仰はこの「啓示の奇跡の歴史性」（die Geschichtlichkeit des Offenbarungswunders），つまり「実定性」（Positivität）のうちにはじめて，「浄福」（Seligkeit）のみならず，「確実性」（Gewißheit）をも見出す（GS II, 204）。

　　信仰を神から切り離すことができるような事物は存在しない。なぜなら諸事物の世界のなかで信仰は，歴史的出来事の揺るがぬ事実性（Tatsächlichkeit）のうちにその信仰の対象的な根底を認めるからである（GS II, 205）。

こうして「魂は，開かれた眼でもって夢みることなしに世界のなかをみて回ることができる」（GS II, 205）のであり，ここで魂が行うのは「啓示

---

41)「創造は神にとって世界の創造だけでなく，隠れた神として自ら自身のうちに生じる何かでもある。この意味において，われわれは創造をすでに神が啓示されること（ein Offenbarwerden Gottes）と呼ばなければならなかった」（GS II, 177）。

のなかで達成される究極的なもの，最高にしてもっとも完全な魂の信頼の横溢」つまり「祈り」(das Gebet) である (GS II, 205)。「魂は，王国の到来のために祈らなければならない」(GS II, 206)。啓示は魂に過去を想起させたが，同時に祈りによって未来を待望させる。

かつて神は下へと降りてきて，その王国を創設した。魂はこの奇跡の来るべき反復，かつて創設された建築物の完成を願い祈るのであり，これ以外に何も願い祈らない (GS II, 206)。

魂による王国の到来のための祈り，いい換えれば「救済への叫び」[*42] は未来に向かって投げかけられる。こうして神の啓示は，救済という未来の次元を魂に開示する。ローゼンツヴァイクの啓示概念は，瞬間や今日という語彙でもって現在を強調していたが，同時に過去と未来の次元を開示する働きをもっている。それゆえカスパーが書いているように，時間性を開示する神の啓示は次のように三つに分類することができる。すなわち「被造物としてすでに目の前におかれている存在の開示」，「神の愛による無言の自己の開示」，そして「待望されるべきあらゆる存在の救済としての啓示」であり[*43]，それぞれが過去，現在，未来という時間に対応している。このような啓示理解によってわれわれは，《啓示の現在という時間》から《創造の過去という時間》と《救済の未来という時間》が照らされることで，現在に生きる人間の主観に対して現在の啓示を媒介にした過去と未来の時間性が開示されることがわかる。ところが同時に，かれの啓示－時間構造は現在という地平から過去と未来に向かって外へ広がっていく時間のベクトルだけでなく，過去と未来が現在という地平へ集中していくような時間のベクトルも有している。創造－過去も救済－未来も，啓示－現在に向かって収斂していく。

この部においてはわれわれにとって創造がもはや前－世界ではなく啓示の内実であったように，われわれにとっては救済もまたいまだ超－

---

42) Fricke, *Franz Rosenzweigs Philosophie der Offenbarung*, 180.
43) Casper, "Offenbarung in Franz Rosenzweigs "erfahrendem Denken"," in *Religion der Erfahrung*, 124.

世界ではない。むしろわれわれは，救済を同じく啓示の内実としてのみ受け取る。こうしてわれわれにとって啓示の内実としての創造が世界から出来事へ，つまりすでに−生起した−こと（ein Schon-geschehen-sein）になったように，同様に救済は超−世界から出来事へ，つまりやがて−生起する−だろうこと（ein Noch-geschehen-werden）になった（GS II, 278）。

この引用からわかるように，創造と救済は啓示の観点から一つの出来事として理解されている。しかもすでに生起した創造もやがて生起する救済も，現在における啓示の内実として描かれている。それゆえ「啓示は，あらゆるものをその現在性のなかに集める」（GS II, 278）。過去や未来，そして万物もまた神の啓示によってあらしめられ広がっていくと同時に，現在における神の啓示という中心へ引きつけられる。すなわち「『あらゆるものが啓示のなかに』ある」（es ist "alles in ihr"）（GS II, 278）のであり，そこであらしめられる。

かれの「哲学体系」すなわち議論の順序に即していえば，創造の出来事が最初におかれており，続いて啓示，救済へと進む。その意味では啓示もまたかれの哲学体系の一つの契機である。しかし，より根源的にはあるいは実存的・主観的には啓示がまず最初にあり，その啓示によって創造の出来事が経験の対象として開かれ，人間に対して過去が，そして同時に救済の出来事における未来が生起するのである。先の引用で何度も出てくる「われわれにとって」（uns）という言葉が，啓示における実存的・主観的次元を示している。それではわれわれもまた，かれの議論にしたがって救済概念の検討へと駒を進めることにしよう。

第3節　救済における人間と世界 ── 未来と合唱

モーゼスによれば「救済概念は，おそらくローゼンツヴァイクの『救済の星』のなかでもっとも重要な概念である」[*44]。またレヴィナスは，ロー

---

44) Stéphane Mosès, "Von der Zeit zur Ewigkeit. Erlösung-eine problematische Kategorie bei

第4章　時間性を開示させる三つの出来事　　　　179

ゼンツヴァイクが救済を描くために費やした頁は「きわめて豊かなものでありながら，時に曖昧である」[*45]といっている。ここでの課題は，この容易な読解を到底許しそうにない，かれの救済概念に少しでも肉薄することである。

すでに述べたようにローゼンツヴァイクにとって，創造は「神と世界」，啓示は「神と人間」，そして救済は「人間と世界」という二項関係で論じられる。しかし，本節の課題である救済概念の解明は，人間と世界の関係を論じるだけでは不十分であり，当然，両者の関係の背後には救済者である神が控えており，最終的に人間と世界は神によって救済される。それゆえ創造と啓示が主として二項関係で論じられるのに対して，かれの救済概念は神も含めた三項関係として扱われなければならず，ローゼンツヴァイクは救済論においてはじめて神，世界，人間という三つの諸要素をともに関係の運動のなかで描写する。われわれは神の問題を第6章で集中的に論じるつもりだが，ここでは以上のことも念頭におきながらローゼンツヴァイクの救済論を，主として人間と世界の関係に限定して考察することにしよう。

i） 世界へ向かう人間と隣人愛

「あなたの隣人を愛しなさい」（Liebe deinen Nächsten）。この言葉から救済の章は，はじめられる。ローゼンツヴァイクによれば，これは「あらゆる戒めを総括する概念」（GS II, 229）である。啓示の章では神と人間の関係が論じられたが，そこでの「根源的な戒め」は「わたしを愛しなさい」（Liebe mich）であった。神から発せられた戒めによって魂は自己を開く。そしてこの「わたしを愛しなさい」という戒めは，「あなたの隣人を愛しなさい」という戒めへ向かうのであり，啓示は救済を「励起」[*46]する。ローゼンツヴァイクにとって救済は神から人間に向けて発せられた愛の戒めが，今度は各人を介してその隣人や世界へ向かう過程を示しているのであ

Franz Rosenzweig," in *Zeitgewinn. Messianisches Denken nach Franz Rosenzweig*, herausgegeben von Gotthard Fuchs und Hans Hermann Henrix（Frankfurt am Mein: Verlag Josef Knecht, 1987），151.

45）Lévinas, "Foreword," in *System and Revelation*, 17-18.
46）レヴィナス「『二つの世界のあいだで』——フランツ・ローゼンツヴァイクの道」『困難な自由』，214頁。

り，いい換えれば「魂は……対向的な愛（die Gegenliebe）を誘発する愛そのものの声を，創造された世界のなかへ運ぶ」[*47]。こうして「あなたの隣人を愛しなさい」という「この戒めでもって成年に達したことを宣言した魂は，神的な愛の生家を立ち去り，世界へと出て行く」(GS II, 229)。啓示の出来事において自己転回，こういってよければ回心を引き起こされた魂は神に愛され，顔を神へ向けることができたが，今度は魂は神によって愛された者から隣人を愛する者にならなければならない。

　しかし魂は「開かれながら，献身しながら，そして信頼しながら」おのれの閉鎖性から歩み出たが，いまだ唯一の方向にのみ開かれているのであり，「一者によってのみ，一者のためにのみ目を覚ました」(GS II, 229-230)。つまり啓示において魂は，まだ神との関係のなかでのみ自らを開いているだけである。それゆえ献身的な魂は神に愛されて浄福のなかで安らいでいるかもしれないが，「神以外のすべてのものに対しては消滅してしまった」(GS II, 230)[*48]。ローゼンツヴァイクにとって「ただ神に愛されただけの人間は，あらゆる世界の前で閉ざされており，自ら自身を閉じている」(GS II, 231) のであって，これは「神秘主義者」(der Mystiker) の特徴であった。

　　神秘主義者の魂は，神に対して自らを開いている。しかし，その魂は神に対してのみ開かれているのであり，あらゆる世界にとっては不確実であり，閉ざされている。……神秘主義者は「かれの」神とのみともにあり，世界に対してもはや語ることはできないのである (GS II, 231)。

それゆえ神秘主義者のもっとも重い罪は世界の否定であり，かれはまるで世界が神に創造されなかったかのように振舞う。では人間はいかにして世界に対しても，その姿を，かれの言葉を使えば「形象」(Gestalt) を得

---

47) Fricke, *Franz Rosenzweigs Philosophie der Offenbarung*, 186.
48) 神がふたたび「隠れた神」に戻ってしまう危険があるように，人間もまた自らを閉ざしてしまう可能性がある。「単なる創造者がつねに隠れへと戻って沈んでいく危険があるように，神の愛の眼差しのなかに埋没した魂の単なる浄福は，閉鎖へと戻っていく危険がある」(GS II, 230)。

て,「語る形象」(redende Gestalt) になることができるのだろうか (GS II, 230, 232)。「体験的な恍惚状態の器」にすぎない神秘主義者は,神を待つことから神の前で歩む人間にならなければならないのであり,これこそが「現実的な人間,十全なる人間」(ein wirklicher, ein voller Mensch) (GS II, 232) である。「いまやかれは直接的に目にみえるようになり,耳に聴こえるようになった」(GS II, 233) のであり,ローゼンツヴァイクはこのような人間を「聖徒」(der Heilige) と呼ぶ (GS II, 232-233)。「神の愛のなかで,形なく消え去っていく愛された魂」は,形あるもの——つまり,「形象」——にならなければならない (GS II, 236)。しかしそのために魂は,神の愛と同時に自らのうちから——もちろん,一義的には神の愛によって引き起こされるのだが——湧いてくる「新しい力」を必要とする。ローゼンツヴァイクの救済概念では,神だけでなく人間の働きもまた強調される。

> 新しい力は,魂が神秘的な情欲のなかでいまにも失いそうなその安定性と形象を,聖徒の情熱のうちにある魂に与えるために,魂自身の深みから上昇してこなければならない (GS II, 236)。

かれは問う。「神の呼びかけを耳にし,神の愛のなかで浄福になったあとでも,なお世界の前で人間に対して閉ざされている門は,いまやいかにして切り開かれるのか」(GS II, 236)。ローゼンツヴァイクは啓示の巻で自閉した自己が神の愛を受け取ることによって,おのれのうちにある「反抗心」が「誠実さ」へと変化する過程を描いていた。救済を論じる場合も,かれは同様の仕方で人間のうちなる変化,転回を論じている。ただ啓示の巻と違うことは,変化するのは自己のなかにある「反抗心」ではないということである。

> 愛された魂の誠実さとして前世界の暗闇から世界の光へ向かって歩み出た反抗心が自己に通じていただけではなく,もう一つ別のものも自己に通じていたことを,われわれは想起する。この別のものとは熱く沸騰した反抗心とは反対に,静かにたたずんでいる水,存在する性格 (der seiende Charakter),つまり狭義の人間の性質である (GS II, 236)。

ローゼンツヴァイクにとって人間の性格は，一回限りで人間に与えられ，そこで肯定されたものだが，次にこの性格は「その根源のつねに新たな自己否定」(GS II, 237) へと内的に転回し，外へと歩みでなければならない。「内的な転換」を果たした人間の性格は，かれにとって方向づけされた「意志」(Wille) である。こうして「意志は，いまや一回限りで肯定されたものではなく，あらゆる瞬間のなかで死に，そして新たにされる」(GS II, 238)。このようにかれは人間における「実存倫理」[*49] (Existentiaethik) の変化を描こうとするのだが，一体「われわれは，自らの魂の深みからつねに新たに外に向かってあらわれ，運命的ではなく，むしろ意志を担っているこの力をどのように名づけるべきなのか」(GS II, 238)。

　ローゼンツヴァイクにとって，この力は神に由来する愛の戒め──「わたしを愛しなさい」──のなかで要求された魂の献身を補うものであり，「隣人への愛」(die Liebe zum Nächsten) 以外の何ものでもない。しかし，たとえこの力が魂の深みから湧き上がってきたものであっても，その起源は神の愛にある。「以前に神によって呼び覚まされた魂になったあとで人間は，はじめて自らを愛の業 (die Liebestat) のなかで表現することができる。魂が神に愛されているということだけが，その愛の業を単なる行為以上のものに，つまり愛の戒めの成就とする」(GS II, 239)。それゆえ神の愛ではなく，自らの意志あるいは理性のなかにのみ起源がある行為は，単なる自由の行為にすぎない。また隣人への愛は，神の愛に対する人間の応答でもある。

　　人間への愛は神によって命令されることで，直接的に神への愛に向かって送り返される。というのも，愛は愛する者自身によって以外には命令されえないからである。神への愛は，自らを隣人への愛のなかで表現すべきなのだ (GS II, 239. 傍点引用者)。

　こうしてわれわれは，ローゼンツヴァイクにおける「隣人愛」のうちに二つの意味をみることができる。すなわち《神への応答》としての「隣人愛」と文字通り《自らの隣人》に向けられる「隣人愛」であり，それらを

---

49) Fricke, *Franz Rosenzweigs Philosophie der Offenbarung*, 189.

《わたし》を起点として描けば次のようになる。前者は《わたし－愛－（隣人）－神》であり，神への応答は「隣人」を媒介にしてなされる。また後者は《(神)－わたし－愛－隣人》となるが，《わたし》の隣人愛の業は愛する者である神によって方向づけられていることはいうまでもない。さらに上記で述べた自らの意志・理性にのみ起源がある行為はおのれによってのみ引き起こされているがゆえに《独話的》であるのに対して，神の愛に起源をもつ行為は徹頭徹尾，神であれ隣人であれ，そこには他者の契機が内包されているために《対話的》である。ローゼンツヴァイクの隣人愛は他者を愛の「必須条件」(conditio sine qua non)として認めており，そこには必然的に「責任」という理念が伴っている*50。もちろん愛の業によってもたらされる「責任」とは自らの隣人に対して《わたしが応答する》という意味での責任も含まれているが，より根源的にいえば《わたし》だけでなくその《隣人》をも支えている神に対する責任である。なぜなら何度もいうように，神の愛だけが人間に愛の業をなさしめることができるからである。

> 神に愛された魂だけが，隣人愛の戒めを実現することができる。人間は，神の意志に向かって自らを向け返すことができる前に，神がまず人間に向かって転回しなければならなかった (GS II, 239-240)。

世界のなかで行われるこの愛の戒めの成就は，個別的な業ではなく，連続して何度も行われる業である。ローゼンツヴァイクはいう。「隣人愛は，つねに真新しく突如としてあらわれる」(die Liebe des Nächsten bricht immer neu hervor) (GS II, 240)。つまり，隣人愛とは「くり返し最初からはじめること」(ein Immerwiedervonvornbeginnen) (GS II, 240) を意味しているのだ。ローゼンツヴァイクにとって「図式的で組織された行為」が「一回限りで決定され決意された服従」に基礎づけられているのに対して，隣人愛の業は「つねに新たに突如と湧き出る行為」である (GS II, 240)。それゆえドーバーが書いているように，神に由来する愛の業と他の行為を区別す

---

50) Casper, "Responsibility Rescued," in *The Philosophy of Franz Rosenzweig*, 100; Guttmann, *Philosophies of Judaism*, 386.『ユダヤ哲学』，385頁。

るものは，ローゼンツヴァイクにおいては「時間的」なものである*51。いい換えれば啓示において神の愛や戒めが「純粋な現在」（GS II, 197）と呼ばれたように，人間の愛の業も自己を利する特定の目的に従属しない生き生きとした現在の業である。ただし救済における人間の隣人愛は現在的でありながら，未来的な性格をもっている。というのもローゼンツヴァイクにとって啓示に対応する時間形式は現在であったが，救済には未来が対応していたからである。この問題はのちにローゼンツヴァイクの世界概念を考察する時にもふたたび言及されるが，人間が現在の瞬間のなかで未来を待望する方法を，かれは「先取り」（Vorwegnahme）と呼び，これによって「終わりはあらゆる瞬間に待望されなければならない」（GS II, 252）。

このようにローゼンツヴァイクは，神の愛を受けた人間が閉ざされた自己を開き，さらに神の前だけでなく，隣人愛を実践するために外へ向かって歩んでいく人間の姿を描いている。創造と啓示のなかで神は，何かを創造し何かに対して自らを啓示するという意味で「連関」（Hinweis）を保持しているのと同様に，人間が愛するということもまた何かとの「連関」を示している。この何かとは戒めにおいては「隣人」，つまり「愛するという瞬間のなかにいる隣人」（GS II, 243）である。

> 隣人は，かれがこの愛するという瞬間に先立って存在しようとも，そのあとであろうともどうでもよく，いずれにせよこの瞬間のなかでは，単にわたしにとっての隣人である（GS II, 243）。

つまり，隣人とはかれ／かのじょだからこそ愛されたり，ローゼンツヴァイクがいうようにかれ／かのじょの綺麗な目のために愛されているのではない。「むしろ，隣人はまさにただそこに立っているという理由でのみ，まさにわたしの隣人であるがゆえに愛される」（GS II, 243）のであり，隣人愛は「エロティックな愛」*52ではけっしてない。隣人とは端的にいって「他者」（der Andre）（GS II, 243）であり「もっとも近き者」*53である。

しかし，ローゼンツヴァイクにとって隣人とは人間だけを意味するのだ

---

51) Dober, *Die Zeit ernst nehmen*, 235.
52) Ibid., 236.
53) Handelman, *Fragments of Redemption*, 268.『救済の解釈学』，489頁。

ろうか。冒頭で述べたように、ローゼンツヴァイクの救済概念は人間と世界の関係であった。かれは次のように書いている。「この業は、世界へと向けられている。世界は、そこへと隣人愛が引かれている一方の極である」（GS II, 243）。そして瞬間のなかで隣人へと向かっていく愛は、「実際にはあらゆるものの本質——人間と事物——に向かっていく」（GS II, 243）。つまりかれにとって隣人とは、人間を含めたあらゆる事物の「代理表象」（Repräsentant）（GS II, 243）[*54] を意味する。だからこそローゼンツヴァイクは、次のようにいうことができたのである。「愛にとって人間と事物は、この隣人という場所をその都度占めることができるだろう。愛は、最終的にあらゆるもの、つまり世界へと向かう」（GS II, 243）。それでは、次にローゼンツヴァイクが語る世界の意味について考察してみよう。

ii） 未完成の世界と神の王国

ローゼンツヴァイクにとって世界は、神や人間とは違う性格をもっている。しかも、その描写はかれ自身も認めているが、けっしてわかりやすいものではない。ローゼンツヴァイクは、まず世界を「未完成の世界」（die unfertige Welt）（GS II, 244）と呼んでいる。その意味はこうである。神と人間は、一回限りの出来事——ローゼンツヴァイクはこの出来事を「肯定」（Ja）と呼ぶ——を最初に前提とし、そののちに瞬間的な出来事——かれはこれを「否定」（Nein）と呼ぶ——が到来する。

> ……神は「最初に」（zuerst）創造し、「その後」（dann）自らを啓示した。また、人間は「最初に」（zuerst）啓示を受け、「それから」（alsdann）世界の行為へと取りかかったのであり、その都度一回限りの出来事が瞬間的な出来事に先行した。それにひきかえ、世界に対するこの時間の関係は逆転しておかれている。つまり、世界はまず創造のなかで瞬間ごとに全体として新たにされたものへ向かう（GS II, 243-244. 傍点引用者）。

---

54) ドーバーは、ローゼンツヴァイクの隣人を「いまだ一般的ではない具体的なもの」と呼んでいる。なお「具体的なもの」の綴りが "ein Konretes" となっているが、おそらく "ein Konkretes" の間違いだと思われる。Dober, *Die Zeit ernst nehmen*, 236.

不明瞭な箇所であるが，別言すれば次のようになるであろう。ローゼンツヴァイクにとって過去における創造という一回限りの神の行為は「肯定」を，そしてその後の人間に対する神の絶えざる自己啓示は「否定」を意味した。同様に，人間が神の啓示を受けることは「肯定」を意味し，その次に世界へと向かって不断に行為することは「否定」をあらわしている。しかし世界の場合，神や人間とは異なり，創造のなかで瞬間ごとに新たなものへとされること，つまり最初に「自己を否定する行為」(GS II, 244)がおかれている。では，世界にとっての一回限りの「肯定」はどこにあるのだろうか。創造に続く啓示であろうか。ローゼンツヴァイクによれば，それは啓示のなかにはない。というのも，啓示は神と人間の関係を示しているからである*55。そうではなく，世界にとっての「肯定」とは救済のなかにあるのだ。「創造のなかで生起し自らを開示する被造物としての世界にとって，『被造物である』ということは救済のなかではじめて基礎を固められうる」(GS II, 244)。あるいは，ローゼンツヴァイクは「肯定」と「否定」の関係を「本質」と「現象」の関係におき換え，神や人間の場合，「本質」は「現象」に先立っているが，世界は「本質」に向かって解放される，はるか前に「現象」として創造されていると書いている(GS II, 244)。

　こうして自己否定からはじまる世界は，「未完成の世界」であると同時に「生成する世界」(die werdende Welt) (GS II, 244)である。「神と同様に人間はすでに存在し，世界は生成する。世界はいまだ完成していない」ので，「生成の，つまりこの未完成という状態は客観的な時間関係の逆転(eine Umdrehung des objektiven Zeitverhältnisses)を通してのみ把握される」(GS II, 244)。「客観的な時間関係の逆転」，すなわち「過去的なもの」はすでに完成してそこにあるがゆえに，物語られることで理解されるのに対して，「未来的なもの」はいまだ完成にいたっておらず生成している。それゆえ，「未来的なもの」はそこには存在していないために，客観的な時間関係を逆転させる「先取りという手段」(das Mittel der Vorwegnahme)を通してのみ把握される(GS II, 244)。なぜなら，もし未来的なものが物

---

55)「というのも啓示は世界に対して直接的に生起するのではなく，神と人間とのあいだの出来事だからである」(GS II, 244)。

語られるならば，それは硬直した過去的なものになってしまうからである。換言すれば，「未来的なものは予言されることを欲している。未来は待望（Erwaltung）のなかでのみ体験される。ここでは最後のものが，思惟において最初のものでなければならない」（GS II, 244）[*56]。ローゼンツヴァイクは，「未来的なもの」を「二つの時間経験」——「物語」と「先取り」——との関係から考察し，圧倒的な支持を「先取り」に与えている[*57]。かくして「否定」から「肯定」へ，「現象」から「本質」へ，すなわち「未完性」から「完成」へと向かう世界は，未来との関係から次のように定義される。

　　……世界は完全に到来するもの（ein Kommendes）である。否，到来（ein Kommen）である。世界は到来すべきもの（das was kommen soll）である。つまり，世界は王国（das Reich）である（GS II, 245）。

とはいえ先取りされた完成——つまり，王国の視点——からみれば，世界は「目にみえる形象」（GS II, 245）になるが，この世界はいまだ「捉えることができない」世界であり，かれの言葉を用いれば「魔術化された世界」（verzauberte Welt）である（GS II, 245）。ローゼンツヴァイクにとって古代ギリシアの世界は「魔術化された世界」ではなく，完全に自明なコスモスであり，そのなかで人間は安らいでいた。しかし人間は啓示の出来事のなかで神の愛を受け，閉ざされていた自己を開くことで，つまり啓示の世界に踏み入れることで，「この以前には同じわが家のようであった古代の世界像，このプラトン的でアリストテレス的なコスモスは突然，居心地が悪く不気味な世界になった」（GS II, 246）のである。これに対して17世紀以来の近代の学問は，人間にとってよそよそしくなってしまったこの世界を「脱魔術化」（Entzauberung）してきた。ところがこの「脱魔術化」の過程で世界は「神的な摂理の強力な保護」（GS II, 247）[*58]から離れてし

　56）「未来的なもの」と「予言」の関係は，本章の冒頭で引用したシェリングの思想に対応している。
　57）Dober, *Die Zeit ernst nehmen*, 238.
　58）ここでの「魔術化」や「脱魔術化」という用語は，ヴェーバーのそれとは関係がないことを断っておきたい。

まい,「脱魔術化」したにもかかわらず——あるいは,「脱魔術化」したからこそ——今度は世界が単なる表象のなかへと消え入る可能性がある。神がふたたび隠れた神へ,人間がふたたび閉ざされた自己へ戻ってしまうのと同じことが世界にも生じるかもしれない。世界は「本質もなく持続もなく自ら自身のうちに」,つまり「無のなかに」沈んでいくのだ (GS II, 247)。それゆえ「世界は単に瞬間に結びつけられてあらわれる現存在 (Dasein) ではなく,形象,王国となるためにその瞬間性や現存在に対して持続性 (Dauerhaftigkeit) を,つまり本質 (Wesen) を獲得しなければならない」(GS II, 247)。

ローゼンツヴァイクは,世界が持続的な現存在を獲得する過程を「本質化」(Verwesentlichung) と呼ぶ。唐突に「本質化」という用語が出てきたが,この伏線はすでに創造の巻のうちに引かれていた。すなわち世界の「現存在」は瞬間的なものであり,「非本質的な本質」と呼ばれていたのである (GS II, 133)。この表現を踏まえた上で,かれは「現存在」に「持続性」を与えることを「本質化」と規定したのだ。

さて,この「現存在」と「持続性」との関連において重要な役割を果たすのが,世界に内在している「生命」(Leben) である。ローゼンツヴァイクにとって生命は,生物だけが有しているのではなく,制度,社会,感情,事物,作品といったあらゆるものに内在している。生命は,「現存在の……被造物的な弱さ」(GS II, 248) を本質的に支えている。被造物は目にみえているが,生成消滅のなかにある儚いもの,つまり現象である。それゆえ,かれによれば現存在の認識は「変化の認識」であるのに対して,生命の認識は「維持の認識」である (GS II, 248)。このようにローゼンツヴァイクの世界概念は,そのうちに「現象」であり瞬間的な「現存在」と,それを持続化,「本質化」する「生命」という特質をもった,すぐれて有機論的・生命論的な世界を示しており,創造における世界の「時間化」は,救済における「変化」と「維持」という時間的関係のなかにも見出される。

さてローゼンツヴァイクがここで探求しているのは,「世界そのものの永続性」であり,「つねに瞬間的な現存在の下におかれ,そこに基礎づけることのできる無限の持続」である (GS II, 248)。「現存在」に反抗しながら自己を維持している「生命」は,いまだ有限な生命である。しかし「生命」はいつまでも有限なのではなく,「いまだ無限ではないもの」(das

第 4 章　時間性を開示させる三つの出来事　　　　　　　　　189

Nochnichtunendliche)（GS II, 249）にすぎない。「現存在」は，そして世界は，無限の「生命」として完全に生き生きとならなければならず，「未完成の世界」から完成された世界に向かわなければならない。生き生きとしたものは永遠性を求め，その形象を獲得することを欲している。こうして世界は，はじめから「内的な必然性」（GS II, 250）をもって完成された世界，すなわち「王国」に向かって成長していく。しかし世界は，直線的に――現在から未来へ――王国に向かって進歩して行くのではない。ここにローゼンツヴァイクの救済概念における特異な時間理解がある。

　　王国は，つねに未来的であると同様にすでにそこに存在している。王
　　国は，一回限りでなおもそこに存在しているのではない。王国は永遠
　　に到来する（Es〔Das Reich〕ist immer ebenso schon da wie zukünftig. Es
　　ist einfürallemal noch nicht da. Es kommt ewig.）（GS II, 250）。

　王国は未来にありながらすでに現存し，われわれの真ん中にある。しかも王国は静的に存在しているのではなく，今日，未来から到来する（GS II, 253）。このような現在とも未来ともいい難い時間をローゼンツヴァイクは「永遠性」と呼び，フリッケによれば「『跳躍版』のように自らを超えていく『今日』である」[*59]。しかもこの永遠性は，時間軸の上で測ることのできるものではない。

　　永遠性は大変長い時間ではなく，今日と同じように確実でありうるよ
　　うな明日である。永遠性は未来であることをやめることなく，それに
　　もかかわらず現在的であるような未来である。永遠性は今日である。
　　しかしこの今日は，今日であることを越えて存在することを自ら意識
　　しているのだ（GS II, 250）。

　引用にある「大変長い時間」とはローゼンツヴァイクにとって「無限」をあらわす時間であり，この無限の時間は「絶えず」（immerzu）という時

---

　　59)　Fricke, *Franz Rosenzweigs Philosophie der Offenbarung*, 195.「跳躍版」という表現は，モーゼスから借用されたものである。モーゼス「ユートピアと救済」『歴史の天使』，92, 93頁。

間を示しているにすぎない（GS II, 253）。「無限」と「永遠」は区別されなければならず，その意味では永遠性と同様に王国の成長も無限の時間とは関係がないし，日常的な時間の単位にも規定されない。現在的未来としての永遠性そして王国は，少なくとも過去・現在・未来という直線的で物理学的な時間概念では測ることができないものである。それは今日到来するものであり，「あらゆる瞬間が最後の瞬間でありうるということは，瞬間を永遠にする」（GS II, 252-253）。あらゆる瞬間は，まさに「未来の根源」(der Ursprung der Zukunft) である（GS II, 253）。このような比類なき特殊な瞬間を，モーゼスは「メシア的切望」[※60]と呼ぶ。

> 王国が世界のなかで予測できない足取りで進み，あらゆる瞬間が永遠性の充満を引き受ける準備をしなければならないところで，もっとも遠き者はすぐあとに続くあらゆる瞬間のなかで待望された者である（GS II, 254）。

また王国の成長と世界に内在する生命の増大も同じものではない。生命は「不死性」を獲得することではじめて，「王国の確実な保証人」になることができる（GS II, 251）。それはあくまで外部からやってくる働きによって成し遂げられるのであり，これが世界にとっての「救済の業」(die Tat der Erlösung)（GS II, 251）である。

これまでわれわれは，救済における人間と世界の転換について考察してきた。ローゼンツヴァイクは，さらにこの両者の関係についても論じているので，われわれもまたかれの議論にしたがうことにしよう。「二つの側から閉ざされた未来の門はノックされる」（GS II, 254），とかれは書いている。それは，自らを神に捧げ隣人愛を実践する人間と生命をうちに秘めた生ける世界からである。魂── つまり人間── は「働きながら」(wirkend)，世界は「成長しながら」(wachsend) 閉ざされた未来の門をノックする。ローゼンツヴァイクにとって人間の働きも世界の成長も「先取りを通して永遠になる」（GS II, 254）。

それでは両者は何を先取りしているのだろうか。もちろん現在のなかで

---

60) Mosès, *System and Revelation*, 137.

先取りされるのは，すでに述べたように未来である。しかしより具体的にいえば，人間と世界は「お互いを」(GS II, 254) 待望し先取りしており，人間は完成された世界つまり神の王国を，世界は人間の愛の業を先取りしているのである。ローゼンツヴァイクにとって救済とは人間と世界の関係であった。「それゆえ人間と世界は，ここでは解消できない相互作用(Wechselwirkung) のなかでお互いに向かって一緒に働いている」(GS II, 254)。両者はともに神によって創造されたものであるがゆえに関係をもつことができ，人間は世界の事物に対して愛の業によって働き，世界はその愛によって働きかけられ成長する。その意味では世界は能動的ではなく，受動的なものである。というのも世界にとって創造においては神の，そして救済においては人間の行為が先立っているからである。世界は，神から直接的に神の愛を受け取ることはできない。神の愛を受け取るのは，啓示の出来事のなかで人間にのみ与えられている能力である。それゆえ神の愛は人間を通して世界に伝えられなければならず[*61]，ローゼンツヴァイクが使う「隣人」という言葉には人間のみならず世界の事物も含まれていることはすでに語ったとおりである。世界の不完全性は，必然的に人間を必要とする。モーゼスが書いているように，「救済とはまさに人間の関わりを通して世界に存在を与えること」であり，「人間の役目は啓示を世界に伝えることである」[*62]。人間と世界は相互に働きかけ，互いの完成・救済を先取りしながら，そこでは「人間と世界の弁証法」[*63]が展開される。

このように人間は隣人愛でもって世界に働きかけ，救済を待望しながら現在のなかで未来を先取りする。しかも神の王国は未来から到来するものでありながら同時に，今日すでに「そこに」あるといわれている。つまり，王国はまさに現在的未来ともいうべき時間のなかに存在している。そうであれば，ローゼンツヴァイクにとって神の王国，そして救済はあくまで超

---

61) レヴィナスは，救済において人間が「媒介者」の役割を果たすことを「ユダヤ的特徴」としている。ちなみにもう一つの「ユダヤ的特徴」は，愛と戒めの関係である。「『二つの世界のあいだで』——フランツ・ローゼンツヴァイクの道」『困難な自由』，215頁。

62) Mosès, *System and Revelation*, 133, 135.

63) Ibid., 142. フリッケは，このモーゼスの表現は誤解だと書いている。かれによれば人間と世界の問題をあらわすのに相応しい表現は「弁証法」ではなく，「動的な『相互関係』」である。もちろんフリッケの主張にも一理あるが，ローゼンツヴァイクにおいて最終的に人間と世界が総合的に神へ回帰していく契機は「弁証法的」といえなくもない。Fricke, *Franz Rosenzweigs Philosophie der Offenbarung*, 203.

時間的なものではなく，時間のなかに到来するものであるということができる。これはかれの新しい思考が重視する「時間を真剣に受け取ること」(ND, 152) という主張にも一致する。またこの時間の問題との関連において，かれは従来の哲学が人間の死を等閑視してきたことを強く批判し，次のような文章から『救済の星』をはじめていることは想起されるべきである。「万物のあらゆる認識は，死，そして死の恐怖からはじまる。この世的なものの不安を取り去ること，死からその毒の棘を取り除くこと，そして冥府から毒気のある風を取り去ること，このことを哲学は思い上がってやってきた」(GS II, 3)。

　第2章で述べたように古い哲学は人間が有している死の恐怖を無視し，あたかも人間は死を，そしておのれの有限性を克服できるかのようにふるまってきた。それゆえこれまでの観念論的な哲学者は死を招来し，人間に有限性のしるしを刻み込んでいる時間を忌み嫌ったのであり，事物の本質を無時間的な相で観照しようとしてきた。しかしローゼンツヴァイクはこのような哲学に抗って，あえて次のようにいう。「人間は，この世的なものの不安を自己から投げ出すべきではない。人間は，死の恐怖のなかに──とどまるべきだ」(GS II, 4. 傍点引用者)。しかも『救済の星』の最後にある「生のなかへ」(Ins Leben) (GS II, 472. 傍点引用者) という文章もここで考え合わせるならば，ローゼンツヴァイクは彼岸の世界に逃げ込むのではなく，あくまでこの世界と時間のなかにとどまることを欲しているようだ。ゴードンによれば，われわれは二つの対立する救済概念を考えることができる。一つは伝統的なものであり，救済とは「世界からの一種の形而上学的離反」[64]である。しかしローゼンツヴァイクの救済概念は，時間を超越した彼岸の世界へ入ることを意味しているのではなく，むしろかれが目指しているのは「世界のなかにとどまりたいという人間のポスト形而上学的な願望と一致する新しい救済概念」[65]である。ゴードンは，この新しい救済概念をハイデガーの「世界内存在」に倣って「世界−内−救済」[66] (redemption-in-the-world) と呼んでいる。しかし人間も世界もたとえ両者が時間から超越しようと，そのなかにとどまろうと，いずれにせよ自らの

---

64) Gordon, *Rosenzweig and Heidegger*, 149.
65) Ibid.
66) Ibid., 192.

第 4 章　時間性を開示させる三つの出来事　　193

力でおのれを救済することはできない。未来が外から到来するように，救済もまたおのれ以外の何かによって最終的には成し遂げられなければならない。この外から到来する者についてローゼンツヴァイクは，次のように書いている。

> 人間と世界は自ら自身をお互いから引き離す（lösen）ことはできない。人間と世界はただ一緒に救済（er-lösen）されなければならず，他方に対して一方を，また他方を通して一方を救済する三番目の者によって救済されなければならない。人間と世界にとってはただ一つの三番目のものが存在し，一者だけが人間と世界にとって救済者になることができる（GS II, 255）。

　最終的に救済者としてあらわれるのは，神だけであり，それゆえ「三番目の者」とは神を意味している。それゆえ創造においては神と世界，啓示においては神と人間という二項が基本的な相関関係にあったが，かれの救済論においてはまず神によって創造された人間と世界という二項が相互に関係を築きながら，これに続いて両者を救済する神が登場し，ここに神，世界，人間という三つの諸要素が同時にあらわれることになる。しかもローゼンツヴァイクの救済概念は，神に対してさらに大きな意味を与えている。

> 神は，かれが創造者や啓示者であるよりもさらに強い意味において救済者である。というのも創造において神は自ら創造者になるが，それは被造物を創造するからであり，また啓示において神は自ら啓示者になるが，それは魂に対して自らを啓示するからである。これに対して救済において神は単に救済者であるわけではない。……われわれがいずれみるように，神は最終的に── 自分自身を救済する（GS II, 257）。

　ローゼンツヴァイクにとって神は人間と世界を救済するだけではなく，自分自身をも救済する者である。つまり神は「救済する者」であると同時に「救済される者」なのだ（GS II, 266）。
　議論がすこし先走りすぎたようである。われわれはローゼンツヴァイク

の救済論が時間内的な出来事であることを強調したが,実はこれとは別の側面もかれの救済論にはある。この救済と時間,神と時間の関係をめぐる問題は,ローゼンツヴァイクの思想にとってきわめて重要な位置を占めている。われわれはこの問題を第6章で扱う予定である。それゆえここでの神,救済,時間の問題は暗示的に言及するにとどめておいて,われわれはローゼンツヴァイクの救済概念もまた啓示概念や創造概念と同様に時間的な性格をもっていたことを確認できたことで満足することにしよう。

ⅲ) 未来を先取りする《われわれ》

ローゼンツヴァイクの救済論は,先取りという概念を媒介にして未来という時間に深く掉さしている。人間は自ら世界に働きかけ,隣人愛を実践することで,神の救済の業の「媒介者」[67]になる。横へと広がるこの隣人愛の業こそ,独話である創造における物語と啓示における神と人間との垂直的な対話から救済の言語様式を区別するものである。かれによれば救済の文法は「詩節にわかれ上昇していく歌声」であり,「つねに何人かの歌声である根源的な歌声 (Urgesang)」である (GS II, 258)。

　　……根源的には歌声とは多声的で同じ音色と同じ呼吸であり,歌声のあらゆる内実の向こうにはこの歌声の共同性 (Gemeinsamkeit) という形式がある (GS II, 258)。

人間は,単に単独者として隣人愛を実践しているのではない。人間は共同の営みとして救済を求めているのであって,ローゼンツヴァイクはこのような人間の共同的次元を「合唱の形式」(GS II, 258) に比している。「歌声は,共同性が根源的に実現される自己−表現の形式である」[68]。さらにかれは「詩篇」の句を言語的・文法的に分析して,共同体を基礎づける「根幹−語」である「神は恵み深い」(「詩篇」136:1) (er ist gut) という句に言及する (GS II, 257, 258)。「歌声の共同体」は「『神は恵み深い』とい

---

67) レヴィナス「『二つの世界のあいだで』──フランツ・ローゼンツヴァイクの道」『困難な自由』,215頁。
68) Dober, *Die Zeit ernst nehmen*, 248.

うことの共同的な合唱（Singen），感謝（Danken），そして告白（Bekennen）への促し」によって結びつけられている（GS II, 258-259）。それゆえ，この共同体を基礎づけているのは神に他ならない。"Gott sei Dank" における "Gott" は「三格」（Dativ）だが，かれにとってこの「三格は結びつけるものであり（das Bindende），統合するものである（Zusammenfassende）」（GS II, 260）。人間は神に（＝三格）感謝することによって共同体を形成し，そのなかに共同体の根拠をみる。

またこのような神によって集合させられた共同体は，「賛美」（Lob）と「感謝」（Dank）によって神の王国を求める（GS II, 259）。ローゼンツヴァイクによればこの二つの言語活動は，「全世界との調和へと向かって解放／救済された魂の声であり，魂との共同感覚や共同の歌唱へと向かって解放／救済された世界の声」（die Stimme der zum Einklang mit aller Welt erlösten Seele und der zu Mitsinn und Mitsang mit der Seele erlösten Welt）（GS II, 259）である。神への共同的な賛美と感謝のなかで，世界と魂はお互いを調和させるために解放／救済される。この魂と世界の調和・一致こそ，神の王国である。

> 感謝のなかで生起する魂と全世界の統一のなかで，まさに魂と全世界との相互的な統一に他ならないような神の王国が到来したのであり，いつか考えられうるすべての祈りが成就する（GS II, 260）。

「共同的な感謝は，すでに共同的に祈られうるすべてのものの成就である」（GS II, 260）。それゆえ「共同的な告白と賛美は，その成就としてあらゆる共同的な祈りに先立っている（vorangehen）」（GS II, 260）。ここでもまた救済における「先取り」の構造を見出すことができる。共同体は告白，賛美，感謝，そして合唱によって未来における神の王国，魂と世界の統一を今日，先取りしなければならない。

> この先取り，この今日，神の愛に対する感謝というこの永遠性——なぜならこれは「永遠に続く」からである——，われわれが説明したように，永遠性は「大変長い」のではなく，「今日すでに」という意味である。すなわち，これが共同的な歌声の詩節という本来的で美

しい旋律の内実であり、この内実のなかで未来は規則的に旋律をパラフレーズする伴奏者のようにのみあらわれる（GS II, 261）。

永遠性は未来でありながらも、「今日すでに」到来するのであり、先取りの構造と相まって救済は未来とだけでなく現在とも、すなわち現在的未来として描写される。

ローゼンツヴァイクはこのような救済を待望し、先取りする共同体を端的に《われわれ》（das Wir）と呼ぶ。かれによれば「《われわれ》は複数ではない」（GS II, 264）[*69]。《われわれ》は、「二性から展開された全体性」(die aus dem Dual entwickelte Allheit)（GS II, 264）である。啓示において神と人間という二人のあいだの対話は、救済において《われわれ》という複数形ではない「集合的単数」[*70]（*collective singular*）となる。神の愛に答えようとする《われわれ》は、統一を保ちながら、その共同性のうちでそれぞれが愛の業に励んでいる。《われわれ》は、単声的でありながら多声的なのである。

> あらゆる声が、ここでは自ずと生まれてきた。各人がその魂の固有の仕方で言葉を歌にのせ発するが、あらゆる旋律は同じリズムで調和し、一つのハーモニーを形成する（GS II, 264）。

《われわれ》はともに働きながら、ともに歌う。働くことも歌うことも時間を必要とする。働きは運動であり、歌は時間がなければ旋律として流れることはない。神を賛美する《われわれ》にとって「共同体の事業」そして「共同体の時間」こそ[*71]、神の王国への道である。かくしてローゼンツヴァイクにとって《われわれ》という共同体は救済の基礎条件であるがゆえに、個人に対してはその存在論的な優越性を保持するものであり、各

---

69) ゴードンはローゼンツヴァイクが《われわれ》という共同的カテゴリーを強調することを引き合いに出しながら、ブーバーのような対話の哲学や「共同的全体論に対して差異を評価する」レヴィナスとの思想的違いを指摘している。Gordon, *Rosenzweig and Heidegger*, 199. また以下、カッコつきで表記された《われわれ》は大文字の "das Wir" を意味する。

70) Mosès, *System and Revelation*, 147.

71) レヴィナス「『二つの世界のあいだで』——フランツ・ローゼンツヴァイクの道」『困難な自由』、215頁。

人が声を合わせながら「今日」、そして瞬間ごとに永遠性へと参与する場所なのである。

第4節　哲学体系としての形象

ⅰ）　時間と星

　われわれはローゼンツヴァイクの三つの「偉大な世界の詩」を形成している創造、啓示、救済の出来事をそれぞれみてきた。かなり複雑な箇所もあったが、どれもかれの哲学体系にとって不可欠の契機となって、その体系を構成していることが確認できたと思う。「事物の永続的な基礎」としての創造は、神と人間との出会いである啓示を媒介にして、共同的な救済へといたる。救済は体系の終わりに位置するものだが、この「終わりの前ではあらゆるはじまりがそのはじまりのなかへ回帰していく」（GS Ⅱ, 269）。「救済のなかで偉大な《と》（das große Und）が万物の曲線を閉じるのである」（GS Ⅱ, 255）。それゆえ、ローゼンツヴァイクの哲学体系は、ある種の円環構造を示しているといえよう。しかしこの円環は、古い哲学体系といかなる違いを有しているのだろうか。かれにとって古い哲学体系の統一性は、「いたるところで自ら自身のうちで逆流している円球の統一性」（die Einheit der überall in sich selbst zurücklaufenden Kugel）（GS Ⅱ, 283）である。古い思考の「存在と思考の同一性」は、まさに「円球」であり、「円環」（Kreis）の統一性としてあらわれる（GS Ⅱ, 283）。しかしローゼンツヴァイクが考えているのは、「万物の断片」（die Stücke des All）（GS Ⅱ, 283）が最終的に自ら向かっていく統一性であり、最初に統一性が存在しているわけではない。またそれは、はじまりも終わりもない無時間的な統一性ではなく、はじまりと終わりに基礎づけられ、そのうちに時間を蔵している「新しい統一性」（die neue Einheit）（GS Ⅱ, 283）である。だからこそ、その哲学体系の関係的契機である創造、啓示、救済といったいずれの出来事も時間を開示させながら、人間の生はその出来事を時間のなかで経験することができるのである。ローゼンツヴァイクは、時間的な位相をあらわす語彙に溢れた文章でこの構造を語っている。

はじまりそれ自体，最初の時（die erste Stunde）は，はじまりにおいて現実的であった。終わりそれ自体，十二番目の時（die zwölfte Stunde）は，日の終わりにおいて現実的であった。この両者，すなわち最後の時と同様に最初の時もまた，体験という生の正午（der Lebensmittag des Erlebnisses）とまさに同じように生の日になおも現実的に属している（GS II, 283）[*72]。

「最初の時」とは創造を，「十二番目の時」は救済を，そして「体験という生の正午」は啓示を意味している。それぞれが「現実的」であり，「生の日」に属している。要するに「現実的」，「生の日」とはまさに《時間的》であることを意味しており，人間の生の全体は創造，啓示，救済によって形成された時間のなかにあるということをかれは語っているのだ。それゆえゴードンがいうように，ローゼンツヴァイクの「形而上学的パースペクティブ」を「時間的全体論」（temporal Holism）と呼ぶことも可能であり，ローゼンツヴァイクのいう全体性あるいは統一性は観念論のそれとは異なる「生き生きとして時間的で，かつ関係的な構造」をもっている[*73]。かくしてわれわれはかれの哲学体系の特徴として《時間構造としての哲学体系》をあげることができるが，ゴードンからの引用はもう一つの特徴を示している。ローゼンツヴァイクの「新しい統一性」とは，ゴードン曰く「関係的な構造」である。

われわれはこれまでローゼンツヴァイクの「哲学体系」を《時間》，《生成》，《開放》，《関係》などの語彙で特徴づけてきた。かれは，『救済の星』第二部の最後で明確に自らの哲学体系を象徴論的に語っている。その際，神，世界，人間という三つの諸要素は「点」（der Punkt）へ，また創造，啓示，救済という三つの出来事は「線」（die Linie）へおき換えられる。かれによればこの出来事としての「線」，「点と点を結ぶ線の事実性」（Tatsächlichkeit der Verbindungslinien）は諸要素における「自ら自身のうちでの根拠なき転回の行為」から生じる（GS II, 284-285）。しかしおのれのうちでは根拠がない転回であっても，諸要素はどこかにその転回の根拠を見出さ

---

72) サムエルソンによれば「ここでの『終わり』とは，聖書的/ラビ的な『日の終わり』である」。Samuelson, *A User's Guide to Franz Rosenzweig's Star of Redemption*, 210.

73) Gordon, *Rosenzweig and Heidegger*, 202-203.

第 4 章　時間性を開示させる三つの出来事　　　　　　　　　　199

なければならない。かれのいう転回の根拠とは，神の啓示である。啓示の光のなかで諸要素は，関係のなかへ入っていく。

　さらにローゼンツヴァイクは，三つの諸要素（神－世界－人間）から，そして三つの出来事（創造－啓示－救済）から，それぞれ三角形の象徴を構成する（図1参照）。この二つの三角形は「お互いを重ね合わせる」ことで「新しい連関」(der neue Zusammenhang) となり，同時に二つの三角形は「一つの形象」(eine Gestalt) を得る（GS II, 285）（図 2 参照）。この「形象」は「図形」(Figur) ではない。かれによれば「図形」は「数学的な規則」にしたがっているが，「形象」は次のような「一つの超数学的な根拠」(ein übermathematischer Grund) を与える思想に基づいている（GS II, 285）。

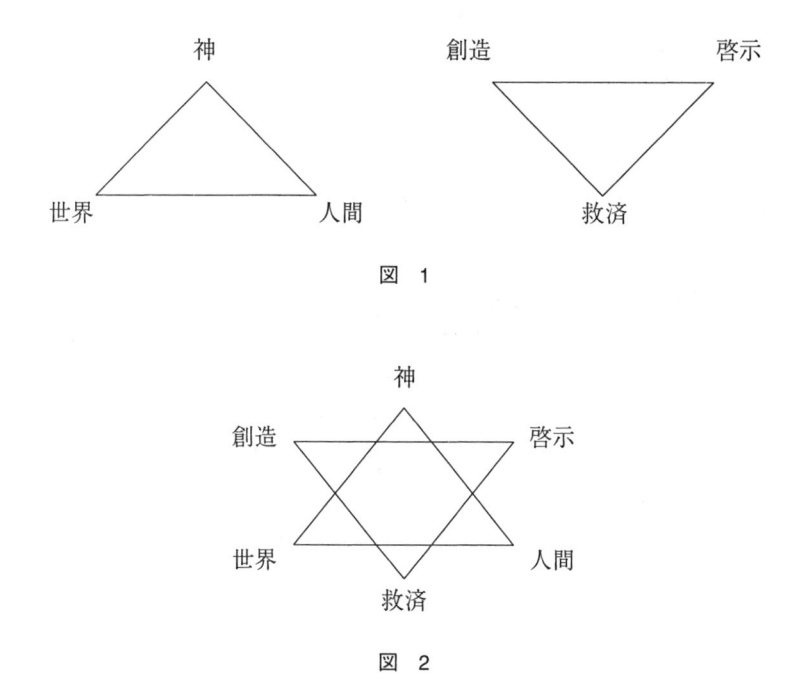

　　　　　　　　神　　　　　　　　創造　　　　　啓示

　　　世界　　　　　人間　　　　　　　救済

　　　　　　　図　1

　　　　　　　　　　神
　　　　　創造　　　　　　啓示
　　　　　世界　　　　　　人間
　　　　　　　　　救済

　　　　　　　図　2

　ここでこの根拠を与えているのは，数学的な理念の単なる現実化の代わりに，要素的な点の結合を現実的な出来事の象徴とみなすような思考である（GS II, 285）。

二つの三角形によって形成され「脱数学化された形象」（GS II, 286）は，まさに「星の形をとった構築物」（das...sternförmige Gebilde）（GS II, 285）である。ローゼンツヴァイクは，この星の形象を「新しい秩序」（die neue Ordnung）（GS II, 285）と呼ぶ。なぜならこのなかで「点」と「線」は，「絶対的な位置」（absolute Lage）と「絶対的な方向」（absolute Richtung）を得ることができるからである（GS II, 286）。しかも図2に示されているように，神は星の一番上に位置し，救済は星の一番下におかれている。これはまさにローゼンツヴァイクの《星としての哲学体系》にとって神が「起源」（Ursprung）であり，救済が「結果」（Ergebnis）であることを意味していよう（GS II, 286）。

こうしてやっとわれわれは，ローゼンツヴァイクの新しい哲学体系を理解できる地点に到達した。われわれは，二つの視点からかれの哲学体系を考察してきた。すなわち，第一に創造から啓示を経て救済で終わるような《時間構造としての哲学体系》である。この体系においては，はじまり（＝創造）も終わり（＝救済）も現実的な時間のなかにあった。したがって上記で述べたように，第二に《星としての哲学体系》において神が「起源」を，救済が「結果」を示していたということは，かれの《時間構造としての哲学体系》のはじまりが創造であり，終わりが救済であったということと対応している。神は『救済の星』という体系のなかに「絶対的な位置」と「絶対的な方向」をもつことで他の要素との関係のなかにありながら，はじまりから終わりに至るまで出来事と時間を生起させる。

ⅱ）　哲学という地平

最後にもう一つ問題が残っている。なぜ哲学体系なのか。神－世界－人間はよいとしても，創造－啓示－救済によって形成された体系は哲学の名に値するのだろうか。この疑問は，ローゼンツヴァイクの根本思想にふれるものである。この問いに対する一つの可能性を示すならば，次のスタイナーが書いた当時の思想的雰囲気をあらわした言葉が，われわれにとっても示唆的である。かれによればローゼンツヴァイクに限らず，ハイデガーやバルト，シュペングラーの著作は「（ヘーゲル以後に）全体性へ向かおうとするいやおうない努力，たとえ出発点が特殊な歴史的ないし哲学的レベルに属する場合にさえも，利用可能なすべての洞察の集大成を提供しよ

うとする企てだということを告げているのである」*74。まさにスタイナーのいうとおり、ローゼンツヴァイクはヘーゲル哲学を批判し、転覆させようとしながら、自らはその横で「新しい統一性」を目指しておのれの哲学体系を築こうとしたのである。かれは哲学の本分である全体性の追求、世界を隅々まで把握すること、そして事物の根源的かつ懐疑的な探求を手放すことができなかった。

　第1章でみたように、ローゼンツヴァイクはマイネッケに対して自分は「一人の哲学者」になったと宣言したのであって、これこそがかれの偽らざる自己理解である。しかし、ヘーゲル以後に哲学することの困難さ、もっといえば危険性をかれは痛烈に感じざるをえなかった。かくしてローゼンツヴァイクは哲学者の地平にぎりぎりで踏みとどまりながら、しかし神学の概念に助けを求めることで、新しい世界理解、そして全体性を構築しようとしたのである。このことは同時に、哲学だけでも、あるいは神学だけでも、世界を根源的に把握することはできないということの証左である。ローゼンツヴァイクは次のようにいったはずだ。「神学的な問題は人間的なものへと翻訳されることを望み、人間の問題は神学的なものへと至るまで前進することを望んでいる」(ND, 153)。哲学と神学は「兄弟のような」ものであり、両者相まってはじめてローゼンツヴァイクの哲学体系は完成する。いまや哲学体系としての《救済の星》が、第二部の最後で輝きだす。

おわりに

　ローゼンツヴァイクの創造論、啓示論、救済論は、どれもみな時間の問題を抜きにしては適切に理解できない。創造、啓示、救済はそれぞれ過去、現在、未来という三つの時間性と組み合わせられながらも、実のところローゼンツヴァイクはこの時間性の秩序に騒乱を引き起こすことで、われわれの近代的で直線的な時間意識を混乱させる。しかし、この並列しながらも、相互に逆転や先取りをくり返す三つの時間性とは別に、かれは垂直的な視点から時間の問題を論じていた。それをわれわれは、とくにかれの救

---

74) スタイナー『マルティン・ハイデガー』、2-3頁。

済論のなかで示唆されていた時間と永遠性の関係にみることができるだろう。次章においてわれわれは、時間と永遠性という垂直的な関係を考えてみよう。その際、議論はかれの救済論からそのまま引き継がれた形で展開していく。ローゼンツヴァイクにとって《われわれ》という共同体こそ、時間と永遠性の結節点が顕現する場所なのである。その場所とはより具体的にいえば、ユダヤ教とキリスト教であり、こうしてわれわれは「超世界の閾の上をゆっくりと歩いていく」(GS II, 291)。

第Ⅲ部
神と二つの永遠なる形象
―― 『救済の星』第三部を中心に ――

第5章
永遠性が到来する共同体
──ユダヤ教とキリスト教──

> キリスト教とユダヤ教は共に,〈真実〉を真理たらしめるために不可欠な二つの精神の冒険として,同等の資格を有しているのだ。
> 　　　　（エマニュエル・レヴィナス）

はじめに

　『救済の星』第二部が,きわめて神学的な色彩の濃い内容であったことはすでに確認できたと思う。ところが創造,啓示,救済という神学的カテゴリーを用いながらも,第二部においてローゼンツヴァイクが具体的な信仰共同体の名前をあげることはない。むしろ,その意義を論じるのは『救済の星』第三部からである[*1]。かれにとってユダヤ教とキリスト教は神によって集められた特別な共同体であり,それぞれ異なる仕方ではあるが時間と永遠性の関係がもっとも明瞭な形を取ってあらわれる場所である。ユダヤ教とキリスト教は,かれの言葉を用いれば「存在する永遠性」（seiende Ewigkeit）（ND, 156）であり,まさに時間のなかで永遠なる形象を獲得したのが,この二つの共同体である。とくにローゼンツヴァイクのユダヤ教理解には,永遠性に関するかれの特異な時間意識や世界史への態度

---

1) 第二部ではイスラムに言及されているけれども,総じて否定的な見解が取られ,かれがそこに積極的な意味を見出すことはまったくない。ローゼンツヴァイクとイスラムの関係については次の著作を参照されたい。*Kritik am Islam*, herausgegeben von Martin Brasser, Rosenzweig-Jahrbuch Band 2（Freiburg: Verlag Karl Alber, 2007）.

が濃厚に反映しているということができる。それゆえわれわれは、時間と永遠性の問題をめぐるかれの新しい思考を浮き彫りにするために、相対的にみてローゼンツヴァイクのキリスト教観よりもユダヤ教観に力点をおくことで、われわれの目的を果たすことにしたい。またユダヤ教とキリスト教を扱った『救済の星』第三部の最初の二巻は、きわめて多様な議論から構成されている。時間論はもとより、共同体論、祭儀論、政治論、そして芸術論までもがそのなかでひしめき合っている。これらのことを鑑みても、われわれは扱う範囲をかなり限定し、論点を絞った上で上記の問題を考察するべきであろう。もちろん、このことはローゼンツヴァイクのキリスト教理解をはじめ、他の議論を軽視しているわけではけっしてない。

かくして本章においてわれわれは、まず第4章での議論から連続的に展開されてきた祈りと時間の関係に焦点を当て（第1節）、次にローゼンツヴァイクのユダヤ教論（第2節）、キリスト教（第3節）を時間と永遠性の観点から問題にする。最終的にわれわれは、この二つの信仰共同体はお互いに深い関係を有しながら、時間のうちで「永遠なる超世界」という形象をとっていることを確認できるだろう（第4節）。

第1節　祈りと時間

ⅰ）隣人愛と祈り

われわれは前章において、ローゼンツヴァイクの救済論には神の王国の到来のために人間が果たすべき二つの行為があることをみた。すなわち、隣人愛の業と祈りこそ、神の愛を受けた人間が日々実践するべき行為である。人間は隣人愛の業に励みながら、祈りのなかで神の王国の成就を先取りする。神の王国は現在と未来というどちらの時間にも属するものでありながら、この二つの時間のあいだで宙吊りにされている。ところが、ローゼンツヴァイクによれば隣人へと向かう愛の業には一つの落とし穴が待ち構えている。たとえ神によって促された隣人愛であっても、その愛は盲目になるかもしれないのである。

愛にとって隣人はあらゆる世界を代表しており、隣人が愛の眼の見通

第5章　永遠性が到来する共同体　　207

しを遮ってしまう。しかし，祈りは〔神の〕照明（Erleuchtung）を請うことによって，——もちろんもっとも近きものを通り過ぎることはないが，もっとも近きものを超えて，その見通しが神に照らされる限りにおいて，全世界をみる（GS II, 298）。

隣人へと向かう愛はその業に励むあまり，その先を見通すことができなくなる。隣人の彼方には神が存在しており，救済における隣人愛は啓示のなかで受け取った神の愛への応答だったはずである。その神を見失ってしまうところに，隣人愛の問題点があるとローゼンツヴァイクはいう。しかし祈りは違う。祈りは，目の前の隣人にとどまることなく，神へ向かっていく力をもっている。祈りは愛に対してその盲目性を告げるのであり，「愛にその眼でもっとも近きものを探し求めることを教える」（GS II, 298）。こうして盲目の愛は，これまでとは異なる態度で隣人に接することができるようになる。

いままで愛にとって不可避的にもっとも近きものとみえていたものは，いまや愛から少し離しておかれる（fernrücken）かもしれず，まったく知らなかったものが突然近くにあらわれるのである。祈りは，人間的な世界秩序（die menschliche Weltordnung）を打ち立てる（GS II, 298）。

盲目ではない祈りは隣人の彼方に神をみることで，愛に対して適切なあいだを形成する。あるいは逆に，これまで知ることもなかった遠き者を隣人としてわれわれの前に招くのである。ローゼンツヴァイクによれば，「祈りは瞬間を，その瞬間のうちでいままさになされた行為と決意を，そしてこの一つの孤立した瞬間のもっとも近い過去ともっとも近い未来（Nächst-Vergangenes also und Nächst-Zukünftiges dieses einen einsamen Augenblicks）を，神の御顔の光のなかにおく」（GS II, 297-298）。人間の行為は，祈りを媒介にしてつねに，どんな瞬間であっても神の前に立たされている。

ローゼンツヴァイクは，祈りのうちに何よりもまず神の王国を請い求めることをその重要な契機として見出しており，祈りこそ「先取りの場所」*2（der Ort einer *Prolepsis*）であった。しかしそうであれば，祈りは単に単独

者の次元にとどまるわけにはいかないであろう。なぜなら救済論において人間は,《わたし》であると同時に《われわれ》へと高められていかなければならなかったからである。「信者の祈りは,敬虔な会衆 (die gläubige Gemeinde) の只中で生起する。かれは集会 (Versammlungen) のなかで主を賛美する」(GS II, 325)。ローゼンツヴァイクによれば「会衆の祈り」は,「自分自身の運命」ではなく,「直接的に永遠者」に向かっていく (GS II, 326)。永遠者は「わたしやあなたの,そしてかれの手の業ではなく,『われわれの』手の業を」(GS II, 326) 促そうとする。かくしてローゼンツヴァイクは,《われわれ》が永遠者である神に向かって行う共同の祈りを次のように描いている。

> あらゆる個別的なものを超えて普遍的に共通するもの,それだけをみる祈りは永遠なるものを力強く捉えて瞬間のなかへ引き込む。そして祈りはこの瞬間のうちでほとんど不信仰な祈りに生きていた個別的な生の断片に対して,もぎ取られた永遠なる光の火花を贈る。その火花は,永遠なる光のなかで永遠の生命の種子として宿っている (GS II, 326)。

「永遠なるものを力強く捉えて瞬間のなかへ引き込む」祈りこそ,ローゼンツヴァイクにとって「正しい祈り」(das rechte Gebet) (GS II, 321) である。「正しい祈り」は,王国を先取りしなければならないし,さらにいえば王国の到来を加速させなければならない (GS II, 321)。曰く,「永遠性は加速され (beschleunigen) なければならず,永遠性はつねに『今日』すでに到来することができなければならない。これによってのみ,永遠性は永遠性なのである」(GS II, 321)。永遠性を加速させ,先取りする「正しい祈り」には,当然「正しい時間」(die rechte Zeit) (GS II, 321) が必要である。上記の引用では,この時間とは「今日」ということになるが,かれはさまざまな時間の位相をあげながら,さらに議論を展開する。

---

2) Almut Sh. Bruckstein, "Zur Phänomenologie der jüdischen Liturgie in Rosenzweigs *Stern der Erlösung*. Ein Versuch über das Schweigen mit Husserl," in *Rosenzweig als Leser*, 360.

ii) 自然的時間,時,週

祈りとは「未来を加速させること,永遠性をもっとも近きものへ,つまり今日にすること」(GS II, 322) である。「瞬間のうちへ向かってこのように未来を先取りすることは,今日のうちへと向かう永遠性の適切な再創造 (eine richtige Umschaffung der Ewigkeit in ein Heute) でなければならない」(GS II, 322)。永遠性が新たに再創造される「今日」とはいかなる時間なのか。ローゼンツヴァイクはこのような永遠的現在ともいうべき「今日」を,「非-過去的なもの」(das Un-vergängliche),「過ぎ去ることのない今日」(ein unvergängliche Heute) と呼ぶ (GS II, 322)。「永遠性へと向けて創造された今日」(das zur Ewigkeit geschaffene Heute) は,「無限の今」(ein unendliches Nun) によって規定された瞬間と出会わなければならない (GS II, 322)。瞬間のうちに永遠性が到来することによって,これまでの等質的な瞬間は「永遠的瞬間」(der ewige Augenblick) (GS II, 321) へと変容する。

> われわれが探求している瞬間は,それが過ぎ去ってしまったことによって,同一の瞬間のうちでまたもやはじまらなければならない。埋没のなかで瞬間は,またもやはじまらなければならない。瞬間の消滅は,同時に再開でなければならない (GS II, 322)。

興味深いことに,ローゼンツヴァイクによれば永遠性が到来する瞬間は絶えず新たに湧き出るそれではなく,むしろふたたび生起する「同一の瞬間」である。「瞬間は新たに到来する (neu kommen) 必要はなく,再来 (wiederkommen) しなければならない。現実的には同じ瞬間が存在しなければならない」(GS II, 322)。つまり「瞬間の恒常的な再来」として,永遠的現在は把握されるのである[*3]。

このような「止マレル今」(ein Nunc stans),「『静止している』瞬間」(ein stehender Augenblick) を,ローゼンツヴァイクは「時」(die Stunde) と呼ぶ (GS II, 322)。しかし「時」は単に,静止しているだけではない。いや,「時は静止しているがゆえに,それ自体のうちにすでに古いものと新しいものの多様性を,瞬間の豊かさをもつことができる」(GS II, 322) のであ

---

3) Fricke, *Franz Rosenzweigs Philosophie der Offenbarung*, 227.

り,「この儚くも静止している時間のパラダイム」*4 は「自らのうちに逆流してくる一つの円環」(ein in sich zurücklaufender Kreis) である。しかし時は,円環であっても始まりも終わりもない円環ではない。時は始まりと終わりのあいだに無尽蔵の瞬間を有しているのであり,「時の終わりはその始まりへ向かってふたたび合流することができる」(GS II, 322)。時をあらわすのは始終動いている振り子の運動ではなく,その都度鳴らされる鐘の音である。かくして「救済の世界のなかでやっと,時は鐘を打ちはじめる」(GS II, 323)。

さらにローゼンツヴァイクによれば,「人間は瞬間の過去性から自らを解放する己が設立した時の像にしたがって,いまや創造がかれの生命に措定した時間を新たに造り替える」(GS II, 323)。「未来の世界を先取りする瞬間」は過去へと埋没していかないように,そして人間がその瞬間を「かくのごときものとして経験しうるために」,「制度化」や「人間的形成」を必要とした*5。同時に「日 (Tag) や年 (Jahr) もまた,週 (Woche) や月 (Monat) もまた,いまとなれば太陽の時間や月の時間から人間的生の時になる」(GS II, 323)。すなわちローゼンツヴァイクにとって,これらの「人間的生の時」は自然的な時間ではなく,すぐれて「社会的な時間」*6である。このような社会的な制度となった「人間的生の時間」もまた,大きな視点からみれば円環を形成している。とはいえ,これもまた始まりと終わりをもった円環でなければならない。

もし始まりと終わりという確固とした点がなく,円環だけであるならば,それはなおも単なる瞬間の連続以外の何ものでもないだろう。そのような点の固定化 (die Festlegung),すなわち祝祭 (das Fest) によってはじめて,円環的な軌跡の進行のなかで生起する反復 (die Wiederholung) は知覚できるようになる。天の循環ではなく,此岸的な反復 (die irdische Wiederholung) がこの世の時間を時へ,つまり時間のなかでの永遠性の保証人 (Bürgen der Ewigkeit in der Zeit) とする (GS II, 323)。

---

4) Mosès, *System and Revelation*, 171.
5) Bruckstein, "Zur Phänomenologie der jüdischen Liturgie in Rosenzweigs *Stern der Erlösung*," in *Rosenzweig als Leser*, 360-361.
6) Mosès, *System and Revelation*, 171.

第 5 章　永遠性が到来する共同体　　　211

「日」、「年」、「週」、そして「月」という「此岸的な反復」は「祝祭」という点によって始まりと終わりを区切られながら、「この世の時間」を「時間のなかでの永遠性の保証人」(=「時」)へと変えていく。人間は無限の円環ではなく、この始点と終点を備えた円環を日々生きることで、此岸のうちで永遠性を経験する。ローゼンツヴァイクによれば、「日々、年毎にくり返された大地への奉仕において、人間は人間の共同体のなかでこの世の永遠性を感じる。それは共同体のなかであって——単独者としてではない」(GS II, 323)。「大地への奉仕」とは例えば「種蒔き」や「収穫」をあげることができるが、われわれはこのような年毎にくり返される「大地の仕事」と永遠性を結びつけることのうちに異教的古代の神話をみる必要はないだろう。もちろんローゼンツヴァイクはここでユダヤ教の名をあげて、議論を展開しているわけではない。しかしこのような内容の背後には、ユダヤ教の伝統があることは間違いない。なぜならイスラエルにとって聖なる祝祭、永遠性と農業的な営みは深い関係にあったからである。すなわちゲルハルト・フォン・ラートが書いているように、「イスラエルの大祝祭のリズムは本来、パレスチナの年の自然的な秩序によって規定されていた。イスラエルの祝祭暦はカナンに起源をもち、本来種蒔きと収穫の過程を直接的な聖なる出来事と理解する農業的宗教の表現であった」[7]。ローゼンツヴァイクはいまだ注意深く特定の信仰に言及することはないが、フォン・ラートの指摘がまさにローゼンツヴァイクにおけるユダヤ的思考を照らし出しているのではないだろうか。

「社会的時間」であると同時に永遠性を経験しうる「此岸的反復」のうちで、ローゼンツヴァイクが重視するのは「週」である。その意味では、「週」は「社会的時間と聖なる時間の結節点」[8]であり、「共同的な人間生活の時間の下にある真の『時』である」(GS II, 324)。「週」は「社会的時間」として、「大地の奉仕と『文化』の仕事を律動的に (rhythmisch) 秩序

---

7) Gerhard von Rad, *Theologie des Alten Testaments. Band II Die Theologie der prophetischen Überlieferung Israels* (München: CHR. Kaiser Verlag, 1987), 113.『旧約聖書神学 II イスラエルの預言者的伝承の神学』(荒井章三訳、日本基督教団出版局)、145頁。例えば「大麦の収穫の始めの祭りに、人々はエジプト脱出を想起し (「出エジプト記」23・15)、秋祭、葡萄摘みの祭りには、荒野時代と仮庵住いを想起した (「レビ記」23・42以下)」。

8) Mosès, *System and Revelation*, 172.

づけなければならない」(GS II, 324)。しかし同時に,「週」は「つねにくり返された現在のなかで始まりと終わりが集まる永遠なるものを,そして今日のなかで過ぎ去らないものを描く」(GS II, 324)。それゆえ「週とは,人間によっておかれた文化の法則としてあるものを超えているものである」(GS II, 324)。すなわち「週は,神によっておかれた祭儀の法則として永遠なるものを……現実的に今日のうちへと引き入れる」(GS II, 324)。「週」は「文化」(Kultur)であると同時に「祭儀」(Kult)の出発点でなければならない (GS II, 324)。この点について,モーゼスは「文化 (culture) は祭儀 (cult) と調和する」と書いているが,「調和」とまでいってよいかどうかについては疑問がないわけではない[*9]。むしろローゼンツヴァイクにとって「週」とは「永遠性の保証人」たる「時」の最たるものであり,この世的な「文化」とつねに調和するとは考えにくい。かくしてローゼンツヴァイクは,次のように聖なる時間における「週」の重要性を説くことになる。

　週によって日や年もまた,人間の時つまり永遠なるものが招かれる時間的な住居になる。祭儀的な祈りの円環という毎日－毎週－毎年のくり返しのなかで,信仰は瞬間を「時」へ変え,時間は永遠性を受け入れる準備を整える。またこの永遠性は,時間のなかに迎え入れ先を見出すことによって,自ら──時間のようになる (GS II, 324)。

　われわれは,この引用に二つの側から生起する働きをみることができる。一つは「信仰」であり,この神によって支えられた人間の業が瞬間を「時」に変える。もう一つは永遠性であり,ローゼンツヴァイクによれば永遠性は「自ら」時間のなかへ到来してくる。しかし永遠性は,時間のなかに自らの迎え入れ先があってこそはじめて到来しうる。それゆえ,最初にあげた瞬間を時へと変える信仰の働きは永遠性を受け入れるための人間における能動的な働きであったことがわかる。
　さてこのような「永遠なるものの時間のなかへの救済的到来」(GS II, 326) は,定期的にくり返される祭儀において待望され,先取りされるので

---

9) Ibid.

あり、この祭儀を担う共同体こそローゼンツヴァイクにとってはユダヤ教とキリスト教という特定の信仰をもって集まった人間たちの集合体であった。

第2節 「永遠の生命」としてのユダヤ教

ⅰ) 永遠性とユダヤ民族

『救済の星』第三部の第二巻はユダヤ教の考察をその狙いとしているが、ローゼンツヴァイクはそこでユダヤ民族を「社会学的な基礎」(ND, 156)に立脚しつつ、さまざまな角度から分析している。かれは神学的にではなく、あくまで両者における「生の社会的形式」[*10]、《われわれ》という次元の分析にしたがいながら、ユダヤ教のみならずキリスト教へ接近していく。あるいはユダヤ教とキリスト教が「現実性の世界」のうちで時間と永遠性をどのように経験するのかというかれの「経験する哲学」に基づいて、その思索は展開される[*11]。

さてローゼンツヴァイクによれば、ユダヤ民族は「永遠の生命の関係が父祖から孫へといたるようなたった一つの共同体」、つまり《われわれ》というカテゴリーがそこに成立するような関係であり、それは「血縁共同体」(Gemeinschaft des Bluts)でなければならない (GS II, 331)。「なぜなら血縁だけが、将来への希望に現在のなかでの保障を与えるからである」(GS II, 331)。そして「血縁共同体だけが、その永遠性の保証が血管を通って暖かく流れていくのを感じる」(GS II, 332)のであり、ユダヤ民族は「身体の自然的な繁殖のなかにその永遠性の保証を有している」(GS II, 332)。これはユダヤ民族の永遠性なるものが、何か外部にあるものにまったく依存していないことを意味している。永遠性はおのれのうちに宿っているのであって、ゴードンがいうように「必要とされているのは一種の『自己根拠づけ』」[*12]であり、永遠性の根拠は自らが属しているユダヤ民

---

10) レヴィナス「フランツ・ローゼンツヴァイク――ある近代ユダヤ思想」『外の主体』、101頁。

11) フリッケによれば、ローゼンツヴァイクはユダヤ教とキリスト教を教義的に論じているのではなく、かれの「新しい思考によって展開された『つねに刷新される現実性』の形象化」をユダヤ教とキリスト教のうちにみているのである。Fricke, *Franz Rosenzweigs Philosophie der Offenbarung*, 245.

族の共同体にのみ存するのである。しかし，《われわれ》というカテゴリーが「血縁」によって基礎づけられたユダヤ民族の共同体は，ローゼンツヴァイクの読者を大いに悩ますことになる。レーヴィットはローゼンツヴァイクの語る「血縁」とは「民族主義的なイデオロギーがいう血縁ではなく，神が未来を約束した『アブラハムの末裔』の血縁のことである」[13]と注意を促している。またローゼンツヴァイクから大きな影響を受けたレヴィナスもまた，この問題についてある講演で次のようにかれを弁護している。

　　ローゼンツヴァイクは血の永遠性という危険な言葉を用いていますがこれを人種主義的な意味に解してはいけません。というのもこの語は人種的弁別の技術を正当化する博物学的概念も，支配者の人種的優越性も全く意味せず，反対に，歴史の流れへの全き無縁性，己れ自身に根ざすことを意味しているからです[14]。

「歴史の流れへの全き無縁性」という言葉の意味は後述するとして，「己れ自身に根ざすこと」，これがローゼンツヴァイクの語るユダヤ民族の共同体の起源であり，「血縁」の意味である。かれは，ユダヤ民族はすべてを自らの「血の暗い泉」（GS II, 338）から汲み上げるとまで書いている。このようなユダヤ民族における外在的なものからの徹底的独立という議論が，今度は土地，言葉，そして律法との特異な関係に即して展開される。

　ローゼンツヴァイクによれば，ユダヤ民族以外の諸民族の共同体が「永遠性のためにかれらの《われわれ》を確定しようとするならば，その民族に未来のある場所を保証してやることしかできない」（GS II, 331-332）。他の諸民族の共同体が《われわれ》というカテゴリーを創出するためには，ある場所，つまり土地とのつながりが不可欠である。かれらは土地に根を下ろし，「その永遠性への意志は土地とその支配，つまり領土に必死にし

---

12) Gordon, *Rosenzweig and Heidegger*, 209.
13) Löwith, "M. Heidegger und F. Rosenzweig," in *Sämtliche Schriften*, Bd. 8, 92.「ハイデガーとローゼンツヴァイク――『存在と時間』への一つの補遺 2」，26頁。
14) レヴィナス「『二つの世界のあいだで』――フランツ・ローゼンツヴァイクの道」『困難な自由』，217頁。傍点引用者。

がみついている」(GS II, 332)。というのも,「世界の諸民族は血縁共同体では満足することができない」(GS II, 332) のであり,そもそもかれらは血縁共同体を信じていないからである。しかし,ユダヤ民族はこれとはまったく反対の立場を示す。たとえそこが聖地であってでも。

永遠の民族にとってもっとも深い意味で土地が自分のものとなるのは,まさしくただおのれの憧憬の土地 (Land seiner Sehnsucht), 聖なる土地 (heiliges Land) としてだけである。それゆえ,この民族は,たとえ故郷にいるときでさえ,ふたたび地上のすべての民族とは違って,故郷の完全な所有を拒まれることになる。おのれの土地においてもこの民族そのものはよそ者 (Fremdling) であり,居留民 (Beisaß) でしかないのである。「この土地はわたしのものである」("mein ist das Land"),と神はこの民族にいわれた。永遠の民族がその土地をつかむことができたあいだ,土地のこの神聖さが民族の無邪気な干渉からその土地を遠ざける (GS II, 333)[15]。

ユダヤ民族はおのれの故郷である聖なる土地にあっても,そこに安らぎを求めることはできない。なぜならその土地はかれらが占有できるものではなく,神の所有物だからである。聖なる土地はつねにユダヤ民族から距離を取り,同時に憧憬の対象となる。しかもこの土地への憧憬には終わりがなく,他の土地を我が物とすることもかれらにあっては不可能である。「土地の神聖さは失われた土地への民族の憧憬を無限に高め,これから先この民族が他の土地に馴染むことはもはやまったくないのである」(GS II, 333)。その意味では,ユダヤ民族はつねに「追放」(Exil) (GS II, 333)

---

15) 引用にある「この土地はわたしのものである」の出典は,「レビ記」25:23 である。「土地はわたしのものであり,あなたたちはわたしの土地に寄留し,滞在する者にすぎない」。フォン・ラートによれば,「この句は明らかに土地に対するイスラエルの関係についてまさにイスラエルに特徴的な表現を含んでいる。周囲の諸民族は,われわれのみる限り,かれらの土着性を強く強調するのに対し —— かれらにとって土地所有は宗教的原事実であった ——,イスラエルは特別の導きと,ヤハウェによって初めて生じた土地貸与の記憶を決して忘れることはなかった」。Gerhard von Rad, *Theologie des Alten Testaments. Band I Die Theologie der geschichtlichen Überlieferung Israels* (München: CHR. Kaiser Verlag, 1987), 38-39.『旧約聖書神学Ⅰ イスラエルの歴史伝承の神学』(荒井章三訳,日本基督教団出版局,1980年), 46頁。

のうちで生きざるをえない。しかもこの場合,「追放」とは地域的・政治的な意味で解されているわけではない。なぜならユダヤ民族は聖なる土地にあっても,自らの土地への憧憬から解放されるわけではないからである。それゆえ,ローゼンツヴァイクがいうユダヤ民族の「追放」とは,「政治的現実」よりもさらに根源的な「ユダヤ民族の存在のあり方を規定する存在論的カテゴリー」として受け取られなければならない[*16]。

このようなユダヤ民族と土地の関係は,言葉の問題においても類似した仕方で示されている。他の諸民族がおのれの土地に絶大な信頼を寄せていたように,言葉もまたその民族の生活にとって不可欠なものである。しかしローゼンツヴァイクによれば,ユダヤ民族の場合は事情が異なっている。

> 他のあらゆる民族が自ら自身の言葉と一つであり,その民族が民族であることをやめてしまうならば,その民族にとって言葉は口のなかで枯れてしまうのに対して,ユダヤ民族はおのれが話している言葉ともはや一緒に成長することはまったくない (GS II, 334-335)。

ユダヤ民族の言葉は,「日常生活の言葉」(GS II, 335) であることをやめてしまった。とはいえ,かれらの言葉が死んでしまったのではない。むしろ,ユダヤ民族の言葉は祈りのなかで使われることによって「『聖なる』言葉」("heilige" Sprache) (GS II, 335) になったのである。かくしてこの「聖なる言葉」は他の民族の言葉のように当の民族とともに滅びることもないし,他の民族とは異なる時間,つまり祈りと祭儀の時間のなかにのみ存在する。曰く,「自らの言葉の神聖さが,いつか時間と完全に一致して生きることを永遠の民族に対して阻止するのである」(GS II, 335)。しかし,同時にこの神聖な言葉はユダヤ人にとっては「聖なる土地」と同様に憧憬の対象となってしまった。「ユダヤ人がそのうちでただ祈ることのみできる聖なる言葉の神聖さは,自らの言葉という土壌のうちにかれの生活の根を下ろさせることはしない」(GS II, 335)。

最後にユダヤ民族における律法の問題をローゼンツヴァイクは論じているが,ここでもまた律法が有している特殊な時間的内実が示されている。

---

16) Mosès, *System and Revelation*, 179.

第5章 永遠性が到来する共同体

ユダヤ民族にとって「慣習」(Sitte) や「律法」(Gesetz) は「二つの変わることのない基準」であり (GS II, 337)、「時間の絶対的不動化」[*17]を引き起こしている。「時間の生きた経過のなかで律法を更新したような立法者はここにはいない。おそらく更新であるものも、すでに永遠の律法のうちに含まれていたし、その啓示のなかでともに啓示されていたかのように装わなければならない」(GS II, 337-338)。かくして時間を超越するユダヤ民族の姿がここにおいて極まることになる。ユダヤ民族にとってその時間的な生活は、「永遠の生命 (das ewige Leben) のために拒まれている」(GS II, 338)。ただしこのようなユダヤ民族における時間の超越は他の諸民族が生きる世俗的な時間からの乖離であって、祭儀や祈りにおける聖なる時間はユダヤ民族にとって永遠性への通路となる。いや、ユダヤ民族は永遠性をおのれのうちに有していたのであり、だからこそ土地も言葉も、そして律法も「生けるものの圏域から切り離され、われわれにとっては生けるものから聖なるものへと高められているのである」(GS II, 338)。「生けるものの圏域」とは、時間的な領域を指している。しかしユダヤ民族はたとえ聖なる時間のなかであっても、永遠性とともに生き続けなければならない。《われわれ》という次元に固執するローゼンツヴァイクの肉声を聴こう。

> ……われわれは依然として生きており、永遠に生き続ける。われわれの生活は、もはやいかなる外的なものとも結びつけられてはいない。われわれは、われわれ自身のうちに根を下ろしたのだ。われわれは、大地に根を下ろすことがなく、したがって、永遠のさすらい人 (ewige Wanderer) ではあるが、われわれ自身のうちに、われわれ自身の肉と血のうちに深く根を下ろしている。そして、このようにわれわれ自身のうちに根ざし、われわれ自身のうちにのみ根ざしているということこそが、われわれの永遠性を保証しているのである。(GS II, 338-339) [*18]

---

17) Ibid., 181.
18) この引用において、あまりに《われわれ》という言葉が多用されているように思われる。先に述べた「血縁」という概念とともに、《われわれ》というカテゴリーもまたどのように解釈すべきであろうか。例えば、この問題を当時のドイツでもっとも鋭く洞察したのがカール・シュミットであった。国家=主権者が「友と敵」の区別をする瞬間がもっとも政治的な瞬間であり、あらゆる法規が停止した例外状況において決断を下すのが主権者である。それゆえ、例外状況における決断には法は存在しない。すべてが無から、主権者の決断から

ローゼンツヴァイクにとって、ユダヤ民族は自ら永遠性を創造することによって「永遠の生命」を生きている。しかし同時に、ユダヤ民族は祭儀のなかでも永遠性の到来を待ち望んでいるのである。モーゼスが指摘するように、「聖なる時間の循環は同じ物語を語り、同じシナリオを反復する。祭儀に係わるものはつねに同じであるから、その周期的回帰は日々の移ろいを停止させ、生成のまさに中心に安定性を制定する。……宗教的時間の循環は、時間の連続的線の上に、永遠性の数々の断片をいわば投影するのである」[19]。そうであれば、ユダヤ民族はおのれの永遠性を祭儀のなかであらためて認識し、経験するといえよう。すなわち、《永遠性の永遠化》こそ祭儀における象徴的時間において絶えず生起しているのである。永遠性が何か静的なものとして捉えられるならば、それは誤解であろう。「此岸的な反復」が瞬間を永遠性の保証人たる「時」へと変えていくように (GS II, 323, 324)、ユダヤ民族の永遠性も祭儀のなかでつねに経験し直されている。ローゼンツヴァイクは、これらの議論に続けてさらにユダヤ教における祭りを分析していく。われわれはかれの議論をすべて追うことはあまり得策とは考えないので、以降、現在と過去の関係が興味深く展開されているシャバット（安息日）の議論に絞って考察してみよう。

ii）過去を想起すること ——「永遠に現在的な記憶」

ヨセフ・ハイーム・イェルシャルミは、ユダヤ人にとって「集合的記憶は、年代記を通してよりも儀礼を通して、より積極的に伝達されている」[20]と

生まれる。「無からの創造」を彷彿させるシュミットの政治神学は境界線の引き方、あるいは自らとは異質な外部の構成を主権者に委ねる。これに対してローゼンツヴァイクはシュミットと類似する仕方で、《われわれ》の創出と同時に他者の到来について語る。「主の聖徒は神の審判を先取りしなければならない。かれは神の敵を自らの敵として見分けなければならない」(GS II, 265)。このようにローゼンツヴァイクとシュミットは《われわれ》の創出と他者の決断／審判の問題において大変近い位置にあるが、両者のあいだには根本的な差異もある。シュミットにとって、決定的な共同体の単位は国家である。しかし、ローゼンツヴァイクによれば、ユダヤ民族は国家とは無縁の存在であった。しかも、かれらは国家が戦争に夢中になっていた歴史とは別なる歴史を歩んでいたのである。この問題は本節の iii）で考察される。なおシュミットの思想については、以下のかれの著作を参照されたい。カール・シュミット『政治的なものの概念』(田中浩・原田武雄訳、未来社、1970年)、あるいは『政治神学』(田中浩・原田武雄訳、未来社、1971年)。

19) モーゼス「ユートピアと救済」『歴史の天使』、88頁。
20) ヨセフ・ハイーム・イェルシャルミ『ユダヤ人の記憶　ユダヤ人の歴史』(木村光

書いている。ローゼンツヴァイクもまた聖書の伝統に従いながら，ユダヤ人における過去の想起とシャバットの関係を論じている[21]。かれによれば「週という期間の循環において毎年，一度トーラー全体が読了されるのだが，この循環のなかで霊的年（das geistliche Jahr）が歩測され，この経過の歩みがシャバッテ（die Sabbate）である」（GS II, 344）。シャバットは週毎に必ずやってくるのであり，この「シャバットの定期的な再来」が「日常生活のその核心に聖なる時間を投影する」[22]。またシャバットは，あらゆる祭日のなかでももっとも小さな周期でやってくるものであり，「聖なる時間の基本単位」[23]である。それゆえ，シャバットは週よりも大きい単位である年を形成しており，「年の現存性（Dasein）は，週毎に新しく創造されなければならない」（GS II, 344）。「霊的な年は，まさに持続的な週という週期間のうちに完全に捉えられている」（GS II, 344）。その意味では，シャバットは「年の礎石」（Grundstein des Jahrs）（GS II, 345）である。また同時に，シャバットそのものに内在する祭儀的な意味が問われなければならない。すなわち，シャバットとはまさに「創造を想起するお祝い」（das Erinnerungsfest der Schöpfung）（GS II, 345），創造を記念する聖日である。あるいはヘッシェルがいうように，「安息日は時間に含まれている永遠的なものにあずかり，創造の諸結果から創造の神秘へ，すなわち創造された世界から世界の創造そのものへ目を向けかえるよう要求される日である」[24]。

このような創造とシャバットとの関係の聖書的根拠は，「創世記」や「出エジプト記」のなかにある。「神は六日のあいだに天地を創造され，七日目に憩われたからである」（「出エジプト記」31: 17）（GS II, 345）。ここから，週の七日目はシャバットとして「『はじまりの御業を想起する』」（der "Erinnerung an das Werk des Anfangs"），より正確にいえば「その御業の完成を想起する（[der Erinnerung] an die Vollendung jenes Werks）祝日」（GS

二訳，晶文社，1996年），40頁。

21) ローゼンツヴァイクの私生活にとっても，シャバットはきわめて重要な意味をもっていた。Horwitz, "The Shaping of Rosenzweig's Identity According to the Gritli Letters," in *Rosenzweig als Leser*, 35-41.

22) Mosès, *System and Revelation*, 188.

23) Ibid.

24) ヘッシェル『シャバット』，19頁。

II, 345) になったのである。創造は世界が一度創造されたということのうちではなく,「世界の毎朝の刷新」のうちでこそ, その力を働かせているように, シャバットもまた創造の祭日として「年のなかの一度限りの祭日」ではなく,「年の完全なる循環を媒介にして」毎週刷新されなければならない (GS II, 345)。さらにローゼンツヴァイクは, 金曜日の夕方からはじまり土曜日に終えられるシャバットにおける一連の祈りや祭儀を, 創造, 啓示, 救済という「神の日の完全に一貫した軌跡」(GS II, 347) に対応させながら考察する。かれによれば「〔シャバットの〕前夜が創造の祭になるのであれば, いまや〔シャバットの〕朝は啓示の祭になる」(GS II, 346)。シャバットの前夜が「この世のあらゆるものの被造物性に関する知恵」を憶える時であるならば, シャバットの朝は「トーラーの授与とこの授与のなかで生起する民族の中心にある永遠なる生命の移植を通して, 民族の選民性という意識」を思い出す時である (GS II, 346)。かくしてユダヤ人は,「この永遠の生命という意識とともにシャバットの内部で, 創造と同様に啓示を救済からなお区別している閾を乗り越えていくのである。正午の祈りが救済の祈りになる」(GS II, 347)。この祈りのなかでは, イスラエルは「選ばれた民族」ではなく,「『一なる』民族, 『唯一の』民族, 一者の民族」(das "eine", das "einzige" Volk, das Volk des Einen) (GS II, 347) となる。ユダヤ人は祈りのなかで救済を待望し, シャバットと日常, 聖と俗を区別した神を讃え, シャバットは終わりを向かえる[25]。ユダヤ人は, シャバットという聖なる時間のなかで創造からはじまり啓示を経て救済を先取りし, それを経験する。それゆえ, シャバットにおける一連の構造は「理想的な救済の世界」[26]ということができるかもしれない。とはいえ, もちろん最終的な救済, 完成が到来したとはけっしていえない。シャバットは「つねに刷新された創造」(GS II, 348) であり, 過去における神の創造の業を想起する日である。シャバットのなかで救済が先取りされるとし

---

25) シャバットの終わりに捧げられる祈りは次のようなものである。「預言者エリヤ, ティシュベのエリヤ, ギレアデのエリヤ, エリヤがダビデの子である救い主と共に, わたしたちの世にすみやかに来ますように」。「万物の支配者なる神, 世俗から神聖を, 闇から光を, 天地創造の六日間から七日目の安息日を分けられるが主なる神がたたえられますように。世俗から神聖を分けられる主がたたえられますように」。『ユダヤの祈り —— 祈りのこみち』(ロイ・真・長谷川訳, 長谷川家財団, 2001年), 109頁

26) Mosès, *System and Revelation*, 190.

ても、シャバットは「完成の夢」であり、「一つの夢にすぎない」(GS II, 348) とかれはいう[27]。

さてローゼンツヴァイクによれば、シャバットは過去における創造の出来事だけでなく、ユダヤ民族の出エジプトの出来事とも深い関係を有している。もちろんこの解釈は、シャバットと創造の関係と同様に、聖書や祈りのなかにその根拠を見出すことができる。「申命記」5:15 には次のように書かれている。「あなたはかつてエジプトの国で奴隷であったが、あなたの神、主が力ある御手と御腕を伸ばしてあなたを導き出されたことを思い起こさねばならない。そのために、あなたの神、主は安息日を守るよう命じられたのである」。ユダヤ人の安息日の祈りには次のようなものがある。「……主は、世界が神の創造の御業であることを思い起こさせるために、愛と恩恵をもって、神の安息日をわたしたちの遺産とされました。これは神聖なる日のうちで最も重要な日であり、出エジプトの救いを思い起こす日でもあります」[28]。ローゼンツヴァイクによれば、「一民族の民族への創造は、その解放のなかで生じる。こうして民族の歴史の最初の祭りは解放の祭りである。それゆえ、正当にもシャバットは、すでにエジプトからの脱出を思い起こさせるものとしてあらわれる」(GS II, 352)。創造において世界が造られたように、ユダヤ民族は出エジプトの出来事のなかで民族たらしめられたのである。

シャバットの定期的なくり返しのなかで、神の始まりの御業と出エジプトにおける民族の解放の出来事はつねに想起され続ける。たしかに「聖書時代の歴史的な出来事は、依然として特異的であり、不可逆的である。ところが心理的には、それらの出来事は循環的、反復的に『経験されていた』のであり、すくなくともある程度は時間を超越した永遠的なものである」[29]。それゆえ、ユダヤ民族にとってその歴史の想起は時間という基準では測りえないものといえよう。

---

27) またモーゼスは次のように書いている。「聖なる時間の最小単位として、シャバットはつねに世俗的な世界の縁にとどまっている。この意味で、シャバットは創造の世界のなかで反映されているように、救済のイメージを示している」Ibid., 190。
28) 『ユダヤの祈り――祈りのこみち』、99頁。
29) イェルシャルミ『ユダヤ人の記憶 ユダヤ人の歴史』、78頁。

なぜなら歴史的記憶は，毎年過ぎ去っていくような過去のなかにある固定された点ではなく，つねに同じぐらい近く，実際にはまったく過ぎ去ることがない，永遠に現在的な記憶（ewig gegenwärtige Erinnerung）である。各人それぞれがかれ自身もともに連れ出されたかのように，エジプトからの脱出をみるべきである（GS II, 337. 傍点引用者）。

　ユダヤ民族にとって過去の出来事は，伝承によって忘却を回避されながら「永遠に現在的な記憶」として，いまでも自ら経験することが可能である。それゆえ，かれらにとって過去の想起は〈過去－現在〉というように二つに引き裂かれているのではない。そうではなく，過去も現在も共時的に自らの前に生起している。それゆえ，シャバットの最後で救済への祈りが行われるならば，まさにシャバットとは「人間的，世界的，そして過去的，現在的，未来的，これらすべての次元が不可避的に単一の瞬間のなかに本来的に存在しているものとして経験され，またそれ自体で神的なものとの継続的な関係のうちにあるような仕方でもって時間経験を変容させる祭儀」[30]であろう。こうして現在における創造・出エジプトの出来事の想起（過去）と救済の先取りあるいはメシアの待望（未来）によって，「時間の痙攣的収縮という宗教的経験」が生じるのであり，この収縮は「過去と現在と未来との絶対的同時間性」を引き起こす[31]。

　またそもそもシャバットだけでなく，年に一回定期的にやってくる三つの巡礼の祝祭（die drei Wallfahrtfeste），すなわち過越しの祭り（Pesah），七週の祭り（Shavuot），仮庵の祭り（Sukkot）を通してイスラエルは歴史を追体験し，現在化させる。それゆえ「現実的には，この祭りのなかで歴史的なものは完全に真の現在である」（GS II, 352）。祭儀を媒介にして「民族の創設，絶頂，そして永遠性」（GS II, 352）は年毎に，世代毎に新たに生まれ変わる。過去の出来事と祭儀の聖なる時間は，祭儀のなかでは「歴史的時間と典礼的時間との溶融」，あるいは「垂直性と循環性の溶融」と

---

30) Joseph Turner, "Metaphysical and Hermeneutic Aspects of Recollection of the Past in Jewish Ritual According to Franz Rosenzweig," in *The Legacy of Franz Rosenzweig. Collected Essays,* ed. Luc Anckaert, Martin Brasser, Norbert Samuelson (Belgium: Leuven University Press, 2004), 164.

31) モーゼス「ユートピアと救済」『歴史の天使』，89頁。

なってあらわれるが[*32]，これもまたユダヤ民族が有している「永遠に現在的な記憶」があってこそ可能だといえよう。

われわれはこれまでユダヤ民族のうちなる永遠性，そして過去を想起することの意味をみてきた。それぞれの議論において，ローゼンツヴァイクの時間論が展開されていたが，もう一つかれはユダヤ民族と国家の関係を，世界史の問題と絡めながら考察している。ローゼンツヴァイクによれば，ユダヤ民族は国家が戦争に夢中になっていた歴史とは別なる歴史を歩んでいる[*33]。ここで思い出していただきたいのだが，先に「血縁」の議論を確認した際，引用したレヴィナスの文章にはローゼンツヴァイクのユダヤ教理解の特徴として「己れ自身に根ざすこと」ともう一つ「歴史の流れへの全き無縁性」という言葉があったはずである。通俗的に考えられている「歴史のなかで神とともに歩むユダヤ人」というイメージを，根底から覆すようなレヴィナスの言葉は何を意味しているのだろうか。この問いが，われわれを次の議論へと導いていく。

iii）世界史と政治からの退却

ローゼンツヴァイクの哲学体系において，「政治的なもの」と「宗教的なもの」は一方が他方に従属しているのではなく，二つの対立するカテゴリーである[*34]。とりわけユダヤ民族の永遠性と他の諸民族の国家とのあ

32）イェルシャルミ『ユダヤ人の記憶　ユダヤ人の歴史』，78頁。

33）また，ローゼンツヴァイクの歴史観を考察する場合，かれと後期シェリングの関係も重要である。かれはローゼンシュトックに送った手紙のなかでシェリングが『啓示の哲学』で論じた三つの時代区分，つまり「ペトロの時代」，「パウロの時代」，そして「ヨハネの時代」という用語を使っている（GS I-1, 303: 1916年11月30日）。もちろん，この時代区分はフィオーレのヨアキムに遡るものであるかもしれないが，ローゼンツヴァイクはシェリングからこれらの時代区分を学んでおり，かれはヨハネの時代をフランス革命以後に設定し，そこにキリスト教の普遍性をみている。それゆえ，ローゼンツヴァイクのキリスト教理解そして歴史観はヘーゲルの影響の下だけでなく，かれに対する後期シェリングの影響という問題圏に引き継がれるものであろう。ローゼンツヴァイクと三つの時代論，後期シェリングの関係については，次の研究が詳しい。Mosès, *System and Revelation*, 42-45; Altmann, "Franz Rosenzweig on History," in *The Philosophy of Franz Rosenzweig*. また，フィオーレのヨアキムの思想とその影響については，以下の書物を参照されたい。カール・レーヴィット『世界史と救済史——歴史哲学の神学的前提』（信太正三・長井和雄・山本新訳，創文社，1964年）；バーナード・マッギン『フィオーレのヨアキム——西洋思想と黙示的終末論』（宮本陽子訳，平凡社，1997年）。

いだにおかれた対立は真っ向から衝突する性格をもっている。たとえ世界の諸民族が大地の上に境界線を引くゲームに没頭し，数多の領土を勝ち取ったとしても，ローゼンツヴァイクによれば「世界の諸民族はかれらの土地が山や川とともに今日と同じようになおこの空の下にありはするが，そこに他の人間たちが住むようになる時がいつかくるのを予想している」（GS II, 338）。世界の諸民族は，やがて自分たちに死が訪れ，自らが獲得した大地に裏切られることを知っている。その時，諸民族が形成した国家はその真の姿をあらわす。「神の民族において，永遠的なものはすでにそこに，そして時間の真っ直中にある」（GS II, 369）。これに対して国家は，あたかもユダヤ民族の永遠性の「模倣者」や「競争相手」であるかのように（GS II, 369），変転する歴史の流れのなかで自らの永遠性を示そうとする。

　絶えず変動する諸民族の生は，永遠性を目指す国家にとって自らの存立を脅かすものである。それゆえ，「国家は諸民族の生の絶え間ない変化を維持（Erhaltung）と更新（Erneuerung）のなかでつくり直さなければならない」（GS II, 369）。しかし，生は変化のみを欲しているのであって，人は同じ川に二度と入ることはできない。そこで国家は諸民族の生に法をかぶせ，国家の流動性を安定性へともたらそうとする。ところが，法であっても生の流れを境界線によって囲い込み，それをくい止めるのは不可能であった。こうして国家は法に続いて，「暴力」（Gewalt）を発動する（GS II, 370）。

　「国家が知っている唯一の現実は，戦争と革命である」（GS II, 370）。法に対する生の反抗とは，おそらく革命のことを指しているのであろうが，国家がもっとも恐れるのは外部からやってくる戦争と内部から噴き出る革命である。国家はあらゆる手段を使って生の流れに対抗する。しかし，単に法が暴力に席を譲るわけではない。むしろ，「暴力が新しい法を根拠づけるということが，あらゆる暴力の意味である」（GS II, 370）。それゆえ，暴力は「法の否定」ではなく「法の基礎」である（GS II, 370）。生の流れは国家の安定性を脅かし，既存の法を超えて行くために，国家は新しい法

34）Stéphane Mosès, "Politik und Religion. Zur Aktualität Franz Rosenzweigs," in *Der Philosoph Franz Rosenzweig*, Bd. II, 859.

をつねに創出しなければならない。かくして暴力は「古い法の更新者」(GS II, 370) になる。

> 法は，暴力的な行為において絶え間なく新しい法になる。そして，国家は合法的であると同時にまさに暴力的であり，古い法の避難所であると同時に新しい法の源泉である (GS II, 370)。

　国家は，自らの体制を維持すると同時に更新していかなければならない。古い法は絶えず新しい法に変更される。法は，生を囲い込むために不断に境界線を引き直す。古い法が，新しい法を基礎づけるのではない。法が暴力に基づいて更新されることのうちに国家の安定性と正統性が存する。そして，国家は「あらゆる瞬間において，維持と更新，古い法と新しい法の矛盾を暴力的に決着させる」(GS II, 370)。

　「国家なき世界史はない」(GS II, 371)，とローゼンツヴァイクはいう。マイネッケの下でヘーゲルを研究したかれの経験が，こういわせるのであろう。かれの国家批判は，歴史批判と密接に結びついている。あくまで世界史の主人公は国家である。では，国家なき民であったユダヤ民族の歴史はいかなるものなのであろうか。

> 永遠の民族の真の永遠性は，国家や世界史とはつねに無縁であり，不快なものにとどまっている。世界史のエポックにおいて国家がその鋭い剣で時代という成長する木の皮へと刻みつける永遠性の時間に対して，永遠の民族は無頓着にそして冷静に毎年，自分の永遠の生命の幹のまわりに年輪を重ねていく。この静かでまったくわき目をふらない生に対して世界史の力は砕け散る (GS II, 371-372)。

　ここでいわれている世界史はあくまでヘーゲル的な歴史哲学を前提としており，かれの場合，世界史はつねに国家との関係で語られるがゆえに，その主体は国家となる。それゆえ，結果的にユダヤ民族は世界史から排除されることになった。なぜなら，ユダヤ民族は世界史のうちで国家をもたないからである。しかし，だからこそユダヤ民族は世界史に生じるさまざまな出来事において国家がいかに永遠性を語ろうとも，それを相対化し，

偽の永遠性であることを見抜くことができたのである。モーゼスに「真に受けられたヘーゲル」というタイトルの論文があるが，かれに倣えばローゼンツヴァイクはヘーゲルの世界史の哲学を巧みに受け取りなおし，ユダヤ民族に対して国家の喪失ではなく，むしろ国家からの独立性を与えた。それゆえ，われわれはローゼンツヴァイクにおいて「真に受け取られたヘーゲル」は同時に逆手に取られたヘーゲルであるとみなすことができよう。かくしてユダヤ民族の永遠性は，国家があげる偽りの永遠性と真っ向から対立することになる。

> 暴力の腕は，最新のものを最後のものと無理やり一緒にして，真新しい永遠をつくりあげるかもしれない。だが，それはもっともあとの子孫ともっとも古い先祖との和解ではない。そして，国家のために書き記された世界史的瞬間の世俗的な，あまりに世俗的な擬似永遠性のまやかしを無言で暴露するために，この生命の真の永遠性が，父の心の子供へのこうした布教が，われわれの現存在を通してくり返し世界の諸民族の眼の前に突きつけられるのである (GS II, 372)。

もちろん，ユダヤ民族も世界のなかで生を送っている以上，厳密な意味においては世界史のうちにある。しかし，いずれにせよユダヤ民族はかれにとって国家が中心となるヘーゲル的な世界史とは別なる歴史を歩んでいるのであり[35]，世界史や国家との「境界線なき分離」[36]を生きている[37]。こうしてユダヤ民族は世界史という舞台で踊ることをやめてしまったのであり[38]，アルトマンによればローゼンツヴァイクがここで示唆している

---

35) ヘーゲルとユダヤ教の関係については以下の著作を参照されたい。Yirmiyahu Yovel, *Dark Riddle: Hegel, Nietzsche, and the Jews* (Cambridge: Polity Press, 1998), 1-101.『深い謎：ヘーゲル，ニーチェとユダヤ人』(青木隆嘉訳，法政大学出版局，2002年)，2-142頁。

36) レヴィナス「フランツ・ローゼンツヴァイク――ある近代ユダヤ思想」『外の主体』，102頁。

37)「ユダヤ人は，現世の歴史，つまり，政治，戦争，土地への定着といった策謀によって定義される歴史をものともしない。数々の国民や民族を創り出し，変化させてきた国家の暴力，戦争や革命は，ユダヤ人の永遠性に何ら影響を与えるものではない。というのも，ユダヤ民族の永遠性は，ユダヤ教的時間の特殊な諸様相のなかで――この民族の法や慣習等々の儀式的な諸範型のなかで創造されるものだからである」Handelman, *Fragments of Redemption*, 200.『救済の解釈学』，359頁。

第5章　永遠性が到来する共同体　　　　　　　　　　　227

のは「ユダヤ教のメタ歴史的な実存」[*39]である。

　ローゼンツヴァイクにとってユダヤ民族は，自らの血縁によってすでに永遠性が保証されていた。それゆえ，かれらは諸民族が関わる時間や歴史とは無縁の生を送り，自らの血縁共同体のなかで経験する宗教的時間を生きる。循環する宗教的祭儀がかれらに永遠性を先取りさせる。この循環において未来は牽引力である。「現在は，過去が現在を先へと押し進めるからではなく，未来が現在を次第に引っ張っていくがゆえに，過ぎ去っていく」(GS II, 364)。しかし，「暴力の腕は最新のものを最後のものと無理やり一緒にして，もっとも新しい永遠性を強制するかもしれない」(GS II, 372)。これに対して，ユダヤ民族の永遠性は「歴史の流れへの全き無縁性」（レヴィナス）とともに国家が捏造したまやかしの永遠性を打ち砕く[*40]。

　ドイツ文化と一体化しようとしたユダヤ人の同化主義も，あるいはどこか別の地にユダヤ人国家を創設しようとした政治的シオニズムも，ローゼンツヴァイクの眼からみればユダヤ民族の本質的在り方からの逸脱である。とりわけ実現されたユダヤ人国家が，皮肉にもユダヤ・ナショナリズムへと駆り立てられている現状は，ローゼンツヴァイクの議論とはまったく正反対の結論に行き着いたといわざるをえないであろう。「世界は，ユダヤ人にとって『此岸の世界』から『来るべき世界』へとすり抜けるように行き来できるいくつもの通路で満たされている」(GS II, 390)。われわれはこの言葉をシオニズム，そして現在のイスラエルと照らし合わせると

　　38）　ローゼンツヴァイクが語るあまりに非歴史的なユダヤ教は，実のところ学生時代の歴史学への不信のうちに一つの源泉を見出せるかもしれない。マイネケは次のように書いている。「ローゼンツヴァイクの世界から遮断された非歴史的なユダヤ教概念は，無時間的で宗教的な実存様式を目指すことによって，かれが歴史学を研究していたあいだ，かれを苦しめ続けた相対主義と懐疑主義という人を立ちすくませる力を回避し，克服することを可能にした」。Meineke, "A Life of Contradiction," 467.

　　39）　Altmann, "Franz Rosenzweig on History," in *The Philosophy of Franz Rosenzweig*, 130. アルトマンは周りの世界から孤立したローゼンツヴァイクのユダヤ教理解とマックス・ヴェーバーの『古代ユダヤ教』との議論の親近性を指摘している。事実，ローゼンツヴァイクは『救済の星』を書いたあとに，ヴェーバーの『古代ユダヤ教』を知ったことを残念に思ったようである（Ibid., 128-129）。

　　40）　モーゼスによれば，ローゼンツヴァイクにとって「諸民族の生における国家」と「ユダヤ民族の生における典礼と礼拝の時間の経験」は同じ機能を果たしており，「両者において，死から逃れ，永遠性を獲得することが重要である」。Mosès, "Politik und Religion," in *Der Philosoph Franz Rosenzweig, Bd. II*, 869.

き，いかに解釈すればよいのであろうか。

「永遠の生命をわれわれの真っ直中に植えつけられた主が，讃えられますように」*41（Gepriesen sei, der ewiges Leben gepflanzt hat mitten unter uns）（GS II, 331, 372）。ユダヤ教を論じた『救済の星』第三部第一巻の最初と最後におかれたユダヤ教の祈りの言葉である。まさにここでの議論はこの祈りを解釈しているのであり，とくに「永遠の生命」に焦点をあててローゼンツヴァイクはユダヤ教，ユダヤ民族を論じている。またかれは，ユダヤ教を第一巻のタイトルにあるように「炎」（das Feuer）というメタファーで語っている。「永遠の民族のうちでのみ炎が燃えている……炎は静かに永遠に燃えている」（GS II, 372）。ユダヤ民族をあらわすこの炎は，「救済の星」という一つの形象の中心に位置し，そこで燃えている。しかし，その「中核にある炎からまず光線が突然あらわれ，抗いがたく外へ向かって流れていく」（GS II, 331）。「光線」（Strahlen）は「世界を照らしている」（GS II, 372）。この光線こそ，ローゼンツヴァイクにとってユダヤ教である炎と対比されたキリスト教のメタファーである。またユダヤ教をあらわした「永遠の生命」に対して，キリスト教は「永遠の道」と形容されている。かくしてわれわれの次なる課題は，ローゼンツヴァイクのキリスト教理解であり，そのメタファーの意味である。

第3節 「永遠の道」としてのキリスト教

ｉ） 永遠性とキリスト教徒

ローゼンツヴァイクにとってユダヤ民族は，すでに世俗的な時間を超え，世界史の彼方にいる民族であった。「ユダヤ民族は，世界の諸民族がやっと歩いている目標にひとりですでに到着している」（GS II, 368）。いくらかれがキリスト教に対して肯定的な立場を与えるとしても*42，神への直

---

41) 『ユダヤの祈り——祈りのこみち』，155頁。
42) ローゼンツヴァイクのキリスト教理解には当時のドイツにおけるキリスト教神学，いわゆる「文化プロテスタンティズム」の思想が反映していることを見出すことも可能かもしれない。またかれは戦争中に教父の著作をかなり読んでいたようである。Bernhard Casper, "Introduction," in *Jewish Perspectives on Christianity. Leo Baeck, Martin Buber, Franz Rosenzweig, Will Herberg, and Abraham J. Heschel*, ed. Fritz A. Rothschild（New York: Continuum, 1990）, 163,

接性,永遠性への参与をすでに先取りし終えているユダヤ民族とキリスト教徒のあいだには必然的に違いが生じてこよう。「炎」から発せられる「光線」に比せられたキリスト教は,世俗的な時間や歴史との接触を絶ったユダヤ教とは異なる仕方で時間を克服し,永遠性へと参与する。曰く,「光線はその道を時間の長い夜を通って自ら探している」(GS II, 374)。さらにかれは続けて次のように書いている。「キリスト教は時間的ではなく,一つの永遠の道(ein ewiger Weg)でなければならない」(GS II, 374)。ローゼンツヴァイクにとって,「存在する永遠性」であるキリスト教はユダヤ教と同様に「歴史的時間の不毛さ」[43]を乗り越えなければならないのだが,キリスト教はあくまで「時間の長い夜」を通過しながらも同時に「永遠の道」を歩んでいる。それではキリスト教は,いかにしてこの時間を支配しようとするのだろうか。その際,かれは少々複雑な形を取りながら「時期」(Epoche)(GS II, 374)という概念を導入する。

「……時間は生起するすべてのものよりも古く,そして新しいがゆえに,時間の拍子(der Takt der Zeit)は時間のなかで生起するすべてのものを規定する」(GS II, 374)。日常的な「時間の拍子」は出来事をつねに規定するが,この「時間の拍子」としての「瞬間」は「矢のような速さで過ぎ去ってしまう」(GS II, 374)。しかしこのような「瞬間」が単に過ぎ去ってしまわないようにするためには,逆に瞬間が出来事として固定されなければならない。モーゼスは瞬間を出来事へ,つまり「認識の対象」へと変える眼差しを「歴史的な時間の見方」と呼んでいる[44]。それゆえ,出来事へと固定化された瞬間は過去のうちにしか存在せず,それは「過ぎ去った時点」(der vergangene Zeitpunkt) (GS II, 374) でしかありえない。ローゼンツヴァイクはこの歴史的な眼差しによって過去のうちにつなぎとめられた瞬間,出来事を「時間−点」(Zeit-punkt),「時−期」(Ep-oche),「停留する場」(Haltestelle)と呼ぶ(GS II, 374)。「過去のうちにはその止まっている時の並存がある」のであって,「生ける時間は諸点については何も知

---

165. また「文化プロテスタンティズム」については以下の論文を参照されたい。フリードリッヒ・ヴィルヘルム・グラーフ「文化プロテスタンティズム――神学政治的暗号の概念史について」(『トレルチとドイツ文化プロテスタンティズム』深井智朗・安酸敏眞 編訳,聖学院大学出版会,2001年)。

43) Mosès, *System and Revelation*, 224.
44) Ibid.

らない」(GS II, 374)。過ぎ去ることのない「時期」は先行する時間と後続する時間の「中間（時）」(Zwischen) にあることによって (GS II, 374)，その「重み」(GS II, 374) や「客観的－事物的な質」[45] (objektiv-dingliche Qualität) を獲得する。かくして時間によって規定されていた出来事という関係はここで逆転される。不動の瞬間となった出来事，「時期」が反対に流動する時間を支配するのである。「時期」は時間によって流されることはない。歴史家の認識はこの出来事をしっかりと捉えている。しかしローゼンツヴァイクの真意は，このような過去のうちにおかれた出来事，止まれる瞬間にはない。新しい思考にとって重要なのは「過去の認識」ではなく，「現在の経験」である[46]。モーゼスもいうように，ここに『救済の星』における「認識論の中心テーマの一つ」[47]がある。現在という瞬間は過去に移されることなく，現在において「止マレル今」，「中間（時）」にならなければならない[48]。

　　　現在――あらゆる現在――が，時期－形成的 (epoche-machend) にならなければならないだろう。全体としての時間が時――この時間性にならなければならないだろう (GS II, 375)。

ローゼンツヴァイクにとって現在を「時期」へとすることができるのは，まさにキリスト教である。キリスト教は過ぎ去る現在を「止マレル今」としての永遠性へと昇華することで，ユダヤ民族とは異なる仕方で時間を克服する。かれによればキリスト教徒にとって過去とは「キリストの誕生以前の時間」(GS II, 375) である。これに対して現在とは「この世界でのキリストの生活からキリストの再臨まで続くすべての時間」(Alle folgende Zeit von Christ Erdenwandel an bis zu seiner Wiederkunft) であり，この時間こそ「その唯一の偉大な現在」，「その時期」，つまり「中間（時）」である (GS II, 375)。しかもこの「中間（時）」にあるそれぞれの点からは，現在

---

45) Fricke, *Franz Rosenzweigs Philosophie der Offenbarung*, 243.
46) Mosès, *System and Revelation*, 224.
47) Ibid.
48) サムエルソンはこのような「時期」に込められた二つの意味を，「日常的な時間（クロノス）と永遠なる時間（カイロス）とのあいだの区別」に求めている。Samuelson, *A User's Guide to Franz Rosenzweig's Star of Redemption*, 276-277.

第5章　永遠性が到来する共同体

の全体を見渡すことができる。「なぜならそれぞれの時間の点にとって，始まりと終わりは等距離だからである」(GS II, 375-376)。現在における「始まり」と「終わり」とは，イエス・キリストの受肉とその再臨を示している。この二つの出来事は「時間の彼方に」ある「始まり」と「終わり」であり，それゆえローゼンツヴァイクにとってこの二つの永遠性に挟まれた道は「永遠の道」——つまり「中間（時）」——となる。「光線」としてのキリスト教は，「時間の長い夜」を通り抜けながらこの道を照らしている (GS II, 374, 376)[*49]。

また永遠なる「始まり」と「終わり」のあいだにあるキリスト教徒は，自らが「途上に」(unterwegs) (GS II, 376) あることを知っている。すでに自らのうちに永遠性を保持し，目標に到着しているユダヤ民族とは違って，キリスト教徒は終末が来ることを確信しているが，それがいつやってくるかを知ることができない。だからこそ，かれらは自らが「途上に」あることを認識しながらも，同時に自らが立っている点を「始まり」と「終わり」から等距離であるという意味で「中心点」(Mittelpunkt) (GS II, 377) として感じることができる。永遠性のあいだにある点はもはやクロノロジカルな意味での歴史的現在でもなければ，過去における認識の対象でもない。現在のうちのそれぞれの中心点が，それぞれの瞬間が永遠的現在を形成している。こうして「永遠性の徴候」[*50] (das Signum der Ewigkeit) を担っている「キリスト教徒にとって瞬間は，瞬間としてではなくキリスト教的な世界時間の中心点として永遠性の代理人になる」(GS II, 377)。また「永遠の道」にある三つの時間とは「永遠の始まり」，「永遠の中心」，「永遠の終わり」であり (GS II, 377)，いい換えるならば「前－キリスト教的な時代という絶対的な過去」，「最後の審判という絶対的な未来」，そして「過去から未来へと通じている絶対的な現在」である[*51]。「永遠に現在的な道」(GS II, 378) は，歴史のなかに引かれている。その意味では，「キリ

---

49) またモーゼスは，世俗的な時間からみた出来事と永遠性の観点からみた出来事の違いを次のように書いている。「世俗的な時間の観点からみれば，出来事は同一の瞬間の連続におけるたった一つの瞬間にすぎない。……しかし，永遠性の観点からみれば，出来事は時間におけるあらゆる他の点も同様に，聖なる歴史の瞬間であり，神の王国の到来への別なる歩みである」。Mosès, *System and Revelation*, 226.

50) Fricke, *Franz Rosenzweigs Philosophie der Offenbarung*, 244.

51) Mosès, *System and Revelation*, 225.

スト教徒は〔時間の〕流れとの競争を引き受けている」(GS II, 376)。ここが歴史にわき目も振らず，おのれの永遠性と聖なる時間を生きるユダヤ民族ともっとも異なる点である。しかし，ローゼンツヴァイクにとってユダヤ教もキリスト教も，どちらも「歴史的時間の不毛性」(ステファヌ・モーゼス) を克服しようしている点では同一である。もちろん，かれの議論に問題がないわけではない。ローゼンツヴァイクの描くユダヤ教もキリスト教も，あまりに歴史的なものを軽視しているように思われる。完全に世界史に背を向けてしまうか，あるいはそのなかで一心に歴史的なものを克服しようとするか，違いはあるものの行き着く先は両者とも反歴史主義的な思想にあるといわざるをえないだろう[*52]。とはいえ，この問題はすでにここでの議論の範囲を越えている。われわれは本書の終章においてローゼンツヴァイクの思想がもっている反歴史主義的な含意にふれるつもりなので，このあたりで次の議論に移ろう。

ⅱ) 伝道，兄弟愛，同時性

ローゼンツヴァイクによれば，ユダヤ教は「点の無限性」(die Unendlichkeit eines Punkts) であり，キリスト教は「線の無限性」(die Unendlichkeit einer Linie) である。「点」と「線」の違いは，両者が自らの共同体を形成する方法のうちにある。ユダヤ教をあらわす「点の無限性」は，「点がけっしてぬぐい去られない」ということが前提であり，「点は生みだされた血の永遠の自己保存のうちで維持される」(GS II, 379)。これに対して，キリスト教をあらわす「線の無限性」は，線を無制限に延長することができるという可能性のうちにその本質を有している。「永遠の道としてのキリスト教は，つねに広がり続けなければならない」(GS II, 379)[*53]。つまり，線を延長するということは，ローゼンツヴァイクによれば，世界へと歩み

---

52) グットマンは，ローゼンツヴァイクの議論をまとめて次のように書いている。「時間のなかで生起することはすべてキリスト教徒にとっては価値がない。キリスト教徒は，時間の一部たることなく，あるいはまた，時間の変化に従うことなく時間のなかを歩むのである」。Guttmann, *Philosophies of Judaism*, 391.『ユダヤ哲学』，390頁。またカスパーは，イエスの神性を強調するローゼンツヴァイクのキリスト論を取り上げて，端的に次のように書いている。「要するに，ローゼンツヴァイクは非歴史的な条件のなかで考えられた静的なキリスト教を思い描いている」。Casper, "Introduction," in *Jewish Perspectives on Christianity*, 164.

53) さらにかれは次のように書いている。「キリスト教にとって，その存続を単に維持していることはその永遠性の放棄，それゆえ死を意味している」(GS II, 379)。

出て，キリスト教を伝道し，異教徒をキリスト教へと改宗させるということを意味している。それゆえ，キリスト教の伝道をあらわしているメタファーとしての「線」は，世界を，そして歴史のなかを可能な限り無制限に延長していくし，それがキリスト教共同体を形成する方法でもある（GS II, 379）*54。

　他方ユダヤ教をあらわすメタファーである「点」は，まさに民族性のなかにあるがゆえに，祖父から子へという世代間の伝達により自らの共同体を維持していく方法を示している。新しく生まれた点――つまり，子孫――は，幾重にもこれまでの古い点の上へと重ねられていく。しかし，重ねられていく点はぬぐい去ることができないほどその色を濃くしていくかもしれないが，線のように延長することはない。またユダヤ民族は永遠性をおのれのうちにある「血の純粋な泉」(der reine Quell des Bluts)（GS II, 379）から自ら汲んでいるが，キリスト教は「永遠の道」を広げ，伝道していくことによって，自らの永遠性を確保する。「永遠性は道の点を次第にすべて中心点へとすることによって，永遠性は道の永遠性になる」（GS II, 379）。ユダヤ民族の生命があらゆる瞬間において永遠的あるいは永遠的現在であるという事実にこそ，ユダヤ教共同体の形成原理があるならば，キリスト教という「永遠の道」にあるあらゆる点を中心点へと変えていくことにキリスト教共同体の形成原理があるといえよう。ただし「永遠の道」にあるそれぞれの点にユダヤ民族が含まれているかどうかは，微妙な問題である。なぜならユダヤ民族はそもそも世界史から撤退しているがゆえに，キリスト教という「永遠の道」とは異なる仕方で存在しているからである。とはいえわれわれは，ローゼンツヴァイク自身の生涯にこのことを重ね合わせることもできよう。すなわち無限の線であるキリスト教は，世界のなかで無限の点であるユダヤ教と交差することがあるかもしれない。しかし，両者がふれ合ったとしても点はけっして線へ吸収されることはなく，このことはローゼンツヴァイクがキリスト教世界のなかであくまでユダヤ教徒として生きることを決断したことに似ている。かれの判断が正しかったかどうかを見極めることは容易ではない。しかし，ローゼンツヴァイクがイ

　54）「キリスト教は伝道をしなければならない」（GS II, 379）。またモーゼスによれば，キリスト教を「伝道宗教」として特徴づけるのは19世紀のユダヤ教における弁証論の文献においては普通であった。Mosès, *System and Revelation*, 227.

スラエル国家の建設を意図するシオニズムに反対していたことは，かれにとって自らのユダヤ人（教）世界がキリスト教と関わりを絶って生きていくことの不可能性を察したからではないだろうか[*55]。

　ユダヤ教が自らの子孫を「産むこと」（die Erzeugung）によってその共同体を保っていくのであれば，「どんな自然的な絆もない信仰共同体」[*56]であるキリスト教は「永遠性に対する証言（あかし）」（das Zeugnis für die Ewigkeit）を通して共同体を形成していく。「道のそれぞれの点は，それが自ら永遠の道の中心点として知っていることを一度証言しなければならない」（GS II, 379）。それゆえキリスト教という「永遠なる証言の共同体」（eine ewige Gemeinschaft des Zeugnisses）は，「証言された信仰を通して一つになる」（GS II, 379）。またローゼンツヴァイクによれば，キリスト教は「ある者から他の者へとふたたび流れ出て，とぎれることのない洗礼の水の流れのなかで証言の共同体」（GS II, 379）をつくりださなければならない。そして，その信仰は証言を知ることからはじまる。つまり，ユダヤ教の信仰が「証言の内実」ではなく，「証言を生み出すこと」にあるとすれば（GS II, 381），キリスト教の信仰は「何かに対する信仰」（der Glaube an etwas）である（GS II, 379）。ユダヤ民族の信仰は，世代間の伝達，そして子孫を産み続けることにかかっている。「ユダヤ人として生まれた者は，永遠のユダヤ人を産み続けることによって，かれの信仰を証明する」（GS II, 380）。それゆえ，ユダヤ民族の信仰はかれらの存在にかかっており，それは「言語を超えている」（GS II, 380）。このようにローゼンツヴァイクにとって，ユダヤ教の信仰は世代間の伝達であり，民族的な絆のなかにある。モーゼスの簡潔な要約を引用すれば，「ユダヤ教徒であることとは，自分自身を肯定すること，つまりユダヤ民族の永遠性を確信すること」である[*57]。

　さてローゼンツヴァイクによれば，ユダヤ教はその成員を民族の一員として扱うのに対して，キリスト教はその教会に集まってきた人々を個人としてみる。「なぜなら証言をすることとは，つねに個人の事柄だからであ

　55）ローゼンツヴァイクのシオニズム批判と同化主義批判は，次の研究を参照されたい。Mosès, *System and Revelation*, 203-209; idem., "Franz Rosenzweigs Einstellungen zum Zionismus," *Judaica* 53 (1997).
　56）Guttmann, *Philosophies of Judaism*, 391.『ユダヤ哲学』，390頁。
　57）Mosès, *System and Revelation*, 228.

る」(GS II, 380)。しかし，個人はいつまでも個人として別個に存在しているのではない。キリスト教においては「キリストがあらゆる信仰の証言の共同的な内実」を形成しているのであり，「永遠の道」を広げていくことは「すべての個人の共同的な業」(gemeinsames Werk aller Einzelnen) でなければならない (GS II, 380)。ローゼンツヴァイクは教会，「エクレシア」(Ekklesia) を「個人による共同的な業への集合」(GS II, 381) と呼んでいる。またかれは，キリスト教の絆を次のように描いている。

　　人間を，あるがままにうけとめるが，それにもかかわらず性別，年齢，階級，種族などの差別を超えて人間を結び合わせるような絆，これこそ兄弟愛という絆である……キリストは，キリスト教のこの兄弟の絆において道の中心であると同時に道の始まりと終わりであり，それゆえ，絆の内容と目的，創設者であり，主である。と同時に，道の中心である (GS II, 382)。

　このキリスト教の絆は，ユダヤ教の民族的な絆とはまったく異なるものである。ここでは所与のものが，他者との関係において意味をもつことはない。しかもキリストは，「二人の人間がその名の下に一緒に集まっているどこにおいても予期し，待望されている」(GS II, 382)。キリストの名の下に二人の人間がともに集まっているところが「道の中心」となりうるが，同時にここにともにおられるキリストは「キリストの教会の創設者でもなく，主人でもなく，同じ構成員であり，かれ自身がその絆にある兄弟である」(GS II, 382)。いや，一人であってもそこにはキリストがともに存在するのだ。「ただ一人の人間でも —— 一緒に集まっている二人でなくとも —— キリストとの兄弟愛のうちにあってすでに自分をキリスト教徒として自覚している。外見上，自ら一人であるにもかかわらず，この一人であること (dies Alleinsein) はキリストと一緒にあること (Beisammensein mit Christus) なので，教会の成員として自らを意識している」(GS II, 382)。

　このような関係は教会のなかにも当然存在するが，そこでは世俗とは質的に異なる時間が流れている。「教会は，人々がお互いに顔をあわせる共同体である。教会は人々を同時代人 (Zeitgenossen) として，つまり広い

空間の別々の場所にいて時間を共有する者（Gleichzeiter）として結びつける」（GS II, 383）。時間を共有しているといっても，単に時計で測れるような時間をともに過ごしているという意味ではない。この場合ローゼンツヴァイクにとって時間を共有するとはまさに，教会にはいつでも距離や時間の差異を解消してしまう同時性，あるいは時間の不動化があることを意味している。したがって，このような時間は永遠性において捉えられた時間である。「永遠の岸辺からみれば，すべての時間は同時的（gleichzeitig）であるということは論をまたない。また永遠の道として永遠から永遠へと向かう時間もまた，同時性（Gleichzeitigkeit）を妨げない。なぜならただこの限りにおいてのみ，時間が永遠性と永遠性のあいだにある中心であり，人間がその時間のなかでお互い出会うことが可能だからである」（GS II, 384）。そして，このような永遠性が到来する点は人々を中心点へともたらすのだが，その際，時間と距離を一挙に超越するのが愛の，つまり兄弟愛の力である。「愛は男女や敵対関係と同様に民族間の敵対関係を，世代間の隔てと同じように立場の嫉妬を飛び越える。こうして愛は敵対，憎しみ，嫉妬，隔てなどの敵対している人々すべてを，時間のなかの同じ一つの中心の瞬間のなかで互いに兄弟と認めあうようにさせるのである」（GS II, 384）。それゆえ兄弟愛はあらゆる他性の境界線を越境しながら，人々を教会という永遠性が到来する道の中心に集め，人々はイエス・キリストと一緒に共同の業に励むのである。これこそがローゼンツヴァイクにとって，ユダヤ教と同じく「存在する永遠性」であるキリスト教の意味であるといえよう。

第4節　現実性の世界から永遠なる超世界へ

ⅰ）現実性と永遠性の交差

　われわれはこれまで，ローゼンツヴァイクにおけるユダヤ教論とキリスト教論を前者に強調点をおきながら考察してきた。『救済の星』第二部では創造，啓示，救済が特定の信仰共同体の名前をあげることなく，人間論として展開されていた。しかし第三部においては具体的にユダヤ教とキリスト教それぞれの共同体のあり方が語られているのであり，われわれもま

第5章　永遠性が到来する共同体　　237

た時間と永遠性の問題を軸にしてかれの議論を追ってきた。「現実性の世界」のなかでは，神，世界，人間が相互に働きあうことによって，われわれの経験へともたらされる。そこでは過去，現在，未来といった時間の次元が開示されたのだが，少なくとも第二部において本質的に重要な時間は現在である。啓示の巻が『救済の星』の「核となる巻」であるというローゼンツヴァイクの証言からも，このことは容易に推測できる。また論文「新しい思考」のなかには次のような指摘がある。

　　たしかにつねに刷新される生命の現実的な世界において，そこでは現在的なものだけが現在的であり，過去的なものだけが過ぎ去ったものであり，未来的なものだけが到来するものである。しかし，この三つのなかですぐれて時間的であるという意味で (im zeitlichsten Sinn) まさに時間なのは現在だけである（ND, 155. 傍点引用者）。

　現在に生じた出来事は，つねに過去へ向かって過ぎ去ってしまう。瞬間ごとに発せられる神の愛であっても，それが瞬間的である限り，例外ではない。ローゼンツヴァイクは，このことを「背信的」と呼んだのであった。しかし，このような過ぎ去っていく現在も神の王国が「先取り」され，それが現在の真っ直中に到来するならば，その現在は永遠的現在となるのであった。あらゆる時間がそこに収斂していく時間こそまさに永遠性を示している。そして，ローゼンツヴァイクにとってこのような永遠性を真に経験するのは，個人ではなく，《われわれ》という共同体，つまりユダヤ教とキリスト教であった。

　両者は異なる仕方で，すなわちユダヤ民族はすでにおのれのうちに永遠性を有することで，またキリスト教徒は永遠的な始まり（受肉）と終わり（再臨）のあいだにある道の点を，イエス・キリストによって媒介された兄弟愛によって中心点へと変えていくことで，此岸において永遠性を先取りする。この問題に対してゴードンは次のように書いている。「ローゼンツヴァイクは，キリスト教を歴史の『途上に』とどまっているがゆえに，いまだ永遠性を経験しない『中間時の』状態（a "between" condition）として描いている」[*58]。ここからかれはキリスト教徒に対する「ユダヤ人の存在論的優位」[*59]を導き出すのだが，必ずしもそうとはいえないだろう。とい

うのも，たとえキリスト教徒が「永遠の道」の途上にあるとしても，点を中心点へと変えていくという伝道の行為は永遠性を広げていく行為として考えられており，これはユダヤ民族にはできないことだからである。それゆえ，キリスト教徒はユダヤ民族のように自らのうちに永遠性を保持しているとは——ローゼンツヴァイクの議論にしたがえば——けっしていえないながらも，永遠性の光がその中心点へ差し込んでくる可能性までは否定されていないのであって，ローゼンツヴァイクの思想において一概にユダヤ教とキリスト教のどちらが優位かということを決定することは難しいだろう。

さてこのような議論がローゼンツヴァイクの共同体論において展開されていたのだが，ユダヤ教とキリスト教はそもそも完全に「現実性の世界」の一部なのだろうか。永遠性が「現実性の世界」に到来するとき，そこに何の変化も生じないのであろうか。ローゼンツヴァイクにとってユダヤ教とキリスト教は「存在する永遠性」であった。それゆえ，両者は「現実性の世界」のなかにあっても過ぎ去ることなくつねに「形象」を得ていなければならない。そこには「過ぎ去ることのないもの（Unvergehendes）が……存在するという驚異（Wunder）が残っている」（ND, 155）。この驚異こそユダヤ教とキリスト教の存在であり，両者は現実的でありながら祭儀や祈りのなかで「永遠なる超世界」[60]（die ewige Überwelt）を映し出している。「時間的な世界の上に広がっている天空」である「永遠なる超世界」において，「生命の絶え間ない経過は反復される形式として完全なものとなる」（ND, 155）。祭儀の反復された時間の流れが，「現実性の世界」のうちに「永遠なる超世界」を到来させる[61]。曰く，「ユダヤ教とキリスト教，この両者は絶えず刷新された時間という週と年の針の下にある永遠なる時

---

58) Gordon, *Rosenzweig and Heidegger*, 208.
59) Ibid., 207.
60) 『救済の星』第Ⅲ巻のタイトルの一部。
61) フリードリヒ・ゲオルグ・フリードマンによれば，「現実性」と「真理」とのあいだの橋は「祭儀」である。それゆえ，「現実性の観点からみれば，祭儀は永遠の真理を先取りしており，真理からみればユダヤ教とキリスト教の形象において，正確にいえば同じ価値を有した仕方で真理が反映している」。Friedrich Georg Friedmann, "Franz Rosenzweigs Neues Denken. Sein Beitrag zum jüdisch-christlichen Dialog," in *Der Philosoph Franz Rosenzweig (1886-1929). Internationaler Kongreß-Kassel 1986. Bd. I: Die Herausforderung jüdischen Lernens*, herausgegeben von Wolfdietrich Schmied-Kowarzik (Freiburg/München: Verlag Karl Alber, 1988), 408.

計の文字盤である」(ND, 155)。

　ここで注意すべき点が一つある。すなわち「時間的な世界の上に広がっている天空」や「永遠なる超世界」など，無時間的な世界を思わせるような表現である。ローゼンツヴァイクの新しい思考にとって無時間的であることは批判されてしかるべき内容であった。この問題については，ハインツ=ユルゲン・ゲルツの解釈を参考にしてみよう。かれによればユダヤ教とキリスト教という形象は，「永遠なる超世界」を形成しているという意味で「超-経験的」(über-erfahren)であり「超-時間的」(über-zeitlich)である[62]。「現実性の世界」が経験的，時間的であったことを考えれば，ゲルツの指摘は正しい。しかし「超-経験的」や「超-時間的」とは，「非経験的」や「無時間的」を意味しているのではけっしてなく，むしろ別の仕方でこの「超」(über)は経験可能性や時間の意味をあらわしている。ゲルツによれば「超-経験的な」世界は「時間的でさえ」あり，より正確にいえば「終末-時間的」(end-zeitlich)である[63]。「あらゆる時間がこの時間を目指している。……このことをわれわれはローゼンツヴァイクにおける経験する哲学の『メシア的なもの』，つまり終末論的なものとみなさなければならない」[64]。祭儀における聖なる時間のなかで，人間は救済を先取りし，永遠性を経験する。そうであれば，そこにはいつ終末が到来してもおかしくないのである。先にも述べたように，ユダヤ教もキリスト教も無時間的に存在しているわけではない。かくして両者は「この絶え間なく新たにされる現実性を永遠に反映する形象」(Gestalten, die diese allzeiterneuerte Wirklichkeit ewig spiegeln) (ND, 156) として，そこでは現実性と永遠性が交差しているのだ。ローゼンツヴァイクの思想における終末論的次元は，『救済の星』の最終的な結論に関わる問題であり，かれの神観にも深く掉さしている。それゆえ，われわれはこの問題を第6章において考察することにしよう。

---

　62) Heinz-Jürgen Görtz, *Tod und Erfahrung. Rosenzweigs 《erfahrende Philosophie》 und Hegels 《Wissenschaft der Erfahrung des Bewußtseins》* (Düsseldolf: Patmos Verlag, 1984), 113. 同じ著者の以下の論文も参照されたい。"Die Wahrheit der Erfahrung in Franz Rosenzweigs "Neuem Denken"," *Theologie und Philosophie* (Heft 3, 1981).
　63) Ibid.
　64) Ibid.

ii) 分有された真理

　ユダヤ教とキリスト教は，ローゼンツヴァイクの新しい思考にとって他の共同体とは異なる特別な役割が与えられていた。このことは，かれの次の言葉を聴くことでより明瞭になる。「神はまさに宗教ではなく，世界を創造した」(Gott hat eben nicht die Religion, sondern die Welt geschaffen)(ND, 153)。われわれがこれまで可能な限り「宗教」という言葉を使ってこなかったのは，ローゼンツヴァイクのこの言葉を念頭においてのことである。かれにとって，ユダヤ教とキリスト教は「根源的にまったく『非宗教的な』何かでしかない」(ursprünglich nur etwas ganz "Unreligiöses")(ND, 154)のであり，例えばイスラムとは根本的に異なる人間の共同体である。それゆえ，たとえ両者が「宗教」になったとしても，宗教ならざるものへと戻ろうとする「特別な立場」にユダヤ教とキリスト教はある (GS II, 154)。

　　ユダヤ教とキリスト教は宗教 (Religion) になった時でさえ，かれらが有している宗教性 (Religionshaftigkeit) から自由になり，特殊性やその囲い込まれた状態からふたたび現実性の開かれた領野 (das offene Feld der Wirklichkeit) へ戻ろうとする衝動を自らのうちに見出す (ND, 154)。

　ローゼンツヴァイクにとって「宗教」とは，人間の手によって擬制され「造り出された」(stiften) ものである (GS II, 154)。しかし，ユダヤ教とキリスト教は違う。両者は神によって創設された「啓示の歴史的形象」(die historischen Gestalten der Offenbarung)(ND, 153) であり，「神的愛の経験にもとづいた愛の共同体」[*65]である。しかも「この両者が『アダムに対する啓示』("Offenbarung an Adam") を刷新するという理由でのみ，そしてこの限りでのみ，新しい思考はユダヤ教的思考あるいはキリスト教的思考である」(ND, 154) とかれは書いている。もちろんローゼンツヴァイクはモーセやイエス・キリストの存在を無視しているわけではなく，むしろより根源的にみればアダムの存在があるのであって，かれにとって「アダムに対する啓示」以後はその刷新という仕方で人間は神の啓示を受け取る。それゆえ，ユダヤ教とキリスト教という共同体は同じ神の啓示によって基

---

　65) Guttmann, *Philosophies of Judaism*, 390.『ユダヤ哲学』，389頁。

礎づけられており，両者が永遠性へと参与できるのはこの神の啓示があってこそである。またローゼンツヴァイクは「ユダヤ教とキリスト教は自らの周りに宗教，そして諸宗教をみた」(ND, 154) と著しているが，かれが使う意味での「宗教」は永遠性への道が閉ざされていることになる。こういってよければ，神の啓示はユダヤ教とキリスト教にのみ永遠性への通路を準備したのだ。

　第1章で述べたように，ローゼンツヴァイクにとってユダヤ教とキリスト教は「同じ終末の希望」を抱いている。それは同じ神の啓示によって基礎づけられていると同時に，両者は此岸において一なる真理をお互い分かち合っている。神はユダヤ教とキリスト教，どちらも必要とした。

　　神からみれば，ユダヤ人もキリスト教徒も，ともに同じ仕事に向かう働き手 (Arbeiter am gleichen Werk) である。神は両者を欠くことができない。神は両者のあいだに，いつの時代にも敵対関係を与えてきたが，本当は両者を互いに緊密に結び合わせてきたのである (GS II, 462)。

　ユダヤ教もキリスト教も歴史的にはお互い相容れない状態にあったが，最終的には神の業を完成させるという意味で同じ仕事に関わっている。一なる神の真理は両者に与えられるのだが，いまはまだその時ではない。

　　神は，神の真理の星の炎をわれわれ〔ユダヤ民族〕の心のなかで燃え上がらせたことによって，われわれに永遠の生命を与えた。ところが，神はその真理の星の光線をつねに追いかけて永遠の終極まで進んで行くようにすることによって，かれら〔キリスト教徒〕を永遠の道の途上においた。われわれは，われわれの心のなかに真理の忠実な似姿をみつめている。しかしそのために，われわれは時間的な生活から離反し，時間の生活もわれわれに背を向けた。これに対して，かれら〔キリスト教徒〕は，時間の流れにそって走る。しかし，かれらは真理を背にしているだけである。たしかに真理の光線にしたがっているので，かれらは真理によって導かれている。とはいえ真理をじかにみているのではない。こうして真理，全き真理はかれらのものでも，われわれ

のものでもない（GS II, 462）。

　ユダヤ民族はおのれのなかの永遠性を，つまり真理をみることができるが，自らのうちしかみていないがゆえに，一なる真理から発せられている光線をみることはできない。キリスト教徒もまた光線をみることはできるが，真理の星の炎へ眼を向けることはできない。かくしてユダヤ教もキリスト教も，此岸においては真理を占有することは不可能である。此岸においては真理はただ分有されているだけである。「われわれ両者は全き真理を分かち合うだけである。しかし，われわれは知っている。分有されることが真理の本質であることを」（GS II, 462）。こうしてユダヤ教とキリスト教は歴史的に考えても単純に和解してきたとはけっしていえないが，ローゼンツヴァイクにとって両者は神のための同労者として働き，「現実性の世界」のうちに「永遠なる超世界」を形成するのである。

お わ り に

　われわれはローゼンツヴァイクの聖なる時間の分析からはじめて，ユダヤ教とキリスト教を時間と永遠性の問題に絞って考察してきた。またわれわれはユダヤ教とキリスト教において，一なる絶対的真理は分有されていると考えるローゼンツヴァイクの真理の分有論にもふれた。モーゼスは，ここにローゼンツヴァイクの思想における「人間経験の本質的多元性」[66]の位相をみる。ユダヤ教とキリスト教は聖なる時間を創造することができても，その傍らでは世俗的な時間が流れている。それゆえ，両者は一方で「歴史的現象」として此岸の世界にとどまりながら，他方で「永遠性への希求」（desire for eternity）を保持し，永遠性へと参与する[67]。また「現実性の世界」はもとより，祭儀を媒介にして現実性のうちに到来する「永遠なる超世界」もまた時間から切り離すことのできない世界である。このこ

---

66) Mosès, *System and Revelation*, 262. このような真理あるいは救済への関わりは「人間経験の本質的多元性」を示すと同時に，「人間の条件の究極的有限性を表現している」。モーゼス「異化」『歴史の天使』，54頁。

67) Mosès, *System and Revelation*, 262.

とは，かれの新しい思考のテーゼ「時間を真剣に受け取ること」にも一致している。いや正確にいえば，「永遠なる超世界」こそ終末論的な世界であると同時に，「現実性の世界」へと時間が流れ出ていく根源，「あらゆる時間的世界の時間の源泉」[*68]である。ユダヤ教とキリスト教は真理を分有，反映していても真理そのものではけっしてない。そうであれば，畢竟，われわれの次なる課題はそもそも真理，そして神は時間といかなる関係があるのかということになるだろう。神も真理も単に「永遠である」というだけでは，ローゼンツヴァイクの新しい思考の意味を適切には理解できない。それゆえ，われわれは次章においてローゼンツヴァイクの神観，そして真理観を本書のモチーフである時間と永遠性の観点から取り上げてみよう。とくに神の問題は，ローゼンツヴァイクの根本思想にふれるものである。なぜならすでにみてきたように，神の啓示は世界と人間との関係を結ぶという意味で《関係の起源》であると同時に，その啓示は人間に対して実存的な時間を開示させるという意味で《時間の起源》だからである。ローゼンツヴァイクの思想において時間の起源たる神自身は，当然時間の問題を抜きにしては語りえないような神であり，われわれもまたこの問題を避けることはできないであろう。

---

68) Görtz, *Tod und Erfahrung*, 110.

第 6 章
時間と永遠の相の下で
—— ローゼンツヴァイクにおける神と真理の問題 ——

―――――――

> 有神論の神を越えるところの神は，隠された形においてであるが，あらゆる神と人間との出会いのなかに現臨している。　　（パウル・ティリッヒ）

はじめに

　われわれの歩みもいよいよ終盤に差し掛かったようだ。『救済の星』の第三部第三巻のタイトルは，「星，あるいは永遠の真理」（Der Stern oder die ewige Wahrheit）となっていることからわかるように，「星」とは「形象」としてのかれの哲学体系，そして「永遠の真理」とはユダヤ教とキリスト教という信仰共同体における究極的な目標を指し示している。本章の課題は，ローゼンツヴァイクの新しい思考を根本的に支えている神と真理の問題に取り組むことであり，われわれはこの問題を論じることでローゼンツヴァイクの根本思想へ向かいたい。
　まずわれわれはゴードンの解釈を一瞥することによって，これから取り組む課題をより鮮明にすることを試みる（第 1 節）。次にローゼンツヴァイクの神観における生成と存在，時間と永遠性の位相を考察し，さらにかれの思想における終末論的次元を論じる（第 2 節）。そして最後にわれわれは，ローゼンツヴァイクの真理論を考察する。そこでは真理論のみならず，かれの神観もまた重要な役割を果たしており，同時にかれの思想が有

しているきわめて神秘主義的な側面が明瞭にあらわれている(第3節)。このような道程をたどりながらも,しかし,われわれは最後にローゼンツヴァイクが神秘主義的な次元からふたたび生の世界へ戻ってくる姿をみることができよう。

議論に入る前に,一つだけ確認しておきたいことがある。それはかれの救済論,終末論,そして神論といったかれの新しい思考が成立した当時の思想的状況である。それは,かつてレオ・シュトラウスがいったような「近代性の三つの波」[1]における三番目の波の時代であり,近代性が隘路に陥り,超越性や永遠性がニーチェによってきっぱりと否定され,同時にハイデガーに代表されるような「もっとも徹底した歴史主義者」(the most radical historicist)の時代である[2]。

まさにこのニーチェ以後の時代こそ,ローゼンツヴァイクの思想が形成された世界であった。事実,われわれはローゼンツヴァイクがニーチェを読み込んだ痕跡を,日記や手紙そして『救済の星』のなかに見出すことができる[3]。『救済の星』の冒頭にある「死」,「身体」,「大地」などという

---

1) Leo Strauss, "The Three Waves of Modernity," in *An Introduction to Political Philosophy. Ten Essays*, ed. with an Introduction by Hilail Gildin (Detroit: Wayne State University Press, 1989).「近代性の三つの波」(『同志社法学』43巻1号,富沢克訳,1991年)。

2) Leo Strauss, "What is Political Philosophy," in *What is Political Philosophy? And Other Studies* (Chicago/London: The University of Chacago Press, 1988), 27, 55.「政治哲学とは何か」(『政治哲学とは何か──レオ・シュトラウスの政治哲学論集』,石崎嘉彦訳,1992年),32,82頁。ハイデガーを「歴史主義者」とみなすのは,レーヴィットも同様である。またシュトラウスは,ハイデガーの存在理解について次のように書いている。「……プラトンとアリストテレスによれば最高の意味で存在することとは常に存在するということであったのに,ハイデガーは最高の意味で存在することとは実存すること (to exist),すなわち人間が存在する仕方で存在することを意味すると主張する。つまり最高の意味で存在することは可死性によって構成されるものだと主張するのである」。Leo Strauss, "An Introduction to Heideggerian Existentialism," in *The Rebirth of Classical Political Rationalism*, 37.「ハイデガー実存主義への序説」『古典的政治的合理主義の再生』,81頁。

3) ローゼンツヴァイクとニーチェの関係については,以下の論文を参照されたい。Cordula Hufnagel, "Nietzsche im *Stern der Erlösung*," in *Rosenzweig als Leser*. かれはこの論文のなかで,両者の思想的関係と同時にローゼンツヴァイクがニーチェのどの著作を所有していたかなどの事実的な関係も考察している。かれによれば,ローゼンツヴァイクは1906年3月の日記で自分にとって哲学は個性(人格性)の表現でのみあることを強調しているが,これはニーチェの次のような文章と呼応するものである(Ibid., 294)。「私はすべての体系からそれぞれ,個性の一片でありかの反駁を許さず,議論を許さぬ境地に属する点,歴史がまさに保存すべきその点のみをとりあげたい。……というのは,すでに反駁されている体系においてわれわれの関心を惹くことのできるものは,もはやまさに個性のみだからである。という

語彙はニーチェを彷彿させ[*4]，また本書の第3章で論じたような「存在と思考の同一性」の拒否などはギリシア哲学以来の形而上学のラディカルな批判である。ローゼンツヴァイクが「神は存在と思考のあらゆる同一性に先立つ現存在を有していなければならない」（GS II, 19）というとき，それはニーチェを読みながらも，ニーチェ以後の時代になおも神を語る可能性を保持するためのかれの苦悶の痕跡である[*5]。このような思想的状況のなかでローゼンツヴァイクの思想を解釈したのがゴードンの研究であり，かれはポスト形而上学の時代，あるいは「ポスト・ニーチェ的な哲学者」[*6]の時代という舞台の上にローゼンツヴァイクを載せたのである。われわれは次にかれの解釈を吟味しながら，本章の課題をより鮮明にしてみよう。

第1節　ポスト形而上学の時代のなかで

i）「世界―内―救済」と「神の徹底的時間性の理論」
　　——P・E・ゴードンの解釈をめぐって

ゴードンの卓越したローゼンツヴァイク解釈から，われわれもまた多く

のも，これこそ永遠に反駁を許さぬものだからである」。Friedrich Nietzsche, "Die Philosophie im tragischen Zeitalter der Griechen," in *Die Geburt der Tragödie, Unzeitgemäße Betrachtungen I-IV, Nachgelassene Schriften 1870-1873*, Nietzsche Sämtliche Werke, Bd. 1, herausgegeben von Giorgio Colli und Mazzino Montinari（Berlin/New York: Walter de Gruyter, 1980），801-803.「ギリシア人の悲劇時代における哲学」（『悲劇の誕生』，ニーチェ全集2，塩屋竹男訳，ちくま学芸文庫，1993年），350-351頁。

4）例えば『ツァラトゥストラ』にでてくるニーチェの言葉。「だがかれら〔背後世界論者〕にとって，この身体は或る病的な物である。それで，かれらは我慢がならなくなりがちなのだ。それゆえ，かれらは死を説教する者たちの言葉を盗み聞きして，みずから背後世界を説教する。／わたしの兄弟たちよ，むしろ健康な身体の声に耳を傾けよ。これこそ，或るより正直な，より清澄な声だ。／健康な身体，完全で端正な身体は，より正直に，より清澄に話す。そして，この身体は大地の意味について話すのだ――」。Friedrich Nietzsche, "Von den Hinterweltlern," in *Also sprach Zarathustra. Ein Buch für Alle und Keinen*, Nietzsche Sämtliche Werke Bd. 4, herausgegeben von Giorgio Colli und Mazzino Montinari（Berlin/New York: Walter de Gruyter, 1980），38.「背後世界論者たちについて」（『ツァラトゥストラ』，ニーチェ全集9，吉沢伝三郎，ちくま学芸文庫，1993年），60頁。

5）ケネス・ハート・グリーンは『救済の星』が書かれた思想的状況を「近代哲学におけるポスト・ヘーゲル的なニヒリズムの危機」と呼んでいる。Kenneth Hart Green, "The Notion of Truth in Franz Rosenzweig's 'The Star of Redemption'-A philosophical Enquiry," *Modern Judaism* 7（1987）: 301.

6）Gordon, *Rosenzweig and Heidegger*, 150.

のことを学ぶことができる。かれはローゼンツヴァイクを大きくみれば「ポスト・ニーチェ的な近代性の教訓」を十分に味わった時代、あるいはより限定すれば「ヴァイマール・モダニズム」あるいは「哲学的表現主義」というコンテクストのなかにおくことによってかれの思想を考察する[7]。総じてヴァイマール時代の若き思想家たちは、ローゼンツヴァイクのみならずバルトやハイデガーなど共通の思想経験を積んでいるのであり、かれらの思想の根底には従来のアカデミズムや観念論への不信が横たわっていた。なぜならかれらは、乾いたアカデミズムや観念論は「個人の特殊性」を把握できないのであり、また「そのような個人が生き生きとし、非概念的な仕方で宗教的真理の意味を描こうとする方法」を適切に理解できないと考えたからである[8]。ローゼンツヴァイクが観念論的な哲学に反旗を翻したことは、すでに何度も語ってきたのでここではくり返さない。一言でいえば、人間の生から時間を取り上げようとする哲学の欺瞞にローゼンツヴァイクは我慢できなかったのである。しかし、このことは同時にポスト形而上学の時代のなかでいかにして神による永遠の救済、そして神の永遠性について語るかという問題を引き起こさざるをえなかった。

　ゴードンの研究テーマの一つはここにある。ローゼンツヴァイクとハイデガーの類似性と違いを論じながら、ゴードンは次のようにローゼンツヴァイクの思想を要約する。「ローゼンツヴァイクの主要な狙いは、世界のなかにとどまろうとするポスト形而上学的な人間の願望と一致する新しい救済概念を説明することである」[9]。それゆえ、ゴードンによればローゼンツヴァイクは「一種の世界からの形而上学的な離脱」[10]という伝統的な救済モデルを斥けている。これに対してローゼンツヴァイクが主張するのは、「人間であることは世界のうちにとどまることであるという根本的前提に基づいた」[11]救済モデルである。有限性という限界のなかにありなが

　7）　Ibid., xxvii, 20. ゴードンの著書には、このような形而上学以後の時代をあらわす語彙がかなり頻繁にでてくる。また以下の書評が興味深いが、論述の焦点はわれわれの関心とは異なる。Charles Bambach, "Athens and Jerusalem: Rosenzweig, Heidegger, and the Search for an Origin," *History and Theory* 44（May, 2005）.

　8）　Gordon, *Rosenzweig and Heidegger*, xxviii.

　9）　Ibid., 149.

　10）　Ibid.

　11）　Ibid. またかれは、次のようにもいっている。「ローゼンツヴァイクが主張しているのは、われわれはつねに生の意味の領域の内部にとどまることである。いま一度われわれは

ら，形而上学に訴えることのない救済の成就，つまり神の王国の完成，これがニーチェ以後の時代に生きるローゼンツヴァイクにとって可能な救済概念であり，ゴードンはこれをハイデガーに倣って「世界－内－救済」[*12] (redemption-in-the-world) と呼ぶ[*13]。こうしてつまるところローゼンツヴァイクの問いは，有限性の内部にありながら，いかにして人間は永遠性を求めることができるかということに帰着する。ゴードンが書いているように，この問いに対するローゼンツヴァイクの答えは「世界とつながりながらも，生は神との共通の関係のうちでのみ永遠性を達成することができる」[*14]ということができよう。しかし，そうなると人間の生が徹頭徹尾，世界のなか，時間のなかにある以上，神と時間の関係がどのようにあるのかという問題が浮上してくるのであり，これこそわれわれの関心を惹きつけてやまないテーマである。

さてレーヴィットによるハイデガーとローゼンツヴァイクの比較論は本書においても度々言及してきたが，その要点のみを記すならば次のようになるだろう。すなわち，ハイデガーは「時間的真理」[*15]しか知らなかったがゆえに，歴史主義あるいは相対主義に陥ってしまったのであり，ハイデガーがナチスへ加担したのはかれの哲学――「人間的現存在」の理解――からの必然的な帰結である。しかしレーヴィットによれば「『存在と時間』の著者は，真理と実存のこうした徹底した時間化によって，かれのユダヤ人の同時代者による永遠の存在についての問い――つまり，永遠の神についての問い，あるいは，はじまりも終わりもない永続的な世界への問い――のまったき重要性にあらためて眼を向けさせるという思いがけない貢献をすることになった」[*16]のである。こうしてレーヴィットはハ

以下のような『救済の星』の中心テーマをみる――われわれは時間と世界のうちにとどまる」(Ibid., 179)。

12) Ibid., 21, 192.
13) ゴードンは，このような救済概念は次のニーチェの問いの答えのようであると書いている (Ibid., 150)。「《……おお，諸事物の流れからの，また〈現存在〉という罰からの救済は，どこにあるのか》」。Nietzsche, "Von den Hinterweltlern," in *Also sprach Zarathustra*, 181. 「救済について」『ツァラトゥストラ』, 256頁。
14) Gordon, *Rosenzweig and Heidegger*, 194.
15) Löwith, "M. Heidegger und F. Rosenzweig," in *Sämtliche Schriften*, Bd. 8, 98. 「ハイデガーとローゼンツヴァイク――『存在と時間』への一つの補遺2」, 31頁。
16) Ibid. 同上訳。後者の傍点引用者。

イデガーを「時間性の哲学者」,そしてローゼンツヴァイクを「永遠性の哲学者」と規定した上で前者を批判しており,かれの論文にはある意味,政治的な含意が込められているといえよう。

　レーヴィットの論文はローゼンツヴァイク研究においてもある程度の影響力をもってきたことは事実であるが,問題がないとはけっしていえない。かれはローゼンツヴァイクが「永遠の存在」,「永遠の神」を探求したと書いているが,果たしてローゼンツヴァイクの神は単に永遠性という言葉でのみ語れる神なのかということをより深く考察しなければならないだろう。このレーヴィットの議論に対して疑問を呈したのが,先のゴードンの研究である。ゴードンによればレーヴィットは,ローゼンツヴァイクの永遠性の思想のうちに「世界を無時間性の領域(神)と低次の時間的現実性(人間の経験)にわける古い形而上学」[17]をみているが,これではローゼンツヴァイクが観念論的な哲学(「古い思考」)に対して自らの思想を「新しい思考」と呼んだ意味がわからなくなってしまう。なぜならローゼンツヴァイクは,論文「新しい思考」のなかで次のように書いているからである。二つ続けて引用することにしよう。「古い思考と新しい思考……とのあいだの違いは,他者を必要とすること,そして同じことであるが,時間を真剣に受け取ることのうちに存する」(ND, 151-152. 傍点引用者)。「神が行ったこと,神が行うこと,神が行うであろうこと,また世界に生起したこと,世界に生起するであろうこと,そして人間に生起すること,人間が行うであろうこと――これらすべてが,その時間性から切り離すことができない(das alles kann nicht von seiner Zeitlichkeit losgelöst werden)」(ND, 149-150)。とくに後者の引用は,神でさえ時間性に無関心ではいられないことを告げている。超越性や無時間性を安易に要求することのできない「ポスト・ニーチェ的な近代性の教訓」[18]を引き受けるなかで,ローゼンツヴァイクは時間と永遠性の結合というきわめて困難な道を進む。ゴードンもまたローゼンツヴァイクが歩んでいる道の険しさを十分認識しながら,『救済の星』にあらわれる「永遠性」,「生成」,「瞬間」といった語彙を解釈していく。

---

17) Gordon, *Rosenzweig and Heidegger,* 19.
18) Ibid., 20.

ゴードンはローゼンツヴァイクの救済論や神論が時間と深い関係にあることを踏まえながら，かれの思想のうちに二つの危惧を見出す。第一に，かれによれば「ローゼンツヴァイクの救済論は神的な存在を時間化された現象へ変えるという危険を冒している」[19]。これはまさにローゼンツヴァイクが，神の存在を「生成」という語彙で示していることからも容易に推測できる。それゆえ，第二に懸念されるのはローゼンツヴァイクの思想において「神は時間性に従属はしないが，にもかかわらずその実存は時間的構造を示している」ということであり，結果的に「神の時間的構造は必然的に神の存在と一致している」という[20]。これらのことからゴードンは，「ローゼンツヴァイクは神の徹底的時間性の理論 (a theory of God's through-going temporality) と紙一重になっていった」[21]とまで書いている。ただし公平を期していえば，ゴードンはローゼンツヴァイクの神論における永遠性の次元を無視しているわけではない。かれは次のようにも書いている。「もちろん世界と人間の両者は必然的に時間のうちに生きているが，神的な存在は少なくとも一方の足を永遠性のうちにおいている。それゆえローゼンツヴァイクは，完全に時間から切り離された神的存在の一側面があることを注意深く示している」[22]。神が時間のうちに到来することで，神の永遠的な性格が損なわれるかもしれない。しかしゴードンによれば，この問題に対するローゼンツヴァイクの答えはまさに救済概念にある。ゴードン曰く，「神にとって救済は，時間のなかでの自己啓示のあとでの永遠性への帰還を意味している」[23]。かくしてゴードンは，神の完全な永遠性をローゼンツヴァイクの救済論のうちにみるのであり，この問題はわれわれの議論にとっても大きな意味を有している。われわれの見解もまた，上記のようなゴードンのローゼンツヴァイク解釈とほぼ軌を一にする。ローゼンツヴァイクの思想のなかには，時間を超越した永遠性の次元が存しているのであり，それはかれの特異な救済論を抜きにしては語ることができな

---

19) Ibid., 205.
20) Ibid.
21) Ibid.
22) Ibid., 190.
23) Ibid., 191.

い。しかし，われわれは次の三つの点においてゴードンの研究のすべてに同意するわけにはいかないだろう。

　第一に，これはゴードンの著作の性格にも一因があるのだが——かれの研究はローゼンツヴァイクを単独で研究しているのではなく，あるコンテクストの下でのローゼンツヴァイクとハイデガーの比較がテーマである——，分量的にみて時間から切り離された神の永遠性への考察が少ないように思われる。その結果，ローゼンツヴァイクの終末論が十分にその射程におさまっていない。とくに神の完全なる永遠性を語る場合，ローゼンツヴァイクにおける終末論の問題はきわめて重要な位置を占めている[*24]。第二に，永遠性の思想との関連においてローゼンツヴァイクの真理論への言及がかれの研究には欠落している。時間のなかでの神と人間の関係を論じる場合，この視点は不可欠のものであろう。第三に，ゴードンには一つ誤解があるように思える。かれによればローゼンツヴァイクは，論文「新しい思考」のなかで「哲学者たちは『永遠性を時間から苦労して奪い取ること』を試みなければならない」と書いており，また「哲学は永遠性を時間から苦労して奪い取るべきである」ということが，ローゼンツヴァイクの示唆していることだとする[*25]。このことからゴードンは，ローゼンツヴァイクの議論がわれわれに混乱をもたらす結果になっているという。なぜなら哲学者が自らの力で時間から乖離して，永遠性へと参与することは，「古い思考」の過ちをふたたび犯すことになるからである。しかし，これはゴードンの引用の仕方に問題がある。最初の引用「哲学者たちは『永遠性を時間から苦労して奪い取ること』を試みなければならない」は，原語では philosophers must try "to wrest eternity from time." となっている。すぐわかるように，「時間から永遠性を苦労して奪い取ること」という箇所はローゼンツヴァイクからの引用だが——なおドイツ語だとここは "der Zeit ihre Ewigkeit abringen" となっている（ND, 156）——，主語の「哲学者たち」はゴードンが補ったものである。しかしローゼンツヴァイクの論文「新し

　24）　とはいえゴードンの研究には本書にはない長所もある。それは，かれがローゼンツヴァイクにおける「神の名前」の問題を扱っていることである。ローゼンツヴァイクは，『救済の星』を出版したあと，重い病気にかかりながらも，ブーバーと一緒にヘブライ語聖書をドイツ語へ翻訳した。その際「神の名前」の翻訳および解釈が大きな議論となり，そこには当然永遠性の問題をめぐるローゼンツヴァイクの思想が含まれていたのである。Ibid., 237-274.
　25）　Ibid., 186-187.

い思考」を読むと、主語は「哲学者たち」ではない。そうではなく「ユダヤ教とキリスト教」こそ、この文章の主語である (ND, 156)。それゆえ、ローゼンツヴァイクにとって哲学は徹頭徹尾、有限な人間の生に関わっているのであり、永遠性を僭称するような役割は与えられていないし、かれが混乱しているわけではない。われわれもすでにみたように、ローゼンツヴァイクは時間のうちに永遠性の形象をとることができるのは、哲学者の思索ではなくユダヤ教とキリスト教という神の啓示に基づいた信仰共同体だけであると書いていた。だからこそ時間と永遠性の問題は、ローゼンツヴァイクの新しい思考にとっては哲学と神学が「兄弟のような」関係をもつ必要があったのである。ゴードンの研究の焦点は、総じて『救済の星』の第一部と第二部におかれている。したがってキリスト教とユダヤ教、そして真理論への言及は限られたものであり、上記のような誤解はこのあたりにも原因があるように思われる。

とはいえわれわれは、ゴードンの研究を真っ向から否定しているのではない。むしろ本書はゴードンの研究と補完的な位置にありながらも、しかしかれが論じなかった箇所も視野に入れることで、ローゼンツヴァイクにおける時間性と永遠性、神と真理の問題に迫って行きたいと考えている。われわれのみるところ「世界－内－救済」というテーゼと「神の徹底的時間性の理論」が、ゴードンの研究の核心に位置しているようである。それゆえ、われわれもまたかれに倣って次節においてこれまでの論述とは逆になるが、まず神と時間の関係を、次に神と救済、そして永遠性の関係をさらに詳しく考察することにしよう。

第2節　神と時間

ⅰ) 生成と存在——脱形式化された時間

神と時間のあいだにはいかなる関係があるのか。西洋の哲学および神学の歴史を貫いている時と永遠の問題に、ローゼンツヴァイクもまた取り組んでいる。かれは神、世界、人間が現実性という時間のなかでお互いに向かって働きあい、人間はこの相互の働きだけを認識できるといっていた。しかし逆にいえば、これは人間や世界はもちろん、神でさえ時間のなかに

とどまらなければならないことを意味しているのであった。「神が行ったこと，神が行っていること，神が行うであろうこと，また世界に生じたこと，世界に生じるであろうこと，そして人間に生じること，人間が行うであろうこと──これらすべてがその時間性から切り離すことができない」（ND, 149-150. 傍点引用者）。引用の最初に神の三つの行為があり，この行為はそれぞれ過去，現在，未来の時間形式に対応している。しかもローゼンツヴァイクは，この神の行為でさえ「時間性から切り離すことができない」と書いている。時間に拘束された神。はたしてこれは，いかなる神の姿をあらわしているのか。

　ゴードンによればローゼンツヴァイクの語る神は，時間性を必要としていることを認めなければならない。神自らが，あらゆる行為において生成する時間を要求している。つまり神は時間性から切り離すことができないとは，ゴードンの言葉を借りれば「神は生成の過程を通して自らを『完成させる』ために救済を必要とする」ということである[26]。しかも同時に「生成」（Werden）の概念は，ローゼンツヴァイクの思想にとって救済論だけでなく，神の問題全般にとってもきわめて重要な意味をもっている。

　　神にとって世界の創造は創造者になること（das Schöpferwerden）であり，啓示は啓示されること（das Offenbarwerden）であり，救済は救済者になること（das Erlöserwerden）である。こうして神は，終わりにいたるまで生成している（So wird er bis zum Ende）（GS II, 287）。

　先にも述べたが，われわれはこの引用からローゼンツヴァイクの救済論のみならず神論が「神的な存在を時間化された現象に変えて」しまう可能性があることを察する[27]。しかしローゼンツヴァイクは，この疑問を見越しているかのように神の時間に人間の時間とは違う意味をもたせて次のように論じている。

　　生起するすべてのものは，神においては生成である。そして生起する

---

26) Ibid., 204. 傍点引用者。
27) Ibid., 205.

第 6 章 時間と永遠の相の下で 255

すべてのものが同時に生起し，それどころか実際のところ啓示は，創造よりも若いわけではなく，それゆえすでに救済も啓示と創造よりも若くはない。したがってこの神の生成（Werden Gottes）は，神にとっては自己変化（Sichverändern）でも，成長（Wachsen）でも，そして増大（Zunehmen）でもなく，むしろ神ははじめから存在し，あらゆる瞬間のうちにあり，つねに到来のなかにある。また神の永続的にあるもの（Immerwährendsein），つねにあるもの（Allzeitsein），永遠にあるもの（Ewigsein）というこの同時性のために，人は全体を生成とみなさなければならない（GS II, 287-288）。

神にとって生起する出来事は同時に生じる。ローゼンツヴァイクは創造，啓示，救済という出来事にそれぞれ過去，現在，未来という時間形式を与えていたが，神にとっては時間軸の前後関係で生起するものはない。神が創造者，啓示者，救済者になることは，人間の眼からみれば神のダイナミックな働きを示しており，それは「神の生成」すなわち時間のなかでの神の変化である。しかし神にとっては自らの生成は「自己変化」，「成長」，そして「増大」でもない。神は存在，瞬間，到来を同時にうちにそなえている。神は終わりに向かって生成しながら「永続的にあるもの」，「つねにあるもの」，「永遠にあるもの」を同時に満たしている。つまり，神のなかでは過去，現在，未来という時間区分は存在しないのである[28]。それゆえ，あえていえば「神は時間性には従属していないが，それにもかかわらず神の実存は時間的な構造を示している」[29]のであり，《生成する永遠性》ともいうべき時間と永遠性の関係こそローゼンツヴァイクの神が自らのうちに秘めている時間性である。かれにとって永遠性もまた，無時間的な古い形而上学から区別されなければならない。この動的な永遠性は「瞬間を永続的なものにする」のであって，その意味では「永遠性は永遠－化（Verewigung）である」（GS II, 288）[30]。つまり永遠性とは時間のなかにあって

---

28) ゴードンは過去，現在，未来というように時間が規則的かつ連続的に生起するような時間モデルを「歴史主義的」であるとした上で，ローゼンツヴァイクはこのような時間モデルを人間のみならず神にも認めることはなかったと書いている。ここにわれわれは，ローゼンツヴァイクの反歴史主義的な時間意識をみることができる。Ibid., 196, 205.
29) Ibid., 205.
30) 永遠と瞬間の関係をはじめローゼンツヴァイクの時間論には，シェリングの思想，

瞬間を絶えず永遠化する過程を意味している*31。したがってローゼンツヴァイクが探求している神は時間のなかで過去，現在，未来へと引き裂かれることなく同一的でありながら，しかし時間のなかで瞬間を永遠化するために働き存在している神である*32。換言すればこの神は過去，現在，未来という時間形式を脱形式化しながらも，自らのうちに時間を集中させて存在しているのだ。

　　……現実的にかつてあったこと (wirkliches Gewesen)，現実的にあること (wirkliches Ist)，そして現実的にあるだろうこと (wirkliches Werden) が結晶するこの神について，われわれは──やっといま──次のように語ることが許される。神は在る (Er ist)（ND, 159-160）。

　ローゼンツヴァイクの神は永遠なる神でありながらも，現在という時間のなかで人間や世界に働きかけ，自らのうちに脱形式化された過去，現在，未来を合流させて存在している。おのれのうちに時間を集中させるのは，ひとえに神は時間の起源だからである。しかし同時に神の出来事，行為が時間を生起させているのであり，神が自らの外へ向かう動的な様態をあらわすことができるのは神が生成しているがゆえである。神はうちに時間を集中させながら存在し，同時に自らの自己開放性によって生成している。ローゼンツヴァイクの神は生成と存在，差異と同一性，そして集中と開放の二重性によって描写されるがために，永遠に鎮座している神ではない。かれの新しい思考は時間性をその基礎にすえているが，その神観においても同様のことがいえるのであり，永遠なる神が逆説的に時間と深い関係にあることがわかる*33。

とくにかれの断片的な草稿『世界時代』が大きな影響を与えている。
　31）Ibid., 205.
　32）グリーンは，ローゼンツヴァイクにとって神とは「永遠に絶えざる現実性」であるといっている。Green, "The Notion of Truth in Franz Rosenzweig's 'The Star of Redemption'-A philosophical Enquiry," 151.
　33）グリーンは次のように書いている。「ローゼンツヴァイクの神秘的ないい方によれば，神は不変的であるが，その自己啓示はわれわれにとってその生成を伴っているようにみえなければならないような生ける存在である。……それゆえ神の存在の運動あるいは活動は，逆説的に自ら自身を『不変的に』開示するその神秘的な存在の局面である」。Green, "The Notion of Truth in Franz Rosenzweig's 'The Star of Redemption'-A philosophical Enquiry," 311.

第 6 章　時間と永遠の相の下で

　われわれはまた神と時間の関係をめぐるゴードンの解釈に好意的な評価を下したいと思うが、われわれはさらにローゼンツヴァイクの思想のなかに深く分け入っていく必要があるのではないだろうか。ゴードンはいう。「神にとってさえ、救済は最終的に (ultimately) 時間性の承認と容認を要求する」[34]。問題は、引用にある「最終的に」の意味が判然としないことである。先にみたようにゴードン自身、ローゼンツヴァイクの思想には神の「永遠性への回帰」という思想があることを認めていた。ローゼンツヴァイクの救済論が時間と深い関係にありながら、しかし同時に神の時間からの救済をも含んでいるという意味でかれの救済論には両面性があることを、ゴードンも気づいていたはずである。ゴードンの研究はローゼンツヴァイクの新しい思考における時間性の問題を見事に浮き彫りにしていながらも、おそらくポスト形而上学という時代背景を強調するあまり、ローゼンツヴァイクの新しい思考における永遠性の思想、さらにいえばその終末論的な側面への考察が少なく、バランスを欠く結果になったように思える。

　『救済の星』が歩んでいる道、それはローゼンツヴァイクによれば「統一性への道」(ein Weg zur Einheit) (GS II, 287) である。しかし統一性が最初にあるのではない。かれの語る統一性とは、その過程も含めた「統一性への生成」(Werden zur Einheit) であり、「統一性とは生成することによってのみ、存在する」(GS II, 287)。かくして新しい統一性は、万物が終わりにいたってはじめてその姿をあらわす。

　　統一性とは何よりも究極的な結果であり、それどころか諸結果のなかの結果、統一性のはじまりの彼方にあるその神的な起源と同様に「軌跡」の彼方に、こうしてすでにおかれている点である (GS II, 287)。

　この統一性は最終的には神によって創造された統一性であり、神もまた「統一性への生成」のなかに存在している。とはいえ「統一性は神の統一性としてのみ生成している」(GS II, 287) のであって、時間のうちにあっては万物と神が同一化したり、お互いが融解したりするわけではけっして

---

34) Gordon, *Rosenzweig and Heidegger,* 204. 傍点引用者。

ない。「神だけが在る——否，まさに神だけが万物を成就させる統一性になるのである」(GS II, 287)。それゆえ，やはりここでも神は生成のなかにありながら，しかし，その彼方で生成を統一へと導いている。この神にのみ許された最終的な統一性の完成こそ，ローゼンツヴァイクにおける終末論的な次元である。ここにおいては生成する時間のなかに存在していた神と万物の関係は別様の姿をあらわすことになるのであり，この問題はそのまま次のわれわれの課題となる。

さて，われわれはゴードンの研究を踏まえた上で，さらにもう一歩ローゼンツヴァイクのテクストのなかへ踏み込んで行くことにしよう。そうすることではじめて，われわれはゴードンのいった「最終的に」の真の意味を理解することができるだろう。

ii) ローゼンツヴァイクの救済論における両面性

先にわれわれはゴードンがローゼンツヴァイクの救済論が有している両面性の意味について気づいていたはずであると書いたが，この点をもう少し明確にしておこう。第一の意味での救済論は，本書の第4章で論じたようなそれである。くり返しを恐れずもう一度説明すれば次のようになろう。すなわち，現在に生きる人間は未来の救済を，神の王国を先取りすることができる。それゆえ「王国は，つねに未来的であると同時にすでにそこに存在している」(GS II, 250)。しかし王国は一過的に到来するものではけっしてなく，それは「永遠に到来する」(GS II, 250)。このような未来とも現在ともいえない両義的な時間を，ローゼンツヴァイクは永遠性と呼んだのであった——「永遠性は未来であることをやめることなく，それにもかかわらず現在的であるような未来である」(GS II, 250)。神の王国はあらゆる瞬間に待望され，未来は先取りによってつねにわれわれのあいだに到来している。かくしてアルトマンがいうように，ローゼンツヴァイクの救済論において「未来は歴史的カテゴリーであることをやめてしまう」[*35]。ローゼンツヴァイクにとって未来とは「来るべき時間ではなく，来るべき王国」を示しており，救済も，神の王国も，そして永遠性もまた現在における人間の「実存的な状況」へと解消されてしまうことになる[*36]。

---

35) Altmann, "Franz Rosenzweig on History," in *The Philosophy of Franz Rosenzweig*, 134.

救済，神の王国，永遠性はローゼンツヴァイクの思想においては厳密に区別されることはない。いずれにせよ救済論の実存化こそ，ローゼンツヴァイクの救済論における第一の意味であり，ゴードンはこれを「世界－内－救済」と呼んだのであった[*37]。また同時にここにわれわれは，かれの終末論的思考を見出すことも可能である。しかし，少なくとも第一の救済論と結びついたかれの終末論は現在的であり，この終末論は現在のなかで実現される限りにおいてのみ未来を指し示しているのである。

　このような内在的かつ現在的な救済論とは別に，救済論におけるもう一つの面，そしてそれに基づいた終末論がローゼンツヴァイクの思想のうちにはある。それはまさに文字通り終局的な救済であり，真の意味での終末そして永遠性である。まず次の引用を読んでいただきたい。

　　神は，かれが創造者や啓示者であるよりもさらに強い意味において救済者である。というのも創造において神は自ら創造者になるが，それは被造物を創造するからであり，また啓示において神は自ら啓示者になるが，それは魂に対して自らを啓示するからである。これに対して救済において神は単に救済者であるわけではない。……われわれがいずれみるように，神は最終的に──自分自身を救済する（GS II, 257. 傍点引用者）。

　問題は，一番最後の文章「神は最終的に──自分自身を救済する」である。この《神の自己救済》ともいうべき思想にこそ，ローゼンツヴァイクの最終的な救済の意味が込められている。ゴードンはローゼンツヴァイクの神観に言及しながら，「神にとってさえ救済は，最終的に時間性を承認し容認することを必要とする」[*38]と著していた。神は，自らを完成させるために生成の過程を通して救済を必要とする。しかし，ゴードンがいうように神は自らの完成のために時間を必要としたのだろうか。これがわれ

---

36) Ibid.
37) アルトマンは，ローゼンツヴァイクの救済論が「実存的な状況」に解消されてしまうことを指摘しているが，一つ注意すべきことはローゼンツヴァイクの救済論は，《われわれ》というカテゴリーの下で考察されていたことである。それゆえ，単純に「終末論の実存化」といえないことも事実であろう。
38) Gordon, *Rosenzweig and Heidegger*, 204.

われの疑問であった。次のローゼンツヴァイクの言葉が，われわれの疑問を解決へと導いてくれるだろう。

> 神自身は自らのために時間を必要とするのではなく，世界と人間の救済者として時間を必要とする。したがって神が時間を必要としているのではなく，人間と世界が時間を必要としている（GS II, 303）。

ローゼンツヴァイクにとって神が時間と関わりをもつことは同時に，神が世界や人間と関係を有することである。有限な世界や人間は時間のなかにとどまらざるをえないし，ローゼンツヴァイクもまたとどまることを欲した。だからこそ神自らが時間のなかへ到来してこなければならなかったのであり，こういってよければ神は時間のなかに超越してこなければならなかったのである。その意味では，神が世界を創造し，人間に対して自らを啓示することは時間に拘束されることだった。ローゼンツヴァイクが使う「自己啓示の時間性」（GS II, 288）という言葉——かれにとって創造もまた神の啓示であった——が，このことを示していよう。

たしかに神は時間を必要とした。しかしこれは，世界や人間と関係を有するがゆえでのことである。したがってゴードンがいうように神は「生成の過程を通して」自らを完成させるとしても，人間や世界が救済されたあと，神と時間の関係はどうなるのだろうか。ここに神の自己救済の内実があり，神は最終的に時間から救済されるのである。「神にとって永遠性は，神の完成／完全な－終わり（Voll-endung）である」（GS II, 288）。「神はその純粋な生を永遠性のなかでのみ送る」（GS II, 290. 傍点引用者）。神は自らの純粋な永遠性の「苗木を時間のはじまりや中間に植えているのではなく，まさしく時間の彼方にある永遠性のうちへ植えている」（GS II, 290）。それゆえ「神の救済性（seine Erlöstheit）は，完全にあらゆる世界を超えている何かである」（GS II, 290）。かくして神は時間から救済されたとき，自らの「純粋な生」を何ものにも束縛されず，永遠性のなかで送ることができるのである。

ゴードンがいうようにローゼンツヴァイクの救済論はポスト形而上学的な思想に基礎づけられ，世界のなかにとどまりながら永遠性に参与する「世界－内－救済」を一面では含意している。しかし神による世界と人間

の救済の先には，神の自己救済，そして終末論が控えていることを忘れてはかれの思想を見誤ることになるだろう。すなわち現在的な終末論とは別に，ローゼンツヴァイクの思想には本来の意味での究極的な終末論もある。それは神の完成，神の純粋な生が成就する時であり，神が万物を救済するだけでなく，神が救済される時である。かれによれば「神の救済性（Gottes Erlösertum）は，特別な地位を占めている」（GS II, 426）。創造や啓示は何らかの直接的な対象——創造においては世界を，啓示においては人間を——を有しているが救済は違う。神は，世界を人間を通して間接的に救済する。しかし，救済は神自身には直接的に生じる。

> 神自身にとって救済は永遠の行為であり，そのなかで神は自ら自身をかれにとってかれ自身ではない何かに相対していることから解放する。救済は神を，魂に関する愛おしい悩みからと同様に創造の仕事から解放する（Die Erlösung befreit ihn von der Arbeit an der Schöpfung wie von der lieben Not um die Seele）（GS II, 426）。

それゆえ救済とは「神の安息日」，「偉大なるシャバット」である（GS II, 426）。ローゼンツヴァイクは次のようにも書いている。「神自身がその自らの名前において下す最後の審判のなかで，ありとあらゆるものが神の全体性（Allheit）のなかへ，そしてあらゆる名前が神の名もなき一のなかへ入っていく」（GS II, 265）。「救済は神をその啓示された名前から解放する（lösen）ことによって，神を救済する（erlösen）。……終末とは名前のないものであり，あらゆる名前を越えている」（GS II, 426）。神の名前においてあらゆるものが生起するのであれば，あらゆる名前を超えた神の終末において生起するものは何もない。言葉もまた発せられることはなく，むしろ「言葉の彼方で沈黙が輝いている」（GS II, 426）。「神の終末論的実存」[*39]は沈黙しており，この沈黙こそローゼンツヴァイクは「神性の真の根底」（der wahre Abgrund der Gottheit）（GS II, 427）だという。神が自らを救済したあと，最終的にあらゆる被造物もまた神のなかに帰還する。神には名前さえなく，すべての名前は名もなき神のうちに消えていく[*40]。名

---

39) Fricke, *Franz Rosenzweigs Philosophie der Offenbarung*, 265.

前とは自らと他を区別するものの謂いであるがゆえに，終末においては区別や差異は解消される。「人間と世界は救済のなかで消えてしまうが，神は自らを完成する。神は救済のなかでやっと，軽率な人間の思考が以前から探していたもの……つまり全なる一 (All und Eines) になる」(GS II, 266)。あらゆる被造物から，創造と啓示の業から，時間からそして名前からも解放された／救済された神は「全なる一」になる。ここにローゼンツヴァイクの終局的な救済，真の意味での終末論が示されている。このような終末論は「歴史の終わり」ではなく，むしろ「歴史の彼方にある永遠性」であり*41，「あらゆる時間的歴史的実存の克服」である*42。かれは明確に次のようにいっている。「厳密な意味において……神の王国には歴史がない」のであり，「永遠なるものには歴史がない」(GS II, 392)。ローゼンツヴァイクにとって時間もなければ，歴史もない永遠性こそ神が救済されたあとに続く彼方の世界である。それゆえ現在的終末論においては歴史，時間の内部に神の王国が到来するとすれば，絶対的な意味における終末論は歴史の外側にある。神は「方物のなかの一者」(One in all) ではなく，「方物を超える一者」(One above all) となる*43。

このようにローゼンツヴァイクの救済論には「瞬間の永遠化」に象徴される現在的終末論という時間，そして未来の時間，いや歴史の彼方にあるという意味での未来的終末論という二つの次元が混在している。しかし現在においても未来においても働く神は，どちらか一方の時間のうちに存在しているのではない。神は現在において人間に対して自己を啓示しながら，同時に未来的である――「なぜなら神にとって未来は先取りではないからである」(GS II, 303)。

---

40) モーゼスは，ローゼンツヴァイクの神の名の議論のうちにカバラの影響をみる。Mosès, *System and Revelation*, 264-268.

41) Altmann, "Franz Rosenzweig on History," in *The Philosophy of Franz Rosenzweig*, 134. ヴォルフソンは終末が「歴史の彼方」にあることに対して疑問を述べている。「ユダヤ的に理解すれば，エスカトンとは歴史の彼方にある段階ではなく，歴史の最終的な段階である。永遠なるものは単に永遠なるものとしてだけでなく，時間のうちで時間的なものとして十分に認められなければならない。ローゼンツヴァイクの神学において曖昧なのはまさにこのような次元である」。Wolfson, "Facing the Effaced," 68.

42) Ibid., 69.

43) Altmann, "Franz Rosenzweig on History," in *The Philosophy of Franz Rosenzweig*, 137.

神は永遠であり，唯一の永遠者であり，完全なる永遠者である。「わたしは在る」("ich bin") とは「わたしは在るだろう」("ich werde sein") と同様に神の口にある (GS II, 303)。

ローゼンツヴァイクの終末論と神の関係は，『救済の星』第三部第三巻においても展開されている。そこでは同時にかれの真理論が重要な位置を占めている。そこでわれわれもまた，いま一度『救済の星』の論述の順序にしたがうことにしよう。

第3節　神と真理

i)　神のしるし

ローゼンツヴァイクは，最終巻で問題となっているのは「一でのみありうる真理」(ND, 157) だと書いている。しかし全き真理は，此岸の世界においては人間が占有できるものではけっしてなく，そこでは分有・分節のみが許されるのであった。それゆえ「一でのみありうる真理」を問題とするということは，必然的に先にみたような終末論の次元を考察することにつながる。またわれわれはローゼンツヴァイクにおける真理と啓示の関連を論じなければならず，同時に「一でのみありうる真理」が生のなかにとどまっている人間といかなる関係をもっているのかという意味で，真理の分有論をふたたび問題にしなければならないだろう。

さて『救済の星』第三部第三巻は，次のような印象的な文章からはじめられている。

神は真理である (Gott ist die Wahrheit)。真理は神のしるしである (Wahrheit ist sein Siegel)。たとえ神が時間のなかで自らの永遠性を知らしめたすべてのもの，すなわちあらゆる永遠の生命とあらゆる永遠の道がいつかその終わりを迎えたとしても，永遠なる者もまた終わりを迎えるところで，つまり永遠性のうちで，神はそのしるしにおいて認識される。というのも〔永遠の〕道がここで終わるだけでなく，〔永遠の〕生命もまた終わるからである (GS II, 423)。

第5章で述べたように，互いに真理を分有していたユダヤ教（永遠の生命）とキリスト教（永遠の道）がその終わりを迎える地点に全き真理がある。終局的な永遠性において両者は，真理を媒介にして神を経験する。だからこそ真理とは，ローゼンツヴァイクにとって「神のしるし」である。しかし，終わりに到達したユダヤ教とキリスト教はいかなる姿で存在することになるのか。ローゼンツヴァイクはいう。そのとき，両者に形象などないのだと。

　　実際には，真理のなかで生命もまた消えてしまう。光の海がその洪水でもって襲いかかった道が幻想になってしまったように，生命は幻想になるのではなく，光のなかへと消滅してしまう。生命は変貌する。しかし，生命が変貌したならば，変貌したものはもはや存在しない。生命は光へと高められる（GS II, 423）。

　永遠の道はもとより，すでに永遠性に達しているといわれていた永遠の生命まで，最終的には真理のなかで消滅してしまう。『救済の星』第一部で議論された「概念の前世界」が言葉なき無言の世界であったならば，「現実性の世界」は言葉が到来した対話的世界である。しかし「永遠なる超世界」において言葉はふたたび口を閉じることになる。超世界とは言葉なき無言の世界ではなく，すべてが語りつくされた沈黙の世界である。生命は光のなかへ溶け込んでいく。それはあらゆるものを遍く照らし出す神から発せられた光，いやそうではないようだ。光は神から発せられるのではなく，「神は光である」（Gott ist Licht）（GS II, 423）。光のなかでの神経験は真の意味での終末として考えることができるが，同時にローゼンツヴァイクは真理と神の啓示を論じることで，現在において不断に経験しうる終末を語っている。
　ローゼンツヴァイクの現在的終末論は，かれが「直接的に神の現存在を経験する」（GS II, 424）可能性を神の啓示のなかにみていることからわかる。第4章で論じたように，かれにとって啓示とは現在における神との対話に他ならず，その神の愛のなかではすでに人間の救済ははじまっており，人間は隣人愛という救済の業に励むことによって神の王国を先取りするのであった。かくして「神がわれわれを愛し，われわれの死んだ自己を

第 6 章　時間と永遠の相の下で　　　265

愛された魂へ，そしてふたたび愛する魂へと覚醒させることのなかでのみ」，人間は神を経験することができる。「神的な愛の啓示は万物の中心である」(Die Offenbarung der göttlichen Liebe ist das Herz des All)(GS II, 424)。神の光は，救済の光であると同時に啓示された神の愛を意味する。

　さてローゼンツヴァイクによれば「われわれが経験するのは，神が愛であるということ (daß Gott die Liebe ist) ではなく，神は愛するということ (daß Gott liebt) である」(GS II, 424)。人間はあまりに自分の近くにまで到来する者をその愛のなかで経験することができるが，その際到来する者が「神である」ということはわかっても，「神が何であるか」という神の本質について知ることはできない。「何性 (das Was) や本質 (das Wesen) は隠れたままである。本質は自らを啓示することによってまさに，自らを隠している」(GS II, 424)。それゆえ「神は愛である」という存在論的規定も，「神は何であるか」という本質への問いもローゼンツヴァイクの新しい思考にとっては意味を何ら有するものではない——本質への問いが，本来性の錯覚であったことは第 2 章で論じた——。ここで重要なのは神の本質を規定することではなく，神の啓示，そして愛とは運動であり，出来事だということである[*44]。またこの本質を捉えようとする理性や概念に対しても神は自らを隠しているのであって，モーセスが書いているように問題となっているのは「信仰と知」の関係であるといえよう[*45]。

　現在における啓示は過去の創造と未来の救済という次元を人間に対して開示することはすでに論じたが，これに対応するようにローゼンツヴァイクによれば「われわれは創造者と救済者を啓示におけるその関連にしたがってのみ認識する」(GS II, 424)。われわれは，「神的な愛の瞬間のかすかな光」(GS II, 424) のなかで以前と以後を見出す。

> 純粋な以前 (das reine Zuvor)，つまり根源的に創造された前世界はあまりに暗すぎるので，われわれは創造者の手をその世界のなかにすでに認識できない。また純粋な以後 (das reine Hernach)，つまり救済された超世界はあまりに明るすぎるので，われわれはその世界のなかに

---

44) Fricke, *Franz Rosenzweigs Philosophie der Offenbarung*, 264.
45) Mosès, *System and Revelation*, 264.

救済者の顔をみつけることはもはやできない (GS II, 424)。

　中心としての現在的な啓示があってこそ，人間は神を過去の創造者であり同時に未来の救済者であることを認識することができる。「神は在る」というこの神の現前のなかに，人間は過去と未来の凝縮を経験する。また「啓示はわれわれに創造者を信頼することを教え，救済者を待ち焦がれることを教える」(GS II, 425)。神の愛は人間に信頼と期待を喚起させ，結果的に創造者も救済者も同じ愛する者であることが明らかになる。愛する者としての神は人間に対して瞬間ごとに働いている。「神は愛する」とは，神が自分の行為を超えているのではなく，「神は行為と一である」ことを示している (GS II, 425)。人間はこの神の愛という中心に「われわれを見出し，そして一人の人間がその友人を見出すように，われわれのきわめてすぐそばに『最初の者であり最後の者』である神を見出す」(GS II, 434)。この神の愛が降り注ぐ中心のなかで「事実性，近み，そして直接的なものが世界のあらゆる終わりを満たしている」(GS II, 434)。そのとき神の本質は「完全に現実的な行為」，「完全に近みにある行為」，すなわち「神の愛」のなかへ融解していく (GS II, 434)。現在における啓示のなかで過去の創造も未来の救済も，すべて何の媒介もなく集められ，それ自体が中心となる。ローゼンツヴァイクはある手紙のなかで，「あらゆる生けるもの」——神，世界，人間——がある瞬間に独白から対話の交わりに入っていくことを語り，これを「啓示の内容」であるという。そして，このような対話はかれにとって「全き真理」(die ganze Wahrheit) であった。そして，この「全き真理は現実的に歴史のなかに存している」とまでかれは書いている (GS I-1, 292-293: 1916年11月11日)。神の啓示は無媒介的な直接性のなかで神，世界，人間を結び合わせ，そして過去と未来もその中心へと引き寄せる。その意味で啓示とは「接合剤」(der Kitt) (GS II, 434) だとローゼンツヴァイクはいう。生が成就されるとき，まさに終末の瞬間がいつ到来するかを人間は知る由もないが，しかしそれはいま到来するかもしれないのだ。「あらゆる瞬間が最後の瞬間でありうるということは，瞬間を永遠にする」(GS II, 252-253)。このような永遠的瞬間こそ，ローゼンツヴァイクの特殊な時間意識をあらわしているのであり，神の啓示とは真理がその都度顕現する時である。

第 6 章　時間と永遠の相の下で　　　　　　　　　　　　267

　ローゼンツヴァイクによれば真理とは「現実性と完全に一であり」,「現実性のなかでは区別されない」(GS II, 428)。しかし，それにもかかわらず真理は「全体としての現実性からなお自らを区別している」(GS II, 428-429)。すなわち真理は現実性を覆い，あたかも同一であるかのようにみえながら，その現実性を超えている。ローゼンツヴァイクにとって，現実性の世界とは時間的な世界であったことを考えれば当然のことである。それゆえ「真理は，現実性の上で王座についている」(GS II, 429)。先に「神は真理である」という命題があったが，それでは神は真理と同一であろうか。もし同一であれば，神もまた現実性を超えながら同時に現実性と一であることになる。答えは否である。たしかに真理は現実性を超えた王座についているが，より根源的には神がそこにいなければならない。「現実性の上で王座についているのは，真理それ自体ではなく神である」(GS II, 429)。「神は真理である」と書いたローゼンツヴァイクは，それに続けて「真理は神のしるし」であると記したことも忘れてはいけない。「神は，現実性の一なる全を超えた一者でありうる」(GS II, 429)。それゆえ神は真理と同一視されるのではなく，神は「現実性の彼方」[*46]にいながら全き真理を所有しているのであり，「真理とは神の支配の杓である」(GS II, 429)。その意味では絶対的に活動的な神は真理を超えているのであり，真理を支えているものである[*47]。

　　こうして神は，真理以上のものでなければならない。……たとえ真理が現実的に最後のものであり，唯一のもの，人がその本質として神について語ることができるものであるとしても，それにもかかわらず神のなかにはなお神の本質を超える余剰 (ein Überschuß) が残っている (GS II, 429)。

　この真理を超えた神の「余剰」こそ，あらゆるものに対する神の絶対性を示している。真理は，神の愛を媒介にして現実性のなかで人間に対して

---

　　46)　Fricke, *Franz Rosenzweigs Philosophie der Offenbarung*, 266.
　　47)　モーゼスは次のように書いている。「神は，三つの要素のうちで絶対的に活動的であると定義される唯一の要素である。すなわち神は創造と啓示という両者の起源であり，それゆえ世界と人間の存在の源泉としてあらわれる」。Mosès, *System and Revelation*, 267.

顕現する。神はその真理の「起源」(Ursprung) であり,「根底」(Urgrund) である (GS II, 432)。「あらゆる真理はこのことによってのみ真理であり, 真理は神に由来すること以外の何ものでもない」(GS II, 432)。「神は真理である」という命題は, われわれの「知の極限」(ein Äußerstes des Wissens) (GS II, 432) に存するものである。それゆえ「人間的な知の限界——真理——は, つまるところ啓示の直接的経験の内実であることが明瞭になり」*48,「神の真理とはまさにそれでもって神がわれわれを愛する愛である」(GS II, 436)。ローゼンツヴァイクは「神的な愛の啓示は, 万物の中心である」(GS II, 424) といったが, それは同時に万物の中心には真理があることを意味しており, だからこそ真理は「神の支配の杓」なのである。

このようにわれわれは, ローゼンツヴァイクの思想のうちに《真理-啓示-愛》という構造を確認できる。最初は別々に用いられているようにみえたが, 最終的にはこの三つの概念はほとんど同じ意味で使われているようだ。「現実性の世界」での啓示の出来事は, 神と人間の対話であったが, ここにきて神の啓示の出来事は真理の顕現であることが明確になった。また啓示のなかで, すなわち神の愛のなかで神と人間が関係を有するのであれば, それは同時に人間は真理のなかで神と向き合うことを意味する。ここでは「真理をわれわれのうちに」(die Wahrheit in uns) 見出すような「哲学的冒瀆」はローゼンツヴァイクによって斥けられる (GS II, 436)。「真理のうちにわれわれを」(uns in der Wahrheit) 見出すことこそ, かれの新しい思考には相応しいのである (GS II, 436)。それゆえ啓示がそうであるように, 真理とは神と人間を結びつける結節点となる。「真理のうちに」というこの「うちに／おいて」(in) は,《神が現前する場》であり,《神によって生起させられた出来事が人間に対して生起する場》である。真理とは神経験が生起する場であるからこそ, ローゼンツヴァイクは真理を「神のしるし」と呼んだのであった。それでは, この真理と人間のあいだにはどのような関係があるのだろうか。

ii) 真理の確証 —— メシア的認識論

「真理は一つの事実として真理の事実性への信頼 (Vertrauen) を要求す

---

48) Green, "The Notion of Truth in Franz Rosenzweig's 'The Star of Redemption'-A philosophical Enquiry," 157.

る」(GS II, 431)，とローゼンツヴァイクは書いている。「信頼」とは，両者による積極的な相互関係があってはじめて成り立つものである。そうであれば，ローゼンツヴァイクにとって人間は受動的に真理を受け取るのではなく，人間の側からもまた真理に対して何らかの能動的なアプローチを試みることが要求されているといえよう。

　人間は偶然的にある場所に存在しているのではない。かれはいう。「人間は，そこへと立てられているところで生きなければならない」(GS II, 437)。また「人間は，かれがそこへと遣わされているところへ向かって行かなければならない」(GS II, 437)。前者は創造者の手によって立てられているという意味で，人間は創造の秩序のうちに存在し，場所を有している——「人格性への誕生」(GS II, 437)。後者は啓示の言葉によって方向づけを得ているという意味で，人間が向かわされている方向を示している——「自己への再生」(GS II, 437)。ローゼンツヴァイクは，神によって形成された人間が生きている場所とその生が向かう方向を「足場と使命」(Stand und Sendung) と呼び，そこで人間は自らの真実を語らなければならないという。

　　足場と使命——人間はかれの生が存在している場所と決定的な瞬間において両者をかれの人格的なここ (Hier) といま (Jetzt) として受け取ったように，かれにとって足場と使命が真理となるために自らの真実を両者に向かって語らなければならない (GS II, 437)。

　ローゼンツヴァイクにとって，人間が自らの真実を語ることは神の真理，そして啓示への応答である。「われわれの真実 (unser Wahrlich)，われわれの然りとアーメン，われわれはこれでもって神の啓示に答えた」(GS II, 436)。そしてこの真実を語る場所こそ，偶然的に存在した場所やおのれに課された諦念に満ちた宿命ではなく，神によって導かれた確実な「ここ」と「いま」である。こうして神の真理が人間に要求する「信頼」とは，人間が自らの真実を神に向かって語ることのなかで培われ，それはこういってよければ神に対する人間の誠実さを意味している。かれは書いている。「神のしるしである真理には，人間のしるしとしての真実が対応している」(GS II, 439)。人間は自らの真実を語ることによって神に答えるが，

同時に第5章でみたように，人間には神の真理が分有されていたはずである——この場合，人間といってもユダヤ民族とキリスト教徒を指していることはいうまでもない。それゆえ人間はおのれの真実を神によって分割され分有している真理として語ることによって，自らの真実が神の真理にその根拠をもつことを確認するのである。またこのことは逆に「わたしは真理を真実のなかでわたしの真理にすることによって，真理はわたしにとってやっと神の真理とみなされる」ことである (GS II, 437)。こうして神の真理は，神によって分け与えられた「わたしの配当」(mein Anteil) (GS II, 437) となる。

ローゼンツヴァイクは，人間が自らの真実でもって神の真理を語ることを「真理の確証」(die Bewährung der Wahrheit) (GS II, 437) と呼ぶ。真理を確証するとは，真理を我が物として占有することではない。確証するとは一回限りの出来事として真理を所有することではなく，絶えず自らの真実でもって真理を神の真理として肯定することである。それゆえ「人が真理の超越性を肯定することはかれの経験の内部にある」*49。ローゼンツヴァイクは自らの新しい思考を「経験する哲学」と呼んだが，この経験とは神の真理の断片を経験することであり，経験とは真理を確証することである。すなわちゲルツの言葉を借りれば「確証的経験」*50 (bewährende Erfahrung) こそ，ローゼンツヴァイクの信仰の表現である。しかも神はその真理を超えた者であり，真理の根底であるがゆえに，人間の確証的経験とは自らの生のなかで神への信仰を証言することである。その都度，人間はおのれの経験において自らの真実を生きながら確証することで，人間は信仰の業に励みながら神への信仰を表現している*51。それゆえローゼンツヴァイクにとって真理とは，哲学者の真理のように超然とした無名の真理ではない。真理とは関係のなかにあってこそ真理となるのであり，つねに属格が

---

49) Mosès, *System and Revelation*, 269-270.

50) Görtz, "Die Wahrheit der Erfahrung in Franz Rosenzweigs 'Neuem Denken'," 405. かれによれば「経験するとは確証することを意味し，確証するとは責任を負うことを意味する」(Ibid., 406)。「責任を負う」とは，当然神に対して責任を負うと考えることができるし，同時にこれは神に答えることである。

51) グリーンによれば「真理の確証とは，人間がかれに啓示された神的な真理の把握に対して自ら自身の真理としてその妥当性を与えるようなあり方である」。Green, "The Notion of Truth in Franz Rosenzweig's 'The Star of Redemption'-A philosophical Enquiry," 159.

付随していなければならない。かれは,「あらゆる経験の根本語」である《と》という「小さな言葉」を鍵語としてあげていた。神,世界,人間という諸要素は「本来的には」という言葉ではなく,《と》を媒介にして関係のなかに入って行ったが,「最終的にこの《と》もまた真理に戻って行かなければならない」(ND, 158)。ローゼンツヴァイクが語る真理は《と》を自らのうちに蔵するがゆえに,哲学者の自足した真理とは異なり人間からの応答を要求できたのだ。

> 真理そのもののなかに,唯一でありうる究極の真理のなかには,なおも《と》が潜んでいなければならない。この真理は,自分自身だけが知ることの許されている哲学者の真理とは違って,誰かに対する真理 (Wahrheit für jemanden) であらざるをえない (ND, 158)。

ローゼンツヴァイクはいう。真理は「誰かに対する真理」でなければならない。無名の真理でもなく,単にわたしの真理でもなく,真理は「誰かに対する真理」である。この「誰か」という表現は,真理があらゆる人間に対して開放されていることをあらわしている。「誰か」とは《わたし》でもあるし,《あなた》でもある。そして,いまだ会ったことのない《かれ》や《かのじょ》であっても,神によって真理の周りに集められた者は,誰でもそこで自ら真理を確証するのであり,ここにわれわれは真理の主体的契機のみならず,対話的契機をみることができる。しかしそれぞれが真理を確証するとは,一なる真理が多元化されることを意味するのか。ローゼンツヴァイクは,この疑問に対して「然り」と答える。

> その場合,真理がそれにもかかわらず唯一であるべきならば,その真理はただ一人のためだけのものになりうる。したがって,われわれは真理が多様になり,「この」真理がわれわれの真理 (unsre Wahrheit) へと変えられることはやむをえない。真理は真で「ある」("ist") ところのものをやめて,真として—確証されることを望むものとなる。真理の確証という概念は,この新しい認識論の根本概念となる (ND, 158)。

真理は「誰かに対する真理」であるがゆえに，「われわれの真理」となりうる。しかし，おのれの場所と使命のなかでつねに確証される真理は複数の形象として働きながら，ただ神が真理を根底から支えることによって唯一である。ローゼンツヴァイクによれば，このような真理は「静的な客観性の概念」(der statische Objektivitätsbegriff) による「希望のない静的な真理」(die hoffnungslos statischen Wahrheiten) ではなく，「動的な客観性の概念」(ein dynamischer [Objektivitätsbegriff]) が取り入れられた確証的真理である (ND, 159)。「動的」とは人間による絶えざる真理の確証を示し，客観性とはその真理が神に根拠を有していることを意味する。

　「われわれの真理」としての神の真理は「人間の下に創設する絆 (das Band)」(ND, 159) にしたがって評価されるのであり，ローゼンツヴァイクはこのような真理認識を「メシア的認識論」(die messianische Erkenntnistheorie) (ND, 159) と呼ぶ。それは「時間を真剣に受け取ること」によって，性急な真理把握に陥らないことであり，真理の所有を僭称しないことである。「知らせは時が来るとやってくる」(kommt Zeit, kommt Rat) のであり，人間を結びつける神の全き真理を待望しつつ確信をもって証言すること，すなわち「時宜にかなった理解」(Verstehen zur rechten Zeit) こそ真理の確証に相応しい認識論である (ND, 149)[*52]。それゆえ中間時において真理を証明するのではなく，確証していく——人間にはそれしかできない——メシア的認識論は静的なものではない。認識とは単なる観照ではないのだ。日々神への信仰を証言していくことで人間が真理に関わることができるのであれば，真理の確証，そしてメシア的認識論は《真理形成的な行為》である。だからこそ真理は「動的な客観性の概念」を必要としたのであり，それは人間の全人格的な応答を要求する真理，もっといえば人間にとって「真理とは，時間の終末での全面的真理を時間のなかで証示しなければならないという忌避不能な責務」[*53]である。このことは

---

　52) ローゼンツヴァイクは，ここで次のようなゲーテの詩を引用している。「真理が遠く離れているのはなぜ？／深淵に身を隠すのは，なぜ？／良い潮どきに，それが判ったためしがない！／時宜にかなって理解されれば／真理は間近に，ひろびろとあり／愛らしくまた穏やかであるだろう」。「西東詩集」(生野幸吉訳『ゲーテ全集第二巻』，潮出版社，1980年)，132頁。

　53) レヴィナス「フランツ・ローゼンツヴァイク——ある近代ユダヤ思想」『外の主体』，106頁。

逆にいえば，人間による「全き真理への参与」(an der ganzen Wahrheit teilhaben) は真理にとっても必要なことであり，「参与されることが真理の本質」を形成している (GS II, 462)。かくしてローゼンツヴァイクは，次のようにいうことができたのだ。「われわれは，誰にも属さないような真理は真理ではないだろうということを知っている」(GS II, 462)。

先にみたようにローゼンツヴァイクによれば，真理は各人がおのれの真実でもって確証するような真理であるが，根本的には「二重に真理を確証する可能性がある」(GS II, 438)。すなわちユダヤ教とキリスト教という二つの信仰共同体において神の真理をそれぞれが確証し，そのとき両者は「単なる共存 (ein Nebeneinander) としてではなく，いまやたしかに体験されえないが，しかし観想されうるような相互的な結び目のなかに (in einer wechselweisen Verschlingung, die wohl nicht erlebt, doch geschaut werden kann)」いる (GS II, 438-439)。しかしユダヤ教とキリスト教は真理を観想できる「結び目」にいるとしても，両者が一つになるわけではない。少なくともユダヤ教とキリスト教のあいだにあるこの《と》は，メシア的認識論の下にあっても此岸の世界においてはけっして乗り越えられることはない。

> このメシア的認識論は……あらゆる時間のなかで宥和できないユダヤ教とキリスト教両者のメシア待望そのもの，すなわち到来する者とふたたび到来する者というメシア待望を──真理をめぐる両者のこの最終的な保証である《と》を超えることはできない (ND, 159)。

一なる神の真理は両者に分有されながら，この世界のなかでは分裂している。それゆえ「神自身のそばにのみ，そこには確証があり，神の前でのみ真理は一つである」(ND, 159)。

このようにローゼンツヴァイクの真理論はメシア的認識論という名の下で真理の分有論，真理の確証論そして真理への参与論として展開されてきたが，もう一つかれには真理の観想論がある。かれは理性による哲学的な認識は万物および全体を直接的に認識することは不可能であるとして古い思考を斥けながらも，いまひとつの全体性把握，いい換えれば最終的な真理としての真理を把握する方法を探求して，次のようにいう。「直観知の

うちでわれわれは永遠の真理を把握する」(In der Schau erfassen wir die ewige Wahrheit) (GS II, 436)。しかしこの「直観知のうち」とは，より根源的には「神のうち」を意味する。「全き真理の無媒介的な直観知 (unmittelbare Schau der ganzen Wahrheit) は，真理を神のうちで観想する (schauen) 者にのみ生成する」(GS II, 462)。真理は究極的には神のうちに根ざしながらも直観的に把握されるのであり，「体験と直観知の直接的な統一のなかで」捉えられる (GS II, 439)。ユダヤ民族は「永遠の生命」として，キリスト教徒は「永遠の道」として真理が分有されている[54]。しかし全き真理は違う。「真理の全体，つまり全き真理はそれが神のうちにみられることによってのみ観想される」(GS II, 439)。真理は神的な啓示として直観的に把握されるのであって (GS II, 436)[55]，これこそローゼンツヴァイクにとって「神のうちでみられる唯一のものである」(GS II, 439)。

しかし，このような神のうちでの真理の観想は，神との合一を意味しているのではない。人間は神の声を聴き，それに応答することができるけれども，「神自身が体験することを」(GS II, 439) 体験することはできない[56]。「人間は，神のうちで神が体験することを観想する」(GS II, 439) だけである。なぜなら人間は神のうちで真理に参与することができても，神はその真理を超えた存在だからである。ローゼンツヴァイクにとって真理とは神と人間とのあいだにある結節点であった。人間は真理，すなわち神の啓示のなかではじめて自らの真実を証言しながら神との関係を有することができるが，ローゼンツヴァイクはこの関係を神と人間との「連署」(die Gegenzeichnung) (GS II, 439) と呼ぶ。人間は，この「連署」でもって「真理の主から出発し，かれの主の誠実な使用人 (Diener) としての役

---

54) 「ユダヤ教は神のもとにある限り，生きたものであり真実のものであるが，キリスト教は，世界のなかを歩き，世界に浸透していく限りで，生きたものであり真実のものなのです」。レヴィナス「フランツ・ローゼンツヴァイク——ある近代ユダヤ思想」『外の主体』，105頁。

55) 「真理そのものは，神的な啓示以外の何ものでもない」(GS II, 436)。

56) グリーンは次のように書いている。「人は全き真理を神のうちでみる。しかし，かれはいまなお神との関係の直中においてさえ遠くから神をみたり，あるいは見守る。なぜなら『人は』，神がかれ自身においてあることを『直接的に経験しない』からである。たとえ純粋な『接触』が生ずるにしても，この限界が啓示あるいは『出会い』と伝統的な『神秘的合一』(unio mystica) を同一化しないローゼンツヴァイクの理由である」。Green, "The Notion of Truth in Franz Rosenzweig's 'The Star of Redemption'-A philosophical Enquiry," 303.

割と職に対する証（Urkunde）を確認する」（GS II, 439）。

　人間は全き真理を直観知を媒介にして——神のうちで——観想するとローゼンツヴァイクはいうが，そもそもこの真理の観想，そして直観知は時間のなかでの出来事なのか，それとも永遠性のなかでのそれなのか。人間は神のなかで全き真理を観想するとしても，それは人間の理性による能動的な働きによってではけっしてない。そうではなく，「神は自らを観想させる」（er ließ sich schauen）（GS II, 471）のであり，神の啓示の出来事がこれを人間に可能とさせる。ローゼンツヴァイクはいう。その時「神はわたしを生の限界へと導いた」（GS II, 471）。神が人間に自らを直観的に把握させることを許した「聖所」（Heiligtum）は，「世界そ・の・も・の・のなかにある超世界の断片であり，生の彼方にある生（ein Leben jenseits des Lebens）でなければならない」（GS II, 471. 傍点引用者）。「生の彼方にある観想」（ein Schauen jenseits des Lebens）（GS II, 462）によって人間は全き真理を把握するが，この観想は生なき観想ではない。なぜなら神の啓示，すなわち神の真理の顕現は，ローゼンツヴァイクにとって時間的な「現実性の世界」の出来事だったからである——何よりも引用にある「世界そのもの」という言葉がこのことを示している。それゆえ「現実性の世界」のなかにある「超世界の断片」，その「救済された超世界の高み」における真理の直観的把握とは「生の直中で啓示の言葉がわたしをすでに呼んでいる」ということに他ならない（GS II, 471）。

　この脱自的高揚を思わせるローゼンツヴァイクの文章は，さらにその神秘的な度合いを高めていく。かれは神のうちでの真理への参与，真理の観想とは「神的な御顔の光のなかで歩むこと」（im Lichte des göttlichen Antlitzes zu wandeln）（GS II, 471）[57]だという。いや，その光のなかで歩くことのみならず，そもそも「神的な御顔のこの輝きだけが真理である」（GS II, 465）。「急に輝く神の御顔」が人間を照らすとき[58]，人間は真理を「神の御顔と神の一部」として観想する（GS II, 465）。その意味では「神の御顔」とは，「神の外在的な顕現」[59]である。人間は真理を神の御顔から発せられる光として直観的に把握するが，神の御顔を直視することはできない。

---

57)　「主よ，御顔の光の中をかれらは歩きます」（「詩編」89:16）。
58)　「主が御顔を向けてあなたを照らし」（「民数記」6:25）。
59)　Mosès, *System and Revelation*, 284.

しかしローゼンツヴァイクはいう。人間は神を認識することができるのだと。その認識は神の御顔のなかで「救済の星」(der Stern der Erlösung) を認識する時であり，「この再認識（Wiedererkenntnis）のなかでやっと，神の認識（seine Erkenntnis）が成就される」(GS II, 465)。ローゼンツヴァイクにとってこの神認識は，いやその再認識は全き真理の観想をも超えた終末論的認識である。人間がもっている「あらゆる種類の主義主張」(Ismen jeglicher Art) が「永続的な直観知」(beständige Schau) のなかへと沈んでいく (GS II, 469)。かれはこれをいい換えて「神の観照」(Anschauung Gottes) (GS II, 469) と呼んでいるが，神はこの時，あらゆる対象から解放／救済されているのであり，だからこそ静かに観照することができるのだ。完全なる神の永遠性，それは人間をはじめとするあらゆる被造物が神のうちに回帰しながら，そこで神認識が成就する時である。かくして神は自らを直観させるために人間を「生の限界」へと導いたが，その（再）認識において最終的に人間は生の彼岸へともたらされる。

おわりに

われわれはゴードンの研究を批判的に検討しながら，ローゼンツヴァイクの神論，そして真理論を時間と永遠性の観点から考察してきた。ここでその内容をくり返すことはしない。ローゼンツヴァイクの新しい思考は，時間と永遠性のあいだを絶え間なく往還していることが確認できれば十分である。またわれわれはこれまでの考察によって，とうとう『救済の星』の最後に到達した。前節の最後でわれわれは，ローゼンツヴァイクにおける生の彼岸での神認識をみた。しかし『救済の星』は，このような神秘的な言葉で終わりを迎えるのであろうか。そうではない。『救済の星』は神秘的な観照ではなく，「現実性の世界」での神との出会い，すなわち生の直中でその終わりを告げる。

ローゼンツヴァイクは，最後に「ミカ書」の言葉を三度引用する。「あなたの神と単純に歩むこと」(einfältig wandeln mit deinem Gott) (GS II, 471, 472)。この神との歩みは彼岸の世界で行われるのではない。かれにとって現実性の真っ直中で人間は神とともに歩んでいるのである。そこで

第 6 章　時間と永遠の相の下で　　　　　　　　　　　277

人間は，神によって「信頼」が要求されている。

　　あなたの神と単純に歩むこと —— そこでは完全に現在的な信頼（ein ganz gegenwärtiges Vertrauen）以外には何も要求されていない。しかし信頼とは偉大な言葉だ。信頼は種であり，そこから信仰（Glaube），希望（Hoffnung），そして愛（Liebe）が芽生える。また信頼は信仰，希望，愛から生まれ熟してくる実りである。信頼はもっとも単純なものであり，まさにだからこそもっとも困難なものである。信頼は，あらゆる瞬間に真理に向かって真実を思い切って語ることである（GS II, 472）。

　神によって現在のなかで，そして瞬間ごとに要求されている信頼は，神に対する信頼だけでなく，他者に対する信頼でもある。とはいえ信頼は容易に築けるものではない。信頼とは，何気ない日々の生活のなかで形成されていくものである。もっとも単純な日常とは，もっとも困難な信頼を培う場所である。人間は，信頼を得るために自ら言葉を発しなければならない。すなわち自らの真実を語り，それでもって真理を確証しなければならないのだ。その意味では，真実を語ることとはすぐれて実存的な行為である。しかし，この自らの実存の表出は孤独な決断ではない。人間は自らの神とともに歩んでいるのだから。

　　単純にあなたの神と歩みなさい —— この言葉が門の上に，人間がそのなかでは生き続けることのできない神的な聖所の秘密に満ちた驚くべき輝きから外へと通じている門の上に書かれている。しかし，門の扉は外のどこに向かって開かれているのだろうか。あなたはそれを知らないのか。生のなかへ（Ins Leben）（GS II, 472）。

　人間は神秘のなかで瞑想するのではなく，たとえ喧騒のなかにあったとしてもおのれの生のなかへと戻って行かなければならない。どこから戻るのか。それは神の聖所からである。それゆえ，『救済の星』のなかで繰り広げられた果て無き人間の旅は，神の愛を受け取り，神の聖所を通過したのち，ふたたび生のなかへと帰還することで『救済の星』という書物も閉

じられる。これに呼応するかのように,論文「新しい思考」の最後にはこう書かれている。

> ここで書物は閉じられる。さて,なお次に到来するものは,すでにして書物の彼方（jenseits des Buchs）であり,書物から離れ出て,もはや書物ならざるもの（Nichtmehrbuch）へと向かう「門」（Tor）である。……この書物の歩みが,その限界で書物たることをやめることによってのみ贖われるという認識,それがもはや書物ならざるものである。終点,それは同時に始まりであり,中間である。つまり,書物を終えることは日常的な日々の生活の直中へと歩み出ることである（ND, 160）。

「もはや書物ならざるもの」とは実に意味深長な言葉である。ローゼンツヴァイクにとって書物は目的ではない。書物の彼方こそかれが向かう場所であり,それは神の啓示が生起し,真理が顕現する生の直中である。ローゼンツヴァイクは神の永遠性を語りながら,時間のなかでの神との出会いを求める。われわれは,そこにポスト形而上学という土壌喪失の時代におけるかれの格闘の痕跡をみなければならない。

終　章
生のなかへ

> ……あらゆる文化はなによりもまずもっては時間についての一定の経験なのであって，新しい文化はこの時間経験が変化しないかぎり不可能である。だから真正な革命の本源的任務は，たんに「世界を変える」ことではなくて，同時に，そしてまずもっては「時間を変える」ことなのだ。　　　　　（ジョルジョ・アガンベ

はじめに

　終章においてわれわれは，これまでの議論を踏まえた上で次の二点を確認したい。第一にローゼンツヴァイクの新しい思考は，「時間を真剣に受け取ること」を忠実に実践していた。時間内存在としての人間は有限でありながら永遠性へと開かれており，時間のなかでゴードンのいう「世界－内－救済」，つまり永遠性を経験することができる。ところでローゼンツヴァイクは，『救済の星』の最後になって人間の被造物性を強調する。ゴードンは，ここにローゼンツヴァイクが時間を真剣に受け取ることとなった根拠をみる。これに対してわれわれは，人間の被造物性のうちにローゼンツヴァイクにおける《理性の限界づけと永遠性への跳躍》への契機をみることができるだろう。
　第二にローゼンツヴァイクの新しい思考は時間を真剣に受け取りながら，皮肉にも世界史という歴史的地平から完全に撤退してしまうのではないか（第5章参照）。このことは当時のコンテクストと照らし合わせるなら

ば，ローゼンツヴァイクの思想に《反歴史主義》という刻印を押すことになるだろう。われわれはこれまでかれのテクストに内在的にアプローチすることで，時間と永遠性の問題に絞ってかれの思想を考察してきた。しかしわれわれは暫定的に閉ざされたテクストを最後に開くことによって，ローゼンツヴァイクの新しい思考がいかなるコンテクストと連結しうるのかを明らかにしたい。

第1節 理性の限界と永遠性への跳躍

　ゴードンはローゼンツヴァイクの救済概念を「世界のうちにとどまろうとするポスト形而上学的な人間の願望と一致する新しい救済概念」と特徴づけ，ローゼンツヴァイクの思想のうちに有限な世界のなかにとどまりながら，神による超越的な救済が成就されるとする「世界－内－救済」をみたのであった[1]。その際，ゴードンはローゼンツヴァイクが『救済の星』の最後で人間の被造物性を強調していることを一つの根拠としながら，ローゼンツヴァイクの語る人間は時間や世界のなかにとどまることを欲しており，それしかできないのであって，古い思考のように無時間的な超越に逃げ込むことは許されていないことを論じている[2]。ゴードンの主張は十分な説得力をもっており，われわれもかれの議論に納得できる部分も少なくない。とはいえわれわれは，自らの眼でローゼンツヴァイクのテクストを確認してみよう。そうすることで，ゴードンとは幾分違う解釈を提示できるだろう。

　ローゼンツヴァイクがいうように，ユダヤ教とキリスト教において人間とは神によって創造された「被造物」（Geshcöpfe）（GS II, 463）であり，そのために人間は「可死性の限界のうち（in den Grenzen der Sterblichkeit）にとどまっている」（GS II, 463）。かれは「われわれはとどまることを欲している」（GS II, 463）とまでいい，これを次のようにいい換えている。「それどころかわれわれは生きることを欲している」（GS II, 463）。人間は

---

1) Gordon, *Rosenzweig and Heidegger*, 149.
2) Ibid., 149, 176.

被造物であるということは，時間のなかに踏みとどまることである。いやそうではない。人間は被造物であるがゆえに，時間のなかにとどまらざるをえないし，そのようにして神によって生かされている。ローゼンツヴァイクにとって新しい哲学者は「塵芥である《わたし》」(Ur, 127) として哲学をしているのであり，それはおのれの被造物性を十分にわきまえた哲学者である。かれはいう。「哲学する理性はすべてを自らのうちに取り入れ，その独占的な実存を宣言したあとに，突然，人間が，遥か前に哲学的に消化した人間がまだそこにいることを発見します」(Ur, 126-127)。観念論的な古い哲学は人間の死を無視し，無時間性を求めてきたが，自分が神によって創造された被造物であることに気づいた新しい哲学者は時間のなかから抜け出そうとはしないし，それが不可能なことを熟知している。先の引用の「突然」という瞬間的時間は，神の啓示が人間に対して生起したことをあらわしている。かくして人間が被造物であるという根本的認識は，万物をおのれのうちに同一化し，無時間的な相の下で全体を認識しようとする理性の暴力に対して限界づけを設け，哲学者の不遜を戒める。限界づけられた理性こそ，ローゼンツヴァイクの新しい思考を実践する哲学者が有している理性である。自足的で万物を自ら生み出そうとする「産出的理性」は，ここで神によって創造された「被造物としての理性」(die Vernunft als Kreature)すなわち《被造物的理性》に席を譲る (VF, 237/一八五)[*3]。新しい哲学者の被造物的理性は，永遠性を人間の手で作り上げるようなことはしない。ゴードンもまたダヴォス討論でのハイデガーとカッシーラーのやり取りを考察して，かれらにとって「思考はもはや時間の起源ではなく，それ自体思考を可能にするような時間性のなかに浮かんでいる」[*4]と書いており，「ハイデガーとローゼンツヴァイクは，理性は創造的ではなく創造されたのだという洞察を共有した」[*5]といっている。理性の時間化ともいうべきゴードンの議論は，われわれのそれともきわめて近い位置にあるようだ。しかし，このような理性はおのれの限界を自覚しているがゆえに，やがては相対主義やニヒリズムに陥ってしまうのではないだろうか。

---

3) ローゼンツヴァイクは最晩年のコーエンはこの思想に到達しており，あらゆるマールブルク学派を凌いでいるという。
4) Ibid., 301.
5) Ibid.

ゴードンは人間の被造物性のうちに世界や時間のなかにとどまることというローゼンツヴァイクの新しい思考の特徴をみるが、われわれはこれと同時に人間と永遠性の関係を人間の被造物性のうちにみることができるのではないか。「啓示は方向づけである」(Ur, 125) と語ることで、ローゼンツヴァイクは向かうべき方向が定まらない世界や歴史のなかでの相対主義を克服しようとした。また、かれにとって哲学者の「もっとも主観的なもの」が「もっとも客観的なもの」へと向かうためには神の啓示を必要とした (GS II, 117)。神の啓示とは、人間に対して真理が顕現することの謂いでもあった。しかし人間は自らの理性でのみ神の啓示を受けることも、真理の配当にあずかることもできない。かれはいう。「神がさらにわれわれに与えてくださるならば、つまり神はわれわれに自らの分け前や全き真理を与えてくださるならば、神はわれわれを人類の限界から引き上げてくれるだろう。しかし神がまさにそれをしないうちは、その限りではわれわれもまたそのような要求をしない」(GS II, 463)。「要求をしない」となっているが、人間は被造物であるがゆえにそのような要求などできないし、理性にその力もない。しかし神が人間を「人類の限界」へ導き、全き真理を与え、永遠性への参与を許してくれるならば、その限りではない。被造物であるとは当然神によって創造されたことを意味し、神との関係を有していることを示している。それゆえ人間が啓示の出来事のなかで神に対して応答ができるのは、理性が万能だからではなく、端的にいって人間が被造物であり、理性の根拠が神にあることを知ったからである。そうであれば、人間の被造物性は有限性のしるしでありながら、同時に神によって永遠性へと引き上げられるための条件であり、事実ローゼンツヴァイクにとって人間の有限性は神や永遠性との関係においてこそ意味があるのだ。人間は有限な被造物であるにもかかわらず、永遠性へと参与できるという逆説は、人間は神と関係を有した被造物だからこそ、永遠性へ参与できるということと表裏一体の関係をあらわしている[*6]。

――――――――――
　6) われわれはここで人間と神との関係を被造物性、被造物的理性に求めたが、かれの人間論はさらに考察されるべきテーマである。いわゆる人間学における感性・理性・霊性という区分法をかれの思想のうちに見出すことは可能だろうか。とりわけ神との関係がもっとも深い霊性について、かれはわずかだがユダヤ神秘主義を手がかりにして語っている。かれによれば、神はユダヤ民族の苦難をともに苦しみ、かれらとともに流浪している。このような「人間への神の降下と人間の下での神の居住」をかれは「シェキナー」(Schechina),「神

ローゼンツヴァイクは質的に異なる二つの今日，「明日への橋であることだけを欲するような今日」(das Heute, das nur die Brücke zum Morgen sein will) と「永遠性への跳躍板たるもう一つの今日」(das andre Heute, das das Sprungbrett zur Ewigkeit ist) について語っている（GS I-1, 345: 1917年2月5日）。「明日への橋であることだけを欲するような今日」は，同質的な時間のなかで単に今日と同じかもしれない明日へとつながっている現在である。しかし，「永遠性への跳躍板たるもう一つの今日」は違う。質的に異なるかけがえのない今日であり，水平的な時間のなかに垂直な時間が突然介入してきて，人間を永遠性へと飛躍させるような今日である。このような「跳躍板としての現在」は，「われわれを歴史的時間の果てなき展開から逸脱させ，異質な本質を有した現実のなかにわれわれを直接投げ入れるのである」[*7]。永遠性はたとえ時間のなかにあったとしても，時間と同質ではけっしてない。非常に難しい議論ではあるが，あえていえば時間のなかの永遠性とは永遠性の飛び地のようなものであり，時間のなかにありながら時間から宙吊りにされた永遠性である。神によって時間のなかへもたらされた特異な《ここ》と《いま》は，人間を流動し生成する時間から引き上げることができる。ゴードンはローゼンツヴァイクの語る人間の被造物性を人間の有限性の強調と結びつけて議論しているが，われわれはそこに人間が永遠性へと跳躍する契機をみる。すなわち，神によって創造されたという，この人間の被造物性において《時間のうちとどまること》と《永遠性へと開かれていること》は交差している。新しい哲学者の被造物的理性は，人間が自らの力で無時間的な永遠性を捏造しようとしないための限界づけとなる。観念論的な哲学は最初に全体性を理性によって一挙に認識しようとするが，ローゼンツヴァイクの眼からみればそれは愚かな行

的な根源的光の火花」と呼んでいる。この神の火花こそ，世界のなかに，そして人間のなかに存しているのであり，これは一種のユダヤ的霊性とみることができるかもしれない（GS II, 455-456）。人間学については金子晴勇『人間学講義——現象学的人間学をめざして』（知泉書館，2003年）を，またシェキナーの思想については，ゲルショム・ショーレム『カバラとその象徴的表現』（小岸昭・岡部仁訳，法政大学出版局，1985年）を参照されたい。
　あるいはわれわれは，永遠性と有限なる人間との関係を「真理の分有論」にみることができるだろう。神の全き真理をユダヤ教とキリスト教は分有しているのであり，だからこそ時間のなかにいる信仰共同体は永遠性へと参与できるのである。
　7) モーゼス「ユートピアと救済」『歴史の天使』，92頁。

為である。かれにとって全体性，統一性の完成，そして「万物を認識する可能性」[*8]は，終末においてはじめて可能となる——「統一性とは何よりも究極的な結果」（GS II, 287）である。ここにもわれわれは，古い哲学に対する根源的な批判をみることができよう。

　ローゼンツヴァイクはユダヤ教に立ち戻ったあと，哲学が抱えている問題に気づきながらも，マイネッケに向かって「わたしは……一人の哲学者になりました」（GS I-2, 680：1920年8月30日）といった。かれにとって自らの生を真剣に送ることは，同時に自らが立っている場所で哲学することを意味する。曰く，「もし哲学が真なるものであるべきならば，哲学する者の現実的な立場から出発して哲学するのでなければならない，とわたしは本当に考えています。誠実におのれの主体性から出発する以外に客観的である可能性は他にはありません」（GS I-2, 1154：1927年6月27日）。哲学は人間の手が届かない高みから降りてきて，日常のなかで実践されなければならない。しかし，そのような哲学が盲目的に他を自らのうちに取り込んだり，相対主義に陥らないためには方向づけとしての神の啓示が，すなわち「歴史的であり－歴史を超えた啓示」（AT, 689）が必要であった。『救済の星』の内実は，まさにローゼンツヴァイクの生そのものである。ポスト形而上学の時代にあってかれの思索は，逆説的にも理性の限界を知ったからこそ相対主義，そしてニヒリズムに陥ることから抜け出すことができた。ローゼンツヴァイクの生にとって，神の啓示の意義を知ったことはあらゆるかれの思索の源泉であり，「現実性の世界」で生きることは神とともに歩むことであった。

第2節　時間，世界史，反歴史主義

　われわれはこれまでローゼンツヴァイクのテクストを閉じたものとして扱い，そのなかに含まれている諸観念の連関や発展を考察してきた。最後にわれわれはローゼンツヴァイクの新しい思考，とくに時間と永遠性の思想を当時のコンテクストに送り返したとき，どのような意味をもつのかを

---

8)　『救済の星』第一部のタイトル。

確認し，かれの思想に対して批判的なコメントをしてみたい。

　フリードリヒ・ヴィルヘルム・グラーフは1920年代初頭から頭角をあらわしはじめた若き知識人たちを「神のフロント世代」[*9]と呼び，かれらのあいだには宗教間の垣根を越えた思想的親近性があったという。この世代には，プロテスタントであればバルト，ティリッヒ，エミール・ブルンナー，フリードリヒ・ゴーガルテン，またカトリックであればヘルマン・ヘーフェレ，ペーター・ブストがおり，またユダヤ人の代表としてはローゼンツヴァイクの名をあげることができる[*10]。ハルナックやトレルチ，コーエンなどの古い世代，いや近代性そのものに対するあからさまな反感がかれらの特徴であった。そのなかでも興味深いのはこの「神のフロント世代」が各々「時間」，「時間経験」，「歴史理解」というテーマにいくつもの角度から光を当てたことである[*11]。また第一次世界大戦のインパクトは計り知れないものであったと推測できるが，例えばこの経験の下で伝統的な「消滅」[*12]（annihilatio）概念は1920年代に議論された終末論において再解釈された。当時の終末論的な言説は「伝統的な時間言語の根源的な批判」を引き起こし，「過去，現在，未来という見通しのきく区別」は「時間の加速」に取って代わられた[*13]。またフロント世代の思想家たちは多種多様な語彙——「原歴史」，「啓示の歴史」，「神の歴史」，「神の言葉の歴史」，「神の王国の歴史」——を造語して，「現在を質的に新たに把握」しようとしたのである[*14]。

　このようなフロント世代の思想的傾向は，ローゼンツヴァイクのうちにもみることができる。過去，現在，未来という時間形式を根底から覆し，騒乱を引き起こすかれの時間意識をわれわれは何度も確認した。そのなかでもかれが，現在という時間を強調していたことは思いだされるべきである。瞬間ごとに神の愛が到来する現在は，人間を質的に新たに生まれ変わ

---

9) Friedrich Wilhelm Graf, "Annihilatio historiae? Theologische Geschichtsdiskurse in der Weimarer Republik," *Jahrbuch des Historischen Kollegs* (2004): 54.
10) Ibid., 55-56.
11) Ibid., 65.
12) Ibid., 66.
13) Ibid.
14) Ibid., 66-67.

らせる時間であった。またローゼンツヴァイクの終末論は時間と永遠性の問題が複雑に絡み合いながら，しかもきわめて神秘主義的な様相を呈していた。それは破局的とはいわないまでも，現在のなかでの瞬間の永遠化であり，永遠性への跳躍であった。人間は過去と未来が捨象された，あるいは凝縮された純粋な現在のなかで永遠性を経験する。このような特異な時間意識は当然，かれの歴史観にも大きな影響を与えている。ユダヤ民族を論じた箇所に端的にあらわれているように，世界史はほとんど意味をもたなくなる。世界史とは，国家が土地をめぐって戦争を繰り広げている血塗られた歴史である。ユダヤ民族はそんな身も蓋もない歴史に眼もくれず，おのれのうちにある永遠性を凝視しているのだ。グラーフは，当時のフロント世代に特徴的な歴史観を「歴史の消滅」（Annihilatio historiae）と呼んだ。かれによれば「歴史の消滅」とは，「人が歴史的なものの無効を想像すること」であり，「伝統の重圧からの解放」である[*15]。第1章でも述べたがローゼンツヴァイクは『救済の星』を書く前から，「歴史性の呪い」（AT, 697）という言葉を「無神論的神学」という論文のなかで用いている[*16]。われわれは，かれの歴史観にグラーフの指摘をみることは十分可能であろう。

　アルトマンはローゼンツヴァイクが過去，現在，未来の区別を撤廃することで，「時間の秩序としての歴史の特徴」[*17]を破壊していると書いている。しかし，かれはすぐにこれはローゼンツヴァイクの真意ではないとする。すなわち，アルトマンによればローゼンツヴァイクは啓示によって歴史に対して終末論的な意味を付与しているのであって——「啓示は方向づけである」——「啓示を通して歴史は明確かつ明瞭な接合（articulation）を受け取る」[*18]のである。ローゼンツヴァイクは，手紙のなかで次のように書いている。「啓示の本来的な内実，つまり時間の絶対化（die Verabsolutierung der Zeit）は絶対的な歴史（die absolute Geschichte）へと至る」（GS

　15）　Ibid., 68.
　16）　マイヤーズによれば，この「歴史の呪い」のうちには「認識の呪い」と「偶然性の呪い」という二つの顔があり，前者は「つねに歴史主義的な方法で世界を理解する呪い」だという。Myers, Resisting History, 89. 序論でも述べたが，かれはローゼンツヴァイクを「反歴史主義者」とみなしている。
　17）　Altmann, "Franz Rosenzweig on History," in The Philosophy of Franz Rosenzweig, 134.
　18）　Ibid.

I-1, 358: 1917年3月2日)。これに関連してメンデス＝フロールは，ローゼンツヴァイクがマイネッケへと宛てた手紙 ―― 第1章参照 ―― を考察しながら，ローゼンツヴァイクが拒絶したのは「歴史そのもの」[*19]ではないという。むしろかれの「大学での学問の拒否は，歴史を歴史主義の束縛から救済するという崇高な課題によって鼓舞されていた」[*20]のだ。

われわれは，このようなローゼンツヴァイク評価に対して慎重でなければならない。なぜならそもそもローゼンツヴァイクが肯定する，あるいは拒絶する歴史とはいかなる歴史かという根本的な問いがそこには横たわっているからである。これまでのわれわれの議論，そして先に引用した絶対的な歴史を創造するという啓示理解など，どれをとってもかれが肯定する歴史は出来事に溢れ，因果関係や発展，そして衰亡によって折り合わされているクロノロジカルな意味での世界史ではけっしてない。そのような歴史はかれにとっては文字通り何の意味もないのである。先にグラーフがあげた「歴史的なものの消滅」こそ，ローゼンツヴァイクの新しい思考には刻印されている[*21]。しかし，これはあまりに皮肉な出来事である。なぜならローゼンツヴァイクはヘーゲルを頂点とする観念論的な哲学が無時間的であると徹底的に批判し，自ら「時間を真剣に受け取ること」をその思想の中心においたにもかかわらず ―― いや，だからこそ？ ――，ヘーゲルがあれだけ強調した生成する時間に満ちた世界史から撤退してしまったからである。時間への帰還が世界史からの退却を促したのであれば，それはあまりに大きな代償だったのではないだろうか。ローゼンツヴァイクが生きた時代，とくにドイツでは歴史と政治の問題が重要な論点を形成していた。シュミットがあらゆる領域のうちに政治的なものの潜在性をみていた一方で[*22]，トレルチは「精神的世界のわれわれのあらゆる知と感覚の歴史化」を語り，永遠的な真理が揺さぶられていることを感じていた[*23]。

---

19) Paul Mendes-Flohr, "Rosenzweig and the Crisis of Historicism," in *The Philosophy of Franz Rosenzweig*, 157.
20) Ibid.
21) イェルシャルミは「歴史主義に対するおそらくもっとも巧妙で有名な否認」がローゼンツヴァイクによってなされた，と書いている。イェルシャルミ『ユダヤ人の記憶　ユダヤ人の歴史』，148頁。なおここでかれは，ローゼンツヴァイクはベルリン大学でマイネッケの指導を受けたと書いているが，フライブルク大学の誤りである。
22) 例えば，シュミット『政治的なものの概念』，33-36頁。

ローゼンツヴァイクの新しい思考が書物の彼方にある生へと帰還し、そこで政治と世界史から離れた永遠性へと参与するというのであればそれもよいだろう。なぜなら、われわれがローゼンツヴァイクのユダヤ教理解に見出すあの非政治性や非歴史性は、あまりに政治的で歴史的であった時代へのかれなりの応答であったと理解することができるからである。しかしかれの死後、シュミットをはじめとしてナチスへと向かった思想家のなかに反歴史主義的な決断主義者が多かったことを想起するならば、われわれはローゼンツヴァイクの思想を楽観的に受け取ることはできなくなるだろう[*24]。

　紙幅はもはや尽きようとしている。最後にわれわれは、ローゼンツヴァイクの新しい思考の問題点を指摘した。しかし同時に新しい思考とは時間を真剣に受け取り、現在における生の直中で神とともに歩み、かつ永遠性に深く棹さした思考であったことを思い出しておきたい。新しい思考が実践される場、それは「もはや書物ならざるもの」(ND, 160) である。書物の彼方とはわれわれが生きて思索を展開し実践する場所であり、時間の直中にある自らの立脚点である。最後に引用する文章が、かれの新しい思考をもっともよくあらわしていよう。そろそろわれわれも筆をおくことにしよう。「もはや書物ならざるもの」は、筆をおいた瞬間からはじまる。

　　哲学することはこれから先も、まさにこれから先においても続けてなされるべきである。あらゆる人は一度哲学するべきだ。あらゆる人は、一度自分自身の立脚点と生の観点から周りを見渡すべきである (ND, 160)。

---

　23) Troeltsch, "Die Krisis des Historismus," in *Kritische Gesamtausgabe. Schriften zur Politik und Kulturphilosophie（1918-1923）*, Bd. 15, 437.
　24) ユンガー、シュミット、ハイデガーの決断主義については次の研究を参照されたい。クリスティアン・グラーフ・フォン・クロコフ『決断　ユンガー、シュミット、ハイデガー』（高田珠樹訳、柏書房、1999年）。

あ と が き

　Rosenzweig ──「バラの枝」を意味する美しい名前ではあるが，かれの思想は文字通り棘だらけで容易に人を近づけるものではなかった。わたしがかれの研究をはじめた頃は，『救済の星』はもとより，論文「新しい思考」の翻訳もなかった。しかしレヴィナスやデリダ，レオ・シュトラウスやレーヴィットといった20世紀のヨーロッパ思想史に燦然と輝く思想家たちがローゼンツヴァイクの名に言及するのをみつけるたびに，かれが語る「経験する哲学」や「哲学の終焉」の意味を明らかにしたいという衝動に駆られた。そして，わたしはその漠然とした歩みのなかで「時間を真剣に受け取ること」というかれの言葉に注目することになったのである。こうしてローゼンツヴァイクの〈新しい思考〉をめぐる，わたしの悪戦苦闘の日々がはじまったわけだが，率直にいって「思想史」という学問の厳しさを前にして，すべてを投げ出したくなることもあった。それにもかかわらず，わたしの研究がまがりなりにも博士論文〔2006年3月，聖学院大学大学院アメリカ・ヨーロッパ文化学研究科によって博士号（学術）を授与〕，そして最小限の加筆・修正を経て一つの書物という体裁をとることができたのは，多くの人々の厳しい指導とあたたかい援助があったからである。「時間」のみならず「他者」もまた〈新しい思考〉の重要な鍵概念だが，わたしは本書を著すために多くの「時間」だけでなく，わたしを導き，よき対話の相手になってくれる「他者」を必要とした。
　指導教授であった金子晴勇先生（岡山大学名誉教授・聖学院大学大学院客員教授）は，毎週ゼミで『救済の星』を一緒に丁寧に読んで，解説してくださった。わたしがはじめて受けた先生の講義は，たしかヨーロッパにおける「神の像」と「人間の尊厳」の関係を考察しながら，「ヨーロッパの人間像」の変遷をたどる内容だったと記憶している。テク

ストを内在的に粘り強く読み、そこに潜んでいる重要概念や思想史的連関を浮き彫りにするというヨーロッパ人間学の方法、そしてアウグスティヌスやルターに代表される霊性のヨーロッパ思想史は先生から学んだものである。また安酸敏眞先生（北海学園大学教授）はレッシングやトレルチの研究を通して、わたしに歴史の問題とその奥深さ、そしてキリスト教思想史における真理探求の系譜を教えてくださった。安易な学問の流行に飛びつくことを厳しく戒めておられた先生の反時代的な振る舞いは、わたしの学問観に大きな影響を与えている。

わたしの博士論文の副査を引き受けてくださった近藤勝彦先生（東京神学大学学長）と稲村秀一先生（岡山大学名誉教授）にもお礼を述べなければならない。近藤先生にはトレルチの名著『歴史主義とその諸問題』を集中的に読んでいただき、またキリスト教神学者の立場からわたしのローゼンツヴァイク研究に批判的なコメントをしてくださった。それはいまでもわたしの大きな宿題である。ブーバー研究者の稲村先生は、おそらく日本ではじめてローゼンツヴァイクの〈新しい思考〉について本格的な論文を書かれた方である。路頭に迷っていたわたしにとって、先生の論文は一つの重要な道標であった。

わたしに学問の道を志すきっかけを与えてくれた二人の先生がいる。修士課程における指導教授であった澁谷浩先生（明治学院大学名誉教授・元聖学院大学教授）は、ハンナ・アーレントを研究したいというわたしに対して自由な学問の場を用意してくださった。テーマを決める際、「本当にそのテーマで書けますか」と念を押されたときの緊張感は忘れられない。学部生の頃からお世話になっている中金聡先生（国士舘大学教授）は、わたしに政治哲学のおもしろさだけでなく危さも伝えてくださった。レオ・シュトラウスの政治哲学に関心を抱くわたしが、かれの名前をはじめて聞いたのは先生の口からである。

現在、わたしは聖学院大学総合研究所で研究と教育に従事している。研究所所長である大木英夫先生（聖学院理事長・聖学院大学総合研究所所長）は、「神学とは何か」ということを、門外漢のわたしに対して、まさに噛んで含めるように教えてくださり、それはなお継続している。神学研究については深井智朗先生（聖学院大学総合研究所教授）にも感謝

あ と が き

の言葉を述べたい。先生からはヴィルヘルム帝政期およびヴァイマール期ドイツにおける神学と社会の興味深くも複雑な関係を教えていただき，さまざまな点においても助言を仰いでいる。またミュンヘンでの研究滞在時には，フリードリヒ・ヴィルヘルム・グラーフ先生（Friedrich Wilhelm Graf, ミュンヘン大学教授）とアルフ・クリストファーゼン先生（Alf Christophersen, ミュンヘン大学教授）から Theologiegeschichte ならびにShared History という方法論とドイツにおける最先端の神学研究を学ぶことができた。とりわけ本書の終章における「ローゼンツヴァイクと反歴史主義の問題」は，グラーフ先生の論文から着想を得たことを告白しなければならない。

　感謝を書き続ければ切りがないことは十分承知している。またすでに多くの先生の名を書き連ねてきたが，それが本書の権威づけのためになされているのではないかと思われることを危惧している。しかし，たとえそのように誤解されたとしても，やはりまだあげなければならない名前がある。人文学の声がどんどん小さくなっていく社会のなかで，理念と歴史を徹底的に考える場をつねに与えてくださった阿久戸光晴先生（聖学院大学学長）。現代世界にさほど関心を示さないわたしに，法や社会を鍵語にして思想のアクチュアリティを示してくれる土方透先生（聖学院大学教授）。難解なローゼンツヴァイクを前にして途方に暮れていたわたしと一緒に「新しい思考」を訳してくださった合田正人先生（明治大学教授）。ミュンヘンでの研究滞在が偶然同じ時期になり，コーヒーやビールを飲みながら，わたしの性急な議論に批判的に付き合ってくれた小柳敦史さん（京都大学大学院文学研究科博士後期課程）。本書の校正段階において，さまざまな面でお世話になった池田陽子さん。研究を進める上で全面的に支援してくださった聖学院大学総合図書館の皆さんならびに大学，大学院，総合研究所の先生方と事務の皆さん。もちろん本書の出版は小山光夫さんをはじめとする知泉書館の方々のお力添えがなかったならば実現しなかったはずである。とくに小山さんは，逡巡しているわたしをつねに叱咤激励してくださった。まだまだ謝意を表したい方々の名前がわたしの頭のなかにはあるが，かれらには直接そして心から「ありがとう」ということにしよう。

あとがき

　「もはや書物ならざるもの」とローゼンツヴァイクは書いた。書物と「もはや書物ならざるもの」のあいだを覚束ない足取りで行き来するわたしを，遠くから一貫して見守ってくれた人がいる。何ら根拠のないわたしの申し出に対して，いつも惜しみない援助を与えてくれたわたしの両親である。この拙い書物を両親に捧げることをお許しいただきたい。

　　ミュンヘン　2009年7月

佐藤　貴史

参 考 文 献

> 以下にあげた参考文献は網羅的なものではなく，本文および脚注で
> 言及するか，本書の執筆に際して示唆を受けたものにとどめている。

I フランツ・ローゼンツヴァイクの著作

著作集

Der Mensch und sein Werk: Gesammelte Schriften I: Briefe und Tagebücher. 1. Band. 1900-1918, herausgegeben von Rachel Rosenzweig und Edith Rosenzweig-scheimann unter Mitwirkung von Bernhard Casper. Hague: Martinus Nijhoff, 1979.

Der Mensch und sein Werk: Gesammelte Schriften I: Briefe und Tagebücher. 2. Band. 1918-1929, herausgegeben von Rachel Rosenzweig und Edith Rosenzweig-scheimann unter Mitwirkung von Bernhard Casper. Hague: Martinus Nijhoff, 1979.

Der Mensch und Sein Werk: Gesammelte Schriften II : Der Stern der Erlösung, mit einer Einführung von Reinhold Mayer. Hague: Martinus Nijhoff, 1976.

Der Mensch und sein Werk: Gesammelte Schriften III: Zweistromland: Kleinere Schriften zu Glauben und Denken, herausgegben von Reinhold und Annemarie Mayer. Dordrecht: Martinus Nijhoff, 1984.

Der Mensch und sein Werk: Gesammelte Schriften IV: Sprachdenken. 1. Band. Jehuda Halevi. Fünfundneunzig Hymnen und Gedichte. Deutsch und Hebräisch, mit einem Vorwort und mit Anmerkungen, herausgegeben von Rafael Rosenzweig. Hague: Martinus Nijhoff, 1983.

Der Mensch und sein Werk: Gesammelte Schriften IV: Sprachdenken. 2. Band. Arbeitspapiere zur Verdeutschung der Schrift, herausgegeben von Rachel Bat-Adam. Hague: Martinus Nijhoff, 1984.

著 作

Hegel und der Staat. München/Berlin: Verlag R. Oldenbourg, 1920; Aalen: Scientia Verlag, 1982.

Kleinere Schriften. Berlin: Schocken, 1937.

Das Büchlein vom gesunden und kranken Menschenverstand, herausgegeben und eingeleitet von Nahum Norbert Glatzer. Königstein/Ts.: Jüdischer Verlag, 1984.

Der Stern der Erlösung, mit einer Einfürung von Reinhold Mayer und einer Gedenkrede von Gershom Scholem. Frankfurt am Main: Suhrkamp Verlag, 1988.

Die Schrift, aus dem Hebräischen verdeutscht von Martin Buber gemeinsam mit Franz Rosenzweig. Stuttgart: Deutsche Bibelgesellschaft, 1992.

Zweistromland: Kleinere Schriften zur Religion und Philosophie, mit einem Nachwort von Gesine Palmer. Berlin/Wien: Philo, 2001.

Die "Gritli"-Briefe: Briefe an Margrit Rosenstock-Huessy, herausgegeben von Inken Rühle und Reinhold Mayer, mit einem Vorwort von Rafael Rosenzweig. Tübingen: BILAM Verlag, 2002.

英 訳

On Jewish Learning. Edited by N. N. Glatzer, with an exchange of letters between Martin Buber and Franz Rosenzweig. London: Schocken Books Inc., 1955.

Judaism Despite Christianity. The "Letters on Christianity and Judaism" between Eugen Rosenstock-Huessy and Franz Rosenzweig. Edited by Eugen Rosenstock-Huessy. New York: Schocken Books Alabama, 1971.

The Star of Redemption. Translated from the Second Edition of 1930 by William W. Hallo. New York: Holt Rhinehart & Winston, 1970 ; reprint, University of Notre Dam Press, 1985.

Scripture and Translation. Translated by Lawrence Rosenwald with Everett Fox. Bloomington/Indianapolis: Indiana University Press, 1994.

God, Man, and the World: Lectures and Essays. Edited and Translated from the German by Barbara E. Galli, with a Foreword by Michael Oppenheim. New York: Syracuse University Press, 1998.

Franz Rosenzweig's The New Thinking. Edited and Translated from the German by Alan Udoff and Barbara E. Galli. New York: Syracuse University Press, 1999.

Philosophical and Theological Writings. Translated and Edited, with notes and commentary, by Paul W. Franks and Michael L. Morgan. Indianapolis/Cambridge: Hackett Publishing Company, Inc., 2000.

Understanding the Sick and the Healthy: A View of World, Man, and God. Translated and with an Introduction by Nahum Glatzer and with an Introduction by Hilary Putnam. Cambridge/Massachusetts/London/England: Harvard University Press, 1999.

Cultural Writings of Franz Rosenzweig. Edited and Translated from the German by Barbara E. Galli, with a Foreword by Leora E. Galli. New York: Syracuse University Press, 2000.

The Star of Redemption. Translated by Barbara E. Galli and with Foreword by Michael

Oppenheim and Introduction by Elliot R. Wolfson. Madison: University of Wisconsin Press, 2005.

邦 訳

「取り替えられた前線」『現代思想』3月臨時増刊カント,村岡晋一訳,1994年3月,182-185頁(著作集第3巻におさめられている "Vertauschte Fronten" の翻訳)。

「新しい思考――『救済の星』に対するいくつかの補足的な覚書」『思想』No.1014,合田正人・佐藤貴史訳,2008年10月号,岩波書店,175-203頁(著作集第3巻におさめられている "Das neue Denken. Einige nachträgliche Bemerkungen zum "Stern der Erlösung" の翻訳)。

『救済の星』村岡晋一・細見和之・小須田健共訳,みすず書房,2009年(著作集第2巻の翻訳)。

II フランツ・ローゼンツヴァイク研究文献

外国語

Albertini, Francesca. "Ehyèh Ashèr Ehyèh: Ex 3, 14 According to the Interpretations of Moses Mendelssohn, Franz Rosenzweig and Martin Buber," in *Jewish Studies at the Turn of the Twentieth Century: Proceedings of the 6th EAJS Congress Toledo, July 1998. Volume II: Judaism from the Renaissance to Modern Times.* Edited by Judit Targarona Borrás and Angel Sáens-Badillos. Leiden: Brill, 1999.

Anckaert, Luc., and Casper, Bernhard. *An Exhaustive Rosenzweig Bibliography. Primary and Secondary Writings* (Instrumenta Theologica XIV). Leuven: Bibliotheek van de Faculteit Godgeleerdheid, 1995.

Anckaert, Luc., Brasser, Martin., Samuelson, Norbert (ed.). *The Legacy of Franz Rosenzweig.* Leuven: Leuven University Press, 2004.

Anidjar, Gil. "Rosenzweig's War," in *The Jew, the Arab: A History of the Enemy.* Stanford/California: Stanford University Press, 2003.

Aschheim, Steven E. *Culture and Catastrophe. German and Jewish Confrontations with National Socialism and Other Crises.* Washington Square, New York: New York University Press, 1996.

Askani, Hans-Christoph, "Tatsächlichkeit, Name und Gott in Rosenzweigs »Stern der Erlösung«," in *Vernunft, Kontingenz und Gott. Konstellationen eines offenen Problems.* Tübingen: Mohr Siebeck, 2000.

Bach, H. I. *The German Jew: A Synthesis of Judaism and Western Civilization 1730-1930.* Oxford: Oxford University Press, 1984.

Baeck, Leo. "Franz Rosenzweig. Über Bildung," in *Leo Baeck Werke,* Bd. 3, Wege im Judentum, herausgegeben von Werner Licharz. Gütersloh: Gütersloher Verlagshaus, 1997.

Bambach, Charles. "Athens and Jerusalem: Rosenzweig, Heidegger, and the Search for an Origin," *History and Theory* 44 (May 2005): 271-288.

Batnitzky, Leora. "Dialogue as Judgment, Not Mutual Affirmation: A New Look at Franz Rosenzweig's Dialogical Philosophy," *Journal of Religion* 79 (October 1999): 523-544.

————, *Idolatry and Representation: The Philosophy of Franz Rosenzweig Reconsidered.* Princeton: Princeton University Press, 2000.

————, "On the Truth of History or the History of Truth: Rethinking Rosenzweig via Strauss," *Jewish Studies Quarterly* 7 (2000): 223-251.

————, "Franz Rosenzweig on Translation and Exile," *Jewish Studies Quarterly* 14 (2007): 131-143.

Bauer, Johanan E. "A Note Concerning Rosenzweig and Levinas on Totality," in *Jewish Philosophy and the Academy.* Edited by Emil L. Fackenheim and Raphael Jospe. London: Associated University Presses, 1996.

Bergman, Samuel Hugo. *Dialogical Philosophy from Kierkegaard to Buber.* Translated by Arnold A. Gerstein, Foreword by Nathan Rotenstreich. Albany: State University of New York, 1991

Bertoldi, Roberto. "Die Frage des Pantheismus bei Franz Rosenzweig," *Theologie und Philosophie* 77 (2002): 338-356.

Bertolino, Luca. ""Schöpfung aus Nichts" in Franz Rosenzweigs *Stern der Erlösung*," *Jewish Studies Quarterly* 13 (2006): 247-264.

Bieberich, Ulrich. *Wenn die Geschichte göttlich wäre. Rosenzweigs Auseinandersetzung mit Hegel.* St. Ottilien: EOS Verlag, 1990.

Bienenstock, Myriam. "Rosenzweig's Hegel," *Owl of Minerva* 23, 2 (Spring 1992): 177-182.

————, "Ist der Messianismus eine Eschatologie? Zur Debatte zwischen Cohen und Rosenzweig," in *Der Geschichtsbegriff: eine theologische Erfindung?*, herausgegeben von Myriam Bienenstock. Würzburg: Echter Verlag GmbH, 2007.

Birkenstock, Eva. *Heißt philosophieren sterben lernen?* Freiburug/München: Verlag Karl Alber, 1995.

Bowler, Maurice G. "Rosenzweig on Judaism and Chiristianity-The Two Covenant Theory," *Judaism* 22, 4 (1973): 475-481.

Braiterman, Zachary. ""into Life"??! Franz Rosenzweig and The Figure of Death," *AJS Rewiew* 23/2 (1988): 203-221.

Brasser, Martin (Hg.) *Rosenzweig als Leser. Kontextuelle Kommentare zum »Stern der Erlöung«*. Tübingen: Max Niemeyer Verlag, 2004.

―――, *Franz Rosenzweig heute*. Rosenzweig-Jahrbuch Band 1. Freiburg: Verlag Karl Alber, 2006.

―――, *Kritik am Islam*. Rosenzweig-Jahrbuch Band 2. Freiburg: Verlag Karl Alber, 2007.

Brenner, Michael. *The Renaissance of Jewish Culture in Weimar Germany*. New Haven/ London: Yale University Press, 1996.

Buber, Martin. "Franz Rosenzweig," in *Der Jude und sein Judentum: Gesammelte Aufsätze und Reden*. Gerlingen: Verlag Lambert Schneider, 1993.

Cahnman, Werner J. "Friedrich Wilhelm Schelling and the New Thinking of Judaism," in *German Jewry: Its History and Sociology*. Edited, with an Introductin by Joseph B. Maier, Judith Marcus, and Zoltán Tarr. New Jersey: New Brunswick, 1989.

Casper, Bernhard. *Das Dialogische Denken: Franz Rosenzweig, Ferdinand Ebner und Martin Buber*. Freiburg/München: Verlag Karl Alber, 2002.

―――, *Religion der Erfahrung: Einführungen in das Denken Franz Rosenzweigs*. Paderbon: Ferdinand Schöingh, 2004.

Cohen, Arthur A. *The Natural and the Supernatural Jew: A Historical and Theological Introduction*. New York: Pantheon Books, 1962.

Cohen, Jonathan. "Subterranean Didactics: Theology, Aesthetics, and Pedagogy in the Thought of Franz Rosenzweig," *Religious Education* 94, No. 1 (Winter 1999): 24-38.

Cohen, Richard A. *Elevations. The Height of the Good in Rosenzweig and Levinas*. Chicago: The University of Chicago Press, 1994.

―――, "Rosenzweig's Rebbe Halevi: From the Academy to the Yeshiva," *Judaism* 44 (Fall 1995): 448-466.

―――, "Levinas, Rosenzweig, and the Phenomenologies of Husserl and Heidegger," in *Jewish Philosophy and the Academy*. Edited by Emil L. Fackenheim and Raphael Jospe. London: Associated University Presses, 1996.

Dietrich, Wendell S. "Franz Rosenzweig-Recent Works in French," *Religious Studies Review* 13, 2 (1987): 97-103.

―――, "The Character and Status of the Concept of History in Three Twentieth Century Systems of Judaic Thought," in *From Ancient Israel to Modern Judaism: Intellect in Quest of Understanding*. Edited by Jacob Neusner, Ernest S. Frerichs, and Nahum M. Sarna. Atlanta, Georgia: Scholars Press, 1989.

Dober, Hans Martin. *Die Zeit ernst nehmen. Studien zu Franz Rosenzweigs "Der Stern der Erlösung"*. Würzburg: Königshausen und Neumann, 1990.

Fackenheim, Emil L. *Encounters between Judaism and Modern Philosophy. A Preface to*

Future Jewish Thought. Philadelphia: Jewish Publication Society of America, 1973.

———, *To Mend the World: Foundations of Postholocaust Jewish Thought*. Bloomington/Indianapolis: Indiana University Press, 1994.

———, "The Systematic Role of the Matrix (Existence) and Apex (Yom Kippur) of Jewish Religious Life in Rosenzweig's *Star of Redemption,*" in *Jewish Philosophers and Jewish Philosophy*. Edited by Michael L. Morgan. Bloomington/Indianapolis: Indiana University Press, 1996.

Floyd, Wayne Whitson. "Transcendence in the Light of Redemption: Adorno and the Legacy of Rosenzweig and Benjamin," *Journal of the American Academy of Religion* 61 (Fall 1993): 539-551.

Frank, Daniel H., Leaman, Oliver and Manekin, Charles H. *The Jewish Philosophy Reader*. London/New York: Routledge, 2000.

Freund, Else-Rahel. *Die Existenzphilosophie Franz Rosenzweigs: Ein Beitrag zur Analyse seines Werkes "Der Stern der Erlösung"*. Hamburg: Verlag von Felix Meiner, 1959.

———, *Franz Rosenzweig's Philosophy of Existence: An Analysis of the Star of Redemption*. Translated into English from the German revised edition by Stephen L. Weinstein and Robert Israel. Edited by Paul R. Mendes-Flohr. The Hague/Boston/London: Martinus Nijhoff, 1979.

Fricke, Martin. *Franz Rosenzweigs Philosophie der Offenbarung: Eine Interpretation des Sterns der Erlösung*. Würzburg: Verlag Könighausen & Neumann GmbH, 2003.

Fuchs, Gotthard und Henrix, Hermann (ed.). *Zeitgewinn: Messianisches Denken nach Franz Rosenzweig*. Frankfurt am Main: Verlag Josef Knecht, 1987.

Funkenstein, Amos. "Franz Rosenzweig and the End of German-Jewish Philosophy," in *Perceptions of Jewish History*. Berkeley/Los Angeles/Oxford: University of California Press, 1993.

Galli, Barbara Ellen. "Rosenzweig and the Name for God," *Modern Judaism* 14 (1994): 63-86.

———, *Franz Rosenzweig and Jehuda Halevi: Translating, Translations, and Translators*, with Foreword by Paul Mendes-Flohr. Montreal & Kingston/London/Buffalo: Mcgill-Queen's University Press, 1995.

Gibbs, Robert. *Correlations in Rosenzweig and Levinas*. Princeton: Princeton University Press, 1992.

Glatzer, Nahum N. *Franz Rosenzweig. His Life and Thought*. Presented by Nahum N. Glatzer, New Foreword by Paul Mendes-Flohr. Indianapolis/Cambridge: Hackett Publishing Company, 1998.

———, *Essays in Jewish Thought*. Alabama: The University of Alabama Press, 1978.

Goodman-Thau, Eveline. " Kabbala und Neues Denken. Zur Vergeschichtlichung und Tradierbarkeit des mythologischen Gedächtnisses," in *Messianismus zwischen Mythos und Macht. Jüdisches Denken in der euroäischen Geistesgeschichte*, herausgegeben von Eveline Goodman-Thau und Wolfdietrich Schmied-Kowarzik. Berlin: Akademie Verlag, 1994.

Gordon, Peter Eli. *Rosenzweig and Heidegger: Between Judaism and German Philosophy.* Berkeley/Los Angeles/London: University of California Press, 2003.

Görtz, Heinz-Jürgen. "Die Wahrheit der Erfahrung in Franz Rosenzweigs "Neuem Denken"," *Theologie und Philosophie* 3 (1987) : 389-406.

―――, "Franz Rosenzweig und Hans Ehrenberg: Jüdisch-Christliches Religionsgespräch als "Entdeckungsreise" in ein "neues Denken"," in *Jüdisch-Christliche Religionsge-s präch*, herausgegeben von Heinz Kremers/Julius H. Schoeps. Stuttgard/bonn: Burg Verlag, 1988.

―――, ""Gottesreich" und "Zwischenreich". Geschichtstheologische Implikationen des Religionsgesprächs zwischen Franz Rosenzweig (1886-1929) und Hans Ehrenberg (1883-1958)," in *Christen und Juden. Ein notwendiger Dialog*, mit Beiträgen von Peter Antes, u. a. Hannover: Niedersächsische Landeszentrale für Politische Bildung, 1988.

―――, *Franz Rosenzweigs neues Denken. Eine Einführung aus der Perspektive christlicher Theologie*. Würzburg: Echter, 1992.

―――, ""Gott in der Religion", nicht "Gott in der Geschichte"," in *Hegelsvorlesungen über die Philosophie der Weltgeschichte*, herausgegeben von Elisabeth Weisser-Lohmann und Dietmar Köhler. Bonn: Bouvier Verlag, 1998.

Graf, Friedrich Wilhelm. "Die "antihistoristische Revolution" in der protestantischen Thologie der zwanziger Jahre" in *Vernunft des Glaubens. Wissenschaftliche Theologie und kirchliche Lehre. Festschrift zum 60. Geburtstag von Wolfhart Pannenberg*, mit einem bibliographischen Anhang, herausgegeben von Jan Rohls und Gunther Wenz. Göttingen: Vandenhoeck & Ruprecht, 1988.

―――, "Ein Editionsskandal," *Frankfurter Allgemeine* (Montag, 3, Juni 2002) : 48.

―――, "Rosenzweig in Netz," *Frankfurter Allgemeine* (Mittwoch, 9, Oktober 2002) : 3.

―――, "Review of *Die "Gritli"-Briefe: Briefe an Margrit Rosenstock-Huessy*, by Franz Rosenzweig, edited by Inken Rühle/Reinhold Mayer; *Franz Rosenzweig-Margit Rosenstock*, edited by Michael Gormann-Thelen," *Zeitschrift für Neuere Theologische Geschichte/Journal for the History of Modern Theology* 10 (2003) : 147-158.

―――, "Annihilatio historiae? Theologische Geschichtsdiskurse in der Weimarer Republik," *Jahrbuch des Historischen Kollegs* (2004) : 49-81.

Grätzel, Stephan und Kreiner, Armin. *Religionsphilosophie*. Stuttgart/Weimar: Verlag J. B.

Metzler, 1999.

Green, Kenneth Hart. " The Notion of Truth in Franz Rosenzweig's 'The Star of Redemption' - A philosophical Enquiry," *Modern Judaism* 7 (1987): 297-323.

Greenberg, Gershom. "Franz Rosenzweigs Zwiespältige Gottessicht: von der Zeit und in Ewigkeit," *Judaica* 34 (1978): 27-34, 76-89.

Greenberg, Yudit Kornberg. *Better Than Wine: Love, Poetry, and Prayer in the Thought of Franz Rosenzweig*. Foreword by Elliot R. Wolfson. Atlamta: Scholars Press, 1996.

Grözinger, Karl Erich. "In Rosenzweigs Seele-die Kabbala," in *Messianismus zwischen Mythos und Macht. Jüdisches Denken in der europäischen Geistesgeschichte*, herausgegeben von Eveline Goodman-Thau und Wolfdietrich Schmied-Kowarzik. Berlin: Akademie Verlag, 1994.

Guttmann, Julius. *Philosophies of Judaism: The History of Jewish Philosophy from Biblical Times to Franz Rosenzweig*. Translated by David W. Silverman, Introduction by R. J. Werblowsky. New York/Chicago/San Francisco: Holt, Rinehart and Winston, 1964. (『ユダヤ哲学』合田正人訳, みすず書房, 2000年).

Haberman, Joshua O. "Franz Rosenzweig's Doctrine of Revelation," *Judaism* 18 (1969): 320-336.

Hammerstein, Franz von. "From Franz Rosenzweig's New Thoughts on the Christian-Jewish Dialogue in Germany after the Holocaust (On the Reception of Franz Rosenzweig in German)," in *Remembering for the Future*, vol. 3. Edited by Yehuda Bauer. Oxford: Pergamon Press, 1989.

Handelman, Susan A. *Fragments of Redemption: Jewish Thought and Literary Theory in Benjamin, Scholem and Levinas*. Bloomington/Indianapolis: Indiana University Press, 1991. (『救済の解釈学 ベンヤミン, ショーレム, レヴィナス』合田正人・田中亜美訳, 法政大学出版局, 2005年)。

Heckelei, Hermann-Josef. *Erfahrung und Denken. Franz Rosenzweigs theologisch-philosophischer Entwurf eines "Neuen Denken"*. Bad Honnef: Bock und Herchen, 1980.

Herrigel, Hermann. *Das neue Denken*. Berlin: Verlag Lambert Schneider, 1928.

Hoffmann, Christhard. "Jüdisches Lernen oder Judaistische Spezialwissenschaft? Die Konzeptionen Franz Rosenzweigs und Eugen Täublers zur Gründung der "Akademie für die Wissenschaft des Judentums" (mit drei unveröffentlichten Briefen Rosenzweigs)," *Zeitschrift für Religiosns-und Geistesgeschichte* 45, 1 (1993): 18-32.

Hollander, Dana. "The Significance of Franz Rosenzweig's Retrieval of Chosenness," *Jewish Studies Quarterly* 16 (2009): 146-162.

Hufnagel, Cordula. *Die Kultische Gebärde: Kunst, Politik, Religion im Denken Franz Rosenzweigs*. Freiburg/München: Verlag Karl Alber, 1994.

Katz, Steven T. *Historicism, the Holocaust, and Zionism: Critical Studies in Modern Jewish Thought and History*. New York/London: New York University Press, 1992.

Kavka, Martin. *Jewish Messianism and the History of Philosophy*. Cambridge, U. K. : Cambridge University Press, 2004.

Kirchner, Kartin J. *Franz Rosenzweigs Theorie der Erfahrung. Ein Beitrag zur Überwindung totalitärer Denkstrukturen und zur Begründung einer Kultur der Pluralität*. Würzburg: Königshausen & Neumann, 2005.

Kohr, Jörg. *»Gott selbst muss das letzte Wort sprechen...« Religion und Politik im Denken Franz Rosenweigs*. Freiburg/München: Verlag Karl Alber, 2008.

Leaman, Oliver. "Jewish Existentialism: Rosenzweig, Buber, and Soloveitchik," in *History of Jewish Philosophy*. Edited by Daniel H. Frank and Oliver Leaman. London/New York: Routledge, 1997.

Licharz, Werner (Hg.). *Lernen mit Franz Rosenzweig*. Frankfurt am Mein: Haag und Herchen Verlag, 1984.

Lilla, Mark. " A Battle for Religion," *The New York Review of Books*. Vol. XLIX, No. 19 (December 5, 2002) : 60-65.

Löwith, Karl. "M. Heidegger und F. Rosenzweig: Ein Nachtrag zu *Sein und Zeit*," in *Sämtliche Schriften*, Bd. 8, *Heidegger — Denken in dürftiger Zeit*. Stuttgart: J. B. Metzler, 1984.(「ハイデガーとローゼンツヴァイク——『存在と時間』への1つの補遺」『みすず』村岡晋一訳, 1: 1993年8月, 2: 1993年10月)。

Mack, Michael. *German Idealism and The Jew: The Inner Anti-Semitism of Philosophy and German Jewish Responses*. Chicago/London: The University of Chicago Press, 2003.

Mayer, Reinhold. *Franz Rosenzweig. Eine Philosophie der dialogischen Erfahrung*. München: Chr. Kaiser Verlag, 1973.

Meineke, Stefan. " A Life of Contradiction: The Philosopher Franz Rosenzweig and his Relationship to History and Politics," *Leo Baeck Institute Yearbook* 36 (1991) : 461-489.

Meir, Ephraim. " The Unpublished Correspondence Between Franz Rosenzweig and Gritli Rosenstock-Huessy on *the Star of Redemption,*" *Jewish Studies Quarterly* 9 (2002) : 21-70.

Mendes-Flohr, Paul. "Franz Rosenzweig's Concept of Philosophical Faith," *Leo Baeck Institute Yearbook* 34 (1989) : 357-369.

―――, "Rosenzweig and Kant: Two Views of Ritual and Religion," in *Divided Passions: Jewish Intellectuals and the Experience of Modernity*. Detroit: Wayne State University Press, 1991.

―――, "Franz Rosenzweig writes the essay 'Atheistic Theology'," in *Yale Companion to*

Jewish Writing and Thought in German Culture. Edited by Sander L. Gilman and Jack Zipes. New Haven: Yale University Press, 1997.

——, "The "Freies Jüdisches Lehrhaus" of Frankfurt," in *Jüdische Kultur in Frankfurt am Main. Von der Anfängen bis zur Gegenwart*, herausgegeben von Karl E. Grözinger. Wiesbaden: Harrassowitz Verlag, 1997.

——, *German Jews: A Dual Identity*. New Haven/London: Yale University Press, 1999.

——, "Rosenzweig's Concept of Miracle," in *Jüdisches Denken in einer Welt ohne Gott*, herausgegeben von Jens Mattern, Gabriel Motzkin und Shimon Sandbank. Berlin: Verlag Vorwerk 8, 2001.

Mendes-Flohr, Paul R. and Reinharz, Jehuda. "From Relativism to Religious Faith. The Testimony of Franz Rosenzweig's Unpublished Diaries," *Leo Baeck Institute Yearbook* 22 (1977): 161-174.

Mendes-Flohr, Paul (ed.). *The Philosophy of Franz Rosenzweig*. Hanover, N. H: University Press of New England, 1988.

Miller, Ronald H. *Dialogue and Disagreement: Franz Rosenzweig's Relevance to Contemporary Jewish-Christian Understanding*. Foreword by Rabbi Yechiel Eckstein. Lanham/New York/London: University Press of America, 1989.

Morgan, Michael L. *Dilemmas in Modern Jewish Thought: The Dialectics of Revelation and History*. Bloomington/Indianapolis: Indiana University Press, 1992.

Mosès, Stéphane. "Franz Rosenzweig (1886-1929)," *Immanuel*, Number 14 (Fall 1982): 124-128.

——, "Walter Benjamin and Franz Rosenzweig," in *Benjamin: Philosophy, Aethetics, History*. Chicago/London: The University of Chicago Press, 1989.

——, *System and Revelation: The Philosophy of Franz Rosenzweig*. Foreword by Emmanuel Lévinas. Translated by Catherine Tihanyi. Detroit: Wayne State University Press, 1992.

——, "Franz Rosenzweigs Einstellungen zum Zionismus" *Judaica* 53 (1997): 8-14.

——, "Rosenzweig und Levinas: Jenseits des Krieges," in *Kultur-Kunst-Öffentlichkeit. Philosophische Perspektiven auf Praktische Probleme*, herausgegeben von Annemarie Gethmann-Siefert und Elisabeth Weisser-Lohmann. München: Wilhelm Fink Verlag, 2001.

Myers, David N. *Resisting History: Historicism and its Discontents in German-Jewish Thought*. Princeton/Oxford: Princeton University Press, 2003.

Niebuhr, Reinhold. "Rosenzweig's Message," *Commentary*, vol. 15, no. 3 (March 1953): 310-312.

Novak, David. "A Jewish Response to a New Christian Theology: Review-Essay," *Judaism*

31 (1982): 112-120.

Oppenheim, Michael. *What Does Revelation Mean for the Modern Jew? Rosenzweig, Buber, Fackenheim.* Lewiston/Queenston: The Edwin Mellen Press, 1985.

Petitdemange, Guy. "Existenz und Offenbarung in den ersten Werken von Franz Rosenzweig," *Judaica* 30 (1974): 12-36, 71-77.

Pollock, Benjamin. "From Nation State to World Empire: Franz Rosenzweig's Redemptive Imperialism," *Jewish Studies Quarterly* 11 (2004): 332-353.

——, *Franz Rosenzweig and The Systematic Task of Philosophy.* New York: Cambridge University Press, 2009.

Rashkover, Randi. *Revelation and Theopolitics. Barth, Rosenzweig and the Politics of Praise.* London/New York: T & T Clark International, 2005.

Ricoeur, Paul. "The "Figure" in Rosenzweig's *The Star of Redemption*," in *Figuring the Sacred. Religion, Narrative, Imagination.* Translated by David Pellauer. Edited by Mark I. Wallace. Minneapolis: Fortress Press, 1995.

Rose, Gillian. "Franz Rosenzweig-From Hegel to Yom Kippur," in *Judaism and Modernity. Philosophical Essays.* Oxford: Blackwells, 1993.

Rotenstreich, Nathan. *Jewish Philosophy in Modern Times: From Mendelssohn to Rosenzweig.* New York/Chicago/San Francisco: Holt, Rinehart and Winston, 1968.

——, *Jews and German Philosophy: The Polemics of Emancipation.* New York: Schocken Books, 1984.

Rothschild, Fritz A. (ed.). *Jewish Perspectives on Christianity. Leo Baeck, Martin Buber, Franz Rosenzweig, Will Herberg and Abraham J. Heschel.* New York: Continuum, 1990.

Rubinstein, Ernest. *An Episode of Jewish Romanticism. Franz Rosenzweig's The Star of Redemption.* Albany: State University of New York Press, 1999.

Rühle, Inken. *Gott spricht die Sprache der Menschen. Franz Rosenzweig als jüdische Theologie-eine Einführung.* Tübingen: Bilam Verlag, 2004.

Samuelson, Norbert M. *Judaism and the Doctrine of Creation.* Cambridge, U. K.: Cambridge University Press, 1994.

——, *A User's Guide to Franz Rosenzweig's Star of Redemption.* Richmond: Curzon Press, 1999.

——, *Revelation and the God of Israel.* Cambridge, U. K.: Cambridge University Press, 2002.

——, *Jewish Philosophy. An Historical Introduction.* London/New York: Continuum, 2003.

Santner, Eric L. *On the Psychotheology of Everyday Life: Reflections on Freud and Rosenz weig*. Chicago/London: The University of Chicago Press, 2001.

Schaeffler, Richard., Kasper, Bernhard., Talmon, Shemaryahu., and Amir, Yehoshua. *Offenbarung im Denken Franz Rosenzweigs*. Essen: Ludgerus, 1979.

Schindler, Renate. *Zeit Geschichte Ewigkeit in Franz Rosenzweigs Stern der Erlösung*. Berlin: Parerga Verlag GmbH, 2007.

Schmied-Kowarzik, Wolfdietrich. "Dasein als "je meines" oder Existenz als Aufgerufensein. Zur Differenz existenzphilosophischer Grundlegungen bei Martin Heidegger und Franz Rosenzweig," in *Die Jemeinigkeit des Mitseins. Die Daseinsanalytik Martin Heideggers und die Kritik der soziologischen Vernunft*. Konstanz: UVK Verlagsgesellschaft mbH, 2001.

―――, *Rosenzweig im Gespräch mit Ehrenberg, Cohen und Buber*. Freiburg/München: Verlag Karl Alber, 2006.

Schmied-Kowarzik, Wolfdietrich (Hr.). *Der Philosoph Franz Rosenzweig (1886-1929). Internationaler Kongreβ-Kassel 1986. Bd. I: Die Herausforderung jüdischen Lernens*. Freiburg/München: Verlag Karl Alber, 1988.

―――, *Der Philosoph Franz Rosenzweig (1886-1929). Internationaler Kongreβ-Kassel 1986. Bd. II: Das neue Denken und seine Dimensionen*. Freiburg/München: Verlag Karl Alber, 1988.

―――, *Franz Rosenzweigs »neues Denken«. Internationaler Kongreβ Kassel 2004. Bd. I: Selbstbegrenzendes Denken-in philosophos*. Freiburg/München: Verlag Karl Alber, 2006.

―――, *Franz Rosenzweigs »neues Denken«. Internationaler Kongreβ Kassel 2004. Bd. II: Erfahrene Offenbarung-in theologos*. Freiburg/München: Verlag Karl Alber, 2006.

Scholem, Gershom. "Zur Neuauflage des »Stern der Erlösung«," in *Judaica*. Frankfurt am Main: Suhrkamp Verlag, 1968. (「『救いの星』の新版のために」『ユダヤ主義の本質』高尾利数訳, 河出書房新社, 1972年)。

―――, "Franz Rosenzweig und sein Buch "Der Stern der Erlösung"," in *Der Stern der Erlösung*. Frankfurt am Main: Suhrkamp Verlag, 1988.

Schottroff, Willy. "Martin Buber und Franz Rosenzweig," in *Gott in Frankfurt,* herausgegeben von Matthias Benad. Frankfurt am Main: Athenäum, 1987.

Schwartz, Michal. *Metapher und Offenbarung: Zur Sprache von Franz Rosenzweigs Stern der Erlösung,* mit einem Vorwort von Stéphane Mosès. Berlin/Wien: Philo, 2003.

Schwarzschild, Steven S. "Franz Rosenzweig's Anecdotes about Hermann Cohen," in *Gegenwart im Rückblick. Festgabe für die jüdische Gemeinde zu Berlin 25 Jahre nach dem Neubeginn,* herausgegeben von Herbert A. Strauss und Kurt R. Grossmann. Heidelberg: Lothar Stiehm Verlag, 1970.

参 考 文 献

Srajek, Martin. "Beispiele neuerer Literatur zum Werk Franz Rosenzweigs," *Philosophische Rundschau: eine Viertel Jahresschrift für Philosophische Kritik.* Bd. 44, Heft 3 (1997) : 234-258.
Stahmer, Harold M. *"Speak that I May See Thee!" The Religious Singnificance of Language.* New York: The Macmillan Company, 1968.
―――, "Franz Rosenzweig's letters to Margrit Rosenstock-Huessy," *Leo Baeck Institute Year Book* 34 (1989) : 385-409.
Strauss, Leo. *Spinoza's Critique of Religion.* Translated by E. Sinclair, New York: Schocken Books, 1965. (英語版の序文のみ邦訳あり。「スピノザの宗教批判(英語版への序文)」『スピノザーナ』第1号, 高木久夫訳, 1999年, 73-113頁)。
Strolz, Walter. "Offenbarungsglaube im Denken von Franz Rosenzweig," in *Offenbarung im Jüdischen und Christlichen Glaubensverständnis.* Freiburg/Basel/Wien: Herder, 1981.
Taubes, Jacob. "The Issue Between Judaism and Christianity: Facing Up to the Undersolvable Difference," *Commentary* 16. 6 (1953) : 525-533.
Tewes, Joseph. *Zum Existenzbegriff Franz Rosenzweigs.* Meisenheim am Glan: Verlag Anton Hain, 1970.
Valentin, Joachim., Wendel, Saskia (ed.). *Jüdische Traditionen in der Philosophie des 20. Jahrhunderts.* Darmstadt: Primus Verlag, 2000.
Vogel, Manfred H. *Rosenzweig on Profane/Secular History.* Atlanta: Scholars Press, 1996.
Wiedebach, Hartwig. "Religionsphilosophische Tendenzen im deutschen Judentum: Hermann Cohen, Martin Buber, Franz Rosenzweig," in *Handbuch zur deutsch-jüdischen Literatur des 20. Jahrhunderts*, heraugegeben Daniel Hoffmann. Paderborn: Ferdinand Schöningh, 2002.
Wiehl, Reiner. "Das jüdische Denken von Hermann Cohen und Franz Rosenzweig. Ein neues Denken in der Philosophie des 20. Jahrhunderts," in *Zeitwelten. Philosophisches Denken an den Rändern von Natur und Geschichte.* Frankfurt am Main: Suhrkamp, 1998.
―――, "Die Hoffnung zwischen Zeit und Ewigkeit. Zum Ewigkeitsdenken Franz Rosenzweigs," in *Zeitwelten. Philosophisches Denken an den Rändern von Natur und Geschichte.* Frankfurt am Main: Suhrkamp, 1998.
Wolfson, Elliot R. "Facing the Effaced: Mystical Eschatology and the Idealistic Orientation in the Thought of Franz Rosenzweig," *Zeitschrift für Neuere Theologische Geschichte/ Journal for the History of Modern Theology* 4 (1997) : 39-81.
Wolzogen, Christoph von. ""Vertauschte Fronten". Heidegger und Rosenzweig," *Zeitschrift für Religions-und Geistesgeschichte* 46, 2 (1994) : 107-125.
Żak, Adam. *Vom reinen Denken zur Sprachvernunft. Über die Grundmotive der Offen-*

barungsphilosophie Franz Rosenzweigs. Stuttgard/Berlin/Körrn/Mainz: Verlag W. Kohlhammer, 1987.

邦語・邦訳

稲村秀一「時間と永遠——ローゼンツヴァイク『新しい思惟』をめぐる考察」『邂逅』岡山大学倫理学会年報第6号，1988年，1-37頁。

大竹弘二「現実政治から帝国主義へ——前期のフランツ・ローゼンツヴァイクにおける世俗化論と世界史観」『UTCP研究論集』第3号，21世紀COE共生のための国際哲学交流センター［編］，2005年，5-16頁。

———，「実存哲学から政治へ——フランツ・ローゼンツヴァイクにおけるユダヤ性の実践的意味」『哲学・科学史論集』第8号，2006年，23-46頁。

柿木伸之「「母語」を越えて翻訳する——ベンヤミンとローゼンツヴァイクの翻訳概念のポテンシャル」『哲学』No.57，日本哲学会編，2006年，165-179頁。

合田正人「星々の友情——ローゼンツヴァイクとベンヤミン」『ナマール』第7号，日本・ユダヤ文化研究会，2002年，2-17頁

後藤正英「シュトラウスとローゼンツヴァイク——20世紀ユダヤ哲学の系譜」『思想』No.1014，2008年10月号，岩波書店，204-219頁

斎藤昭「フランツ・ローゼンツヴァイクの回心——その思想形成の理解のために1913年を中心にして」『宮城学院女子大学研究論文集』第30号，1967年6月，20-38頁。

———，「フランツ・ローゼンツヴァイクと聖書翻訳——M.ブーバーとの関連においてその民族的教育的意味」『皇学館大学紀要』第10号，1972年1月，382-420頁。

佐藤貴史「フランツ・ローゼンツヴァイクの観念論批判——『全体性の観念』をめぐって」『聖学院大学総合研究所紀要』第28号，2004年2月，345-373頁。

———，「フランツ・ローゼンツヴァイクの苦悩——キリスト教，ユダヤ教，そして世界史」『聖学院大学総合研究所紀要』第30号，2004年9月，269-298頁。

———，「フランツ・ローゼンツヴァイクの啓示概念」『日本の神学』第44号，日本基督教学会，2005年9月，63-83頁。

———，「フランツ・ローゼンツヴァイクにおける神と救済」『聖学院大学総合研究所紀要』第37号，2007年2月，304-332頁。

———，「内なる衝動と外から到来する声——フランツ・ローゼンツヴァイクにおける二つの超越」『理想』第678号，理想社，2007年3月，91-100頁。

———，「政治からの撤退，歴史からの跳躍？——フランツ・ローゼンツヴァイクにおけるシオニズム批判と反歴史主義」『聖学院大学総合研究所紀要』第39号，2007年9月，368-389頁。

———，「瞬間と解体——H・コーエンとF・ローゼンツヴァイクにおける啓示と倫

理」『聖学院大学総合研究所紀要』第42号，2008年8月，223-242頁。

―――，「現実性と真理―― フランツ・ローゼンツヴァイクの経験論」『宗教研究』第358号，日本宗教学会，2008年12月，687-709頁。

ジェイ，マーティン「翻訳のポリティクス―― ブーバー＝ローゼンツヴァイクの聖書翻訳をめぐるジークフリート・クラカウアーとワルター・ベンヤミン」『永遠の亡命者たち 知識人の移住と思想の運命』今村仁司・藤澤賢一郎・竹村喜一郎・笹田直人訳，新曜社，1989年。

デリダ，ジャック「INTERPRETATIONS AT WAR. カント，ユダヤ人，ドイツ人」『現代思想』鵜飼哲訳，青土社，1993年5月，6月，7月，8月，46-56頁，165-187頁，290-303頁，238-245頁。

中村友太郎「自由と律法―― マルチン・ブーバーとフランツ・ローゼンツヴァイクの対話」『東洋大学紀要 教養課程』第13号，1974年6月，41-63頁。

―――，「フランツ・ローゼンツヴァイクにおける比較思想」『比較思想研究』第6号，比較思想学会，1979年12月，112-116頁。

平田栄一朗「フランツ・ローゼンツヴァイクの芸術論」『藝文研究』第81号，慶應義塾大學藝文學會，2001年12月，59-47頁。

丸山空大「フランツ・ローゼンツヴァイクのユダヤ人論とキリスト教論―― ローゼンツヴァイクのメシア的終末論の観点から」『東京大学宗教学年報』第24号，2006年，127-144頁。

村岡晋一「歴史から宗教へ ローゼンツヴァイクの場合」『現代思想』青土社，1995年10月，181-193頁。

モーゼス，ステファヌ『歴史の天使 ローゼンツヴァイク，ベンヤミン，ショーレム』合田正人訳，法政大学出版局，2003年。

森山徹「フランツ・ローゼンツヴァイクによるユダヤ教とキリスト教の再認識」『基督教研究』68(1)，2006年8月，30-48頁。

安酸敏眞，佐藤貴史「トレルチ，マイネッケ，ローゼンツヴァイク―― 歴史主義の問題をめぐって」『人文論集』第28号，北海学園大学人文学会，2004年7月，67-131頁。

レヴィナス，エマニュエル「『二つの世界のあいだで』―― フランツ・ローゼンツヴァイクの道」『困難な自由』内田樹訳，国文社，1985年。

―――，「フランツ・ローゼンツヴァイク―― ある近代ユダヤ思想」『外の主体』合田正人訳，みすず書房，1997年。

III　その他の関連文献（外国語・邦語・邦訳）

Arendt, Hannah. *On Revolution*. New York: Penguin Books, 1965.（『革命について』志水速雄訳，筑摩書房，1995年）。

Bambach, Charles R. *Heidegger, Dilthey, and the Crisis of Historicism.* Ithaca/London: Cornell University Press, 1995.

Baumer, Franklin L. *Modern European Thought. Continuity and Change in Ideas, 1600-1950.* New York: Macmillan Publishing Co., Inc, 1977. (『近現代ヨーロッパの思想——その全体像』鳥越輝昭訳, 大修館書店, 1992年).

Brenner, Michael. *Zionism. A Brief History.* Translated by Shelley L. Frisch. Princeton: Markus Wiener Publischer, 2003.

Brenner, Michael und Myers, David N. (Hr.). *Jüdische Geschichtsschreibung heute: Themen, Positionen, Kontroversen.* München: Verlag C. H. Beck, 2002.

Buber, Martin. "Zur Geschichte des dialogischen Prinzips," in *Werke I: Schriften zur Philosophie.* München: Verlag Lambert Schneider, 1962. (「対話的原理の歴史」『ブーバー著作集』佐藤吉昭・佐藤令子訳, みすず書房, 1968年).

Cohen, Arthur A. and Mendes-Flohr, Paul (ed.). *Contemporary Jewish Religious Thought. Original Essays on Critical Concepts, Movements, and Beliefs.* New York: Free Press, 1988.

Cohen, Hermann. *Die Religion der Vernunft aus dem Quellen des Judentums.* Leipzig: Gustav Fock G. m b. H, 1919.

———, *Religion of Reason Out of the Sources of Judaism.* Translated, with an Introduction by Simon Kaplan, Introductory essay by Leo Strauss, Introductory essays for the second edition by Steven S.Schwarzschild and Kenneth Seeskin, Atlanta: Scholars Press, 1995.

———, *Reason and Hope: Selections from the Jewish Writings of Hermann Cohen.* Translated by Eva Jospe. New York: W. W. Norton & Company, 1971.

Dietrich, Wendell S. "The Function of the Idea of Messianic Mankind in Hermann Cohen's Later Thought," *Journal of the American Academy of Religion,* Vol. 48, No. 2 (1980): 245-258.

Dilthey, Wilhelm. *Der Aufbau der Geschichtlichen Welt in den Geisteswissenschaften.* Gesammelte Schriften, Bd. 7. Stuttgart: B. G. Teubner, 1979. (『精神科学における歴史的世界の構成』尾形良助訳, 以文社, 1981年).

Graf, Friedrich Wilhelm. "Schmerz der Moderne, Wille zur Ganzheit: Protestantismus 1914- und was davon geblieben ist," *Lutherische Monatshefte* 28 (1989): 458-463.

Habermas, Jürgen. "Der Deutsche Idealismus der jüdischen Philosophen," in *Philosophisch-Politische Profile,* Frankfurt am Main: Suhrkamp Verlag, 1981. (「ユダヤ系哲学者たちのドイツ観念論」『哲学的・政治的プロフィール（上）』小牧治・村上隆夫訳, 未来社, 1984年).

Howard, Thomas Albert. *Religion and the Rise of Historicism. W. M. L. Wette, Jacob Burckhardt, and the Theological Origins of Nineteenth-Century Historical Consciousness.*

Cambridge, U. K./New York: Cambridge University Press, 2000.

Iggers, Georg G. "Historicism: The History and Meaning of the Term," *Journal of the History of Ideas* 56 (1995): 129-152.

Jacobson, Eric. *Metaphysics of the Profane: The Political Theology of Walter Benjamin and Gershom Scholem.* New York: Columbia University Press, 2003.

Jaeger, Friedrich and Rüsen, Jörn. *Geschichte des Historismus.* München: Verlag C. H. Beck, 1992.

Katz, Stevev T. (ed.). *Interpreters of Judaism in the Late Twentieth Century.* Washington, D. C: B'nai B'rith Books, 1993.

Kroner, Richard. "The Year 1800 in the Development of German Idealism," *The Review of Metaphysics* 1 (4) (June 1988): 1-31.

Meinecke, Friedrich. *Die Entstehung des Historismus,* Werke, Bd. 3. München: R. Oldenbourg Verlag, 1965. (『歴史主義の成立』菊池英夫・麻生建訳, 筑摩書房, 上巻1967年, 下巻1968年)。

Melber, Jehuda. *Hermann Cohen's Philosophy of Judaism.* New York: Jonathan David, 1968.

Nietzsche, Friedrich. "Die Philosophie im tragischen Zeitalter der Griechen," in *Die Geburt der Tragödie, Unzeitgeäße, Betrachtungen I-IV, Nachgelassene Schriften 1870-1873,* Nietzsche Sämtliche Werke Bd. 1, herausgegeben von Giorgio Colli und Mazzino Montinari, Berlin/New York: Walter de Gruyter, 1980. (「ギリシア人の悲劇時代における哲学」『悲劇の誕生』塩屋竹男訳, ニーチェ全集2, ちくま学芸文庫, 1993年)。

―――, "Von den Hinterweltlern," in *Also sprach Zarathustra. Ein Buch für Alle und Keinen,* Nietzsche Sämtliche Werke Bd. 4, herausgegeben von Giorgio Colli und Mazzino Montinari, Berlin/New York: Walter de Gruyter, 1980. (「背後世界論者たちについて」『ツァラトゥストラ』吉沢伝三郎訳, ニーチェ全集9, ちくま学芸文庫, 1993年)。

Nowak, Kurt. "Die »antihistoristische Revolution«. Symptome und Folgen der Krise historischer Weltorientierung nach dem Ersten Weltkrieg in Deutschland," *Troeltsch-Studien: Umstrittene Moderne,* vol. 4 (1987): 133-171.

Rad, Gerhard von. *Theologie des Alten Testaments. Band I Die Theologie der geschichtlichen Überlieferung Israels.* München: CHR. Kaiser Verlag, 1987. (『旧約聖書神学Ⅰ イスラエルの歴史伝承の神学』荒井章三訳, 日本基督教団出版局, 1980年)。

―――, *Theologie des Alten Testaments. Band II Die Theologie der prophetischen Überlieferung Israels.* München: CHR. Kaiser Verlag, 1987. (『旧約聖書神学Ⅱ イスラエルの預言者的伝承の神学』荒井章三訳, 日本基督教団出版局, 1982年)。

Samuelstrom, Norbert M. *Jewish Philosophy. An Historical Introduction.* London/New York: Continuum, 2003.

Schelling, Friedrich Wilhelm. "Die Weltalter (1811)," in *Ausgewählte Schriften,* Bd. 4. Frankfurt am Mein: Suhrkamp, 1985.

Scholem, Gershom. "ZumVerständnis der messianischen Idee im Judentum," in *Judaica.* Frankfurt am Main: Suhrkamp Verlag, 1968. (「ユダヤ教におけるメシア的理念の理解のために」『ユダヤ主義の本質』高尾利数訳, 河出書房新社, 1972年).

Signer, Michael A. (ed.). *Memory and History in Christianity and Judaism.* Nortre Dame, Indiana: University of Notre Dame Press, 2001.

Strauss, Leo. "What is Political Philosophy?," in *What is Political Philosophy and Other Studies.* Chicago/London: The University of Chicago Press, 1988. (「政治哲学とは何か」『政治哲学とは何か —— レオ・シュトラウスの政治哲学論集』石崎嘉彦訳, 昭和堂, 1992年).

——, "Relativism," in *The Rebirth of Classical Political Rationalism. An Introduction to the Thought of Leo Strauss.* Essay and Lectures by Leo Strauss, selected and introduced by Thomas L. Pangle. Chicago/London: The University of Chicago, 1989. (「相対主義」『古典的政治的合理主義の再生』石崎嘉彦訳, ナカニシヤ出版, 1996年).

——, "An Introduction to Heideggerian Existentialism," in *The Rebirth of Classical Political Rationalism. An Introduction to the Thought of Leo Strauss.* Essay and Lectures by Leo Strauss, selected and introduced by Thomas L. Pangle. Chicago/London: The University of Chicago, 1989. (「ハイデガー実存主義への序説」『古典的政治的合理主義の再生』石崎嘉彦訳, ナカニシヤ出版, 1996年).

——, "The Three Waves of Modernity," in *An Introduction to Political Philosophy. Ten Essays.* Edited, with an Introduction by Hilail Gildin. Detroit: Wayne State University Press, 1989.

Troeltsch, Ernst. *Der Historismus und seine Probleme,* Gesammelte Schriften, Bd. 3. Aalen: Scientia Verlag, 1961. (「歴史主義とその諸問題」『トレルチ著作集4・5・6』近藤勝彦訳, ヨルダン社, 上巻1980年, 中巻1982年, 下巻1988年).

——, "Die Krisis des Historismus," in *Kritische Gesamtausgabe. Schriften zur Politik und Kulturphilosophie (1918-1923),* Bd. 15, herausgegeben von Gangolf Hübinger in Zusammenarbeit mit Johannes Mikuteit. Berlin/New York: Walter de Gruyter, 2002.

Wasserstrom, Steven M. *Religion after Religion: Gershom Scholem, Mircea Eliade, and Henry Corbin at Eranos.* Princeton: Princeton University Press, 1999.

Weber, Max. "Politik als Beruf," in *Gesammelte Politische Schriften,* mit einem Geleitwort von Theodor Heuss, herausgegeben von Johannes Winckelmann. Tübingen: J. C. B. Mohr, 1980. (『職業としての学問』尾高邦雄訳, 岩波文庫, 1980年).

Wittkau, Annette. *Historismus. Zur Geschichte des Begriffs und des Problems.* Göttingen: Vandenhoeck & Ruprecht, 1994.

Wolin, Richard. *Heidgger's Children. Hannah Arendt, Karl Löwith, Hans Jonas, and Herbert Marcuse.* Princeton/Oxford: Princeton University Press, 2001. (『ハイデガーの子どもたち　アーレント／レーヴィット／ヨーナス／マルクーゼ』村岡晋一・小須田健・平田裕之訳, 木田元解説, 新書館, 2004年)。

Wyrwa, Ulrich (Hr.). *Judentum und Historismus. Zur Entstehung der jüdischen Geschichtswissenschaft in Europa.* Frankfurt/New York: Campus Verlag, 2003.

Yasukata, Toshimasa. *Ernst Troeltsch: Systematic Theologian of Radical Historicality.* Atlanta, Georgia: Schlars Press, 1986.

Yovel, Yirmiyahu. *Dark Riddle: Hegel, Nietzsche, and the Jews.* Cambridge: Polity Press, 1998. (『深い謎：ヘーゲル, ニーチェとユダヤ人』青木隆嘉訳, 法政大学出版局, 2002年)。

アガンベン, ジョルジョ『幼児期と歴史　経験の破壊と歴史の起源』上村忠男訳, 岩波書店, 2007年。

アドルノ, テオドール・W『否定弁証法』木田元・徳永恂・渡辺祐邦・三島憲一・須田朗・宮武昭訳, 作品社, 1996年.

有賀鐵太郎『キリスト教思想における存在論の問題』, 有賀鐵太郎著作集4, 創文社, 1981年。

───,「存在─── ヘブライ思想をふまえて」『信仰・歴史・実践』, 有賀鐵太郎著作集5, 創文社, 1981年。

飯島昇蔵「シュトラウス─── 政治哲学の復権」『西洋政治思想史Ⅱ』, 新評論, 1995年。

───,「戦間期のレオ・シュトラウス───「政治的なもの」との出会い」『両対戦間期の政治思想』新評論, 1998年。

イェルシャルミ, ヨセフ・ハイーム『ユダヤ人の記憶　ユダヤ人の歴史』木村光二訳, 晶文社, 1996年。

石川文康「コーヘンの非存在論」『理想』1989. 夏 No.643, 理想社, 84-94頁。

稲村秀一『ブーバーの人間学』教文館, 1987年。

───,『マルティン・ブーバー研究』渓水社, 2004年。

ヴァイツゼッカー, ヴィクトール・フォン『生命と主体　ゲシュタルトと時間／アノニューマ』木村敏訳・注解, 人文書院, 1995年。

上山安敏『宗教と科学　ユダヤ教とキリスト教の間』岩波書店, 2005年。

大木英夫『終末論』紀伊國屋書店, 1994年。

大橋容一郎, 村井則夫 (編)「新カント学派著作と邦訳文献, LOGOS 寄稿者と寄稿回数」『理想』1989. 夏 No.643, 理想社, 142-128頁。

参 考 文 献

大橋良介［編］『ドイツ観念論を学ぶ人のために』世界思想社，2006年。
カッシーラー，エルンスト『実体概念と関数概念』山本義隆訳，みすず書房，1979年。
———，『認識問題　近代の哲学と科学における2-2』須田朗・宮武昭・村岡晋一訳，みすず書房，2003年。
金子晴勇『聖なるものの現象学——宗教現象学入門』世界思想社，1994年。
———，『マックス・シェーラーの人間学』創文社，1995年。
———，『愛の思想史——愛の類型と秩序の思想史』知泉書館，2003年。
———，『人間学講義　現象学的人間学をめざして』知泉書館，2003年。
クロコフ，クリスティアン・グラーフ・フォン『決断　ユンガー，シュミット，ハイデガー』高田珠樹訳，柏書房，1999年。
ゲイ，ピーター『ワイマール文化』亀嶋庸一訳，みすず書房，1999年。
小岸昭「競技者ベンヤミン」『フランクフルト学派再考』徳永恂＝編，弘文堂，1995年。
小林政吉『ブーバー研究——思想の成立過程と情熱』創文社，1978年。
近藤勝彦『トレルチ研究』（上・下），教文館，1996年。
柴田寿子「神は嫉妬深いか？——同化主義のシオニズムのはざま——」『現代思想』青土社，1998年4月，186-201頁。
ショーレム，ゲルショム『ベルリンからエルサレムへ』岡部仁訳，法政大学出版局，1991年。
———，『ユダヤ神秘主義』山下肇・石丸昭二・井ノ川清・西脇征嘉訳，法政大学出版局，1985年。
———，『カバラとその象徴的表現』小岸昭・岡部仁訳，法政大学出版局，1985年。
スタイナー，ジョージ『マルティン・ハイデガー』生松敬三訳，岩波書店，2000年。
関曠野「オイゲン・ローゼンシュトック＝ヒュッシーにおける語り・歴史・革命」『現代思想』青土社，1994年2月，183-191頁。
高木久夫「レオ・シュトラウスのマイモニデス回帰」『ICU 比較文化』第35号，国際基督教大学比較文化研究会［編］，2003年，161-166頁。
塚本正明『現代の解釈学的哲学　ディルタイおよびそれ以後の新展開』，世界思想社，1995年。
トラヴェルソ，エンツォ『ユダヤ人とドイツ人「ユダヤ・ドイツの共生」からアウシュヴィッツの記憶まで』宇京頼三訳，法政大学出版局，1996年。
トレモンタン，クロード『ヘブル思想の特質』西村俊昭訳，創文社，1963年。
長尾龍一「レオ・シュトラウス伝覚え書き」『社會科學科紀要』第47号，東京大学大学院総合文化研究科国際社会科学科専攻編，1997年，59-93頁。
中村友太郎「イエフダ・ハレヴィの宗教的人間観」『中世の人間観』創文社，1987年。
ニューズナー，ヤコブ『ユダヤ教　イスラエルと永遠の物語』山森みか訳，教文館，

2005年。
ハンデルマン, スーザン・A『誰がモーゼを殺したか　現代文学理論におけるラビ的解釈の出現』山形和美訳, 法政大学出版局, 1987年。
ビアール, デイヴィッド『カバラーと反歴史　評伝ゲルショム・ショーレム』木村光二訳, 晶文社, 1984年。
平石善司, 山本誠作［編］『ブーバーを学ぶ人のために』世界思想社, 2004年。
ビールス, ヘンドリック［編］『解釈学とは何か』竹田純郎・三国千秋・横山正美訳, 山本書店, 1987年。
深井智朗『超越と認識　20世紀神学史における神認識の問題』創文社, 2004年。
フッサール, エドムント「厳密な学としての哲学」『世界の名著51』小池稔訳, 中央公論社, 1970年。
ブルーム, ハロルド『聖なる真理の破壊　旧約から現代にいたる文学と信』山形和美訳, 法政大学出版局, 1990年。
プーレ, ジョルジュ『人間的時間の研究』井上究一郎・山崎庸一郎・二宮フサ他訳, 筑摩書房, 1969年。
ボーマン, トーレイフ『ヘブライ人とギリシア人の思惟』植田重雄訳, 新教出版社, 1957年。
宮本久雄『他者の原ポトス　存在と他者をめぐるヘブライ・教父・中世の思索から』創文社, 2000年。
———, 『存在の季節　ハヤトロギア（ヘブライ的存在論）の誕生』知泉書館, 2002年。
村岡晋一「ヘルマン・コーエン（1842-1918）あるカント主義者のユダヤ主義」『現代思想』3月臨時増刊カント, 青土社, 1994年3月, 186-200頁。
———, 「ヘルマン・コーエンとユダヤ教――『ユダヤ教の原典に基づく理性の宗教』の解釈をめぐって」『中央大学文学部哲学科紀要』第39号, 1994年3月, 97-115頁。
———, 「世界はどのようにして時間をとりもどせるか――シェリングの『世界時間論』」『中央大学文学部哲学科紀要』第43号, 2001年2月, 43-66頁。
———, 「キルケゴールの時間論」『中央大学文学部哲学科紀要』第44号, 2002年2月, 27-49頁。
モルトマン, ユルゲン『神学的思考の諸経験　キリスト教神学の道と形』沖野政弘訳, 新教出版社, 2001年。
吉見崇一『ユダヤの祭りと通過儀礼』LITHON, 1994年。
寄川条路「だれが『最初の体系プログラム』を書いたのか――ドイツ観念論の研究史から見えてくるもの」『愛知大学文学論叢第』第123号, 2001年2月, 1-16頁。
ラーンジュ, ニコラス・デ『ユダヤ教入門』柄谷凜訳, 岩波書店, 2002年。
リクール, ポール『記憶・歴史・忘却〈上〉』久米博訳, 新曜社, 2004年。

―――,『記憶・歴史・忘却〈下〉』久米博訳, 新曜社, 2005年。
レヴィナス, エマニュエル『暴力と聖性―― レヴィナスは語る』内田樹訳, 国文社, 1991年。
―――,『超越と知解可能性　哲学と宗教の対話』中山元訳, 彩流社, 1996年。
―――,『他性と超越』合田正人・松丸和弘訳, 法政大学出版局, 2001年。
『ユダヤの祈り』ロイ・真・長谷川訳, 長谷川家財団, 2001年。

人名索引
(n は脚注)

ア 行

アーレント（Arendt, Hannah） 8, 8n, 43, 105n, 122n
アウグスティヌス（Augustinus） 143
アガンベン（Agamben, Giorgio） 279
アドルノ（Adorno, Theodor） 8, 8n, 98n, 105n, 111, 111n, 115
アミール（Amir, Yehoyada） 109n
アリストテレス（Aristotle） 92-94, 121n, 246n
アルトマン（Altmann, Alexander） 33, 33n, 226, 227n, 258, 258n-59n, 262n, 286, 286n
イェルシャルミ（Yerushalmi, Yosef Hayim） 218, 219n, 221n, 223n, 287n
イデル（Idel, Moshe） 100n
稲村秀一 9n
ヴァイツゼッカー（Weizsäcker, Viktor von） 89-90
ヴィンデルバンド（Windelband, Wilhelm） 47-48
ヴィール（Wiehl, Reiner） 16n
ヴェーバー（Weber, Max） 8, 72, 187n, 227n
ウォリン（Wolin, Richard） 5n
ヴォルフソン（Wolfson, Elliot R.） 33-34, 34n, 262n
エーアリッヒ（Ehrlich, Leonard H.） 156n
エープナー（Ebner, Ferdinand） 26
エーレンベルク，H.（Ehrenberg, Hans） 45, 48, 48n, 51, 61, 130
エーレンベルク，R.（Ehrenberg, Rudolf） 48n, 54, 56, 62, 64
エピクロス（Epicurus） 150
大竹弘二 9n
大橋良介 12n

カ 行

カスパー（Casper, Bernhard） 11n, 11-12, 16-17, 26, 26n, 43, 43n, 50n, 53, 53n, 78n, 80n, 90n, 118n, 122, 122n, 127, 127n, 129n, 132n, 140n, 164n, 166n-67n, 174, 174n, 177, 177n, 183n, 228n, 232n
ガダマー（Gadamer, Hans-Georg） 8, 35
カッシーラー（Cassirer, Ernst） 3, 3n, 6-7, 15, 25n, 36-37, 36n, 281
金子晴勇 283n
カーマン（Cahnman, Werner J.） 15n
ガリレオ（Galilei, Galileo） 25n
ガンス（Gans, Eduard） 21
カント（Kant, Immanuel） 3, 12-13, 21, 45, 58n, 120, 120n
木田元 92n
ギブス（Gibbs, Robert） 97n
キルケゴール（Kierkegaard, Søren） 102, 121
グットマン（Guttmann, Julius） 118n, 127n, 153, 153n, 183n, 232n, 234n, 240n
グラーフ（Graf, Friedrich Wilhelm） 9n, 35n, 228n, 285-86, 285n
グラッツァー（Glatzer, Nahum N.） 5n, 26, 26n, 44n, 47n, 54-55, 54n-55n
グリーン（Green, Kenneth Hart） 247n, 255n, 268n, 270n, 274n

クロコフ (Krockow, Christian Graf von)
    288n
クローナー (Kroner, Richard)   16
ゲイ (Gay, Peter)   7, 7n, 98
ゲーテ (Goethe, Johann Wolfgang von)
    21, 133n, 270n
ゲルツ (Görtz, Heinz-Jürgen)   83n, 239,
    239n, 243n, 270, 270n
合田正人   9n, 16n, 130, 130n
コーエン, H. (Cohen, Hermann)   6-7,
    21, 28, 48n, 66, 74, 117, 124n, 281n, 285
コーエン, R. A. (Cohen, Richard A.)
    97n, 133n
ゴーガルテン (Gogarten, Friedrich)   285
ゴードン (Gordon, Peter E.)   29, 29n,
    32, 40, 97n, 100n, 192, 192n, 196n, 198,
    198n, 213, 214n, 237, 238n, 247-54, 247n-
    50n, 252n, 255n, 257-60, 257n, 259n, 276,
    280-82, 280n
小林政吉   9n
コール (Kohr, Jörg)   36n
コーン (Cohn, Jonas)   45

サ 行

斎藤昭   9n
サムエルソン (Samuelson, Norbert M.)
    116n, 150, 150n, 198n, 230n
ジェイ (Jay, Martin)   8n
シェリング (Schelling, Friedrich Wilhelm
    Joseph von)   12-17, 15n, 28, 33, 48, 122,
    124n, 127, 144-45, 145n, 152, 152n, 187n,
    255n
シュトラウス, D. F. (Strauß, David
    Friedrich)   58n
シュトラウス, L. (Strauss, Leo)   14,
    14n, 22, 22n, 67, 246, 246n
シュネーデルバッハ (Schnädelbach,
    Herbert)   17n
シュペングラー (Spengler, Oswald Arnold
    Gottfried)   11, 200
シュミット (Schmitt, Carl)   217n-18n,
    287-88, 287n-88n
シュライアマハー (Schleiermacher,
    Friedrich Daniel Ernst)   12, 21
シュルツェ (Schulze, Gottlob Ernst)   12
シュレーゲル兄弟 (Schlegel, Friedrich von
    und Schlegel, August Wilhelm von)
    13, 21
ショーペンハウアー (Schopenhauer,
    Arthur)   13, 102
ショーレム (Scholem, Gershom)   15n,
    23, 23n, 67, 99n, 283n
シラー (Schiller, Johann Christoph
    Friedrich von)   100n
スウェーデンボルク (Swedenborg,
    Emanuel)   15n
スタイナー (Steiner, George)   10-11,
    10n, 200-01, 201n
ソクラテス (Socrates)   92-94

タ 行

タレス (Thales)   102, 102n, 120-21
ツンツ (Zunz, Leopold)   21
ティリッヒ (Tillich, Paul)   8, 9n, 15,
    245, 285
ディルタイ (Dilthey, Wilhelm)   8, 37n,
    39, 39n
テーヴェス (Tewes, Joseph)   98, 98n,
    159-60, 160n, 164n, 171n
デカルト (Descartes, René)   25n
トゥルナー (Turner, Joseph)   222n
ドーバー (Dober, Hans Martin)   28-29,
    28n, 32, 155n, 172-73, 173n, 183, 184n-
    85n, 194n
トーマ (Thoma, Clemens)   66n
トライチュケ (Treitschke, Heinrich von)
    22
トラヴェルソ (Traverso, Enzo)   20n-
    21n
トレルチ (Troeltsch, Ernst)   8, 18-20,
    18n-19n, 72, 285, 287, 288n

人名索引

ナ 行

ニーチェ (Nietzsche, Friedrich Wilhelm) 72, 102, 246-47, 246n-47n, 249, 249n
ニーバー (Niebuhr, Reinhold) 3, 5, 5n
ニュートン (Newton, Isaac) 25n
ノヴァーリス (Novalis) 13, 127

ハ 行

バウマー (Baumer, Franklin L.) 25n
ハーバーマス (Habermas, Jürgen) 3-4, 3n, 6, 14n, 14-16
ハイデガー (Heidegger, Martin) 3-8, 9n, 11, 16, 17n, 27, 28-32, 28n, 34, 78n, 92-95, 92n, 95n, 98-99, 133n, 154n, 192, 200, 246, 246n, 248-49, 252, 281, 288n
バック=モース (Buck-Morss, Susan) 8n
バトニツキー (Batnitzky, Leora) 35, 35n
バムバッハ (Bambach, Charles) 248n
バルディリ (Bardili, Christoph Gottfried) 12
バルト (Barth, Karl) 8, 11, 34, 72, 200, 248, 285
ハルトマン (Hartmann, Nicolai) 12-14, 12n, 16
ハルナック (Harnack, Adolfvon) 285
パルメニデス (Parmenides) 78, 87, 92, 94, 102n, 121, 128, 137
ハンデルマン (Handelman, Susan A.) 119n, 184n, 226n
ヒトラー (Hitler, Adolf) 4-5, 10, 20-21, 25
フィヒテ (Fichte, Johann Gottlieb) 12, 48, 59n
ブーバー (Buber, Martin) 3, 5, 5n, 8, 26, 57, 62, 62n, 66-67, 171, 171n, 252n
フォイエルバッハ (Feuerbach, Ludwig Andreas) 60

ブスト (Wust, Peter) 285
フッサール (Husserl, Edmund) 8, 18, 18n, 122n
プラトン (Plato) 92-94, 246n
フランクス (Franks, Paul W.) 26, 26n-27n, 44n
フリッケ (Fricke, Martin) 27-28, 28n, 124n, 147n, 148, 149n, 152, 152n, 154n, 169n, 171n, 177n, 180n, 182n, 189n, 191n, 209n, 213n, 230n-31n, 261n, 265n, 267n
フリードマン (Friedmann, Friedrich Georg) 238n
古川賢 152n
プルースト (Proust, Marcel) 25n
ブルックシュタイン (Bruckstein, Almut Sh.) 208n, 210n
ブルンナー (Brunner, Emil) 285
プーレ (Poulet, Georges) 25n
ブレナー (Brenner, Michael) 22, 22n-23n, 67n, 74n
フロイド (Floyd, Wayne Whitson) 105n
フロイント (Freund, Else-Rahel) 25, 25n
ブロッホ (Bloch, Ernst) 9n, 11, 15
ブロート (Brod, Max) 137n
フロム (Fromm, Erich) 67
フンボルト (Humboldt, Alexander von) 21
ヘーゲル (Hegel, Georg Wilhelm Friedrich) 11-12, 14, 16-17, 33, 46-48, 50-53, 59n, 61, 67-68, 73-74, 78, 87, 90, 92, 94-98, 120n, 121, 127-28, 137, 200-01, 225-26, 226n, 287
ヘーフェレ (Hefele, Hermann) 285
ベック (Beck, Jacob Sigismund) 12
ヘッシェル (Heschel, Abraham J.) 24, 24n, 219, 219n
ヘラクレイトス (Heraclitus) 133n
ヘリゲル (Herrigel, Hermann) 25, 25n
ヘルダー (Herder, Johann Gottfried von) 58n
ヘルダーリン (Hölderlin, Friedrich) 13

人名索引

ヘルツル (Herzl, Theodor)　22
ベンツ (Benz, Ernst)　15n
ベンヤミン (Benjamin, Walter)　8, 8n-9n, 105n
ボーマン (Boman, Thorleif)　24, 24n
ホフマンスタール (Hofmannsthal, Hugo von)　122
ホルヴィッツ (Horwitz, Rivka)　35n-36n, 44n-45n, 124n, 219n

マ行

マイネケ (Meineke, Stefan)　44n, 69n, 226n-27n
マイネッケ (Meinecke, Friedrich)　8, 14, 16, 18-20, 18n, 33, 44 ,46, 52-53, 66-75, 67n, 69n, 99, 104, 201, 287, 287n
マイモニデス (Maimonides)　150
マイモン (Maimon, Solomon)　12
マイヤー, E. (Meir, Ephraim)　35n, 48n, 90n
マイヤー, R. (Mayer, Reinhold)　20n
マイヤーズ (Myers, David N.)　21n, 34-35, 34n-35n, 286n
マッギン (McGinn, Bernard)　223n
マック (Mack, Michael)　60, 60n
丸山空大　9n
マンハイム (Mannheim, Karl)　7
村岡晋一　9n, 59n
メルロ＝ポンティ (Merleau-Ponty, Maurice)　77
メンデス＝フロール (Mendes-Flohr, Paul)　33, 33n, 44n-46n, 46, 48, 48n, 52, 52n, 62, 62n, 109n, 111n, 287, 287n
メンデルスゾーン (Mendelssohn, Moses)　8, 20, 33, 73
モーガン (Morgan, Michael L.)　26, 26n-27n, 44n
モーゼス (Mosès, Stéphane)　8n, 15n, 17, 17n, 27, 27n, 32, 46n, 51, 51n, 63n, 74n, 98n, 120n, 127n, 130n-31n 131, 137, 137n-38n, 141, 141n, 145, 146n, 151n,

158, 159n, 160, 160n, 164n, 170, 171n, 178, 178n, 189n-91n, 191, 196n, 210n-11n, 216n, 218, 218n-24n, 225, 227n, 229, 229n-31n, 232, 233n-34n, 234, 242, 242n, 262n, 265, 265n, 267n, 270n, 274n, 283n
森哲郎　152n
モルトマン (Moltmann, Jürgen)　9, 9n
モンテーニュ (Montaigne, Michel Eyquem de)　25n

ヤ行

ヤコービ (Jacobi, Friedrich Heinrich)　12
ヤスパース (Jaspers, Karl)　98
ユンガー (Jünger, Ernst)　288n
ヨアキム (Joachim von Fiore)　223n

ラ行

ラーゲルレーフ (Lagerlöf, Selma)　54
ラート (Rad, Gerhard von)　211, 211n, 215n
ラインハルツ (Reinharz, Jehuda)　33, 33n, 44n-45n
ラインホルト (Reinhold, Karl Leonhard)　12
ランケ (Ranke, Leopold von)　86
リッカート (Rickert, Heinrich)　46, 48, 53
リラ (Lilla, Mark)　74, 74n
ルリア (Luria, Isaak)　15n, 99n
レヴィナス (Lévinas, Emmanuel)　3n, 4, 6, 9, 27, 29, 32n, 82n, 85n, 96, 97n, 103n, 105n, 140n, 143, 143n, 156n, 178, 179n, 191n, 194n, 196n, 205, 213n-14n, 223, 226n, 227, 272n, 274n
レーヴィット (Löwith, Karl)　3n, 4-5, 8, 29-32, 30n, 37n, 99, 100n, 108, 108n, 133n, 214, 214n, 223n, 246n, 249-50, 249n
レッシング (Lessing, Gotthold Ephraim)　21, 58n
ローゼンシュトック (Rosenstock, Eugen)

36n, 48, 48n, 53-55, 62-65, 89, 223n
ローゼンツヴァイク，A.（Rosenzweig, Adam） 45, 45n
ローゼンツヴァイク，A.（Rosenzweig, Adele） 44
ローゼンツヴァイク，G.（Rosenzweig, Georg） 44

ローテンシュトライヒ（Rotenstreich, Nathan） 119, 119n, 131n

ワ　行

ワッサストロム（Wasserstrom, Steven M.） 15, 15n

事項索引
（n は脚注）

ア 行

愛　123, 162, 164-78, 185, 236, 265, 268, 277
　　――の戒め　173, 182
　　――の命令　170
　　兄弟――　232, 235, 237
　　対向的な――　180
　　人間の――　191
愛された者　165, 167, 169-70, 175, 180
　　――の愛　165, 169, 175
愛する者　167-68, 170-72, 266
　　――の愛　165, 169, 175
新しい思考　5-6, 10, 19, 24, 27-28, 39, 78-79, 81, 86, 88, 90, 101, 110-12, 115, 118, 121, 125, 134, 138, 140, 143, 150, 159, 174, 192, 206, 230, 239-40, 243, 245-46, 250, 257, 265, 268, 270, 276, 279-80, 284, 288
「新しい思考」　25, 77, 80, 83, 87, 96, 103, 110, 115, 140, 237, 250, 252, 278
新しい神学的合理主義　109
新しい力　181
新しい秩序　200
新しい連関　199
《あなた》　173, 271　→ 汝
アルキメデスの点　102
異教　137
　　――世界　134n
　　――の哲学　137-38, 140
異教徒　56
意志　149n, 182-83
　　自由な――　132
　　反抗的な――　132
意識　151

イスラエル　211, 222, 227, 233
イスラム　206n, 240
祈り　177, 206-09, 216-17, 220, 228, 238
　　会衆の――　208
　　正しい――　208
いま　161, 164, 175, 269, 283
　　止マレル――　209, 230
　　無限の――　209
戒め　172-73, 175, 179-80, 183-84
　　命令的な――　172
ヴァイマール共和国　6
ヴァイマール時代　21-22, 248
宇宙論的古代　79
運動　157, 196, 265
　　現実的な――　134
　　創造的な転換の――　147
永遠者　208, 263
永遠性　10, 20, 24-25, 26n, 27-33, 39-40, 189-90, 195-97, 202, 205-06, 208-09, 212-13, 217-18, 222-23, 226n, 227, 229-34, 231n, 236-39, 241-42, 245-46, 249-53, 255, 257-59, 262-64, 275-76, 279-82, 283n, 84, 286, 288
　　――の永遠化　218
　　――の保証人　210-11
　　純粋な――　260
　　生成する――　255
　　存在する――　205, 229, 236, 238
　　血の――　214
　　無時間的な――　283
　　ユダヤ民族の――　224, 226
永遠的なもの　219, 224
永遠なる超世界　83, 206, 236, 238-39, 242-43, 264
永遠なる光の火花　208

事項索引　　　　　　　　　　　　　　　321

永遠に現在的な記憶　218, 222-23
永遠に現在的な道　231　→ 永遠の道
永遠のさすらい人　217
永遠の生命　217-18, 220, 227-28, 241, 263-64, 274　→ 炎
　──の種子　208
永遠の道　228-29, 231-33, 235-36, 238, 241, 263-64, 274　→ 永遠に現在的な道, 光線
永遠の民族　215
永続性　116, 166
永続的な前世界　83
永続的なもの　116, 123
エートス　121, 133n
エロス　133
円環　197, 210, 212
　──構造　197
　無限の──　211
王国　177, 187-90, 208, 258　→ 神の王国

　　　　カ　行

概念　80, 119
　基礎──　80
　動的な客観性の──　272
概念の前世界　83-84, 83n, 108, 111, 116, 121, 123, 130, 138-41, 147, 162, 264
学, 学問　68-69, 71-73, 107, 187
革命　6, 224, 279
過去, 過去性　16, 111, 142-46, 155-59, 162, 164-65, 175-78, 186, 190, 201, 210, 218, 221-23, 227, 229-30, 237, 254-56, 255n, 265-66, 285-86
　──の想起　219
　客観的な──　108
可死性　280
語り手　85-87　→ 物語る者
合唱　145-46, 194-95
　──でともに声を合わせる者　145
神　11, 32, 39-40, 49-50, 50n, 56, 58, 61, 74, 79-86, 88-89, 91, 96, 99, 103, 109, 111, 115-19, 121, 123-24, 135-36, 138-44, 146-97,

199-200, 205, 207, 212, 214-15, 221, 237, 240-41, 243, 245, 247, 249-50, 253-54, 256-63, 265-67, 267n, 270-77, 274n, 282n-83n
永遠の──　31
隠れた──　146-47, 150, 161-63, 165, 176n, 180n, 188
──の愛　65, 123, 159-61, 164-68, 170, 174, 181-84, 187, 191, 195-96, 206-07, 266-68, 277, 286
──の意志　150, 183
──の戒め　172
──の永遠性　248, 278
──の王国　191, 195-96, 206-07, 231n, 237, 249, 258-59, 262, 264, 285
──の活力　125, 147-48, 162n
──の観照　276
──の啓示　62, 65, 123, 136, 139, 142, 152, 159, 186, 199, 241, 243, 253, 260, 264-66, 269, 274-75, 278, 281-82, 284
──の現実性　124
──の行為　149, 152
──の言葉　168
──の恣意　150
──の自己救済　259, 261
──の自己否定　170
──の自然　124
──の自由　125, 128, 132, 148, 153
──のしるし　263-64, 267, 269
──の真理　241, 270
──の聖所　277
──の生成　255
──の全知　149
──の存在　131, 148, 251, 256n
──の知恵　149
──の力　147, 149-50, 155
──の徹底的時間性の理論　247, 251, 253
──の転換　148, 153
──の統一性　257
──の名前　252n
──の認識　276
──の変化　255

事 項 索 引

――の方向転換　146
――の本質　131, 153, 162-63, 265-66
――の本質を超える余剰　267
――の御顔　207, 275-76
――の民族　224
――の無限の事実性　124
――の無限の本質　124-25
――の命令　171
――の呼びかけ　175
啓示された――　150-51, 161, 165
神話の――　146, 150-51, 153, 162
生命の――　162
創造の――　146-51, 153, 162-63
無限である――　29
神のフロント世代　285
関係　89, 119, 144, 198-99, 270
――の網の目　143
――の運動　90
――の出来事　142
還元　79-81, 118
――の運動　125, 141
――の哲学　99
感謝　195
観想　274, 276
起源　200, 268
記号　125, 128, 131-32
奇跡　135n, 139-40, 176-77
軌跡　136, 257
希望　277
救済　39, 91, 109, 111, 123, 142-46, 155, 159, 161, 177-201, 205, 207, 210, 220, 236, 239, 242n, 249, 251, 255, 257-59, 261-62, 265, 280
救済される者　193
救済者　179, 193, 254-55, 259-60, 265-66
『救済の星』　9-11, 16, 24, 27, 29, 31, 35, 36n, 38-39, 43-44, 55, 57, 65-66, 71-73, 74n, 77, 80-81, 83-85, 91-92, 96, 98, 99-101, 103-04, 110, 112, 115, 117, 121, 123, 130, 134, 138, 140-41, 144, 146, 159-61, 168, 178, 192, 200, 205-06, 213, 228, 230, 236-37, 238n, 239, 245-46, 249n, 250, 252n, 253, 257, 263-64, 276-77, 279-80, 284, 284n, 286

「救済の星の『原細胞』」　64, 110
今日　167, 173, 175, 177, 189, 195, 197, 208-09, 212, 283
明日への橋であることだけを欲するような――　283
永遠性への跳躍板たるもう一つの――　283
過ぎ去ることのない――　209
跳躍版のように自らを超えていく――　189
教会　56-57, 234-36
共同性　196
歌声の――　194
共同体　194-96, 202, 205, 211, 213-14, 233-34, 236-37, 240
永遠なる証言の――　234
居留民　215
キリスト教　16, 30, 33, 40, 44, 51-60, 56n, 66-67, 73-74, 83n, 138, 202, 205-06, 213, 213n, 228-29, 228n, 231-41, 232n-33n, 238n, 243, 245, 253, 264, 273, 274n, 280, 283n
――共同体　233
キリスト教徒　229-31, 235, 237-38, 242, 270, 274
暗い衝動　71-72
経験　28, 82-84, 86, 89-90, 137, 140, 178, 265, 270, 270n
――の直観的知識　82, 86
確証的――　270
架橋の――　91
現実的な――　91, 109, 139
経験する哲学　78, 82-83, 103, 137, 213, 239, 270　→絶対的経験主義
啓示　27-28, 29n, 39, 44, 54, 57, 63-64, 66, 91, 107, 109, 111-12, 116, 123, 140, 142-46, 150, 159-79, 184, 186n, 187, 193-94, 196-201, 205, 207, 217, 220, 236, 255, 259, 261-63, 268-69, 274n, 287
――は方向づけである　64, 108, 139, 282, 286
歴史的であり－歴史を越えた――

事項索引

　　　59, 61, 108, 284
繋辞　　157
啓示者　　193, 255, 259
芸術作品　　134n-35n
形象　　180-81, 188-89, 199, 206, 238-39, 238n, 245
　永遠なる――　　205
　語る――　　181
　啓示の歴史的――　　240
　脱数学化された――　　200
　目にみえる――　　187
血縁　　213-14, 217n, 223, 227
　――共同体　　213, 215, 227
結果　　200
謙虚さ　　168, 169n
謙虚で―誇らしげな畏敬の念　　169
原現象　　80, 82, 86, 133
言語　　30, 134n, 234　→言葉
現在　　111, 142-46, 155-56, 160-62, 164, 167, 173-76, 178, 184, 189-90, 196, 201, 206, 212, 218, 222, 227, 230-31, 237, 254-56, 255n, 258-59, 264-65, 283, 285-86
　永遠的――　　209, 231, 233, 237
　純粋な――　　172, 184
　跳躍板としての――　　283
　もっとも純粋な――　　166
現実性　　59, 83, 88, 91, 136-37, 142, 151, 157, 238n, 253, 267, 276
　――の経験　　91, 136-37
　――の前提　　83, 137
　歴史的――　　60
現実性の世界　　83-84, 83n, 108, 111, 123, 136, 138-42, 144, 147, 151, 155, 160, 162-64, 166, 213, 236-39, 242-43, 264, 267-68, 275-76, 284
現象　　186-88
現象学　　8, 18, 122
健全な人間悟性の非哲学的な思考　　79, 81
現存在　　28n, 30-31, 121, 154-56, 154n, 171, 178, 188-89, 249n
　――への跳躍　　6

行為　　256, 266, 272
　永遠の――　　261
　単独的な――　　148
構成的演繹　　85, 123, 144, 152
光線　　228-29, 231, 241-42　→永遠の道
肯定　　81, 116, 129, 147-48, 150, 153, 160, 168, 170, 182, 185-87
　根源的な――　　127
　非無の――　　124, 126, 141
高慢　　168
告白　　175-76, 195
個人，個人性　　133, 196, 235
コスモス　　121, 187
　造形的な――　　129, 134n, 137
個体　　129
国家　　11, 15, 23, 67, 97, 129, 217n, 223-27, 286
固定したイデー　　112
古典古代の古典性　　137, 139
言葉　　85, 87, 172, 175, 214, 216, 261, 264　→言語
　――の神聖さ　　216
　聖なる――　　216
　まったく純粋な愛の――　　172
固有名での呼びかけ　　173-74
孤立性　　116
根源悪　　170
根源語　　81, 147
根源的事実　　99
根源的な所与性　　99
根源の論理学　　117
根本語　　89, 271

　　　　サ　行

祭儀　　212-13, 216-18, 220, 222, 227, 238-39, 242
最初の所与性　　122
先取り　　26n, 184, 186-87, 190-91, 194-96, 201, 206, 209-10, 222, 237, 239, 258, 262
　――の場所　　207
賛美　　195

事項索引

死　14, 30, 98, 101-02, 116, 122, 130, 134, 161, 167, 192, 224, 246, 281
　　──の恐怖　100-01, 192
　　──の現実性　101
　　何かとしての──　101
　　人間の──　98
恣意　148-49
シオニズム　22-23, 227, 233, 234n
時間　10, 20, 24-25, 27-30, 33, 39-40, 77, 78n, 85, 87-88, 112, 142-45, 158, 172, 174, 192, 194, 196-97, 201-02, 205-06, 208, 210, 212, 216-17, 227, 229-30, 231n, 236-37, 242-43, 245, 248, 249n, 250-53, 255-57, 260, 262, 262n, 272, 275-76, 279-82, 283n, 284-86
　　──意識　24, 155, 160, 201, 205, 266, 285-86
　　──経験　25, 28n, 187, 222, 285
　　──秩序　24
　　──的全体論　198
　　──の（絶対的）不動化　217, 236
　　現実的な──　200
　　自然的──　209
　　社会的──　211
　　宗教的──　227
　　象徴的──　218
　　聖なる──　217, 219-20, 222, 232, 239, 242
　　正しい──　208
　　同質的な──　283
　　突発的──　161
　　人間的生の──　210
　　無限の──　189
時間化　31, 155, 174, 188, 251
　　時間の──　28n
時間─語　87
時間性　30-33, 111, 143-44, 155, 159, 177, 201, 250-51, 253-54, 257, 259
　　脱形式化された──　253
此岸的な反復　210-11, 218
時期　229-30
　　──にかなった理解　112, 272
自己　64, 71-72, 133-34, 135n, 160, 168, 170,

177, 179, 181, 184, 188, 264, 269
　　──開示　123
　　──献身　165
思考の「変化させる」知識　82
事実性　30, 84-86, 89, 99, 103, 108-09, 115-16, 118-19, 121, 125, 140, 156, 176, 266
　　最終的な──　84
　　──の経験　91
　　絶対的──　116, 124, 124n, 134n
　　点と点を結ぶ──　198
自然　63, 119, 121
　　──主義　18
　　──的悟性　63-64
持続，持続性　170, 188
実定的な形式　80
実定的なもの　126, 135
実存　3, 110, 249, 277
　　──哲学　122, 141
　　人間的──　30
　　有限な──　30, 100
実存主義　14, 30-31
　　──的な人間論　31, 34
実体　80
実定性　124, 124n, 176
シナゴーグ　55-57
事物の永続的な基礎　197
シャバット（安息日）　218-22, 219n-20n, 261
週　209-12, 219, 238
自由　149n, 151, 171, 182
　　根源的な──　163
集会　208
宗教　24, 30-31, 49, 52-54, 73-74, 143, 240-41
　　──改革　18
集合的記憶　218
集合的単数　196
羞恥心　175
終末　239, 241, 261-62, 264, 266, 272, 284
終末論　29, 32, 32n, 34, 252, 258, 261-63, 285-86
　　──的認識　276

事 項 索 引

自由ユダヤ学院　66, 71
祝祭　210-11
出エジプト　221-22
受動的名詞　158
瞬間　29n, 161, 164-69, 173-74, 177, 190, 197, 207, 209-10, 212, 218, 229, 231, 233, 250, 255, 255n, 258, 265-66, 277, 286
　――的時間　281
　――の永遠化　262, 286
　永遠的――　209, 266
　静止している――　209
　全体性の――　165
　同一の――　209
　等質的な――　25n, 209
　儚い――　165
象徴　199
浄福　176, 180n
神学　58-59, 61, 74, 78, 107, 109, 138, 143, 159, 201, 253
　否定――　123
人格性　119, 133-34, 246n, 269　→ ペルソナ
神学的中世　79
新カント派　6, 46-47
神義論　49
信仰　60, 111, 136-37, 139, 170, 176, 212-13, 234, 265, 270, 277
　――共同体　206, 245, 253, 273, 283n
　――の世界時間　152
真実　205, 269-70, 274n, 277
神的な
　――運命　125
　――肯定　157
　――摂理　153-56, 187
　――力　148
　――必然　125
　――本質　163
神秘主義　13, 15, 62, 147, 246, 286
　――者　180-81
新ヘーゲル派　16
信頼　268-269, 277
真理　31-32, 35, 40, 48, 137, 205, 238n, 240-42, 242n, 245, 249, 263-74, 274n, 275-78, 282, 288
　――の確証　268, 270-72, 270n
　――の観想　275
　――の超世界　83, 83n
　永遠の――　245
　確証的――　272
　誰かに対する――　271-72
　哲学者の――　270
神話　60, 147
神話的なオリュンポス　126, 134n, 137
図形　199
生　43, 72, 74, 103-05, 192, 197-98, 224, 227, 246, 248n, 248-49, 253, 266, 275-76, 279, 288
　純粋な――　260-61
性格　131-33, 168, 170, 182
　存在する――　181
政治　19, 36n, 73-74, 223, 226n
誠実さ　169-70, 181, 269
聖書　31, 175, 219
　ヘブライ語――　57, 66, 252n
生成　198, 245, 250-51, 253-54, 256n, 256-60
聖地　215　→ 土地
聖徒　181
生命　166, 188-90, 210, 226, 233, 264
世界　30, 39, 50n, 57, 64, 79-86, 88-89, 91, 99, 103, 106, 108-09, 111, 115-21, 123-24, 126, 135-36, 138-44, 146-59, 176, 178-97, 199-201, 210, 219-20, 226-27, 232-33, 237, 240, 243, 249n, 249-50, 253, 256, 260-62, 267n, 271, 274n, 275, 280, 282
　――精神　127
　――内存在　192
　――の存在　131
　――の不完全性　191
　――の豊穣さ　128
　――の本質　131
　――を持続させる本質　153
　永遠の――　31
　完成された――　189, 191
　生成する――　186

事項索引

つねに刷新される―― 83
被造物としての―― 108, 152, 154-56
魔術化された―― 187
未完成の―― 185-86, 189
無時間的な―― 139, 141, 239
世界観 106-07
世界史 48, 50, 65, 96, 205, 223, 225-26, 232, 279, 286-87
世界－内－救済 192, 247, 249, 253, 259, 261, 279-80
責任 171, 183, 270n
絶対的経験主義 83 →経験する哲学
絶対的単独性 102
絶対的な位置 200
絶対的な方向 200
線 198, 200, 233
　――の無限性 →無限の線 232
戦争 8, 14, 50, 67, 97-99, 223-24, 226n, 286
全体 90, 101-02, 106, 130, 273
　――の複数性 102
全体性 11, 28, 78, 92, 96-97, 102-03, 105, 107-08, 118-21, 131, 134-35, 155, 196, 198, 200-01, 261, 273, 283-84
　――の観念 96
　――の哲学 28, 98-99, 102, 116, 121, 130, 137
全能 148-49
相関関係 7
想起 219, 221-23
創造 39, 91, 108-09, 111, 123, 139-40, 142-64, 168, 173, 176, 178-79, 184, 186, 191, 193-94, 197-201, 205, 210, 219-22, 236, 255, 259-62, 265
　――を想起するお祝い 219
創造者 147-49, 158, 162, 180n, 193, 254-55, 259, 265-66, 269
相対主義 18-19, 33, 53n, 54-55, 57, 107, 249, 281-82, 284
属性 148-49, 157, 163, 169
存在 49, 92, 94-95, 97, 102, 117-18, 120, 139, 152, 154, 157, 171, 177, 191, 245, 253, 255-56

　――と思考の同一性 102, 102n, 105, 120, 197, 247
　――の分離 91-92, 94, 96, 102, 119
　――の無 116
永遠の―― 31
思考に先立つ―― 117, 122n
事実―― 79
非―― 152
存在者 93-94
存在－神－論 94, 95n, 96, 119
存在論 95-96, 98, 141

タ　行

第一次世界大戦 7, 10-11, 14, 18, 23, 30, 62, 66, 68, 74, 98, 285
体系 13, 16, 27, 37, 89, 98, 111-12, 130, 197, 200
　――概念 89-90
　――の形式 106
　――の全体性 106
　――の内容 106
　自由の―― 16
第二次世界大戦 7, 11, 25, 29
待望 191, 196, 213
ダイモン 133, 133n, 168
対話 135n, 145-46, 159, 175, 194, 196, 264, 268, 271
　――的関係 173
　――的思考 90, 90n
　――に応答する者 145
　現実的な―― 174
他者 28n, 32, 77, 78n, 85, 90, 135n, 145, 173-74, 183-84, 277
脱形式化（時間の） 256
脱魔術化 187-88, 187n
タナトス 134
魂 161-62, 169-70, 174-77, 179-80, 182, 190, 195, 261, 265
　――の言語 135n
　愛された―― 169-70, 181, 183
　愛する―― 265

単独者　　131, 194, 211
　　類概念なき――　174
知　265
　　――の極限　268
知恵　220
血の暗い泉　214
中間（時）　230-31, 272
超越，超越性　116, 119, 121, 123, 246, 250
直観　82
　　――知　273-76
追放　215-16
月　210-11
出会い　28n, 197, 274n, 276, 278
であった―命題　87
である―命題　87
出来事　87, 142-43, 145, 152-53, 157, 159,
　　164, 166, 178, 180, 185, 186n, 191, 194, 197,
　　199, 221-22, 229-30, 237, 256, 265, 268, 282
　　啓示の――　61
　　現在的――　161
　　生起させられた――　163, 164n, 175
　　倫理的な――　49-50, 61, 96
哲学　47, 52-54, 65, 74-75, 78-79, 82, 84, 92,
　　94, 96, 100-05, 107, 109, 119, 138, 159, 192,
　　226, 246n, 253, 281, 284
　　――の終焉　82, 82n
　　新しい――　105-07, 143
　　観念論的な――　30, 43, 57, 75, 101,
　　　118, 123, 137, 248, 250, 283, 287
　　生の――　6
哲学者　33, 62, 71-72, 75, 101, 106-07, 109,
　　111, 136, 201, 252-53, 271, 284
　　――の主観性　106
　　――の真理　270-71
　　新しい――　108, 134, 281, 283
哲学体系　12, 28, 75, 78, 80, 103-04, 106,
　　111-12, 138, 143-44, 146, 178, 197-98, 200-
　　01, 245
　　新しい――　200
哲学的な思考の統一衝動　84
哲学的表現主義　248
点　198, 200, 233, 238

――の無限性　→ 無限の点　232
転回　168, 199
　　――の運動　147
転換　147, 160
　　――の運動　146, 160
伝道　232-33, 233n, 238
《と》　81, 90, 108, 123, 161, 271, 273
　　――という根本語　78
　　偉大な――　197
　　関係の――　89-91, 146
　　形成する――　132
　　分離の――　89-91
ドイツ観念論　8, 11-17, 47
ドイツ性　20n, 20-24, 74
統一された人格　109
統一性　257-58, 284
　　新しい――　197-98, 201
同時性　232, 236
時　209-10, 212, 218
特殊性　131
独話　194
年　210-11, 238
　　霊的な――　219
土地　214-16, 226n　→ 聖地
　　――への憧憬　215-16
　　憧憬の――　215
　　聖なる――　215-16
トーラー　219-20　→ 律法
「取り替えられた前線」　6

ナ　行

名前　261-62
汝　171　→《あなた》
人間　39, 79-86, 88-89, 91, 99-100, 102-03,
　　107, 109, 111, 115-19, 121, 123-24, 135-36,
　　138-44, 159-97, 199-200, 206, 208, 210, 235,
　　237, 243, 250, 253-54, 256, 258, 260-63, 265-
　　66, 267n, 269-72, 274, 276-77, 279-80,
　　282n, 286
　　――の自由　132
　　――の存在　131

——の本質　131
　　啓示の受領者としての——　108
　　現実的な——　181
人間学的近代　79
人間的な世界秩序　207

ハ　行

儚さ　131
反抗心　132, 168-70, 181
汎神論　13, 119, 147
万物　92, 94, 100-01, 117, 120, 130, 135, 151, 166, 192, 197, 257-58, 261, 265, 268, 273, 284
　　——の断片　197
反ユダヤ主義　21-22
反歴史主義　34, 232, 255n, 280, 284, 288
反歴史主義者　35
　　神学的——　35
日　210-12
非－過去的なもの　209
悲劇的な英雄　134, 134n, 137
庇護性の感覚　168
被造物　109-11, 151-53, 156, 161, 164-66, 173, 177, 186, 188, 261-62, 276, 280-82
　　——意識　32
被造物性　33, 161-62, 220, 279-80, 282n, 282-83
必然　149-50
否定　81, 116, 129, 147-48, 150, 153-54, 160, 168, 185-87
微分　117-18
不安　100-01, 122, 192
不死性　190
古い思考　77-79, 81-82, 84, 86, 88, 90, 103, 112, 121, 144, 197, 250, 252, 280
古い哲学　105, 192, 284
文化　73, 211-12
文法的思考　157
分離，分離性　119, 121, 123
『ヘーゲルと国家』　16, 44, 47, 53, 68-69, 68n, 71-72, 104

ヘブライズム　24, 125, 138
ペルソナ　133　→人格性
法　224-25　→立法者
暴力　8, 11, 50, 224-25
誇り　168
ポスト・モダニスト　27
ポスト・モダニズム　26
炎　228-29, 241-42　→永遠の生命
本質　79-84, 87-88, 90, 94, 97, 103, 148-50, 148n, 185-88, 265
　　——概念　80
　　——なる——　97
　　非本質的な——　154, 188
本質化　188
本質性　80
　　——の哲学　83
　　——存在　79
本来的には（eigentlich）　79, 81, 271

マ　行

未完成　187
未来　111, 142-46, 167, 172, 177-78, 184, 189-90, 193-96, 201, 206, 209-10, 214, 222, 227, 237, 254-56, 255n, 258-59, 262, 265-66, 285-86
　　——の根源　190
　　現在的——　190-91, 196
民族の選民性　220
無　101, 115-18, 116n, 123-24, 152-53, 217n
　　——ではないものの肯定　118
　　——の多様性　101, 116
　　——の否定　118, 124-28, 141
　　普遍的な——　101
無限　189-190
　　——の客観性　105, 107, 109
　　——の恣意　125
　　——の線　233　→線の無限性
　　——の点　233　→点の無限性
無時間性　141, 250, 281
無時間的な相　88, 192, 281
無時間的な次元　121

事 項 索 引

「無神論的神学」　58, 61-62, 108, 286
メシア的切望　190
メシア的認識論　268, 272-73
メシア（の）待望　222, 273
メタ　82n, 96, 103, 116, 118-19, 121-23, 135n, 136-37, 141
メタ自然学　103, 118-19
メタ自然的な神　103, 116, 123-26, 128-30, 132, 134n, 135, 140, 146-48, 148n, 150
メタ倫理学　103, 118-19
メタ倫理的な人間　28n, 103, 116, 120, 130-35, 134n, 140, 168
メタ論理学　103, 118-19
メタ論理的な世界　103, 116, 120, 126-30, 134n, 135, 140, 151-53, 155-56
もっとも極端な主観性　105, 107
物語　145-46, 157-58, 187, 194
　──に耳を傾ける者　145
物語る哲学　86-87, 159
物語るという方法　86-87, 144
物語る者　86-87, 159　→ 語り手
もはや書物ならざるもの　278, 288

ヤ 行

有限性　29-30, 65, 100, 132, 192, 248-49, 282-83
ユダヤ（的）神秘主義　14, 16, 27, 100n, 282n
ユダヤ学　21, 21n, 59
ユダヤ教　15, 20-21, 24, 30-31, 33, 35, 39, 44-45, 51-53, 53n, 55, 56n, 57-62, 66-75, 83n, 99, 138, 202, 205-06, 211, 213, 213n, 223, 226n, 228, 232-43, 233n, 238n, 245, 253, 264, 273, 274n, 280, 283n, 288
　──共同体　233
　──の書物　75, 77
ユダヤ教徒　55, 111, 233-34
ユダヤ人　7, 15, 21-23, 23n, 31, 34-35, 45, 53, 55-57, 67, 218-20, 226n, 234, 249, 285
　──国家　22, 227
ユダヤ性　20-24, 20n, 74

ユダヤ文化　23
ユダヤ民族　35, 59, 213-18, 218n, 221-23, 225-34, 237-38, 242, 270, 274, 283n, 286
（諸）要素　80, 116, 135-38, 140-43, 160, 193, 198-99
よそ者　215

ラ 行

理性　33, 54, 63, 82, 182-83, 265, 273, 279-80, 282-84
　──の時間化　281
　産出的──　281
　哲学する──　110-11, 81
　被造物的──　32, 281, 282n, 283
立脚点　104-05, 107-08, 129, 288
　──の哲学　28
　──の哲学者　106, 110, 159
律法　57, 61, 172-73, 214, 216-17　→ トーラー
　永遠の──　217
立法者　217　→ 法
理念史　46
リベラリズム　22
隣人　179-80, 183-85, 185n, 191, 206-07
　──愛　182-85, 190-91, 194, 206-07, 264
　──への愛　182
倫理　50, 119-21, 130
類　129, 133
歴史　16-20, 32-33, 35, 36n, 37, 49-51, 50n, 53, 59-61, 73-74, 95-96, 176, 214, 218n, 221-22, 224, 227, 231, 233, 262, 262n, 266, 282, 284, 286-87
　──意識　16, 47
　──家　19, 33, 46, 60, 69, 71-72, 230
　──学　47, 52-54, 57-58, 61, 71-72, 74-75
　──的記憶　222
　──哲学　16-17, 33-34, 47, 49-52, 57, 68, 73-74, 96-97
歴史主義　11, 17-20, 33-35, 249, 255n, 287, 287n

──者　246, 246n
歴史性　30-31
　　──の呪い　60, 286
　　啓示の奇跡の──　176
連署　274
ロゴス　95, 119-21, 127-28
ロマン主義　13, 25n
ロマン主義者　54

ワ　行

《わたし》　65, 110-11, 172-74, 183, 208, 271, 281
　　啓示を受ける──　107
　　哲学する──　105
我　79, 90, 171
《われわれ》　196, 202, 208, 213-14, 217, 217n-18n, 237
　　──の真理　271-72

佐藤 貴史（さとう・たかし）

1976年生まれ。2006年3月、聖学院大学大学院アメリカ・ヨーロッパ文化学研究科博士後期課程修了。博士（学術）。思想史・宗教学専攻。聖学院大学総合研究所特任研究員。
〔主要業績〕「内なる衝動と外から到来する声——フランツ・ローゼンツヴァイクにおける二つの超越」(『理想』第678号，理想社，2007年)，「瞬間と解体——H. コーエンと F. ローゼンツヴァイクにおける啓示と倫理」(『聖学院大学総合研究所紀要』第42号，2008年)，「現実性と真理——フランツ・ローゼンツヴァイクの経験論」(『宗教研究』第358号，日本宗教学会，2008年)，カール・バルト『十九世紀のプロテスタント神学 下（第二部 歴史）』(共訳，カール・バルト著作集13，新教出版社，2007年)，フランツ・ローゼンツヴァイク「新しい思考」(共訳，『思想』No.1014, 岩波書店，2008年)，アルフ・クリストファーセン／クラウディア・シュルゼ編著『アーレントとティリッヒ』(共訳，法政大学出版局，2008年) など。

〔フランツ・ローゼンツヴァイク〕　　　　　ISBN978-4-86285-075-1

2010年2月10日　第1刷印刷
2010年2月15日　第1刷発行

著　者　佐藤　貴史
発行者　小山　光夫
製　版　野口ビリケン堂

発行所　〒113-0033　東京都文京区本郷1-13-2
　　　　電話(3814)6161　振替00120-6-117170
　　　　http://www.chisen.co.jp
　　　　　　　　　　　　株式会社 知泉書館

Printed in Japan　　　　　　　　　印刷・製本／藤原印刷